U0744687

本书获教育部哲学社会科学研究重大课题攻关项目"华侨华人在国家软实力建设中的作用研究"（项目批准号：10JZD0049）资助

本书获暨南大学"华侨华人研究"优势学科创新平台资助

编委会名单

主　编：刘泽彭

副主编：陈奕平　代　帆

编委会成员：曹云华　陈奕平　潮龙起　代　帆

李爱慧　唐　翀　文　峰　张小欣

教育部人文社会科学重点研究基地
Key Research Institute of Humanities and Social Sciences at Universities

暨南大学华侨华人研究院
Academy of Overseas Chinese Studies in Jinan University

Proceedings of the International Conference on

National Soft Power and the Roles of Overseas Chinese

国家软实力及华侨华人的作用

国际学术会议论文集

主　编　刘泽彭

副主编　陈奕平　代　帆

暨南大学出版社
JINAN UNIVERSITY PRESS

中国·广州

图书在版编目（CIP）数据

"国家软实力及华侨华人的作用"国际学术会议论文集/刘泽彭主编；陈奕平，代帆副主编. —广州：暨南大学出版社，2013.9
ISBN 978 - 7 - 5668 - 0674 - 1

I. ①国… II. ①刘… ②陈… ③代… III. ①华侨—国际学术会议—文集②华人—国际学术会议—文集 Ⅳ. ①D634.3 - 53

中国版本图书馆 CIP 数据核字（2013）第 166624 号

出版发行：暨南大学出版社

地　　址：中国广州暨南大学
电　　话：总编室（8620）85221601
　　　　　营销部（8620）85225284　85228291　85228292（邮购）
传　　真：（8620）85221583（办公室）　85223774（营销部）
邮　　编：510630
网　　址：http：//www. jnupress. com　http：//press. jnu. edu. cn

排　　版：广海照排设计中心
印　　刷：佛山市浩文彩色印刷有限公司

开　　本：787mm×1092mm　1/16
印　　张：19.25
字　　数：490 千
版　　次：2013 年 9 月第 1 版
印　　次：2013 年 9 月第 1 次

定　　价：46.00 元

（暨大版图书如有印装质量问题，请与出版社总编室联系调换）

序一

刘泽彭[*]

改革开放三十多年来，伴随中国综合国力快速提升，如何形成与中国国际地位和丰富资源相对称的国家软实力，已成为备受关注的话题。作为沟通中国与居住国桥梁和纽带的广大华侨华人，对外在中华文化海外传播和拓展中起着重要作用，他们不仅促进国际社会与中国的相互了解，推动国际社会和谐发展和共赢，还不断增进中国国家软实力的提升；对内则在深化国家软实力的内向性建设方面潜移默化，影响甚深，诸如祖（籍）国制度文化的建设与推进、社会观念的更新与转变、经济社会的进步与和谐、国家凝聚力的提升与强化、民族关系的融洽与和睦、文化事业的繁荣与昌盛等等。因此，加大国家软实力与华侨华人关系的研究和研讨，已成为学界高度重视的理论和现实问题。

就研究方法而言，海外华侨华人对祖（籍）国软实力的承载体现在政治、经济、文化、外交等不同方面，而随着近年来世情、国情、侨情的快速变化，又使其呈现出不同特点。那么，在客观上就要求对海外华侨华人进行多方位研究，再加之海外华侨华人作为一个生活于中国之外的群体，其活动涉及与祖（籍）国、居住国关系等等，因此华侨华人研究从来不只是一个单一学科问题，不是仅凭历史学、政治学、民族学、人类学、经济学、教育学或文学等某一学科就可解决，它更应该是包括这些学科而且在范畴上更为广阔的综合问题。基于此，进一步融合多学科长处，深化既有学术研究优势，建立更多学者参与的学术交流平台，从更广阔视角进行华侨华人综合研究，在当前现实条件下，就显得尤为必要。

由国务院侨务办公室政策法规司、暨南大学主办，暨南大学国际关系学院/华侨华人研究院承办的"和谐与共赢：国家软实力及华侨华人的作用"国际学术研讨会，于2012年3月10—12日在广州举办，旨在集中讨论上述话题。本次会议共有来自加拿大、澳大利亚、泰国、印度尼西亚、菲律宾、马来西亚、中国大陆及香港、澳门、台

---

[*] 全国政协常委、国务院侨务办公室原副主任、暨南大学华侨华人研究院院长。

湾等地专家学者 110 余人，在软实力国际比较、文化软实力研究、华侨华人与公共外交、软实力视野下的华文教育、海外新移民与华裔精英的作用、海外人才引进与华人参政等诸多议题方面都展开热烈讨论，扩大了华侨华人研究的视野。在参会者中，一方面涌现出不少青年学者和从事华侨华人研究的博士研究生、博士后，另一方面则在传统华侨华人研究机构外，出现不少新成立的华侨华人研究机构。这些新面孔和新机构的出现，使华侨华人研究界显示出无限生机与活力，同时也显示出华侨华人研究话题在新时期的重要性和广泛影响。

在此次会议基础上，本书编委会将部分与会论文按照论文议题分别列入"软实力综合研究"、"华侨华人与国家软实力"、"文化、教育与国家软实力"三个主题之下汇编为论文集出版，一方面旨在体现此次会议成果，另一方面则希望能够推动相关研究继续深入发展。

序二

范如松[*]

主持人、各位学者：

大家好！

非常高兴应邀参加这次会议，并感谢主持人给我一个中国侨务工作者阐述观点的机会。

据国际移民组织（IOM）2010 年世界移民报告，全球跨国移民人数已达到 2.14 亿，并保持着每年 3% 的增长，预计在 2050 年将超过 4 亿。尽管移民问题多且复杂，但据德国马歇尔基金会（GMF）国际舆论调查，大多数人认为，移民"更多的是机遇，而不应该是一个问题"。我非常赞同这一观点。

中国政府支持中国公民通过正常渠道合法迁徙。国之交，在于民相亲。中国政府一直将遍布世界各地的华侨华人称为连接世界的纽带，视为沟通世界的桥梁。自新中国成立以来，海外侨胞充分发挥自身优势和特点，向住在国政府和主流社会积极传递中国和平发展的政治理念，增进中国与住在国之间的政治互信，为促进中国同住在国家建立、发展外交关系和推动友好城市的缔结作出了重要贡献。经过三十多年的改革开放，中国走过了西方发达国家用了上百年才走完的路程，探索出了一条具有中国特色的发展道路。中国人民不会忘记，中国改革开放的历史不会忘记，三十多年前是海外侨胞帮助中国打开、扩大了与世界的联系。他们以侨引侨、以侨引外，带来了资金、技术、人才，带来了市场经济的理念和现代企业的管理经验。今天，中国的经济总量已经处于世界第二位，许多外资企业也搭上了中国经济迅速增长的快车。

俗话说，有海水、有太阳的地方就有华侨华人。遍布世界各地的华侨华人以他们各自不同的方式，传播着中华文明，为住在国的多元文化作出了贡献，也丰富了人类文明，客观上发挥着文化使者和推动文化融合的作用。我看到今天参会的还有国际友

---

[*] 国务院侨务办公室政策法规司原巡视员。

人。泰国的朋友知道，由华侨华人创办的报德善堂是泰国社会最大的慈善救助机构，并在泰国社会具有广泛的口碑。在中国，泰国正大（卜蜂）集团的下属企业遍布大江南北，也使中国人民更多地了解了泰国。澳大利亚的朋友是否知道，在华侨华人用中医中药为澳大利亚人民解除病痛的同时，也使澳大利亚在中医药学一些领域的研究超过了中国。我们称2010年的上海世博会是一届举全国之力、集世界智慧的全球盛会，其中就有美国华侨华人在美国准备放弃参加上海世博会的情况下，推动美国参展；丹麦华侨华人促成了"美人鱼"出使上海；爱尔兰馆的工作人员清一色由华侨华人担当；奥地利华侨华人资助奥地利国家馆举办馆日活动；泰国华侨华人组成庞大阵容陪同诗琳通公主赴沪参观世博会……正是有全球华侨华人的热情支持和参与，使得上海世博会异彩纷呈，取得了圆满成功，令人难忘。

当今世界，地球村的概念已广为人们所接受，跨国移民可以发挥推动经济发展、民族交往、文化融合、世界大同的积极作用。以侨为桥，沟通中国与世界，增进世界对中国基本国情、价值观念、发展道路、内外政策的了解，促进和平、发展与合作，推动和谐世界建设，是中国侨务工作的重要任务。2011年，中国政府制定了《国家侨务工作发展纲要（2011—2015）》。《纲要》郑重提出，保护华侨正当合法权益，关心、扶持华侨长期生存和发展，引导华侨尊重住在国社会民族宗教习俗，与当地人民和睦相处，促进华侨团结互助，树立守法、诚信、文明、和谐新形象，鼓励华侨发扬爱国爱乡优良传统，为促进祖国和住在国发展以及祖国与住在国友好合作发挥积极作用。关心外籍华人长期生存和发展，增进外籍华人同我国的亲情乡谊与合作交流，鼓励他们融入当地主流社会，传承民族优秀文化，为住在国的发展以及住在国与我国的友好合作发挥积极作用。

我开诚布公地告诉各位，这就是中国侨务开展华侨华人工作的基本方针。

谢谢各位！

序三

林　琳[*]

尊敬的各位领导、各位来宾、各位专家学者，朋友们：

大家好！

国家软实力建设及华侨华人作用问题，是一个具有重要现实意义和战略意义的研究课题。今天，国务院侨务办公室政策法规司、暨南大学在这里举办"和谐与共赢：国家软实力及华侨华人的作用"国际学术研讨会，我能够受邀出席，有机会听取、学习国内外专家学者的研究成果，深感荣幸。我首先代表广东省人民政府侨务办公室对研讨会的举办表示热烈祝贺，向与会专家学者表示诚挚的问候！

广东省是全国重点侨乡，祖籍广东的华侨华人约为3 000万，占世界5 000万华侨华人的60%。海外侨胞众多，是广东的显著优势和宝贵资源，他们为广东的改革开放和现代化建设作出了重要贡献。改革开放三十多年来，侨港澳同胞在广东投资兴办了5.8万家企业，投资额占广东实际利用外资总额的60%多；全省累计接受侨港澳同胞公益慈善捐赠达470亿元，占全国接受侨捐总额的60%；我省引进的高层次人才，主体也是海外侨胞，如引进的第一、第二批共31个创新科研团队中，华侨华人团队有26个，占83.87%；引进的第一、第二批共32名领军人才中，华侨华人有25人，占78.13%。可以说，广东能够实现率先开放、率先发展，取得举世瞩目的建设发展成就，海外侨胞、港澳同胞贡献巨大，功不可没。

一直以来，广东省委省政府高度重视和大力支持侨务工作，广东侨务工作在维护侨益、凝聚侨心、汇聚侨智、发挥侨力等方面取得了显著成绩。在"十二五"时期，广东侨务工作将按照《国家侨务工作发展纲要（2011—2015）》和广东省政府的"实施意见"的要求，坚持"以人为本，为侨服务"的宗旨，坚持为侨服务与为大局服务的统一，坚持发挥侨力与涵养资源相结合，紧紧围绕加快转型升级、建设幸福广东这

---

[*] 广东省人民政府侨务办公室副主任。

个核心任务，大力加强引进侨智侨资工作，帮助推动侨资企业转型升级；大力涵养侨务资源，拓展侨务公共外交；大力深化对外宣传文化交流，提升广东国际传播力；切实维护侨胞权益和保障侨界民生，促进侨乡社会和谐；加强港澳台地区侨界联系，促进港澳繁荣稳定与祖国统一大业。2012年3月8日，国务院侨办与广东省政府在北京签署了《关于发挥侨务优势促进广东加快转型升级合作备忘录》，国务院侨办将在加强引智引资、深化与东盟合作、推进华侨农场改革发展、涵养侨务资源、拓展侨务外宣等方面，给予广东尤其是广东侨务工作大力支持。我们相信，有国务院侨办的大力支持，广东"十二五"侨务工作一定会有更大发展，作出更大的贡献。

当前，世情、国情和侨情不断发展变化。新的形势和新的任务要求我们加强研究，把握新侨情，树立新思维，采取新对策。这次研讨会在广东举行，给我们侨务工作者提供了一个很好的学习交流机会。我相信，专家们的研究成果和建设性意见，必将对广东侨务工作具有重要的参考价值和指导意义。在这里，我再次代表广东省侨办对会议主办单位国务院侨务办公室政策法规司、暨南大学和与会专家学者表示衷心的感谢！

预祝研讨会取得圆满成功！

祝各位身体健康，万事如意！

谢谢大家！

目　录

第一编　软实力综合研究

第二编　华侨华人与国家软实力

第三编　文化、教育与国家软实力

第一编 软实力综合研究

中美学者关于中国在东南亚软实力理解的对比分析

唐　翀

内容摘要：软实力逐渐成为中国一个时髦的话语，它甚至超越了学术的范畴。本文将对比并分析中美两国学者对中国在东南亚软实力的理解。

关键词：软实力；中国；美国；东南亚

【作者简介】唐翀，暨南大学国际关系学院讲师，博士。

软实力（Soft Power）在中国迅速流行起来，"已成为中国媒体、政策圈内、国际政治学界里人们热衷于讨论的一个概念"①。究其成因，笔者以为，一方面是来自中国在 20 世纪 90 年代以后经济、军事力量的迅速崛起，以及外交影响力的不断扩大；而与此相对应的小布什政府"9·11"事件之后，独断专行的单边主义政策，使其国际声誉遭到了巨大的损害。这种权力态势的相互转换一方面可以视为中国外交的成就所在；② 另一方面，中国影响力的扩大也使得周边国家对"中国威胁"的警惕也不断增加，这无疑成为中国崛起的一种困境。为了化解这种困境，中国相继提出了一系列如"负责任大国"、"和平崛起"、"和谐世界"的外交理念，这些政策理念的提出与其说是为构建中国特色外交理论提供了"核心命题"，不如说是中国政府和学界都在思考如何为中国的崛起寻找一个可以说服世界的"解释"。然而现实的情况是，以上理念尽管得到了国内学界的响应，但并未获得中国以外的学者们的"认可"。因此，中国外交迫切需要一个既能够获得政府认可，又能够被西方学者接受的话语符号。而软实力这一来自西方学者的政策性理念，却正好符合了这两个要求。这样软实力说便自然获得了中国学者们的更大力的追捧，国内学者刘德斌指出，"中国学者对'软权力'的关注和重视程度超过了其他任何一个国家，包括美国"。于是，一个最有意思的现象出现了：不是软实力概念本身，而是中国学者对软实力的研究以及中国对软实力理解方式成为一个很有意思的现象。

---

① Soft Power 一词在中国有不同的译法，如"软权力"、"软力量"、"软实力"、"软国力"等，本文中均采用"软实力"。

② 中共十七大报告中对我国外交工作作出了这样的评价："全方位外交取得重大进展。坚持独立自主的和平外交政策，各项外交工作积极开展，同各国的交流合作广泛加强，在国际事务中发挥重要建设性作用，为全面建设小康社会争取了良好国际环境。"胡锦涛：《高举中国特色社会主义伟大旗帜　为夺取全面建设小康社会新胜利而奋斗——在中国共产党第十七次全国代表大会上的报告》，《人民日报》2007 年 10 月 25 日，第 1 版。

一、中美关于中国的东南亚软实力的研究成果

正如前文提到，国内关于软实力的研究成果颇丰，这里就不一一叙述。[①] 就中国在东南亚软实力这一具体问题来说，笔者从数据库的检索中检索到的文章有：卢继鹏：《软实力与中国对东南亚外交》(《世界经济与政治论坛》2007 年第 4 期)；陈显泗：《论中国在东南亚的软实力》(《东南亚研究》2006 年第 6 期)；张锡镇：《中国在东南亚的软实力和中美关系》(《南洋问题研究》2009 年第 4 期)。而海外学者对于中国软实力的研究也相当丰富。[②] 其中尤其值得注意的是两份美国国会关于中国在东南亚软实力研究报告：《中国在东南亚的"软实力"》；《中国对南美、亚洲和非洲的外交政策及其软实力》(China's Foreign Policy and "Soft Power" in South America，Asia，and Africa)。近年来，对于中美两国在东南亚的软实力比较研究也有一些新的文章，如谭笑的《中美在东南亚地区的"软实力"比较》，该文章对中美两国在东南亚的软实力进行了比较，以及陈瑶的《美国对中国在东南亚软实力的认知——以国会研究处报告和民意调查为中心的分析》[《厦门大学学报》(哲学社会科学版) 2009 年第 4 期]。

笔者发现，中美学者对于中国在东南亚软实力的理解在以下方面都存在差异：①软实力的定义；②中国外交政策的目标；③中国软实力的资源；④中国软实力的长处与劣势；⑤政策建议（当然，这一问题，两国学者出发点本就不同，一方是为美国提建议，而另一方是为中国提出政策建议）。因此，以下笔者将就这几个具体问题进行比较与分析。[③]

二、中美学者对中国软实力理解的对比

（一）中美研究中关于软实力定义的异同

软实力理念最早是由美国学者约瑟夫·奈（Joseph S. Nye，Jr.）提出的，他先后发表

---

① 从国内研究成果来看，其中综述性的研究就包括：刘庆、王利涛：《近年国内软力量理论研究综述》(《国际论坛》2007 年第 3 期)；唐慧云：《国内学术界中国软实力研究现状述评》(《国际关系学院学报》2008 年第 3 期)；房桦：《十年来中国软实力发展研究综述》(《现代国际关系》2009 年第 1 期)。这三篇文章对国内学者关于中国软实力的研究成果进行了梳理。此外，也有国内关于中国软实力的博士学位论文，如周凯敏：《东亚地区合作和中国的软力量》(华东师范大学，2007)，对国内的软实力研究进行了梳理。

② 海外专门研究中国软实力的成果，如：Young Nam Cho and Jong Ho Jeong, China's Soft Power：Discussions, Resources, and Prospects, *Asian Survey*, Vol. 48, No. 3, 2008；Joe Wuthnow, The Concept of Soft Power in China's Strategic Discourse, *Issues and Studies*, Vol. 44, No. 2, June 2008；Yanzhong Huang and Sheng Ding, Dragon's Underbelly：Analysis of China's Soft Power, *East Asia*, Vol. 23, No. 4, 2006；Sheng Ding, Soft Power and the Rise of China：An Assessment of China's Soft Power in Its Modernization Process, Ph. D. Dissertation for The State University of New Jersey, 2006；Joshua Kurlantzick, *Charm Offensive：How China's Soft Power Is Transforming the World*, New Heaven and London：Yale University Press, 2007；Hongying Wang, Yeh-Chung Lu, The Conception of Soft Power and Its Policy Implications：A Comparative Study of China and Taiwan, *Journal of Contemporary China*, Vol. 17, No. 56, 2008.

③ 笔者采用的中美双方关于中国在东南亚软实力研究的文本分别是：卢继鹏：《软实力与中国对东南亚外交》，《世界经济与政治论坛》2007 年第 4 期；陈显泗：《论中国在东南亚的软实力》，《东南亚研究》2006 年第 6 期；门洪华：《中国软实力评估报告》(上、下)，《国际观察》2007 年第 2、3 期；张锡镇：《中国在东南亚的软实力和中美关系》，《南洋问题研究》2009 年第 4 期。美国方面对中国在东南亚软实力的研究则主要参考前面提到的两份国会研究报告。

了一系列关于软实力的文章,后来他将这些观点汇集成专著《软实力:通向世界政治的成功之道》,并对软实力概念进行了修正,还对软实力作了这样的界定:

"软实力就是通过同化而不是强制来让别人做你想要他做的事情。……硬实力与软实力是相互关联的,原因是他们都是一种通过影响别人的行为来实现自己目的的能力。而他们之间的差异性则在于行为的性质与权力资源的真实性的程度不同。支配性权力(Command Power)是通过强制与诱导来让别人改变行为的能力;同化权力(Co-optive Power)是通过文化、价值观的吸引力来改变别人政治偏好的能力。"

奈认为软实力资源包括文化吸引力、政治价值观以及外交政策的合法性与道德权威。奈在《美国软权力的衰落》一文中更明确指出:"美国的'软权力'就是指,通过美国政策与价值观的合法性来吸引别人的能力。"可见,奈提出的软实力是一个政策性极强的概念,其核心准则在于两个方面:第一,非强制性;第二,外交政策合法性。美国学者在研究中国软实力问题时,并没有质疑奈的定义,不过他们也认识到奈所归纳的软实力构成并不全面。以美国国会的研究报告为例,报告中也指出,软实力的构成包括国际贸易、海外投资、发展援助、外交倡议、文化影响、旅游等内容。

软实力理论被引介到中国之后,引起了中国学者的强烈兴趣。中国学者对于软实力理论的研究着力很多,许多学者都给软实力下过定义。[①] 有中国学者对中国在东南亚的软实力的概念进行了扩充:"在亚洲,软实力的概念被拓宽,中国和东南亚地区的邻国提出了更为广义的软实力概念,包括文化、外交、加入多国组织、海外商业活动及经济实力的吸引作用、投资、援助等,暗含除安全领域之外的一切因素。"

(二) 中国外交目标

我们知道,奈提出的软实力是具有非常强烈的政策性的,因此,一个国家软实力的发挥必然是与该国的外交政策目标相契合的。但在这一点上面,中美学者的表述差异较大,以国会研究报告为例,美国学者指出中国挥舞软实力的外交目的在于以下三个方面:①保持经济持续增长;②挤压台湾的国际空间;③提高与美国竞争的国际地位。而中国学者在中国外交目标的态度上非常含糊,没有明确地表达出中国挥舞软实力的政策目标。

(三) 中国软实力资源

美籍华人学者王红缨认为,中国学者对于中国软实力资源的理解主要在三个方面:文化、制度与价值观。以门洪华的《中国软实力评估报告》为例,文中所提到的中国软实力的资源包括了文化要素(儒家文化)、观念要素(改革开放)、发展模式(中国模式)、国际制度(中国参与国际制度战略)、国际形象。可见中国学者所指中国软实力的资源主要来自中国的传统文化、当代中国的政治制度与价值理念。而美国国会对中国软实力的理解稍有差异,他们认为中国的软实力来自于我国对外经济行为、多边主义倡议、文化影响以及旅游资源的吸引力。

---

① 关于国内学者对软实力的各种定义,参见刘庆、王利涛:《近年国内软力量理论研究综述》,《国际论坛》2007 年第 3 期,第 39~40 页。

（四）对中国软实力的优势与劣势的理解

中美研究中对于中国软实力的优势、劣势与表现的理解角度也有所不同。美国的研究报告非常明确，所谓的优势与劣势是相对于美国而言的。报告指出，中国的软实力优势在于两个方面：一是"不附带任何政治条件"（主要指中国的对外援助不设定人权方面的政治条件）；二是中国的外援和对外投资方基本都是国有部门在进行，它们的援助行为更具有长远战略倾向，而不用过多考虑短期经济效益。根据美国的报告，中国软实力的劣势在于：缺乏外交政策实现的基础（获得中国援助的国家未必会按照中国的意愿行动）。

（五）政策建议

中美两国研究在政策建议上的差别是显而易见，中方学者认为中国应该在文化、制度与价值理念方面的建设进一步推进，实现软实力的提升。而美国国会报告则指出，面对中国软实力增长，美国应该采取何种方式来维护自身的利益，包括通过经济、政治与安全方式来拓展美国的外交，在全球抵制中国软实力的增长，具体见下表：

以上五个方面的内容，可以通过下面的图表获得更直观的对比。

	定义	外交目标	软实力资源	软实力优势	软实力劣势	对中国的政策建议
中国	包括文化、外交、加入多国组织、外海商业活动及经济实力的吸引作用、投资、援助等，暗含除安全领域之外的一切因素	无	·文化要素 ·观念要素 ·发展模式 ·国际制度 ·国际形象	·援助邻国 ·构建自由贸易体制 ·推动金融合作、防范金融风险 ·参与援助，倡导亚太经济援助体制 ·强化地区安全合作体制 ·以儒家思想为代表的中国文化影响周边国家和地区	无	·加强硬实力建设 ·以传统文化引领中国软实力提升 ·优化完善中国的发展模式 ·强化国际机制参与能力，发挥主导性 ·以国内建设促使国际形象的改善

(续上表)

	定义	外交目标	软实力资源	软实力优势	软实力劣势	对美国的政策建议
美国的研究	奈的定义	·保持经济持续增长 ·挤压台湾的国际空间 ·增加与美国竞争的国际地位	·国际贸易 ·海外投资 ·发展援助 ·外交倡议 ·文化影响 ·旅游	·不附带政治条件 ·国有部门主导	·缺乏成功 ·获得成功的基础薄弱	·强化美国在亚洲的同盟关系,但不增强对中国的遏制 ·通过贸易及其他方式来增强与亚洲其他国家的关系 ·增加对外援助来应对中国不干涉内政的外援方式 ·促进亚洲尤其是印度尼西亚的民主,用美国的民主号召力来赢得影响力 ·加入东南亚友好合作条约与东亚峰会 ·重视地区与多边组织 ·与中国建立接触机制,使其确信美国及其盟国不会遏制中国 ·与伊斯兰国家保持密切关系 ·欢迎印、日、澳在东南亚的存在 ·与东盟建立自贸区 ·与盟国及友好国家建立针对中国的更严密的围堵

三、分析及结论

通过对比,笔者发现中美学者双方在中国软实力上的理解差异是比较明显的。

第一,就定义来说,最为突出的一点就是中国学者对软实力的研究"很大程度上是介绍奈的软权力概念,或者将奈的概念在内涵上加以扩大,以便解释中国的软实力"。

第二,就中国外交目标来说,最明显的一点就是中国学者没有说清自己发展软实力的目的。在中国学者的研究中,笔者没有看到国内学者对这一点有比较明确的说法,这不得不让世界对中国发展软实力产生更多的质疑。笔者在一次中联部的会议中,听到有中方学者对于这一困惑作出了这样的解释:中国的软实力是对内的,而非对外的,意即中国软实力本不具有外交政策取向,只是为了"修炼内功",不过笔者认为这样的解释更不能化解中国在外交目标上含糊不清所带来的尴尬。

第三,就中国软实力资源来说,美国学者关注的是中国经济崛起所引发的吸引力,而对于中国学者所极力推介的"中国模式"却并不在意,显而易见,中美学者对中国软实力的理解更是存在层次的差异。新加坡学者盛力军把软实力划分为"高层次软实力"(High Soft Power)(政治、社会制度与意识形态)与"低层次软实力"(Low Soft Power)(包括文化、语言以及民族联系)。盛力军认为只有"高层次的软实力"才是"形成国家之间联盟与紧密关系的关键",而中国目前在东南亚的崛起还处于"低层次的软实力"。美国学者并没有承认中国的软实力在对国家间关系具有核心作用的层面构成了真正的影响,因此，笔者认为中美学者对中国软实力的认知存在层次上的差异。

第四，就中国软实力的优劣来看，中国学者罗列了很多中国在软实力方面的长处，而对于软实力劣势大多避而不谈，这对于我们软实力建设并没有多少益处。

第五，就政策建议方面来说，存在差异很自然，为自己国家提供政策建议，政策倾向必然不同。

我们再回到奈的初衷，他提出软实力是为了让美国重视那些军事以外（文化、价值观、制度）的因素，这样才能更好地实现其外交政策目标。同样的道理，笔者认为中国重视软实力，也是因为当今国际政治环境中，中国要实现自己的外交目标，也不能单纯依靠自己的军事力量。一个国家的外交目标相对来讲是恒定的，而实力的"软"、"硬"只是手段的区别。因此，我们彰显软实力的外交目标为何不可以清晰道明，这不恰恰给了那些"中国威胁论"者以口实吗？

此外，在很多中国学者的软实力研究中，笔者也发现了其中的政策宣讲痕迹，它包含了这样一个逻辑，即中国的软实力是没有缺陷的，并且天然具备了高层次的软实力。

从政策研究的逻辑来讲，学者们通过理论的分析最终要回答这样的问题，即中国如何通过彰显软实力来实现我们既定的外交目标，但是现在我们根据国内学者的研究可知，我们的外交目标是为了彰显软实力，而彰显软实力的目标又是什么呢？这都是留给中国学者继续思考的问题。

印度对印度尼西亚的软实力外交与两印关系新发展

李志斐　唐　翀

内容摘要：软实力外交在国际关系领域发挥着独特作用。20世纪90年代，印度提出了"东向政策"，印度尼西亚被列为"东向政策"实施中的一个重要战略伙伴。在新战略伙伴关系的框架内，印度对印度尼西亚开展了全方位的软实力外交，在非常重视包括文化外交、公共外交等内容的软性权力拓展的同时，还"巧妙"地将硬权力"软"使用，在政治、经济、安全等领域深化与印度尼西亚的伙伴关系合作。软实力外交推动了印度"东向战略"的实施和目标的实现，使两印之间的新战略伙伴关系具备了更多实质性内容。

关键词：印度；印度尼西亚；中国；软实力；外交

【作者简介】李志斐，中国社会科学院全球与亚太战略研究院助理研究员，博士；唐翀，暨南大学国际关系学院讲师，博士。

软实力作为一种非物质力量，在国际关系领域发挥着独特的作用，它一方面可以整合国家的经济、政治、军事、科技、文化、自然资源，以此增强国家的综合实力，另一方面在积极参与国际竞争与合作的过程中重视对国家综合安全的维护和保障，注重良好的国际形象的树立，有助于维护和增进国家利益。印度与印度尼西亚的关系可以追溯到两千年以前，两个文明国家在政治、商业、社会等方面存在着持续的交流，印度对印度尼西亚的文化产生着持久而深远的影响。印度与印度尼西亚在各自独立的斗争中就相互支持，尼赫鲁总理和苏加诺总统形成了密切合作，携手支持亚洲和非洲的独立事业。这成为两国独立后在1955年的万隆会议的亚非国家和后来的不结盟运动（NAM）中相互合作的坚实基础。1959—1966年印度尼西亚激进外交政策对两印关系构成了短暂的冲击，[①]但随着苏哈托军人政府的上台，双边关系很快恢复正常。

在当今亚太国际关系格局中，印度尼西亚在地理、经济、政治、宗教、资源等多方面都具有重要的战略意义，是任何一个关注该地区的大国都不能忽视的对象。作为一个历史悠久且迅速崛起的大国，印度近些年在对印度尼西亚的关系构筑中日益强调软实力外交的运用，力图从根本上为"东向战略"的实施注入更多推动性因素。在本文中，笔者将系统地分析印度在与印度尼西亚的外交关系发展中，是如何巧妙而又娴熟地运用软实力外交手

---

① 印度尼西亚苏加诺政府采取了激进的左倾外交路线，提出了"打倒印度，帝国主义的走狗"、"粉碎印度，我们的敌人"（Crush India, Our Enemy）等口号，由此对两国外交关系造成了极大的破坏。学者拉塔尔·辛格（L. P. Singh）将两印建国之初的关系划分为四个阶段：1947—1958友好和谐阶段；1959—1961分歧阶段；1962—1966紧张对抗阶段；1967年后恢复友好关系阶段。参见 L. P. Singh, Dynamics of Indian-Indonesian Relations, *Asian Survey*, Vol. 7, No. 9, 1967, p. 655.

段来全力推动两印关系的新发展的。

一、印度"东向政策"中印度尼西亚的关键地位

印度与东南亚的接触始于 20 世纪 80 年代末，印度把与东盟开启的和平进程称为"面向东方的命运"①（Look East Destiny）。冷战的结束对国际秩序产生了深远的影响，后冷战时代经济领域的竞争成为主权国家竞争的新方向，随着东亚新型工业国家的经济崛起，印度开始把外交注意力集中在东南亚及东亚的邻国。1991 年，印度拉纳辛哈·拉奥（P. V. Narasimha Rao）政府在外交中正式提出"东向政策"，有学者指出，"东向政策是印度新现实外交政策的一部分，它旨在推进与东方的邻国形成更密切的经济关系，印度与东盟的接触也部分反映了印度精英们对东南亚地区在印度国家利益的重要性的重视"②。

从 1991 年开始，印度对东盟的外交重点是修复并积极拓展与东盟的经贸关系，印度在 1992 年成为东盟的"部分对话伙伴"，1995 年成为东盟全面对话伙伴，1996 年成为东盟地区论坛成员，完成了与东盟组织关系的全面正常化，同时印度与东盟老五国的经贸关系也得到很快的发展。由于受到 1997 年亚洲金融危机冲击，以及 1998 年印度核试验的影响，印度"东向政策"在 1997—1999 年之间处于停滞状态。随着印度核试验问题的逐渐淡化，以及在由中国掀起的地区合作热潮的冲击下，瓦杰帕伊于 2000 年提出"再次向东看"，加强了与东盟的经贸合作，与越、老、柬、缅和泰签署《万象宣言》，成立"恒河—湄公河合作组织"，寻求通过旅游、人资、文化及交通合作来密切与新东盟成员国之间的合作。另外，加强了与东盟的高层互访，确立了与东盟合作的机制，继中、日、韩之后成为第四个与东盟单独举行峰会的国家，并正式成立了第四个"10 + 1"合作机制。

2003 年 10 月印度外长加斯特旺·辛哈（Yashwant Sinha）在巴厘峰会上正式宣布"东向政策"进入第二阶段，他指出："（东向政策）的第一阶段集中在建立与东盟国家的贸易和投资关系上。而第二阶段的特征则是把东方的定义扩展到澳洲、中国和东亚，这些国家与东盟一道都是该政策关注的核心。第二阶段也标志着（东向政策）从专注于经济问题转向经济与安全问题并重，其中包括维护海上交通路线的联合行动，合作反恐等。在经济领域，第二阶段的特征是与相关国家建立自贸区，以及制度性的经济关系。"③ 从这段讲话可以看出，印度"东向政策"的第二阶段的主要特点有两个方面：首先，双方合作的程度更高、领域更广。2003 年 10 月在巴厘岛举行第二届印度—东盟峰会上，印度与东盟签署了《印度与东盟全面经济合作框架协议》、《打击恐怖主义联合宣言》，并加入《东南亚友好合作条约》，这一系列文件的签署表明印度与东盟的合作已经不仅仅局限于经济领域，双方在政治、安全乃至非传统安全领域都将展开更加密切的合作。其次，所囊括的地域范围更广，印度"东向政策"不仅包括东南亚和东亚地区国家，还包括澳洲与新西兰。

20 世纪 90 年代以来，"东向政策"成为印度外交政策中的一个重要内容，尽管印度在后来将目光投向了更远的东北亚及南太平洋地区，但东南亚一直以来都是该政策的核心

---

① Faizal Yahya, India and Southeast Asia: Revisited, *Contemporary Southeast Asia*, Vol. 25, No. 1, 2003, p. 81.

② Thongkholal Haokip, India's Look East Policy, *Third Concept: An International Journal of Ideas*, Vol. 25, No. 291, 2011, http://www.freewebs.com/indiaslookeastpolicy/what_is_LEP.htm.

③ Tan Tai Yang and See Chak Mun, The Evolution of India-ASEAN Relations, *India Review*, Vol. 8, No. 1, 2009, p. 31.

部分。而印度现阶段的"东向政策"更加务实，它推动印度与东盟组织及东盟国家分别建立了各领域的机制化联系，印度清楚地表明了自己是亚太地区战略结构中的一部分。

在印度的战略视野中，印度尼西亚是东南亚地区最大的国家，因此印度尼西亚理所当然成为印度"东向政策"中一个重要的战略伙伴。

第一，印度尼西亚具有重要的地缘战略作用。印度尼西亚的地理位置非常重要，它处于连接印度洋与太平洋国际航线的关键位置，印度尼西亚掌控着这一重要航线上的三个关键要道——龙目海峡、巽他海峡和马六甲海峡。其次，印度与印度尼西亚隔洋相望，安达曼与尼科巴群岛是印度的中央直辖区（UnionTerritory），它与印度尼西亚亚齐省的最近距离不超过150公里。印度建立了总部位于布莱尔港口（Blair Port）的安达曼与尼科巴联合司令部（Andaman and Nicobar Joint Command），该司令部的主要职能就是维护马六甲航行安全，以及印度在东南亚的战略利益。由于与中国在纳土纳群岛（Natuna Islands）的主权归属问题上存在纷争，印度尼西亚对中国在该问题上的态度也保持警惕。随着中国的崛起及在亚太地区影响力的扩大，印度与印度尼西亚在排除中国对印度洋及马六甲海峡的控制及平衡中国影响力方面，都具有一致的利益。此外，恐怖主义威胁还为双方在联合维护马六甲海峡航运安全提供了可能。可以说，印度尼西亚的地理位置使其在印度接触东南亚的政策中具有重要的优先性。

第二，印度尼西亚在地区及全球的积极角色使其对印度的重要性不断提升。从地区层面来看，东盟所采取的大国平衡战略对于亚太地区关系的稳定发挥着特殊而积极的作用，东盟的一体化及东盟国家的民主化进程对地区也产生着深远的影响。印度尼西亚作为东盟最大的国家，它的持续而健康的发展对于东盟的成长意义重大。尽管近年来世界经济形势很不明朗，但印度尼西亚经济从2009年以来一直保持着持续增长的势头，2011年印度尼西亚实现了连续三个季度经济增长达到了6.5%，2012年的经济增长更高达6.3%，居世界第二，仅次于中国。随着经济的增长，印度尼西亚的外交信心也不断增强。在地区层面，印度尼西亚在利用2011年担任东盟轮值主席的机会，在泰柬边境、南海问题上扮演了地区冲突的协调者角色，印度尼西亚还积极推进联合国与东盟之间在食品和能源安全、维和、气候变迁、灾害防治及人权问题等方面的合作；在双边层面，苏西洛第二任期提出的"千万朋友，零个敌人"（Thousands Friends，Zero Enemy）的外交口号，印度尼西亚积极推进与各国的关系；在全球层面，印度尼西亚在中东问题、G20会议、全球气候变迁等问题中都扮演了积极的角色。印度尼西亚战略重要性的不断增强导致了大国对其争夺的加剧，面对这样的形势，印度国防研究分析所（IDSA）研究员认为，印度"应该加强对印度尼西亚的影响力"[1]。

第三，印度尼西亚的政治制度与价值理念对印度也非常重要。印度尼西亚在1998年之后进入了民主转型时期。印度尼西亚民主化的顺利进行对印度具有非常重要的影响。作为最大的伊斯兰国家，印度尼西亚顺利建设多元社会与民主改革不仅对东南亚地区的繁荣稳定具有重要意义，印度尼西亚在努力实现伊斯兰教与多元民主社会和谐共存的实践方面，也对拥有庞大穆斯林人口的印度的国家安全具有重要的意义。印度驻印度尼西亚大使

---

[1] Pankaj K. Jha, India-Indonesia: Emerging Strategic Confluence in the Indian Ocean Region, *Strategic Analysis*, Vol. 32, No. 3, 2008, p. 455.

毕冷·南达（Biren Nanda）在帕纳曼迪纳大学举办的"一个印度"（A Slice of India）展览活动开幕式致辞中指出，"印度尼西亚是多元而独特的，这个国家存在众多的种族、宗教和文化，这就是印度尼西亚成为治理多元化模范国家的原因"①。此外，印度与印度尼西亚在推进地区与全球的民主价值观也具有一致的利益。辛格总理与苏西洛总统在两国2011年缔结的《新战略伙伴关系联合声明》中就指出："作为本地区民主致力于多元文化主义、多元主义与多样性的发展中国家，印度尼西亚与印度是天然的伙伴。……他们必须为推进亚太地区及世界范围的民主、和平与稳定而扮演更积极的角色。"②

二、印度对印度尼西亚外交的软实力基础

早在印度立国之初，尼赫鲁总理就断言，"印度应该成为亚洲的核心"。直到现在，成为全球大国和亚洲核心一直是印度的梦想和前进动力，印度在不遗余力地增强着国家的综合实力。而自冷战结束后，随着经济全球化和地区一体化的发展，和平与发展已经成为当前世界的主题，衡量一个国家实力的标准已经不仅仅局限在以经济、军事、科技为主的物质力量方面，历史文化、政治价值观、意识形态影响力等非物质力量逐渐成为国际社会评判一国的国际竞争力的重要标准。因此，在这种时代背景下，印度在经济、军事、科技等硬实力迅猛增长的基础上，日益重视对其软实力的构建。

"实力"是国际关系领域中的核心概念之一。20世纪90年代，美国著名学者、时任哈佛大学肯尼迪政治学院院长、克林顿政府情报委员会主席和负责国家安全事务的助理国防部长约瑟夫·奈提出，国家实力包括硬实力和软实力两种，冷战结束以前，国家间的竞争与合作主要依靠经济实力、军事实力以及科技、人口、领土、自然资源等硬实力，但在冷战结束后，"权力的定义不再强调昔日极其突出的军事力量和政府"，"技术、教育和经济增长等因素在国际权力中的作用越来越重要"③。"技术、教育和经济增长等因素就属于软实力，它是通过同化而非强制来让别人做你想要他做的事情"，"硬实力与软实力是相互关联的，因为它们都是通过影响别人的行为来实现自己的目的。而它们之间的差异性则在于行为的性质与权力资源的真实性的程度不同。支配性权力（Command Power）是通过强制与诱导来改变别人的行为；同化权力（Co-optive Power）是通过文化、价值观的吸引力使别人偏好发生变化的能力"④。软实力的内容通常包括：第一，文化吸引力；第二，意识形态感召力；第三，国际规则与机制的制定能力；第四，外交政策影响力；第五，良好的国际形象塑造；第六，国家与民族凝聚力。印度具备对印度尼西亚开展软实力外交的基础。

首先，两印之间具有坚实的社会文化基础。2004年，奈在《软权力：在世界政治中的成功之道》一文中指出，当一国文化包括普世价值观，且对外政策是促进别国所共有的

---

① India Sees Indonesia as A Unique Democracy Role Model, *ANTARA News*, January 31, 2012.
② Joint Statement: Vision for the India-Indonesia New Strategic Partnership over the Coming Decade, January 25, 2011.
③ ［美］约瑟夫·奈著，门洪华译：《权力与相互依赖》，北京：北京大学出版社2005年版，第98~98页。
④ Joseph S. Nye, Jr., *Soft Power：The Means to Success in World Politics*, New York：Public Affairs, 2004, pp. 5–8.

价值观和利益时，其获得理想结果的可能性增大。① 印度是著名的世界四大文明古国之一，几千年的文化积淀，使印度开展文化软实力外交具备了深厚的基础，而文化软实力正是一国软实力的基础。但是印度和周边国家联系的渊源当属宗教。印度是佛教的诞生地，如今全世界有大约 3 亿的佛教徒，涵盖了东亚各国，佛教已经成为联系印度和东亚儒家文明圈的纽带和桥梁。2010 年 9 月，印度国会正式批准了"复兴那烂陀计划"，通过该计划，印度、中国、日本、韩国、新加坡等亚洲十六国合作，重新把那烂陀大学发展为学习及跨宗教对话的中心，将佛教和现代的大学结合，达到吸引外国留学生、宣传印度文化、扩大印度影响力的目的。② 新德里如今竭力强调其源远流长的佛教文化，把佛教置于它在亚洲的软实力外交的中心位置。③

除了佛教，印度教、耆那教和锡克教也发源于印度，另外，印度国内还拥有众多的伊斯兰教、天主教、基督教、拜火教甚至犹太教信徒。其中伊斯兰教是印度的第二大宗教，在印度境内拥有大约 1.62 亿的信徒。可以说，印度是一个多语言、多宗教共存的大国，印度社会对不同的宗教和文化体现出极大的包容精神，为其提供了和谐共存的环境。在周边关系构建中，宗教之间的联系为印度和邻国增加了亲近感，为消除怀疑和化解矛盾提供了基础。

其次，在历史上，印度的宗教文化对印度尼西亚的影响是非常大的。印度尼西亚的第一个统一的封建王朝就是印度教王朝，直到现在，印度教寺庙在印度国内随处可见，其习俗和文化流传至今。另外，在印度尼西亚影响最大的宗教派别——伊斯兰教，也是由印度的古吉拉特邦穆斯林传入的。印度尼西亚是著名的伊斯兰国家，印度尼西亚总统苏西洛·班邦·尤多约诺（Susilo Bambang Yudhoyono）经常谈到印度尼西亚是一个民主与温和的伊斯兰国家。外交部长哈桑·维拉尤达（Hassan Wirayuda）也常常提到民主与温和是印度尼西亚对外政策的两件重要法宝。④ 自 1998 年以后，伊斯兰教对印度尼西亚对外政策的影响越来越明显。"9·11"事件以后，印度尼西亚将塑造温和的伊斯兰国家形象作为国际形象树立的目标，伊斯兰教成为沟通印度尼西亚和其他世界国家的重要桥梁。因此，印度丰富的宗教文化以及与印度尼西亚之间的宗教渊源为印度对印度尼西亚的软实力文化外交奠定了坚实的基础。

再次，两印之间具有相似的民族命运和政治价值观。约瑟夫·奈曾指出，在现代社会，"一国主导文化和全球的文化规范相近（即强调自由主义、民主政治、多元文化）"的话，有助于软实力的建设。⑤ 印度和印度尼西亚都曾遭受过西方殖民主义的侵略，都进行过坚决的反殖民反侵略的斗争，都在努力地谋求和维护国家的独立、民主和自由，在外交政策上都主张不结盟和独立自主。另外，在政治观念上，两印都主张实行民主政治，认为只有民主才能保持国内稳定和在国际社会的亲和力以及对周边国家的号召力。印度在

① 杨文静：《重塑信息时代美国的软权力——〈软权力：在世界政治中的成功之道〉介评》，《现代国际关系》2004 年第 8 期，第 61 页。

② 《人民日报》环球走笔，http://www.dzwww.com/rollnews/news/201009/t20100929_6711684.htm。

③ 石俊杰：《浅论印度的软实力》，《南亚研究季刊》2008 年第 4 期，第 79 页。

④ ［印尼］里扎尔·祖玛克著，邹宁军译：《印度尼西亚的伊斯兰教、民主与对外政策》，《东南亚研究》2009 年第 6 期，第 12 页。

⑤ Joseph S. Nye, Jr., *The Paradox of American Power: Why the World's Only Superpower Can't Go It Alone*, Oxford: Oxford University Press, 2002, p. 14.

1947 年取得独立后，继承了英国殖民主义时期的议会制度，其实行的普选制使广大民众的民主意识和政治参与精神得到发挥，其选举结果基本上反映了印度民众的民意。印度的民主和法制观念如今也已经深入人心，印度也因此被西方世界誉为"最大的民主国家"。而印度尼西亚随着 1998 年新政府的推动，也进入了民主化的建设时期，如今凭借三权分立、议会民主选举以及各级地方首长和总统直选制等内容而被国际社会评价为继美国、印度之后排名第三的民主国家。印度尼西亚政府和官员引以为豪的民主国家身份为与其他民主制度国家开展合作与交往提供了更深的国家身份认同。现在，与美国、中国、印度、日本等大国和东盟、澳大利亚、韩国等地区伙伴的关系，是印度尼西亚对外政策的中心，印度尼西亚民主国家身份的不断提升与亚洲、太平洋大国关系息息相关。

最后，两印之间具有相似的发展需求与外交政策选择。"强大的经济是一国吸引力的重要来源"[1]，"经济实力既可以转化为硬实力，也可以转化为软实力；既可以用制裁来强制他国，也可以用财富来使他国软化"，"经济实力是黏性实力，它既可以起到吸引的作用又可以起到强制作用"[2]。印度和印度尼西亚都属于发展中国家，都面临着经济发展、消除贫困和落后、提高人民生活水平的共同发展任务。两国在现代化的建设过程中，有着很强的资源互补性。对于印度来说，发展资金虽然比较丰富，但能源和原材料的紧缺制约着经济的发展；而印度尼西亚虽然能源和自然资源比较丰富，但庞大的基础设施建设资金使之捉襟见肘。所以，两国在发展过程中存在相互依赖、互为补充的关系。在经济全球化和地区一体化不断发展的时代背景下，谋求深入的发展符合两印的共同愿望。

在外交政策上，两印的外交理念和外交战略有很多相似之处。两印都以自己的民主国家身份为豪，都奉行"独立、自主"的外交原则和全方位的外交战略，印度一直将建设成为一个强大、受国际社会认同和尊重并发挥积极国际作用的世界大国作为自己努力的目标，而印度尼西亚则明确声称，"将自身塑造成东南亚地区一个负责任的大国，发挥其应有的作用；在国际社会中充当第三世界的代言人，充当民主与穆斯林之间的桥梁"[3]，是自己外交政策的目标。印度和印度尼西亚的首要外交目标就是要确立和维护自身在所在地区的领导地位，同时积极扩大外交范围，努力发展与美国、日本、中国、澳大利亚等世界大国的关系，走全方位外交之路。印度对印度尼西亚的外交政策正是在其"东向政策"的大方向之内，而印度尼西亚对印度的外交政策是在走出东盟范围的大外交战略下的结果。可以说，两印之间相似的外交理念和政策趋向为其双边的软实力外交开展奠定了重要的基础，而这些基础又为印度的"东向政策"的战略实施注入了极大的推动性力量。

三、印度与印度尼西亚伙伴关系下对印度尼西亚的软实力攻势

2004 年印度尼西亚苏西洛总统就任以后，印度与印度尼西亚的关系定位实现了新的突破。在 2005 年 11 月，苏西洛总统正式对印度进行国事访问，期间与印度领导人签署了两国新战略关系宣言，表明两国关系进入了新的阶段——战略伙伴关系阶段。2011 年 1 月，

[1] Josph S. Nye, Jr., *Soft Power: The Means to Success in World Politics*, New York: Public Affairs, 2004, p. 7.

[2] ［美］约瑟夫·奈：《"软权力"再思索》，《国外社会科学》2006 年第 4 期，第 90 页。

[3] 闫坤：《新时期印度尼西亚全方位外交战略解析》，《东南亚纵横》2012 年第 1 期，第 15 页。

苏西洛总统第二次对印度进行国事访问，在此次访问期间作为印度共和国 60 周年庆典的主嘉宾出席了庆典，标志着两印战略伙伴关系提升到了一个新的高度。到目前为止，两印战略伙伴关系的确立已经有七个年头，国防部长对话、高层战略对话等双边协商已经陆续建立起来，在经贸、文化、安全等领域的合作已经向纵深发展，战略伙伴的实质性内容正在逐步构建。深入分析新战略伙伴关系的内容和构筑过程就会发现，印度软实力外交的开展在其中发挥了至关重要的作用。

（一）软实力的运用：公共外交

公共外交通常是以处理公众态度从而对政府外交政策的形成和实施产生影响为目的，它是国际关系领域中超越传统外交范围的一个层面，包括一国政府在其他国家内培植舆论、一国利益集团和他国利益集团在政府体制外相互影响、媒体人之间的沟通和联络等，通过这一系列过程达到影响其他国家政策制定和外交事务处理的目的。[①] 印度一直有运用公共外交或其他软实力外交手段来实现其外交政策目的的历史。[②] 自实施"东向政策"以后，印度一方面延续着"传统性"的公共外交手段和路径，一方面非常注重根据时代和周边环境的变化进行"创新"，使公共外交的"时代性"更加凸显。

在传统方式上，文化交流、学术联系、媒体对外播报是印度三大"软实力"手段，[③] 印度专门设立了致力于文化交流的公共外交机构——印度文化关系委员会（ICCR），试图借助于自己的文化、科技及教育的先进性和现代化，联络海外印度人，与海外商业利益集团建立联系，实施对外援助和发展项目，不遗余力地利用各种机会展示印度的"国家标签"，运用新社会媒体影响年轻人等"新手段"来扩大和实现印度的国际影响力和战略目标。[④]

在与印度尼西亚关系中，印度充分利用与印度尼西亚在文化上的悠长渊源，利用印度教、佛教和伊斯兰教在印度尼西亚盛行以及与印度的历史联系，发挥自身的科技优势和现代化思维，对印度尼西亚社会大力发挥文化外交这种软外交方式，影响印度尼西亚社会内部对印度的认同与现代认知，从而建立起两印深层次交往的社会民间基础，并在此基础上有助于全方位国家合作的开展。最鲜明的例子就是在 2009 年 10 月到 2010 年 7 月，印度在印度尼西亚举办了两次"印度文化节"，并把 2011 年列为两印"友好年"，以此庆祝两国建交 60 周年。印度对于自身文化大国的巧妙塑造，对其拓展对印度尼西亚的影响力和强化两国之间的战略伙伴关系具有基础性的意义。

（二）硬实力的软运用：经济、政治和安全互动与合作

印度在对印度尼西亚的外交关系构建中，除了结合自身历史基础和现实优势来"巧妙"地运用"软实力"之外，还将其硬实力进行"软包装"，加强与印度尼西亚在经济、

---

① What is Public Policy, http：//www. publishdilomacy. org/1. htm.

② Jacques E. C. Hymans, India's Soft Power and Vulnerability, *India Review*, 8 (3), 2009, pp. 234 – 265.

③ Ian Hall, India's New Public Diplomacy：Soft Power and the Limits of Government Action, *Asian Survey*, 52 (6), 2012, p. 15.

④ Ian Hall, India's New Public Diplomacy：Soft Power and the Limits of Government Action, *Asian Survey*, 52 (6), 2012, pp. 19 – 26.

政治和非传统安全领域的互动与合作。印度与印度尼西亚在 1986 年就签署了关于避免双重征税的双边协定，1999 年在 G15 峰会期间两国签署了促进和保护投资协议，该协议于 2004 年 1 月生效。2005 年印度尼西亚总统访问印度期间，两国还签署了一项谅解备忘录，其中包括成立研究双边综合性经济合作协议（CECA）可行性的联合研究小组，该小组在 2009 年提交的最终研究报告预测，到 2020 年印度对印度尼西亚的出口最高可达到 780 亿美元，而印度尼西亚对印度的出口最高可达 970 亿美元，双边综合经济协议实现后对印度与印度尼西亚 GDP 贡献分别为 1% 和 1.4%。[①]

印度的进口商品主要是棕榈油、煤、石油及纸制品，而印度尼西亚主要进口香料、纺织纱线、化工产品、电力机械及零件、精炼石油产品、钢铁和钢铁制品、小麦、大米和糖。印度是最大的棕榈原油进口国，印度尼西亚已成为印度在东盟的第二大贸易伙伴，仅次于新加坡。此外，印度正计划通过从亚齐到尼科巴群岛的海底管道向印度尼西亚购买天然气。根据印度尼西亚中央统计局的数据显示，印度与印度尼西亚的双边贸易额在 2010 年达到了 130.2 亿美元，印度分别是印度尼西亚的第 7 大贸易伙伴和第 16 大投资国，[②] 可以预见，印度未来将会成为印度尼西亚最重要的贸易伙伴。

进入 21 世纪之后，两印的双边关系取得了长足的发展，高层互访和会晤的频率显著增强（见下表）。两国在 2005 年的战略伙伴宣言中强调，双方拥有共同的价值观，都主张民主的多样化和国际关系的多极化，推崇法律的至高无上。2007 年 1 月，印度尼西亚副总统卡拉访问印度时，与印度签署了在反恐、能源、自然灾害应对、电力开发使用、矿产和交通等方面的合作与对华协议。2008 年印度总统巴蒂尔与苏西洛在雅加达会晤时强调，两国要在教育、制药、农业和旅游及影视业方面提升合作层次。2011 年 1 月，苏西洛第二次访问印度时，两国就政治、安全、文化与社会合作签署了 11 项谅解备忘录。

2000 年来两国首脑互访一览表

·印度最高领导对印度尼西亚的访问	·印度尼西亚最高领导对印度的访问
2003 年瓦杰帕伊访问印度尼西亚	2000 年 2 月，瓦希德出访印度
2005 年 4 月辛格访问印度尼西亚	2002 年 4 月，梅加瓦蒂出访印度
2008 年 11 月普拉蒂巴·帕蒂尔总统访问印度尼西亚	2005 年 11 月，苏西洛出访印度
2011 年 11 月辛格访问印度尼西亚	2011 年 1 月，苏西洛出访印度

2001 年，印度总理瓦杰帕伊在访问雅加达期间签署了两印的防御合作条约，印度重点向印度尼西亚提供防卫科技和训练技术。另外，在打击恐怖主义方面，印度积极摆出向印度尼西亚提供反击国内伊斯兰极端主义的姿态。[③] 同时于 2004 年 7 月，两印签署了共同打击国际恐怖主义的谅解备忘录，并成立了联合反恐工作小组。针对马六甲海峡海盗比较猖

---

① Report of the Joint Study Group on the Feasibility of India-Indonesia Comprehensive Economic Cooperation Agreement, 2009, p. 90.

② Linda Yulisman, India, RI Expect Trade to Reach US $ 25b by 2015, *The Jakarta Post*, 2011 - 10 - 06.

③ David Brewester, The Relationship between India and Indonesia: An Evolving Security Partnership, *Asian Survey*, Vol. 51, No. 2, 2011, p. 233.

獗的现象，两国在打击以海盗问题为代表的海上恐怖主义方面，合作深度不断加大，不仅"两国军舰实行互访，而且还举行联合军事演习，印度海军舰队为印度尼西亚船舰护航前往安达曼海巡航"[①]。2011 年 1 月，两印再次共同表示将在"情报分享、反恐政策制定等方面展开合作"[②]。

四、结语

印度尼西亚凭借其位于印度和太平洋"守门人"的特殊地理位置和在东南亚地区的领导角色，在印度的外交战略中占据着重要的地位，印度将改善和加强与印度尼西亚关系视作在东南亚地区扩展影响力的关键之举。近些年，在新战略伙伴关系的框架内，印度对印度尼西亚开展了全方位的软实力外交，在非常重视包括文化外交、公共外交等内容的软性权力拓展的同时，还"巧妙"地将硬权力"软"使用，在政治、经济、安全等领域深化与印度尼西亚的伙伴关系合作。

印度极力在印度尼西亚开展软实力外交，其目的除了实现自己的"东向政策"战略目标外，在很大程度上是为了联合印度尼西亚共同牵制中国。在印度看来，同为亚太地区不断崛起的大国，中国通过软实力外交所塑造的"魅力中国"形象，足以对其扩展在亚太地区事务的影响力形成威胁，并对其参与亚太事务形成阻碍，因此，只有"奋起直追"，充分运用印度所拥有的软实力资本，发展软实力外交，才能有效地制衡中国的影响力，实现所规划的战略目标。[③]

从本质上说，软实力外交是一种低成本、高回报的外交方式，对于印度对印度尼西亚的软实力外交的开展，中国一方面需要看到印度企图充分发挥软实力外交来"对抗"和"制衡"中国影响力的意图和努力，另一方面应更多地从印度对印度尼西亚外交中获得启示，即如何在周边关系构建中更加巧妙地运用软实力。作为亚太地区的大国，中国除了突飞猛进的经济实力和不断提升的综合国力之外，还拥有悠久的历史、灿烂的文化，博大精深的文化资源赋予了中国丰富的软实力，思考如何将其运用到外交关系构建和周边安全环境塑造中，具有极强的现实意义。尤其是近几年来，在美国奥巴马政府亚太战略调整的大背景下，中国在周边地区的软实力呈现出不断下降的趋势，周边安全问题不断，中国的周边安全环境正经历着进入 21 世纪后的新一轮挑战，[④] 因此，在这种大背景和迫切现实面前，如何运用软实力外交来一定程度上化解中国所面临的紧张局势，化解潜伏的安全危机，塑造稳定的周边安全环境，更是现在的中国需要审慎思考的议题。

---

① Akhyari, India And Indonesia? An Analysis of Our Foreign Policy, *MeriNews*, Feb. 22, 2010, http：//goodnewsfromindonesia. org/2010/02/22/india-and-indonesia-an-analysis-of-our-foreign-policy/3.

② Rajeev Sharma, India, Indonesia Get Closer, *Eurasia Review*, Jan. 30, 2010, http：//www. eurasiareview. com/analysis/india-indonesia-get-closer-31012011/.

③ Philip Seib, India is Looking Anew at its Public Diplomacy, http：//uscpublicdiplomacy. org/index. php/newswire/cpdblog_detail/india_is_looking_anew_at_its_public_diplomacy/both accessed 20 May 2011.

④ 观点引自时殷弘教授在 2012 年 10 月 30 日中国社会科学院举办的"大国的亚太战略"国际学术研讨会上的发言。

历史和地理的枢纽

——中美在东南亚地区软实力战略比较

周厚虎

内容摘要： 任何国际关系无外乎是时间和空间交汇下的某种特定形态。从这个意义上说，采用历史和地理的分析方法是理解国际关系的重要路径。从历史角度来看，随着世界的转型和权力的转移，世界步入了从全球化到再全球化的过程，这预示着软实力战略时代的来临。从地缘的角度来讲，地缘政治被视为大国战略谋划的地理坐标，因此地区战略是国家战略的基本依托。随着东南亚地区战略价值的日益凸显，作为当今世界上最大的发展中国家和发达国家，中美两国的软实力战略在东南亚地区历史性地交汇了。本文将以中美软实力战略为经，以两国东南亚战略为纬，从战略认知、战略目标、战略手段以及战略效用等四个方面系统比较中美在东南亚地区的软实力战略，客观评估中美软实力在东南亚地区所存在的差异和发展态势，以期对中国的软实力的建设和软实力战略的实施提供有益借鉴和启示。

关键词： 中美；东南亚；软实力；战略

【作者简介】 周厚虎，中共中央党校国际战略研究博士生。

一、历史和地理：国际关系研究的维度

理论的发展来源于对历史的思考和对未来的展望。无论哪种国际关系理论，都有其深刻的历史背景，它是某种国际形势的产物。同时，由于国际社会中各个行为体不同的地缘特征和历史条件下所建构和承载的文化的差异，导致了思维的分野，进而也影响了国际关系理论的地理性特征。正如基欧汉指出："理论总是服务于一定的人和一定的目标的。所有理论都有其独特的视角，视角源于时间与空间的定位，特别是社会与政治的时间与空间的定位。我们对任何一种理论进行表述时，主要的是，要将它作为意识形态加以考察，揭露其隐藏于背后的视角。"[①] 因此，任何国际关系无外乎是时间和空间交汇下的某种特定形态。从这个意义上说，历史和地理的分析方法是理解国际关系的重要路径。

1. 历史：软实力凸显其战略价值

理论是人们由实践概括出来的关于自然界和社会界知识的有系统的结论。而自然科学理论和社会科学理论最大的不同在于前者的存在至少在某种意义上是超时空的，而后者要

[①] ［美］罗伯特·O. 基欧汉编，郭树勇译：《新现实主义及其批判》，北京：北京大学出版社 2002 年版，第190 页。

受到时间的种种限制。一种被历史证明在"昨天"正确的社会科学理论在"今天"不一定正确。而"今天"被认为是正确的理论"明天"可能被认为是荒谬可笑的。国际关系理论英国学派中的许多学者认为，国际关系理论只能放在特定的历史框架内加以讨论。[①]西方国际关系理论的建构都是以历史背景为前提的，历史不仅可以让研究者获得关于具体事件的详细知识，而且还能用于检验一般法则。因此在不同的历史阶段中，各个理论的地位此起彼伏。两次世界大战造就了现实主义在国际关系理论界的主导地位，而科学技术的发展和全球化程度的加深，导致了新自由制度主义的崛起。冷战的结束又带来了后实证主义的迅速发展。从这个意义上说，各个国际关系理论本身具有其历史性的特点，因为在某一历史时期内，它对某些历史事件具备强有力的解释力。因此，国际关系理论不是孤立和静止的，而是随着时间的变化不断自我成长、发展和完善的。不同的历史背景和历史形势造就了不同理论的战略价值。从这点上看，全球化、信息化的国际环境日益凸显了软实力的战略价值。

20 世纪 80 年代末特别是冷战结束以来，"美国衰弱"成为美国国内学者争论的话题。在那场争论中，以历史学家保罗·肯尼迪为代表的"美国衰落论"无疑占有主流地位，这一度令许多人陷入了"美国衰落"这一悲观的情绪之中。[②]但约瑟夫·奈在关于美国是否衰弱的辩论中否定了"美国衰落论"，并在其相互依存理论的基础上提出了"软实力"这一概念。他认为美国的实力并没有衰落，而只是其本质和构成正在发生变化。奈认为："冷战后国际政治的变化主要表现在'世界权力的变革'和'权力性质的变化'。"[③]20 世纪以来，国际政治权力更多地体现为科技信息、灵活反应的组织能力、政治凝聚力、国际制度和普世性文化等无形的软实力资源。任何国家应对全球信息时代新威胁的成功与否不仅取决于自身的军事和经济实力，还取决于其文化和价值观所代表的软实力，也取决于本国的政策是否让其他国家感到自己的意见受到了尊重、自己的利益得到了关注。在世界变革的情况下，所有国家，包括美国，都需要学会通过新的权力源泉来实现自己的战略目标和国家利益。

随着全球化的深入发展和互相的依赖程度日益加深，世界处于深刻的转型之中，与之相对应的是权力亦处于深刻的转移之中。正是在这样的国际环境大调整、大变革的背景下，软实力理论从一个简单的概念逐渐发展和成熟起来。软实力理论的产生与发展使国际关系理论研究拓展到一个新的领域，成为理解国际关系变化和外交政策的一个新的理论视角。更为重要的是，软实力理论逐渐向国际政治的实证研究延伸开来，成为各个国家对外

---

① Hedley Bull and Adam Waston, *The Expansion of International Society*, Oxford Glarendon, 1984, p. 9. 转引自苗红妮：《英国学派与国际社会理论》，秦亚青主编：《理性与国际合作：自由主义国际关系理论研究》，北京：世界知识出版社 2007 年版，第 146 页。

② 1987 年保罗·肯尼迪出版了《大国的兴衰》一书，在美国国内产生了巨大反响。Paul Kennedy, *The Rise and Fall of the Great Powers*, Vintage Books, 1987.

③ 1990 年奈分别在《政治学季刊》和《外交政策》等杂志上发表了《变化中的世界力量的本质》和《软实力》等文章，并出版了专著《注定领导：变化中的美国力量的本质》，首次提出了软实力概念，区分出行使权力的两种方式：一是直接或命令式方式，可称为硬性命令式权力行为；另一种是非直接的权力行使方式，可称为同化式的权力行为或软实力。Joseph S. Nye, Jr. , The Changing Nature of World Power, *Political Science Quarterly*, Vol. 105, No. 2, 1990; Joseph S. Nye, Jr. , Soft Power, *Foreign Policy*, Fall 1990; Joseph S. Nye, Jr. , *Bound to Lead: The Changing Nature of American Power*, New York: Basic Books, Inc. , Publishers, 1990, pp. 31 – 32.

战略中的重要内容。正如有学者指出："随着国际政治格局的发展，软战略较之硬战略的重要性日益凸显。这种国家实力软性使用的战略，表现出一种国际道德，更容易获得被作用者的认可，避免了硬战略引起的反感、憎恨和抵制，比较容易达到战略和政策目标。"①因此，软实力成为各个国家谋求利益的战略首选。

2. 地理：东南亚突显其战略地位

地理因素对人类的生存发展和内外关系都会产生重大的影响，在国际关系中也不例外，地理环境与国际权力之间存在着密切的联系。因此，作为一门专门研究地理环境与国际权力竞争间互动关系的科学——地缘政治学一直以来都受到学者、军事家甚至战略家的关注与重视。从马汉的"海权论"、到麦金德的"陆权论"、再到杜黑的"制空权论"，以及亨廷顿的"文明冲突论"，无不将地理因素视为影响甚至决定国家对外政治的基本因素。与其他的国际政治理论相比，任何形式的地缘政治学在具体形态上一般都表现为某种从空间角度对人类政治生活实践（尤其是国际关系实践）进行的研究，它不仅是描述性的（有助于人们形成对世界政治格局的总体认识），而且很大程度上是战略性的（它向人们展示了实现国家对外政策目标的某些基本途径），也正是这种战略性决定了地缘政治学与大战略研究的密切联系。②从这个意义上说，任何类型的政治权力或政治现象都必然具有某种空间维度，即政治权力或政治现象不仅有政治特性，同时具有地理（空间）特性。

在国际体系变迁和各国寻求发展的过程中，国家主义、地区主义和全球主义是各大国进行战略调整与应对的理论框架，在此理论框架下形成了以国家战略、地区战略和全球战略为主要内容的国家战略体系。③在一国的国家战略体系中，国家战略是基础，全球战略是支撑，地区战略是依托。因此，对地区战略的重视与选择，对一个大国的崛起与持续发展起着至关重要的作用。正如有学者指出："地缘政治被视为大国战略谋划的地理坐标。经济区域化、集团化客观上形成了欧洲、亚太、北美三大经济板块，各主要大国分别以此为依托。东亚地区就是中国参与地区合作的基本依托。"④从地缘政治的角度来讲，东南亚位于世界上两条最重要的海上交通线的交汇处，东西连接着印度洋与太平洋，南北把亚洲大陆和大洋洲连接起来，其战略地位十分重要。而且，东盟作为东南亚的地区组织，是世界上仅次于欧盟的最重要的、一体化程度最高的区域合作组织，在东亚地区事务和区域合作机制中发挥着主导作用。东南亚地区的地缘特征和文化特点使其在国际体系和国际格局中日益突显其战略地位。

随着东南亚地区战略价值的日益凸显，作为当今世界上最大的发展中国家和发达国家，中美两国的软实力战略在东南亚地区历史性地交汇了。中国作为东亚国家之一，在其战略布局中周边地区是首要。而且，随着中国综合国力的日益提升，它在东南亚地区的影响力也会与日俱增。冷战结束后特别是"9·11"事件以来，美国调整亚太地区在其全球战略中的地位，并将其作为冷战后美国谋求海外利益和维持其全球主导地位的重要地区。

---

① 高兰、俞正樑：《实力战略的变革：硬战略抑或软战略?》，《现代国际关系》2008年第12期，第2页。

② Mackubin T. Owens, In Defense of Classical Geopolitics, *Naval War College Review*, Vol. 52, No. 4, 1999, p. 60.

③ 关于中国国际战略的理论框架和中国国家战略体系，详见门洪华：《开放与国家战略体系》，北京：人民出版社2008年版，第22～35页。

④ 门洪华：《中国东亚战略的展开》，《当代亚太》2009年第1期。

而在其亚太战略中，东南亚是一支不可忽视的力量。同时，由于历史和现实的原因，东盟在政治和安全方面还可以起到制衡东亚地区大国的作用。因此，东南亚地区的影响远远超出了东南亚自身的范围而牵涉到整个东亚地区甚至全球。对于中美两国而言，双方在东南亚地区软实力战略的实施，表现为全球化时代背景下历史和地理的枢纽。

二、认知与意图：中美软实力战略的资源与目标

作为当今世界上最大的发展中国家和发达国家，中美两国不仅关注于自身的安全与经济的发展，也同时关注于本国软实力的提升。某种程度上说，未来的竞争是软实力的竞争，软实力的优点将决定21世纪的面貌，也深刻影响每一个国家的走势。随着软实力价值的日益凸显，软实力也逐渐上升到中美两国的战略层面。奥巴马政府当前所施展的"巧实力外交战略"，就是美国软实力战略的集中体现。随着胡锦涛总书记在党的十七大报告中提出"提高国家文化软实力，使人民基本文化权益得到更好的保障"[①]后，软实力也逐渐上升到国家战略的高度。但由于中美两国处于不同的发展阶段，并具有不同的民族性格和气质，因此两国对软实力的构成要素及目标的理解存在着一定的差异。

1. 中美东南亚软实力战略资源比较

从占有资源的角度来看，软实力资源就是指能产生吸引力的资产。从这一点上看，中美两国在东南亚地区的软实力资源与两国的软实力总体资源是吻合的，因此，两国东南亚软实力资源的比较实际上也是两国总体软实力资源的比较，二者存在一致性和延续性。

（1）美国学者对软实力的认知，以约瑟夫·奈的研究成果最具代表性。奈认为："国家的软实力主要有三种资源：文化（在能对他国产生吸引力的地方起作用）、政治价值观（当它在海内外都能实践这些价值时）及外交政策（当政策被视为具有合法性及道德威信时）。"[②]虽然没有单独强调把国际制度和信息作为软实力资源，但约瑟夫·奈在很多著作和文章中，还是将国际制度和信息作为软实力的重要来源并予以了论述。[③]而作为美国的一种战略，美国官方倾向于将软实力资源的范围扩大。2008年，芝加哥全球事务委员会政务委员会在针对东亚国家软实力的一份调研报告中，把经济（体制）、文化、人力资本、外交和政治作为国家软实力的五大指标，共同构成国家软实力指数，并用这一指数对东亚主要国家的软实力作了评估。[④]美国参议院外交关系委员会也采用了外延更为丰富的国家软实力概念。而国家软实力的构成要素包括国际贸易、海外投资、发展援助、外交倡议、

① 胡锦涛：《高举中国特色社会主义伟大旗帜 为夺取全面建设小康社会新胜利而奋斗——在中国共产党第十七次全国代表大会上的报告》，北京：人民出版社2007年版，第33页。

② ［美］约瑟夫·奈著，吴晓辉、钱程译：《软实力：世界政坛成功之道》，北京：东方出版社2005年版，第11页。

③ 对国际制度和信息作为软实力来源的论述的文章和著作：Joseph S. Nye, Jr., *Bound to Lead: The Changing Nature of American Power*, New York: Basic Books, 1990, pp. 33 - 34；Joseph S. Nye, Jr., *The Paradox of American Power: Why the World's Only Superpower Can't Go It Alone*, New York: Oxford University Press, 2002, pp. 45 - 47；Robert O. Keohane, Joseph S. Nye, Jr., Power and Interdependence in the Information Age, *Foreign Affairs*, Vol. 77, No. 5, Sep/Oct. 1998, pp. 89 - 90.

④ The Chicago Council on Global Affairs, East Asia Institute, Soft Power in Asia: Results of A 2008 Multinational Survey of Public Opinion, 2008.

文化影响力、人道主义援助和灾难救济、教育以及旅游等多方面内容。① 由于制造对外影响力的软硬两种实力很难分开，因而奈的软实力概念常常被泛化，美国软实力资源不仅包括奈所说的文化、价值观念和外交政策，而且还包括部分硬实力，如经济因素，诸如经济援助、双边贸易和投资等。

（2）自20世纪90年代初软实力理论被引进中国后，在商界、政界以及学术界普遍受到欢迎。但对于软实力的理解，中国学界之间、学界与政界之间并未达成共识，各自有自己的看法和认知视角，其分歧集中表现在软实力的核心是文化力还是政治力。② 时任国务院总理温家宝在2009年夏季达沃斯论坛上指出，所谓中国软实力，就是对所有国家，特别是发展中国家、最不发达国家的尊重，就是在自己发展的同时，要尽力帮助他们。③ 温总理这里所说的国家软实力，主要是通过对他国，特别是对弱国的尊重和支持所转化而来的一种道义性力量，这一阐释提供了理解国家软实力的新视角。从软实力资源的角度来看，清华大学的阎学通教授认为国家软实力的核心是政治实力，主要包括国际吸引力、国际动员力、国内动员力等三个二级要素，具体分解为国家模式吸引力、文化吸引力、战略友好关系、国际规则制定权、对社会上层的动员力等五个三级要素。北京大学中国软实力研究课题组认为，国家软实力的资源主要包括文化、政治价值观（体现为国内政策）、制度、外交政策以及国民素质等五个方面的内容。中央党校的门洪华教授指出，中国软实力包含文化、观念、发展模式、国际制度、国家形象等核心要素，文化、观念、发展模式为"内功"，国际形象为"外功"，而国际制度则联结并跨越两者，成为中国展示和构建软实力的主要渠道。虽然不同的学者对中国软实力构成要素有不同的理解，但一个共同的特征是他们都强调了文化特别是中国传统文化、观念制度、发展模式、国家形象等几个方面，比奈的认识更为广泛和具有中国特色。④

2. 中美东南亚软实力战略目标比较

一般来讲，一个国家的地区战略目标是为一国的整体战略目标服务，二者具有内在的一致性。探寻中美两国东南亚的软实力战略目标，始终绕不过两国软实力战略的整体目标。由于二者软实力整体目标迥异，其东南亚地区的软实力战略目标也不一样。

（1）奥巴马政府当前所实施的巧实力战略，是软实力战略的延伸与拓展，希望美国能将硬实力和软实力完美结合、娴熟运用，保持乃至增强自己在全球的影响力。就连约瑟夫·奈和阿米蒂奇也承认，美国对外政策的目标应该仍然是"延长和保持美国的优势"⑤。

---

① Committee on Foreign Relations, China's Foreign Policy and Soft Power in South America, Asia, and Africa, April 2008.

② 清华大学的阎学通教授认为国家软实力的核心是政治实力，而中央政策研究室主任王沪宁则认为国家软实力的核心是文化力。

③ 温家宝总理在2009年夏季达沃斯论坛上回答相关提问时提出了这一观点。转引自黄金辉、丁忠毅：《中国国家软实力研究述评》，《社会科学》2010年第5期，第32页。

④ 有关中国学者对软实力构成要素的文章很多，此处不一一列举，不同的学者有不同的认识，不同的认识正好反映了学者不同的研究视角。详见阎学通、徐进：《中美软实力比较》，《现代国际关系》2008年第1期；北京大学中国软实力研究课题组：《软实力在中国的实践》，北京大学"中国软实力"网；门洪华：《中国软实力评估报告》（上、下），《国际观察》2007年第2、3期。

⑤ Richard L. Armitage and Joseph S. Nye, Jr., CSIS Commission on Smart Power, A Smarter, More Secure America, 2007, p. 5.

从根本上说，美国软实力的战略目标就是解构受众者现有的意识形态、价值观和文化身份，同时在他们心中建构起自身所需要的意识形态与价值观念，以最小的代价实现其称霸世界的目的。正如詹姆斯·佩查斯曾深刻揭示："西方的软实力就是要改造大众意识，以达到重塑被压迫人民的价值观、行为准则、制度和身份，使之服从帝国主义阶级的利益。"①

冷战以后，美国把防止出现可能挑战和动摇其超级地位的超强大国定为其全球战略的核心目标。近年来，中国在东南亚综合影响力的增强已是一个不争的事实。约瑟夫·奈曾指出，东亚峰会的召开是中国谋求新地区权力结构的第一步，美国被排除在该结构之外。中国在东南亚软实力的提升是以牺牲美国为代价的。尽管中国（在东南亚）还没有获得与美国同等的软实力，但美国忽视这一趋势是愚蠢的。美国须投入更多的关注来平衡中国的软实力。② 因此，美国需要在东南亚地区实施软实力战略，同东盟国家建立密切关系，借助东盟的影响来巩固与加强其在亚太地区的主导地位。通过软实力战略，美国试图在东南亚地区取得主导地位，建构符合自身意愿的秩序。随着全球化进一步的深入，东南亚地区在美国的外交战略规划中将会进一步加重。

（2）进入21世纪后，随着中国逐渐全面融入国际社会，在世界政治经济中扮演着越来越重要的角色。有关中国崛起及其对世界政治经济影响的讨论已成为全球性的热门议题。但是这些讨论仅仅局限于中国硬实力特别是经济实力的崛起，往往忽视了中国优秀的传统文化、成功的发展模式等软实力所带来的效应。中国的软实力战略，旨在提升自我，实现和平崛起，即在和谐理念的指导下提升我国的国家凝聚力和国际亲和力，最大限度地消除由于中国经济、军事等硬实力增长可能带来的负面效应，从而为实现中国的和平发展创造良好的外部环境。

从现代地缘政治的角度看，中国之于东南亚的重要性和影响力，应该超过亚洲地区任何一地。③ 反过来看，东南亚国家作为中国的近邻，在中国的国际战略中的重要性也不言而喻，东南亚是中国周边外交的一大重点。中国东南亚地区的软实力外交，旨在通过自身的发展和成功的模式促进自身和东南亚地区的共同发展，并为双方的发展创造良好和谐的周边环境，促进东南亚甚至整个东亚地区的和平、稳定与和谐。

三、路径与后果：中美软实力战略的手段与效用

软实力的运用和竞争是一种全球化时代的现象，是不同国家之间在政治文化、政治体制和价值观方面的较量，是不同国家的人民对本国和他国体制，以及由体制而衍生的价值观在认同感和忠诚感意义上进行比较与选择。④ 从这点上说，各个国家软实力战略路径的选择，会直接影响软实力战略的效果以及软实力战略目标的实现程度。由于中美两国软实力战略资源和战略目标不同，各自实现自身战略目标的手段和战略效用也会呈现出差异。

① ［美］詹姆斯·佩查斯：《20世纪后半叶的文化帝国主义》，美国《侨报》1993年2月20日。
② Joseph S. Nye, Jr., The Rise of China's Soft Power, *Wall Street Journal Asia*, December 29, 2005.
③ 杜平：《东南亚在中国全球战略中的地位》，《华人世界》2007年第7期，第102页。
④ 王希：《中美软实力运用的比较》，《美国研究》2011年第3期，第22页。

1. 中美东南亚软实力战略手段比较

约瑟夫·奈曾指出诸如美国的文化、价值观念以及公共外交是美国软实力的主要承载工具。一些学者说得更加形象，如德国的约瑟夫·约菲更是把美国的软实力说成就是"哈佛大学以及好莱坞、麦当劳和微软"①。对中国而言，印度尼西亚总统发言人迪诺·帕蒂·贾拉勒曾指出，中国已经有效利用经贸关系、教育奖学金、投资及文化上的联系，与东南亚国家建立了积极的关系，展现了自己的软实力。②

第一，文化和价值观念是软实力的重要资源，同时也是软实力发挥有效作用的重要手段和载体。对于美国而言，其文化软实力主要表现在以电影、电视、音乐为主的大众文化传播媒介和以麦当劳、可口可乐以及牛仔为代表的生活元素以及"民主联盟"的价值观念。③ 美国在与东盟及其成员国发展密切政治关系的同时，大力向其兜售美国的民主、自由和人权理念，将菲律宾誉为东南亚民主的橱窗，支持印度尼西亚、泰国等国的民主进程，并通过多边主义来推动越南以及缅甸的民主进程。同时，在金融危机中，美国大肆批评"东亚模式"和"亚洲价值观"，宣传美国式的西方民主。

第二，美国不断扩大与东南亚国家的往来，积极发展同东南亚国家的关系，以增强在东南亚地区的影响力。2009年2月，希拉里上任不久就出访了东盟秘书处，并于同年7月率团参加第16届东盟地区论坛，签署了《东南亚友好合作条约》。同年11月，奥巴马出席在新加坡举行的首届东盟—美国峰会，这是美国总统第一次与包括缅甸在内的东盟十国国家领导人集体会谈。2010年9月24日，第二次东盟—美国峰会在纽约召开。这些活动为美国和东盟成员的进一步沟通交流提供了良好平台。

第三，通过加强经贸合作和相关援助等外交手段，不断改善美国在东南亚地区的国家形象。正如新加坡学者吴翠玲指出，美国改善它在东南亚形象的最好办法就是打好"经济牌"。④ 因此，2009年希拉里在东盟外长会议期间，与泰国、老挝、柬埔寨、越南等湄公河下游流域国家外长进行了同时会晤，并提出了《湄公河流域开发计划》，主动介入东南亚次区域经济合作当中。与此同时，在东盟国家热切关注的环境保护、灾害救援、文化教育、疾病控制等问题上，美国也加大了投入，以改善美国在东南亚民众心中的形象，以期真正提升美国的软实力。

第四，美国在东南亚软实力战略的实施方面，更多的是依赖成熟而完善的公共外交机制。美国亚洲基金会的一份报告曾指出：美国不能仅仅限于和亚洲政府接触，还应该通过文化、教育交流来影响亚洲公众。希拉里在印度尼西亚访问时曾特意与民众、非政府组织

---

① Josef Joffe, Soft Power Politics, *Time Atlantic*, No. 23, June 12, 2000, p. 32.

② 路透社堪培拉2006年9月27日电讯。

③ 2006年9月20日，美国"普林斯顿计划"研究小组公布了题为《铸造法治之下的自由世界：21世纪美国国家安全战略》最终报告，也被称为"普林斯顿报告"。该报告建议，如果联合国改革不能进行，又变得越来越无用，就用一个新的国际组织来替代它，这个组织就是"民主联盟"。有关美国在东南亚推行"民主联盟"价值观念的介绍，详见张宇权：《中美软实力在东南亚国家中的影响比较——以"和谐世界"和"民主联盟"为中心》，《厦门大学学报》（社会科学版）2010年第3期。

④ Evelyn Goh, Meeting the China Challenge: The U. S. in Southeast Asia Regional Security Strategies, *Policy Studies*, 2005, p. 44.

接触。她在泰国还表示：美泰两国的友好关系要通过人民的交往来巩固。① 非政府组织和民间在对外行使软实力方面比较见效，而且往往弥补了官方的不足和失败，在这一点上美国具有其他国家无法比拟的优势。

中国在东南亚软实力战略的实施，首先依赖于中国文化特别是传统文化的吸引力。将文化视为软实力的一种工具，一方面是指令人仰慕的中国传统的"和合文化"，另一方面是指承载着传播中国传统文化散布全球的"孔子学院"。因为地缘的优势，中国与一些东南亚国家存在着一定程度上的文化共性，"和谐"的"和合"精神已深深植根于各民族文化的内核之中。另外，东南亚地区自 2005 年 7 月新加坡南洋理工大学孔子学院率先揭牌成立起，截至 2011 年 3 月，东南亚 8 国共建孔子学院 27 所、孔子课堂 14 所，合计 41 所，注册学员达 5 万人，参加文化活动人数达 10 万人。② 孔子学院的迅速发展扩大了中国在东南亚地区的影响力，提升了中国的软实力。

其次，通过东南亚地区华人华侨的推动。2009 年，厦门大学的庄国土教授对东南亚华侨华人进行了估算：全球华侨华人约 4 543 万，东南亚华侨华人约有 3 348.6 万，约占海外华侨华人总数的 73.4%，20 世纪 80 年代后，迁入东南亚的中国新移民至少有 250 万以上。印度尼西亚、泰国和马来西亚既是东南亚国家，也是世界华侨华人人口数量最多的三个国家。③ 华侨华人不仅促进了中国与东南亚国家之间的政治经济合作和文化交流，而且提升了中国的国际影响力和国家软实力。

再次，中国的教育对东南亚留学生的吸引也有助于提升中国软实力。近年来，随着中国经济的发展和与东南亚国家交流的增加，"留学中国"的东南亚学生越来越多。据中国教育部 2009 年统计，在华学习的外国留学生中，来自亚洲的人数占首位，超过 16 万人。按国别统计，进入前十名的东南亚国家有 3 个，分别是越南（第三）、泰国（第四）和印度尼西亚（第八）。另据中国驻新加坡大使馆提供的数据，2002 年到中国留学的新加坡籍学生只有 583 名，2009 年则大幅增加到 3 198 名。④

最后，中国积极参加多边组织和机构，如东盟地区论坛、东亚峰会、东盟 10 + 3 峰会等，发展与东盟国家之间的经贸关系。同时对东南亚国家实施对外友好援助，做负责任的大国，树立积极正面的国家形象。21 世纪以来，中国对东南亚的援助已经超过了美国，例如，2002 年中国对印度尼西亚的援助是美国的两倍，2006 年中国对菲律宾的援助是美国的四倍，对老挝的援助是美国的三倍。⑤ 2008 年金融危机期间，东盟国家呼吁中国加大对其投资，以稳定该地区经济增长，以上表明中国软实力在东南亚日益增强的影响力已无法忽视。⑥

---

① Hillary Rodham Clinton, Press Availability at the ASEAN Summit. 转引自李益波：《奥巴马政府对东南亚政策的调整及其原因分析》，《太平洋学报》2010 年第 1 期，第 40 页。

② 相关资料来源于林华东、吴端阳：《东南亚地区孔子学院可持续发展研究》，《泉州师范学院学报》2011 年第 5 期，第 3 页。

③ 庄国土：《东南亚华人华侨数量的新估算》，《厦门大学学报》2009 年第 3 期。

④ http://www.china.com.cn/international/txt/2011 - 07/04/content_ 22913141.htm.

⑤ Joshua Kurlantzick, China's Charm: Implications of Chinese Soft Power, Carnegie Endowment for International Peace Policy Brief, No. 47, 2006, p. 3.

⑥ 美国国家情报委员会编，相蓝欣译：《大趋势：2020 的世界》，上海：华东师范大学出版社 2007 年版。

2. 中美东南亚软实力战略效用比较

潜在的力量资源并非总能转换为达到预期结果的现实力量。若要成功转换，潜在软力量的客观手段必须对特定观众有吸引力，而且这种吸引力必须影响到最终的政策结果。[①]从这一点来看，中美软实力战略的效用必然涉及各自所拥有的特定的吸引力以及对其他国家的政策产生了相应影响的相关实例。随着奥巴马政府战略重心的转移和软实力战略的实施，使得美国在东南亚地区的软实力有了一定的恢复和回升。而中国改革开放的深入，经济增长势头日趋明显，与此相应的是中国的东南亚地区软实力及国际影响力稳步上升。

（1）奥巴马政府通过一系列的软实力战略手段，使得美国在东南亚地区的国际影响力和软实力较之小布什政府有了长足的进步。"9·11"事件后，反恐和防扩散成为美国安全战略的优先考虑，美国一直忽视的东南亚也成为美国全球反恐的"第二条战线"，但是东南亚对美国的反恐心存疑虑和警惕。2003年的一项民意调查显示，印度尼西亚对美国的满意度由2002年的61%急剧下降为15%。[②] 经济上，2006—2008年，美国与东盟的贸易份额被中国超过。政治上，针对缅甸的民主问题，美国多次向东盟施压，使得东盟内部裂痕加剧而引发对美国的不满。在有关环境保护、疾病防御、消除贫困以及气候变暖的问题上，美国的表现也令东南亚国家失望。特别是中国在东南亚地区影响力的逐渐增强，一度令美国感到忧虑。约瑟夫·奈指出："东亚峰会的召开是中国谋求新地区权力结构的第一步，美国被排除在该结构之外。中国在东南亚软实力的提升是以牺牲美国为代价的。"[③]这一切令美国的东南亚外交面临着非常尴尬的局面。

随着奥巴马政府时期软实力战略的实施，美国的东南亚地区软实力得到了很大的提升和改善。政治上，美国除了巩固与东南亚地区传统盟友（例如菲律宾、新加坡等）的关系之外，与缅甸甚至柬埔寨的关系也得到明显改善，尤其对于美缅关系而言，从相互敌视发展到了相互接触和对话阶段。2009年，美国签署了《东南亚友好合作条例》，这不仅意味着东盟对美国的接纳，也是美国实施"美国重返东南亚"战略的标志性事件，促进了美国与东盟国家之间在经贸、环境、教育卫生等领域的多方面合作。另外，美国加强与东南亚国家之间的经贸合作以及通过相关援助等外交手段，使得美国的国家形象大幅度提升。美国皮尤调查中心2009年7月23日的民意调查显示，自奥巴马执政以来，美国的国际形象在世界大多数国家和地区包括伊斯兰世界得到了显著改善，这表明全球对奥巴马政府持有好感。例如在印度尼西亚，对美国持正面看法的人占42%，而2008年则只有31%。[④]

（2）随着中国和平发展道路的深入以及东南亚地区软实力战略的实施，中国在东南亚地区的国家形象和国际影响力都有了巨大的进步。中国在东南亚地区由"威胁者"的形象逐渐转变为"合作者"的形象。新加坡内阁资政李光耀指出，虽然软实力概念并非中国原创，但中国对这一概念在外交中的运用已臻完美。除美、日两国质疑中国军费开支扩大和反卫星试验的意图外，其他亚洲国家都没有对中国崛起表示过分忧虑。这足以证明中国软

---

① ［美］约瑟夫·奈著，吴晓辉、钱程译：《软力量：世界政坛成功之道》，北京：东方出版社2005年版，第37页。

② Views of A Changing World：The Pew Global Attitude Project，The Pew Research Center for People and the Press，June 2003，p. 19.

③ Joseph S. Nye, Jr., The Rise of China's Soft Power, *Wall Street Journal Asia*, December 29, 2005.

④ Confidence in Obama Lifts U. S. Image Around the World, The Pew Research Center for People and Press, July 23, http：//pewglobal. org/reports/display. php？ ReportID = 264.

实力外交的成功。中国软实力外交的成功之道，言论上的安抚是其一，经济利益上的联合是其二。中国与东盟国家签署自由贸易协定，而日本、印度尚未能如此，那是因为中国能跨过国内利益矛盾（进口与出口、农业与工业），从整个国家的战略利益出发做出外交举措。中国希望东盟与中国一起迅速发展，把自己与东盟未来的经济利益联系在一起。①

中国改革开放以来，经济快速发展，综合国力大幅度增强，在整个亚洲甚至世界引起了巨大的反响。面对中国实力的迅速增长，紧邻中国的东南亚各国一方面共享着中国经济发展所带来的机遇，同时对中国实力的增长也持有疑虑。尤其是"中国威胁论"的提出，这一论断迅速在东南亚国家之间引起了共鸣，客观上影响了中国的持续健康发展以及中国的国家形象。随着中国软实力战略的实施，中国东南亚的国家形象演变为"互利共赢的经济形象"、"发展典范的政治形象"、"和谐友善的文化形象"以及"负责任的外交形象"。"中国灿烂的文明赢得了邻国的尊重，近年正经历着中文学习热和外国学生留学中国热。中国的成功也赢得了赞赏，过去 30 年中国经济的快速发展使其成为发展中国家学习的榜样。中国传统文化在约有 3 千万华人的南海周边国家深受欢迎。因此，北京正在把自己的软实力运用在东南亚这个能够认同中国历史和文化信息的近邻。"②

四、结语：中美软实力战略的特点与挑战

1. 中美东南亚软实力战略特点

（1）从中美两国在东南亚地区的软实力资源来看，美国学者在分析反美主义的源泉时注意区别了两个层面，即"美国是什么"与"美国做什么"。美国之前软实力的衰落主要是"美国做什么"导致的，而"美国是什么"仍然具有很强的吸引力，这是美国仍然在软实力领域具有优势的主要原因之一。③ 因此，美国的流行文化、民主价值观念以及先进的科学技术和信息优势成为其软实力的主要构成要素。而中国学者使用的软实力概念广于约瑟夫·奈的表达。奈主要是针对国际关系而提出的，但中国学者对于软实力的讨论包括了外交政策和国内政策两方面内容。另外，奈关于美国软实力的讨论主要集中在流行文化和政治模式上，而中国学者关于中国软实力的讨论则集中在传统文化和经济发展模式上，并涉及国家凝聚力、社会公平、政治改革、道德水准、反腐败等内容。④

（2）从中美两国东南亚软实力战略作用的路径来看，美国的软实力表现出外向性的特征，而中国软实力概念呈现出内敛型的特点。约瑟夫·奈在提出和论述软实力时更多的是从国际关系的角度来考虑问题的。从这点上看，其软实力概念具有外向性的特征，美国通过流行文化、教育以及成熟的公共外交等手段在于"塑造新的他者"，重在同化；而中国的传统文化传播、塑造国际形象等手段在于"塑造新的自我"，重在感化。"中国软力量的内涵大致界定为：由核心价值、政治制度、文化理念和民族精神等要素蕴含的力量资源

---

① Lee Kuan Yew, China's Soft Power Success, *Forbes*, June 18, 2007.

② Toshi Yoshihara, James R. Holes, China's Energy-Driven Soft Power, *Orbis*, Winter 2008, p. 127.

③ Peter J. Kazenstein and Robert O. Keohane, *Anti-Americanism Sin World Politics*, Ithaca：Cornell University Press, 2007, p. 2.

④ Wang Hongying, Chinese Conception of Soft Power and Its Policy Implications, In Wang Gungwu and ZhengYongnian, eds. , *China in the New International Order*, London：Routledge, Forthcoming, 2009.

及内化于国家行为产生的影响力和驱动力。其基本特质主要体现在内生性、内省性和内驱性。"① 中国的软实力一方面要着眼于国际关系，另一方面要更多地着眼于国内发展。特别是有些学者将发展战略的执行力、国民的凝聚力、民族的创造力、文化的感召力视为软实力的重要来源，使中国软实力更具内敛型的特点。

（3）从中美两国东南亚软实力战略的目标和效用来看，中美两国的软实力在东南亚地区都有了不同程度的提升，基本上取得了预期的效果，并朝着各自的软实力整体战略目标迈进。从这点来看，软实力战略较硬实力战略而言，更具成效和优势，它突破了将中美软实力竞争视为"零和博弈"的冷战思维，能从全球竞争的动态博弈中，看到复杂背景下中美之间存在的"竞合关系"，甚至某些领域存在的"双赢关系"。2009 年 3 月，华盛顿战略与国际研究中心出台的《中国软实力及其对美国的影响：两国在发展中国家的合作与竞争》的报告对中国运用软实力的目的进行了分析，报告指出中国运用本国的软实力是为了提升自己的国家利益，而不是针对美国的一个直接挑战。中国经济的快速增长推动国家向前发展，而国家对自然资源的需求、出口市场和政治影响等因素促使中国建立与发展中国家的接触战略。②

2. 中美东南亚软实力战略面临的挑战

（1）就美国而言，美国高调重返东南亚地区，并通过包括援助以及对话合作在内的软实力手段，赢得了东南亚地区的暂时接受，也改善了美国在东南亚的国家形象。尽管国际社会对奥巴马政府软实力外交有所期待，但是以确保美国全球霸权优势为主导思想，基于对权力和安全追求的现实主义理论，依然会是美国政府对外政策制定和实施的前提。奥巴马政府在涉及美国全球战略利益的问题上不仅不会妥协，反而有可能通过软实力的运用，在对其潜在对手利用的同时加紧施以遏制。因此，软实力外交理念主要体现的是奥巴马政府外交策略、风格和手法的改变，侧重的是工具性和手段，仅仅在姿态、身段和手段上作出了一些调整而已，其战略目标上并没有发生根本的变化。另外，东盟在主权、人权、发展观等根本性问题上与美国存在着巨大差异，因此美国对东盟内部事务的干预程度也将有所增大，势必会导致东盟反美情绪的上升，同时，东盟长期以来坚持与大国平衡相处的战略不会改变。因此，只要美国在东南亚地区的软实力战略的根本目标不变，那么"美国重返东南亚"依然会存在着巨大的阻力。

（2）就中国而言，尽管中国在东南亚的软实力有大幅提升，但与美国相比，依然相对滞后。虽然中国在东南亚地区的"合作者"形象相对稳固，但因崛起而引起的"威胁论"的声音也不容忽视，其中能源安全和对外贸易的压力更加突出。更为重要的是，美国实现战略东移，不断加强在东南亚地区的影响力，以制衡中国在东南亚甚至在东亚地区的崛起。这些都是中国东南亚地区软实力战略实施过程中不可忽视的问题。另一方面，中国自身对东南亚战略的重视程度还不够。由于历史原因，从学界到民间，中国对东南亚地区的

---

① 刘杰：《中国软力量建设的几个基本问题》，上海社会科学院世界经济与政治研究院编：《国际体系与中国的软力量》，北京：时事出版社 2006 年版，第 103 页。

② Chinese Soft Power and It's Implication for the United States-Competition and Cooperation in the Developing World, A Report of the CSIS Smart Power Initiative, http：//www. csis. org/files/media/csis/pubs/090305_ mcgiffert_ chinesesoftpower_ web. pdf.

观念、研究和了解，目前还不能适应整体战略和外交目标的转变。不论是从事国际问题研究的学者，还是普通民众，人们在整体上还缺乏对东南亚地区的深入了解。实际上，美国和日本等国已然把东南亚地区作为其全球战略的关键环节。[①]

  总之，随着软实力越来越成为一个国家国际地位的核心组成部分，将发展软实力置于战略高度是实现国家总体目标的根本要求。就中美两国东南亚地区的软实力战略而言，虽然两国的战略目标和战略手段各异，但一个和平、稳定、繁荣的东南亚，符合中美双方的共同利益，中美双方应该在此基础上展开广泛的合作，同时加强与东盟及其成员国的合作及协商，以达到多赢的局面。中国具有丰富的软实力资源，也具有强大的软实力潜力。如何将这些资源和潜力转化为现实的影响力，是中国软实力建设过程中的重要内容。一方面要不断发展文化软实力，建构影响东南亚甚至世界的中国文化，以积极主动的姿态参与东南亚地区的文化交流；另一方面要努力加强国际制度，特别是在东南亚地区国际制度形成中的议程设置能力，在国际制度中提供更多公共物品，尤其应提高在主要国际政治、经济组织中的出资份额，以此消除他国疑虑，提高中国影响力。另外，东盟也应该利用自己独特的战略地位，努力增进自身与美国、中国之间的共同利益，创立有效的国际机制，为中美两国增进互信、减少摩擦构建起重要的平台，以促进三边关系的良性发展，实现一个和平、合作、和谐的东南亚发展模式。

---

① 杜平：《东南亚在中国全球战略中的地位》，《华人世界》2007年第2期，第103页。

冷战后中、美、日在东南亚的软实力角力

——以对东盟援助为例①

陈　莹

内容摘要：冷战结束后，各国原以美苏争霸为政治前提的一切战略关系和对外政策都需要重新调整，包括对外援助政策。冷战结束距今已经 20 年，许多政策在不断的试验和修正中逐步定型，政策调整的效果也逐渐显现。因此，本文基于软实力理论，以冷战后中国、美国和日本对东南亚的援助为例，对三国在东南亚地区的软实力角力进行对比分析，并从中得出对中国未来政策的启示。

关键词：对外援助；软实力；东盟

【作者简介】陈莹，女，暨南大学国际关系学院/华侨华人研究院博士研究生。

20 世纪 90 年代初，随着苏联的解体、冷战的结束，各国原以美苏争霸为政治前提的一切战略关系和对外政策都需要重新调整，包括对外援助政策。冷战结束距今已经 20 年，许多政策在不断的试验和修正中逐步定型，政策调整的效果也逐渐显现。因此，本文基于软实力理论，以冷战后中国、美国和日本对东南亚的援助为例，对三国在东南亚地区的软实力角力进行对比分析。

一、软实力理论的内涵和演变

美国哈佛大学教授约瑟夫·奈（Joseph S. Nye）是在国际政治研究领域提出软实力（Soft Power）② 的第一人，他在 1990 年出版的《注定领导世界：美国权力性质的变迁》（*Bound to Lead：The Changing Nature of American Power*）一书和在《对外政策》（*Foreign Policy*）杂志上发表的题为《软实力》一文中，明确提出和系统论述了软实力的概念和理论。他认为软实力是一个国家运用吸引力而非强制力实现目标的能力，并使其他国家按照与它的偏好和利益相一致的方式界定自身的偏好和利益。③ 主要包括文化吸引力、意识形态或政治价值观念的感召力及塑造国际规则和决定政治议题的能力。

刘德斌教授认为，约瑟夫·奈软实力的概念是受著名政治学家彼得·巴克莱奇（Peter Bachrach）和摩尔顿·拜拉茨（Morton Baratz）"权力的第二张面孔"（second face of pow-

---

① 本文是国家社科基金重点课题"中、美、日、印在东南亚的软实力比较及我国对策研究"（项目编号：10AGJ003）的部分研究成果。

② 学界对 Soft Power 的翻译包括"软实力"、"软力量"、"软权力"、"软国力"、"柔性国力"等，本文统一采用"软实力"的译法。

③ Joseph S. Nye, Jr., Soft Power, *Foreign Policy*, No. 80, Fall 1990, pp. 153 – 171.

er）这一理论思想的启发。① 也有学者认为第一个提出并比较系统地讨论软实力的是意大利新马克思主义学者安东尼·葛兰西（Antonio Gramsci），葛兰西重点关注意识形态和文化等软实力在国内政治中的作用。② 在传统和经典的现实主义理论中，也不难发现软实力的影子。政治学家迈克尔·曼（Michael Mann）认为权力可分为四种：意识形态权力、经济权力、军事权力和政治权力。政治学家丹尼斯·朗（DennisH. Wrong）则认为权力有武力、操纵、说服和权威四种形式。美国经典现实主义大师汉斯·摩根索（Hans Morgenthau）在其著作中，列举了地理、自然资源、工业能力、军事准备、民族性格、国民士气、外交质量及后来增补的政府质量等八项国家权力的要素。③ 这些传统的权力因素中，既有物质的力量，也有非物质的或精神的力量。

在亚州，软实力的概念被拓宽，中国和东南亚地区的邻国提出了更为广义的软实力概念，包括文化、外交、加入多国组织、海外商业活动及经济实力的吸引作用、投资、援助等，甚至范围更广。④

二、对外援助在发挥国家软实力中的作用

对外援助⑤的概念有狭义和广义之分。1961 年，经济合作与发展组织下属的发展援助委员会（Development Assistance Committee）对官方发展援助（Official Development Assistance）进行了界定，即：在援助国可承受的范围内向国外提供公共资源，以提升发展中国家的经济、政治和社会状况。⑥ 我国学者宋新宁提出了一个广义的概念："对外援助是一国或国家集团对另外一国或国家集团提供的无偿或优惠的有偿货物或资金，用以解决受援国所面临的政治、经济困难或问题，或达到援助国家特定目标的一种手段。它也是国家在国际关系中对外施加影响、谋求自身利益的一种重要方式。"⑦

代表对外援助国家利益理论的摩根索认为："无论什么形式的对外援助，本质都是政治性的，其主要目标都是促进和保护国家利益。"⑧ 而国家内部因素的外化理论则认为，在一个沟通渠道日益畅通的国际社会中，国家的历史经验和社会文化会通过不同的方式和渠道表现出来，向外部释放。对外援助是这种国内因素外部化的一个主要渠道。因此，对外援助至少有三个主要目的：①追求救援国的既得利益，包括短期的经济和贸易利益，但更重要的是长期的战略和安全利益；②谋求救援国广义的国家利益，包括塑造民族形象、提高国家声望、宣扬社会价值（如民主、法制、人权和社会团结）以及传播生活方式等；

① 刘德斌：《"软权力"说的由来与发展》，《吉林大学社会科学学报》2004 年第 4 期，第 56 页。

② 郑永年、张弛：《国际政治中的软力量以及对中国软力量的观察》，《世界经济与政治》2007 年第 7 期，第 7 页。

③ 张小明：《约瑟夫·奈的"软权力"思想分析》，《美国研究》2005 年第 1 期，第 28 页。

④ 陈显泗：《论中国在东南亚的软实力》，《东南亚研究》2006 年第 6 期，第 44 页。

⑤ 关于对外援助有几个基本的术语：对外援助（Foreign Aid）、发展援助（Development Assistance）、官方发展援助（Official Development Assistance）、发展合作（Development Cooperation），本文采用对外援助（Foreign Aid）这个涵盖面最广的概念。

⑥ Carol Lancaster, *Transorming Foreign Aid: United States Assistance in the 21st Century*, Washington: Peterson Institute, 2000, p. 3.

⑦ 宋新宁、陈岳：《国际政治经济学概论》，北京：中国人民大学出版社 1999 年版，第 162 页。

⑧ Hans Morgenthau, A Political Theory of Foreign Aid, *American Political Science Review*, 56（2），1962.

③关注人类共同的利益，包括环境的保护、缓解贫困和减灾救灾等，并通过这些活动营造救援国的国家形象。① 后两者就是软实力的体现，援助国通过对外援助这个载体，不仅带动了资金、产品和劳务的流动，同时也发展了国家之间、民众之间在思想观念、科技文化等方面的深入交流，从而使援助国的国内因素在千里之外的受援国产生影响，这种"润物细无声"的影响对于国家之间信任感的增强、援助国良好国家形象的树立、价值和意识形态的转变与取舍，甚至国家发展道路的选择都具有十分重要的意义。

三、冷战后中、美、日对东盟援助的对比分析

（一）总体政策走向

1. 美国：从温和的忽略到积极的重返

冷战期间，美国对外援助的两大支柱是限制苏联势力的扩张和帮助贫困国家的发展。冷战的结束使第一个支柱荡然无存，而亚洲国家的经济起飞和社会进步也使第二个支柱岌岌可危。因此，在冷战结束后的第一个十年，随着美国国会在对外援助政策上的争论激化和削减政府庞大财政赤字呼声的高涨，美国的对外援助资金开始大幅度减少。1995 年，美国国际开发署的工作人员减少了 3 000 人，受援国的数目减少了 45 个，外援任务减少了 40 项，对发展中国家的援助下降了 26%；② 1997 年，美国的 ODA 金额从 1992 年的 117 亿锐减至 69 亿元，占 DNP 的比例由 0.09% 下降至 0.02% 的历史低点。③ 从长期以来世界上最大的援助国下跌至第四名，落后于日本、法国和德国。在这种政策的大方向下，并不属于美国核心战略区域的东南亚自然也得不到额外的关照，东盟来自美国的援助大幅减少，美国这种援助政策的转变在 1997 年爆发的东南亚金融危机中得到充分的验证。

"9·11"事件后，因反恐的需要，美国开始重新强调对外援助的战略地位，对外援助从 1990 年的 38.12% 上升至 2004 年的 50.17%；小布什在 2003 年宣称："在未来的三年中将我们的发展援助增加 50%。"④ 但是这些援助更多地流向了伊拉克、以色列、阿富汗等国家，从 2001—2008 年美国国际开发署对东盟国家的发展援助金额（如图 1 所示）可见，东盟国家在美国调整对外援助政策后，并没有获益更多。再加上冷战后，美国不认同新加坡、马来西亚等倡导的"亚洲价值观"，认为东盟国家的威权政体并不符合美国的民主政治理念，所以在对东盟的援助中更注重将民主、法制、人权和良治等作为提供援助的条件，特别是对于印尼和缅甸等美国视为"接近失败边缘的国家"（Failing State），美国在改革司法制度、反对政府腐败、加快民主进程等方面提出更加苛刻的附加条件，引起了东盟国家不同程度的反感，美国的对外援助在东南亚遭遇了"水土不服"。因此，东盟国家

---

① 周弘：《对外援助与国际关系》，北京：中国社会科学出版社 2002 年版，第 20～21 页。

② US Congress, Foreign Assistance Reform, Hearings Before, The Committee on Foreign Affairs House of Representatives, 6 (25), 2008.

③ Stephen Browne, *Aid and Influence*, UK：Earthscan Publications Ltd. , 2006.

④ President Addresses African Growth and Opportunity Act Forum, January 15, 2003, http：//www. us-aid. gov/about_ usaid/presidential_ initiative.

认为美国的政策是"温和的忽视"或"冷漠"。①

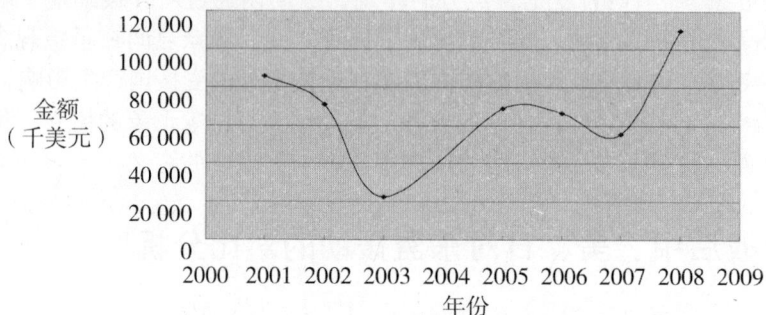

图1　美国国际开发署对东盟国家发展援助金额

数据来源：U. S. Foreign Aid to East and South Asia：Selected Recipients April 10, 2008 CRS Report for Congress.

2009年后，奥巴马政府开始积极重返东南亚。从总体上看，东南亚的战略地位和美国在东南亚的核心利益并没有发生根本变化，但是2009年美国对东盟的ODA从2007年的55 374千美元大幅提升到211 400千美元，这反映了相对于偏好使用"硬实力"，以打击恐怖主义为优先议题的小布什政府而言，奥巴马政府更注重运用"软实力"，通过接触、合作、援助和发展等手段，塑造美国新形象，增强影响力，这种政策导向更强化了对外援助战略的重要性。2010年美国和印尼签署了福布赖特教育交流协议，同意美国两大救援机构"和平队"和"千年挑战公司"在印尼开展工作。

2. 日本：从一枝独秀到百花齐放

表1　1990—2000年美、日十大受援国（地区）比较

	国家（地区）	比例		国家（地区）	比例
美国	以色列	19%	日本	中国	13.1%
	埃及	17.4%		印尼	13.0%
	俄罗斯	6.5%		泰国	6.9%
	波兰	4.1%		印度	6.7%
	海地	2.1%		菲律宾	6.6%
	菲律宾	2.0%		越南	3.4%
	萨尔瓦多	2.0%		巴基斯坦	2.9%
	索马里	1.8%		埃及	2.5%
	乌克兰	1.7%		孟加拉国	2.5%
	玻利维亚	1.6%		斯里兰卡	2.3%

数据来源：OECD. International Development Statistics. Paris：OECD, 2002.

---

① Tadashi Yamamoto, Pranee Thiparat, *Ameica's Role in Asia：Asian View*, San Francisco：The Asia Foundation, 2001, p. 39.

东南亚地区对于日本，有不言而喻的战略地位。所以，东南亚地区一直是日本对外援助的首要和重点地区。冷战结束后，日本对自身国家身份的定位逐渐从"西方国家"向"亚洲国家"转变，并积极使用对外援助这一外交工具，谋求与其经济实力相当的政治大国地位。1992年，日本内阁会议通过了《政府开发援助大纲》，规定了日本ODA施行的优先地区是亚洲尤其是东南亚地区。与冷战后逐渐淡出东南亚的美国相比，日本对东盟的援助显得尤为突出。

虽然日本在ODA政策中也作出了许多的附加条件，这是配合美国在人权政策上的姿态，但是"在个论上站在美国一边，在各论上则又不完全赞同美国的制裁方式，往往表现出力图脚踩两只船的左右逢源姿态"①。在对东盟国家的援助中，日本并没有充当美国的随从角色，显示了其对外援助政策的独立性。例如，1992年，日本恢复了已中断14年的对越援助，向河内提供总额为455亿日元的商业贷款；1998年恢复了中断10年之久的对缅援助。在东南亚金融危机中，日本脱离美国主导的IMF援助机制，于1997年给泰国提供40亿美元的紧急贷款，1999年对越提供5亿美元的援助。

进入21世纪以来，因国内经济低迷困扰和实现政治大国理想受挫等原因，日本开始调整对外援助政策。从受援国的分布来看，东南亚不再是重中之重，2003年出台的《政府开发援助大纲》，重点援助的地区从"东亚、东南亚"延伸到"南亚、中亚"；同时日本也加大了对非洲的对外援助力度。2000年日本对亚洲的援助占54.8%，对非洲的援助仅占10.1%；2006年，日本对非洲的援助第一次超过了亚洲，非洲一跃成为日本对外援助最大的地区。2008年第四届东京非洲发展国际会议后，日本再次加大了对非洲的援助力度，承诺在未来5年内向非洲提供40亿美元的官方援助。日本的国内媒体曾宣扬：日本已经准备将对外援助的重心从亚洲转向非洲。②从对外援助的理念上看，日本对东盟的援助，政治色彩越来越淡，而更注重通过ODA来推行自己的价值观，达到软性影响的目的，从而在亚洲获得主导地位。

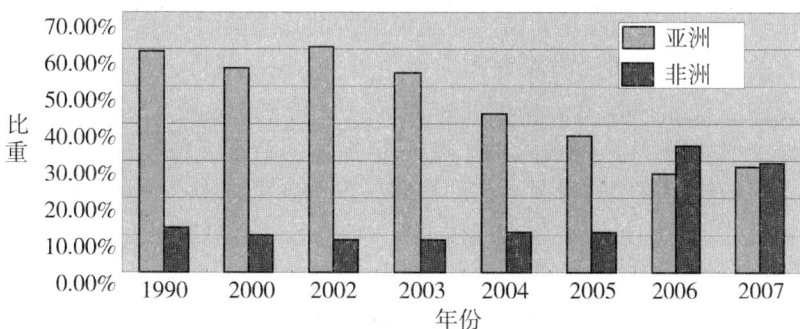

图2 冷战后日本对亚洲和非洲官方援助的比较

数据来源：日本官方援助白皮书，2008。

---

① 金熙德：《日本政府开发援助》，北京：社会科学文献出版社2000年版，第159页。
② Reiji Yoshida, Tokyo Ready to Shift Foreign-aid Focus from Asia to Africa, *The Japan Times*, May 26, 2008.

3. 中国：从喜忧参半到举足轻重

最近，国务院新闻办发布了《中国的对外援助》白皮书，截至 2009 年底，中国累计向 161 个国家以及 30 多个国际和区域组织提供了援助，经常性接受中国援助的发展中国家有 123 个，其中亚洲 30 个、非洲 51 个。亚洲和非洲作为贫困人口最多的两个地区，接受了中国 2009 年对外援助资金 80% 左右的援助。

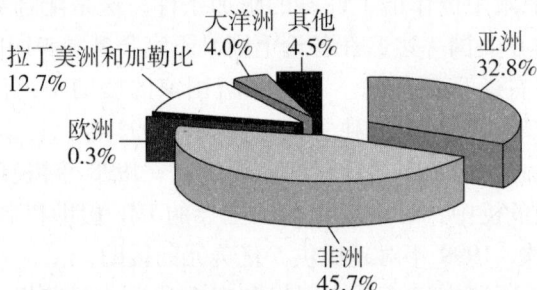

图 3　2009 年中国对外援助资金地区分布

数据来源：《中国的对外援助》白皮书，2011。

从冷战结束到东南亚金融危机前，因冷战思维的误导、领土的纷争和对中国未来发展态势和战略选择的猜疑等因素，中国与东南亚国家的关系喜忧参半，东盟一直以恐惧和疑惑的眼光看待正在崛起的中国，中国威胁论曾经在东南亚很有影响。为了从根本上减少和消除东南亚国家对中国崛起的疑虑，从 20 世纪 90 年代中期开始，特别是金融危机后，中国积极调整对外政策，以合作开放、共同发展的姿态面对东南亚。中国多次在中国—东盟领导人会议等场合宣布一揽子有针对性的对外援助政策措施，加强在农业、基础设施、教育、医疗卫生、人力资源开发合作等领域的援助力度。中国对外援助资金保持快速增长，2004 年至 2009 年平均年增长率为 29.4%。2002 年中国对印尼的援助是美国的 2 倍，2006 年中国对菲律宾的援助是美国的 4 倍，对老挝的援助是美国的 3 倍。① 2004 年 11 月，出席东亚领导人有关会议的中国代表团宣布实行"亚洲减债计划"，东南亚的柬埔寨、越南、老挝成为受益国。截至 2009 年，中国向东盟提供总共 250 亿美元援助，减免亚洲国家 41 笔债务，合计免债金额 59.9 亿人民币。2011 年 4 月，温家宝总理在访问印尼时表示，中国愿继续在不附加任何条件的情况下援助东盟欠发达国家。

中国还积极建立新的援助体制。据国家汉办统计，中国已在东盟国家建立 18 所孔子学院和 14 个孔子课堂，累计注册学员 6 万余人，参加孔子学院文化活动人数达 10 万多人。2006 年至 2008 年，中国派出专家为东盟国家培养汉语教师 2 986 人次；共组织东盟国家的 2 334 人次来华进行汉语培训。截至 2008 年，中国向东盟国家孔子学院 439 人次提供了奖学金。② 2009 年国务院总理温家宝在博鳌亚洲论坛上正式宣布，中国决定设立总规模为 100 亿美元的中国—东盟投资合作基金，用于双方基础设施、能源资源、信息通信等

---

① Joshua Kurlantzick, China's Charm: Implications of Chinese Soft Power, Carnegie Endowment for International Peace Policy Brief, 2006, p. 47.

② 谭笑、刘炳香：《中美在东南亚地区的"软实力"评估》，《东南亚南亚研究》2010 年第 3 期，第 32 页。

领域重大投资合作项目，支持区域基础设施建设，加快区域和次区域交通、电力、通信领域建设步伐，逐步实现基础设施的互联互通和网络化。杨洁篪外长表示，今后 3～5 年内，中国将向东盟国家提供 150 亿美元信贷，其中包括 17 亿美元优惠性质贷款。

（二）具体案例分析

由于中、美、日三国在对东南亚援助的理念、政策、重点、议题和方式上都有很大的差异，而且在冷战后的 20 年内不断进行调整，为了在较简短的篇幅中对中、美、日三国在冷战结束后对东盟的援助进行对比，本文选取了冷战后东南亚地区的一些重要事件和典型案例进行对比分析。

表 2　冷战后中、美、日对东盟援助的案例比较分析

	美国	日本	中国
1997 年东南亚金融危机	与美国 1994 年对待墨西哥金融危机提供的 480 亿美元金融贷款中，提供援助 210 亿美元不同，在帮助墨西哥摆脱金融危机 3 年之后才迟迟行动起来，美国政府除了赞同国际货币基金组织（IMF）对泰国的 170 亿美元救援计划外，就没有什么实质性的救援了。而且美国开出的药方总是停止政府援助、实施紧缩性财政货币政策，并对东南亚各国国内改革提出种种苛刻要求，所以东盟认为 IMF 的条件是干涉性的、不适当的、不敏感的，甚至被认为从东南亚金融危机中谋求私利。	1997 年亚洲经济危机发生以来，日本经济已连续两年负增长，并陷入严重的衰退局面。尽管如此，日本政府先后发表了《亚洲援助方案》和《新宫泽构想》，计划向东南亚国家提供总额达 800 亿美元的各种援助，到 1999 年为止，实际已提供了 430 亿美元。① 1998 年日本对亚洲的 ODA 实施数额从 1997 年的 31 亿美元增至 52.8 亿美元，涨幅近 70%。1998 年底，小渊惠三提出：日本将以 6 000 亿日元的特别日元贷款为支柱，扩大对亚洲的援助。	与美国附加了经济和金融改革条件的援助不同，中国坚持人民币不贬值，允许各国（地区）贬值货币并帮其恢复金融秩序。中国还通过国际货币基金组织向泰国提供 10 亿美元的货款，并适当增加了对泰国商品的进口。同时还向印尼提供巨额贷款和无偿援助。
2004 年印度洋海啸	在灾难发生的初始阶段，美国提供 1 500 万美元援助，此后，美国联合澳大利亚、印度和日本组织了现代史上最大规模的紧急救灾行动。美国国防部紧急补助拨款 63 100 万美元用于亚洲东部和南部海啸后的恢复和重建，其中布什政府拨款 40 000 万美元的用于印尼海啸后的救灾和重建。同时向泰国遭受海啸灾难的地区提供了 530 万美元的救济和重建资金。援助总金额达 3.46 亿美元。	日本政府承诺向印度洋海啸受灾国家提供 3 000 万美元援助，其中 150 万用于印尼紧急食物援助和医疗设备援助，100 万用于斯里兰卡发电设施和帐篷需要，另拨出 51 万美元给马尔代夫搭建临时住所用。并向斯里兰卡派遣一支紧急医疗队伍、向印尼派遣一支损害鉴定小组。此后，日本首相小泉纯一郎宣布向灾区提供 5 亿美元的援助。	灾难发生的初期，中国提供 2 163 万元人民币的物资和现汇援助，国家地震局组织的由 35 人组成的中国国际救援队到印尼开展救助工作。此后，中国政府多次追加援助规模，最终达到 6.9 亿元人民币。卫生部还从上海市组织 15 名流行病学和感染科医疗人员抵达普吉岛，从广东省组织 12 名创伤外科医疗人员赴泰国提供救助。②

---

① 曹云华：《金融危机以来日本—东盟关系的变化》，《当代亚太》2003 年第 11 期，第 38 页。

② 吴杰伟：《中国对东盟国家的援助研究》，《东南亚研究》2010 年第 1 期，第 44 页。

（续上表）

	美国	日本	中国
湄公河流域开发援助	2009年7月，希拉里与湄公河下游四国外长会面并举行了首次美国—湄公河下游外长会议，在卫生、教育和基础设施建设方面与四国加强合作达成协议。2010年7月，美国再次提出"援助方案"，承诺向"湄公河下游行动计划"提供1.87亿美元支持，用于在加强在湄公河流域的环境、卫生、教育和等议题上的合作。	2008年是"日本—湄公河交流年"，日本向横跨湄公河流域五国（泰国、越南、缅甸、柬埔寨、老挝）的东西走廊物流网建设项目提供2000万美元的无偿资金援助，包括横跨缅甸、泰国、老挝和越南四国的"东西走廊"（全长约1450公里）和连接泰国和柬埔寨的"第二东西走廊"（全长1000公里）两大项目。2009年11月，首次"日本—湄公河地区各国首脑峰会"在东京举行，会后六国联合发表了《东京宣言》，明确提出援助完善交通网、促进人员交流等63个项目的行动计划，并承诺在今后3年内，将向上述5国提供55.34亿美元开发援助。	中国与湄公河流域各国的贸易额在2007年超过了日美，成为这一地区最大的贸易伙伴。中国与缅甸、老挝、越南分别签订了自主选择双边货币的协议，这使中国在该地区进行投资贸易更加便利，中国在湄公河主流域的约10个大坝建设计划中，中国至少参与了4个大坝建设计划。此外，中国还积极对老挝国家体育场、柬埔寨部长委员会大厦等基础设施建设提供援助。

资料来源：①http：//finance. cctv. com/news/special/C13305/02/；②http：//iaps. cass. cn/news/157228. htm；③http：//news. sina. com. cn/o/2009－11－05/145916559864s. shtml。

有学者认为"软运用"（Soft Use）也是一种软实力的表现。在冷战后，中、美、日三国对东盟的援助中，我们也可以非常清晰地看到这种硬权力软运用的趋势，也有学者称之为"军事化软实力投射"[①]。在2004年印度洋海啸中，美国派出了16 000名军事人员、20多艘舰只、100架飞机参与援救，"林肯"号航母的士兵平均每天出动6到7次，把30多吨食品和净水运往灾民聚集的地方，媒体称"当地灾民热烈欢迎运送食物和净水的美军官兵，似乎已忘记美军在伊拉克的所作所为，灾难发生之前，这里几乎每天都有抗议美国战争行为的示威。"2007年美国提出建立一个地区联合救灾部队（Joint Regional Disaster Relief Force）。美国与东南亚盟友的主要军演"金色眼镜蛇"从2005年起加入了救灾、减灾以及民间援助科目，2009年2月举行的第28次"金色眼镜蛇"演习就将主要科目集中在维和与人道主义救援行动上。[②] 2008年缅甸风灾中，缅甸批准美军空军在仰光的运输请求，美国空军的C－130运输机已执行了116架次的运输任务，向缅甸首都空运了大量救灾物资。日本派遣正在印度洋活动的3艘海上自卫队自卫舰前往泰国周边海域，参加苏门答腊海域的灾害救援活动，以搜救为目的而紧急派遣自卫队远赴海外对于日本来说尚属首次。2011年3月，中国人民解放军医疗队抵达印尼，参加东盟地区论坛救灾演练，开展人道主义援助行动任务，为当地群众实施常见病诊治、疑难病会诊及中医技术展示，提供免费医疗服务和健康宣教。两天来，医疗队共接诊患者273人次，健康宣教300多人次，发放疾病防治手册1 500余份，处理疑难病症5例。

① 王梦平：《美国政府的东南亚政策》，《国际资料信息》2010年第1期，第4页。

② Sheldon Simon, U. S. -SoutheastAsia Relations：President's Cairo Speech Resonates in Southeast Asia, July 2009, http：//www. csis. org/files/publication/0902qus_seasia. pdf.

（三）冷战后中、美、日在东南亚地区软实力角力的结果

冷战后20年，中、美、日三国在东南亚的软实力此消彼长，总体而言：中国表现显眼，日本中规中矩，美国相对下降。

2008年，美国国会研究处（Congressional Research Service）提交了关于中国在东南亚及其他地区软实力及外交影响的系列长篇报告。报告中指出，中国在东南亚和其他地区日益增长的影响力归因于软实力的运用，[1] 其中中国政府对东南亚国家的援助是中国在东南亚提高软实力的主要工具之一，如果把非发展性援助、低息贷款、贸易和投资协议包括进来，中国就成为东南亚国家最大的援助国家之一。[2] 2009年3月，美国战略与国际问题研究中心"软实力委员会"发表题为《中国的软实力及对美国的影响》的报告中提到，中国在东南亚的战略非常成功，通过援助、经济接触、民间交往等手段，使中国成为该地区受欢迎的、和平繁荣的务实伙伴。

2007皮尤调查显示：仅29%印尼受访者和27%的马来西亚受访者对美国持喜欢的态度，而两国对中国持同样态度者分别是65%和83%。64%的印尼受访者和56%的泰国受访者不相信美国的行为是负责任的。[3] 2005—2008年亚洲民主动态调查（Asian Barometer Survey，ABS）的调查数据认为，东南亚民众普遍积极地看待中国，并且他们对中国的印象要稍微好于对美国的印象，但是，对日本的印象要比中国的印象更为积极。东南亚大陆国家公众对中国的印象要好于东南亚海岛国家。东南亚国家的民众对中美的印象中，相比较而言，只有菲律宾和新加坡民众的美国印象要好于中国，其他国家如越南、泰国、印尼和马来西亚的中国印象均好于美国印象（如图4所示）。[4]

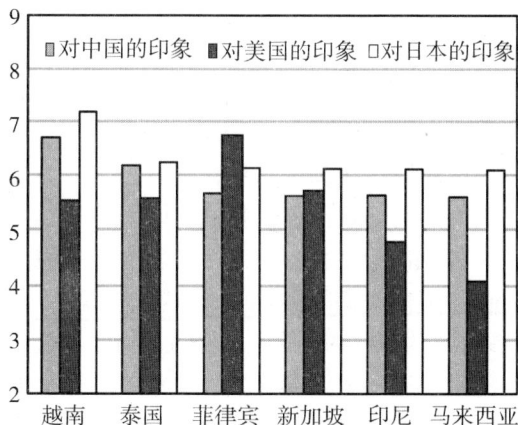

图4 东南亚六国民众对中、美、日三国的看法

资料来源：谭笑、刘炳香：《中美在东南亚地区的"软实力"评估》，《东南亚南亚研究》2010年第3期。

---

[1] CRS Report, China's "Soft Power" in Southeast Asia, January 4, 2008, Summary.

[2] CRS Report, Comparing Global Influence: China's and U. S. Diplomacy, Foreign Aid, Trade, and Investment in the Developing World, August 15, 2008.

[3] The Pew Global Attitudes Project, Global Unease with Majorworld Powers, June 27, 2007.

[4] 王正绪、杨颖：《中国在东南亚民众心目中的形象：基于跨国问卷调查的分析》，《现代国际关系》2009年第5期，第55页。

2006 年印度尼西亚总统苏西洛的顾问兼总统发言人迪诺·帕蒂·贾拉勒便就中国的软实力发表了议论。他说："中国正在扩大其软实力，它做得非常非常成功。它展现出一种富有同情心、具有责任感、乐于助人、亲切待人的伙伴形象。"① 2008 年新加坡内阁资政李光耀在《福布斯》上发表文章指出，虽然软实力概念并非中国原创，但中国对这一概念在外交中的运用已臻完美。亚洲国家都没有对中国崛起表示过分忧虑。② 这些观点基本上代表了东盟国家精英阶层对中国在东南亚软实力的看法。

四、对中国的启示

冷战后，特别是 21 世纪以来，美国、中国和日本都不约而同地重视对外援助战略，把它作为提升本国在东南亚软实力的主要手段。面对新时期的新挑战，中国应站在新的高度进行全局战略谋划。

首先，我们要客观冷静地分析今后一段时间中、美、日在东南亚软实力的竞争态势。

长期以来，在美国的对外战略中，东南亚地区是作为东亚或亚太战略的一部分进行考虑的，其对东南亚政策的重要性远远低于东北亚，甚至不及南亚的印度、巴基斯坦和阿富汗。美国对东南亚的注意力是间断的，或是就特定事件的反应。此次美国重返东南亚，更多的是对中国在东南亚软实力提升的一种应激反应。当前，备受国内经济问题困扰的美国，在全球事务上也到处开花，还有许多棘手问题需要解决，而且中美在维持东南亚地区和平稳定和繁荣发展上的目的是一致的。所以可以判断：在今后的一段时间内，美国只会在东南亚保持适当的存在，以抑制中国对东盟影响力迅猛发展的势头，而没有太多的精力在东南亚地区问题上与中国"较真"。

2011 年日本大地震后，福岛核辐射、国内经济衰退、政坛动荡等问题导致日本忙于应对国内事务，今后一段时间的重心将放在灾后重建和经济复苏上，对东南亚事务的关注度将会一定程度的减少。所以，中国还有一段黄金时间，我们应该抓住机遇。

其次，我们要开放宽容地接受东盟国家对中国的认知。

有学者认为，中国在东南亚的受欢迎度的提高并不意味着这些国家对中国不存在畏惧心理。③ 特别是 2009 年以来南海问题的持续升温，中国的海洋战略以及在经济发展上咄咄逼人的势头，东盟国家担心"战略失衡"的感觉始终挥之不去。所以，当美国宣布重返东南亚时，东盟国家欢呼雀跃，正如新加坡外长杨荣文表示，"无论从过去、现在，还是未来的发展来看，美国都是东盟发展的重要部分"。因为，相对于中国这个身边的庞然大物而言，东盟对远在大洋彼岸的美国的恐惧和担忧会更少一些，而且美国是东盟运用大国平衡战略制衡中国的最重要的力量。

在中国对东盟国家的援助中，一些不和谐的音符也偶有发生，例如湄公河流域旱情的争议事件。有东南亚的舆论认为：中国在澜沧江修建大坝，加剧了下游国家的旱情，并成

---

① 路透社堪培拉 2006 年 9 月 27 日电讯。

② Thomas Lum，Wayne M. Morrison，Bruce Vau-ghn，China s "Soft Power" in Southeast Asia，CRS Report for Congress，Jan. 4，2008.

③ Joshua Kurlantzick，*Charm Offensive：How China's Soft Power Is Transforming the World*，New Haven：Yale University Press，2007.

为 2010 年湄公河委员会首届峰会的主要议题之一。中国在这次峰会上向各方提供大量水文数据，最后峰会达成共识：中国的电站水坝调节河水流量，缓解了湄公河流域旱情。但学者林锡星认为："基于经济上的理由，湄委会不得不在当前旱灾问题上和中国达成一致，然而舆论上的分化却愈演愈烈。"

由此可见，东盟国家防范中国的惯性认知依然存在，这是东盟国家对身边大国的本能反应。正因如此，我们更要通过对外援助等多种手段，加强与东盟国家在官方和民间的沟通与交往，树立中国是"负责任大国"的国际形象。

再次，我们要知己知彼地评估中国对东南亚的援助及软实力影响。

美国芝加哥全球事务委员会（The Chicago Council on Global Affairs）在题为《亚洲软实力》2008 年的报告中指出：美国受访者认为，中国在亚洲的软实力为 0.47，日本为 0.67，韩国为 0.49；美、日、韩、越四国半数以上的民众都认为，尽管中国的经济和军事实力日益增强将使其成为亚洲未来的领袖，但中国在亚洲的软实力综合指数依然落后于美、日。[①] 虽然这份基于美国人视角的调查报告并不能完全地反映真实状况，但是我们也清晰地看到，与中国快速增长的硬实力相比，软实力的辐射力则逊色很多；中国在东南亚的软实力还远远没有达到主导该地区的水平；中国的对外援助政策和效果还有很多提升的空间。芝加哥全球事务主席波顿指出："中国仍需要投入更多资源来加强其软实力，尤其是外交、社会和文化领域。中国仍需要努力争取本区域的民心和认同感，加强其在亚洲的信誉。"[②] 同时，我们也看到，冷战后中国在东南亚软实力的提升，"美国的缺位"并不是其中的主导因素，而是我们一直坚持"睦邻、安邻、富邻"外交政策，以合作共赢为提升软实力的基本路径的结果。软实力建设是一个长期的潜移默化过程，所以我们在未来要更有耐心、以更长远的眼光来推行对外援助政策，特别是在人力资源的培训、科技文化的交流、传播媒体的培育等软性援助方面和增加硬实力的软运用方面给予更多的投入和关注。

---

① Christopher B. Whitney, Project Director, Soft Power in Asia: Results of A Multinational Survey of Public Opinion, The Chicago Council on Global Affairs.

② Soft Power in Asia: Results of A 2008 Multinational Survey of Public Opinion, The Chicago Council on Global Affairs and the East Asia Institute, June 2008.

后金融危机时代下中国软实力战略选择

宋西雷

内容摘要：后金融危机时代，西方等发达国家开始着力关注中国等新兴国家经济体在应对金融危机的过程中发挥的积极而富有建设性的作用。这正是我们大力推进软实力战略的极好机遇，应选择以积极构建社会主义核心价值观为主要内容的文化战略；以抓住国际信用评级话语权为主要内容的信用战略；以增强中国特色社会主义制度的影响力为主要内容的制度战略；以争取"碳政治"中的领导权为主要内容的绿色战略；以进一步倡导和谐世界理念为主要内容的和谐战略等软实力战略。

关键词：后金融危机时代；软实力；战略选择

【作者简介】宋西雷，江苏省行政学院硕士研究生。

随着 2008 年国际金融危机持续蔓延，全球金融市场动荡加剧，世界经济持续衰退，西方的资本主义制度的矛盾和弊病显露无遗，以及与之相适应的文化、价值等"软权力"受到严重削弱。后金融危机时代的到来是以欧美实体与金融业好转、新兴国家因为通货膨胀压力普遍实行货币紧缩为标志的，中国等新兴国家经济体在此过程中发挥着积极而有效的作用，此时，也是我们大力推进软实力战略的有利时机。

一、何为软实力

软实力是美国学者约瑟夫·奈于 1991 年首先提出的。按照他的说法，"在国际政治中规定导向，建立环境，使人随我欲，即软实力"①。它是一种感召力和吸引力。

我们要明确：其一，软实力是相对于硬实力而言的。硬实力是物质性的、可计量性的具体实力，软实力是指非物质性的、不可计量的抽象实力。因此，我们可以把军事实力、经济实力等纳入硬实力范畴，把文化、制度等纳入软实力范畴。其二，软实力是国际关系现象，很大程度上反映着国际关系方面的研究。这个意义上的软实力就应当反映在国际社会中形成的文化、制度等。其三，软实力与硬实力之间的关系既可能相互促进，相得益彰，也可能南辕北辙，互相破坏。一般来说，硬实力的增强可以为软实力的提升提供基础，软实力的提升又会反过来帮助硬实力的扩展。

因此，软实力可以被理解为一种关系性权力，即"主体通过行为体交往中形成的共有

---

① ［美］约瑟夫·奈著，何小东、盖玉云等译：《美国定能领导世界吗》，北京：军事译文出版社 1992 年版，第 25 页。

知识、共同利益、相互尊重与认可基础上的影响与被影响、支配与被支配关系"①。而且"国际制度是当今国际关系中关系性权力展开的重要合法场所，参与国际制度可以拓展中国的关系性权力（软权力）网络"②。也可以被理解为一种资源性实力，即"软实力是资源性实力"③，文化是传统的典籍，是纯学术的历史、文学、哲学。从国际关系学角度，软实力又可以被理解为"民族文化影响力在国际关系中的反映"④，只有把文化与国际关系相结合，才能更深入地研究软实力战略。从以上分析，可以看出软实力主要由三部分构成：文化、外交政策、制度及价值观的影响力。当然，软实力也有核心要素，"软实力包括五个核心要素：文化、观念、发展模式、国际制度和国际形象"⑤。这些核心要素深刻影响着软实力战略的建构，它们不仅是战略建构的主要分析对象，更是战略建构的主要涉及因素。

后金融危机时代，如何进一步提升我国的软实力以及加强软实力建设，树立我国良好的国际形象？"中国的软实力构建已探索形成了许多行之有效的方法，取得了许多成效，譬如中国文化年活动的举办、孔子学院的设立等。"⑥ 但是，这些还不够，仍需要广大学者从战略层面构建中国软实力战略。

二、文化战略：积极构建社会主义核心价值观

自 2008 年国际金融危机以来，西方所宣扬"自由、平等、博爱"等普世价值受到严重削弱，而后金融危机时代西方价值观持续陷入低潮，这为我们输出我国的核心价值观提供了绝好的机会。但是，当前我国的社会主义核心价值观还尚未凝练成形。我国作为世界上的社会主义大国，有着自己鲜明的政治立场和对外关系原则。要使自己作为鲜明的中国特色社会主义大国，我们要有自己的一套鲜明的核心价值体系。这个核心价值体系须是那些在价值体系中居统治地位、起指导性作用的价值理念，比如以人为本、共富、协作等，它是对社会主义核心价值体系核心内容和精神实质的高度凝练及抽象概括，集中体现了这种核心价值体系的根本目标和要求。

那么，社会主义核心价值是什么呢？笔者认为包括以下几个方面：其一，共富。共同富裕是指全体人民通过辛勤劳动、互相帮助而达到丰衣足食的一种生活水平，它既是社会主义的本质规定，也是我国人民的奋斗目标。它不是同时同步同等的富裕，而是以先富带动后富的逐步富裕，是普遍富裕基础上的差别富裕，是消除两极分化和贫穷基础之上的普遍富裕。而且这里的共同富裕不仅仅是物质生活的富裕，还要包括精神生活的富裕，它是以物质的共同富裕为基础的全面富裕。其二，以人为本。人是价值的最终决断者，核心价值的构建不能偏离人而空谈。以人为本才真正体现了社会主义核心价值，它是对马克思主

① Ralph A. Cossa, East Asia Community Building: Time for The United States to Get on Board, *The Stanley Foundation*, Sept. 2007.

② 苏长和：《中国的软权力——以国际制度与中国的关系为例》，《国际观察》2007 年第 2 期。

③ 阎学通：《软实力的核心是政治实力》，《环球时报》2007 年 5 月 22 日。

④ 俞新天：《软实力建设与中国对外战略》，《国际问题研究》2008 年第 2 期。

⑤ 门洪华：《中国软实力评估报告（上）》，《国际观察》2007 年第 2 期。

⑥ 陈玉刚：《试论全球化背景下中国软实力的构建》，《国际观察》2007 年第 2 期。

义人的全面发展理论的继承、丰富和发展，也是对毛泽东关于人民是创造世界历史的动力思想的概括和发展。以人为本的真实内涵，简言之：为了人民，依靠人民。一切为了人民，一切依靠人民，二者的统一构成以人为本的完整内容。其三，和谐。和谐是指在事物发展中的一种相对均衡、统一的状态，它是社会存在的理想状态，包括人与社会的和谐、人与人的和谐、人与自然的和谐，是一与多、个体与群体、活力与秩序的辩证统一。从社会主义走向共产主义的过程，就是逐步把可能性变成现实性、逐步实现社会和谐并走向更高层次社会和谐的过程。其四，协作。协作可以作为社会主义核心价值是基于以下两点考虑的：一则协作是对和谐的进一步深入，它是基于和谐的情况下出现的，是针对只协同不配合、只配合不和睦、只和睦不协调、只协调不团结、只团结不合作等问题而提出的；二则协作是实现人的自由全面发展的目标的现实路径选择。人的自由全面的发展是社会主义社会区别于其他一切社会的显著特征和根本标志，是人类社会发展的最高目标。社会主义核心价值体系是一个有机的整体，各项之间互相联系、互相影响、互相促进，它们结合在一起完整地表述了社会主义的总体要求和本质属性，它是以中国特色社会主义建设的成功实践经验为基础提炼出来的。

三、信用战略：抓住国际信用评级话语权

2008年国际金融危机大大打击了西方金融界的信誉，而且现在仍在持续。正如大公国际资信评估有限公司关建中在博鳌亚洲论坛所说："本次国际金融危机，实质是高度社会化信用关系与落后信用评级体系之间的矛盾发展到一定阶段的产物。"对于我国来说，我们应当汲取美国信用评级体系的教训，抓住国际信用评级话语权的历史机遇，逐步建立国际通行的国家信用评级体系。

国家信用也是一种软实力。正如薛涌所说："国家信用或主权信用，是一种'软实力'。在国际金融战争和大国竞争中，这种'软实力'经常比GDP、军队等'硬实力'还重要。"[1] 如上所述，后金融危机时代，西欧等国家信用正在贬值，我们正可以抓住这一有利时机，建构掌握信用评级话语权的信用战略，并加大推进力度。当然，推进信用战略首先要构建国际社会认可的信用评级体系。

目前，国家信用评级正被提升到国家战略层面，通过掌握信用评级话语权抵制现行不公正的国际信用评级体系正在成为一种潮流，这为中国参与制定国际评级新规则、争取国际评级话语权创造了难得的历史机遇。

四、制度战略：增强中国特色社会主义制度的影响力

中国凭借其集中力量办大事的制度优势在国际金融危机中力挽狂澜，既处理好了我国内部的经济发展，又对国际社会作出了积极而有建设性的贡献。在国际社会上，充分彰显了我国的制度优势。这是其他国家望尘莫及的。随着后金融危机时代的到来，我们更需要增强中国特色社会主义的制度影响力。

---

① 薛涌：《国家信用——中美的软实力竞争》，《联合早报》2010年8月5日。

在建党 90 周年"七一"讲话中，我们党第一次正式宣布"确立了中国特色社会主义制度"。这既是我们党对以往的理论和实践的总结提升，具有鲜明的宣示意义，也是对中国未来发展表明态度、指明方向，具有强烈的指导意义。一般来说，制度是要求大家共同遵守的办事规程或行动总则，包含了在一定历史条件下形成的政治、经济、文化、社会等方面的体系。相较于旗帜、模式、道路等概念，制度更为具体，更为清楚，更易理解。而建设好、发展好一个有十几亿人口的大国，制度更带有根本性、全局性、稳定性、长期性，也更具有强制性、约束性、规范性。中国要实行什么样的制度，始终是近代以来所必须破解的重要历史课题。中国特色社会主义制度的确立，是历史和人民的选择，也是我们党带领中国人民长期奋斗的伟大成果。从一定意义上说，中国道路、中国模式的内核就是中国制度。中国不断取得发展奇迹，中国道路、中国模式备受世界瞩目，如果忽视制度的内生动力和有效功能，这种解释是无法令人信服的。国内外一些人只承认中国经济、社会发展取得的巨大成就，却对中国的制度视而不见、大加贬损甚至全面否定，这种看法不符合客观事实，且根本站不住脚。正如胡锦涛同志在"七一"讲话中指出的，"中国特色社会主义制度，是当代中国发展进步的根本制度保障，集中体现了中国特色社会主义的特点和优势"。

当然，要增强中国特色社会主义制度的影响力，要求我们进一步确立中国特色社会主义制度自信以及坚定不移地坚持和完善中国特色社会主义制度。我们认为，对中国特色社会主义制度理直气壮地加以宣传，没有什么输理的地方。而且，我们也将更加坚定不移地推进中国特色社会主义制度的完善。

五、绿色战略：争取"碳政治"中的领导权

在欧盟的推动下，1992 年联合国通过《联合国气候变化框架公约》（以下简称《公约》），并于 1997 年进一步变成可操作的法律文件《京都议定书》。在这些法律文件中，环境问题转化为气候问题并进而在技术上转化为"二氧化碳"的排放，从而在法律上产生各国围绕"碳排放权"展开的全球政治博弈，由此形成全新的"碳政治"，而且"欧盟目前已经取得全球'碳政治'的领导权①。后金融危机时代，欧盟以及美国等发达国家因忙于国内经济的复苏而对这一新的软实力博弈领域的缺位，正好为我们争取"碳政治"的领导权提供了机遇。

2007 年"国家气候变化对策小组"升格为国务院总理温家宝任组长、常务副总理李克强任副组长、相关 20 多个部委的部长担任成员的"国家应对气候变化领导小组"，统筹应对"碳政治"。就目前情况看，我们依然没有形成应对"碳政治"的一套完整的国家战略。在过去的几十年，美国和欧洲一直在生物太空技术、能源技术领域中摸索、徘徊，生物技术由于遇到巨大的宗教和伦理压力而不得不有所停顿。在竞争对手苏联消失之后，太空技术由于巨大投资难以产生直接的经济收益也最终停缓下来。基于对人类传统能源耗尽的预测，欧美国家不约而同地选择了新能源技术。可以预测，未来的世界政治中，谁取得了"能源政治"——"碳政治"的话语领导权，谁就取得了世界政治的主动权。

---

① 强世功：《"碳政治"——新型国际政治与中国的战略抉择》，《观察与交流》2010 年第 47 期。

今天中国在进入既有的"碳政治"所形成的国际秩序时，必须有大国领袖的姿态，同时作为一个批判者和建设者，努力建设一个更为公平合理的、有助于解决人类共同问题的国际秩序。在"碳政治"问题上，中国的话语策略无疑要因势利导，利用目前西方形成的话语，强调在面对人类生死存亡的重大危机面前，每个国家应以高度的道德感来共同承担责任。中国政府所提倡并推行的绿色 GDP 概念是对衡量经济指标的一个突破。充分考虑环境的重要性，经济成就中必须扣除环境代价后再予以考量，这正是中国对"碳政治"的积极实践。而且，中国以积极的态度履行着中国的环境义务，并以这种态度向世界推行"环境价值观"。哥本哈根会议仿佛变成了一场发达国家的闹剧，会议未能达成任何实质性共识，以中国为代表的发展中国家却以主动的态度承担起环境义务。这种不同的态度必然会影响"碳政治"中的人心向背，谁可信，谁敢于承担，显而易见。在"碳政治"的领导权之争中，中国将有极大的优势。

六、和谐战略：进一步倡导和谐世界理念

以中国传统文化为思想渊源的"和谐世界"理念的提出，对于我国展示自己和平的国际形象，并在国际社会中发挥独特的中国吸引力，构建和提升自身软实力有着极为重要的作用和影响。2005 年 9 月，胡锦涛总书记在联合国成立 60 周年首脑会议上提出"努力建设持久和平、共同繁荣的和谐世界"的重大倡议后，这一蕴含着丰富内涵的中国国际政治理念得到广泛的传播和认同，一方面为中国对外工作和处理国际关系确立了新的指导方针，另一方面为推动国际政治民主化和建立世界新秩序发挥了观念建构和行为影响的双重作用。作为一种全新的理论体系，"和谐世界"理念的提出，对我国软实力战略的提升作用主要体现在以下三个方面：消除"中国威胁论"的负面影响，为中国塑造正面的国际形象；展示给世界一套与美国文明截然不同的价值体系；推动中国国际体系观的完善——中国版本的"全球治理"。但是，作为一种新兴的理论，它在塑造中国软实力战略的过程中还面临着不少限制因素，如"制约和谐世界理论的外在因素以及和谐世界理论自身的局限"① 等。因此，我们要探索中国软实力战略建构，应进一步倡导以和谐世界理念为内容的和谐战略的路径选择。具体来说，有以下两个方面：首先，突出"和衷共济"，坚持互利合作，实现共同繁荣。随着后金融危机时代的来临，国家和地区间的联系进一步加强，和平、发展、合作成为绝大多数国家和人民的共同愿望。但是，也应当看到后金融危机时代新的国际冲突和地区动荡，非传统安全威胁明显上升，世界性问题增多。中国所倡导的和谐世界理念正是因维护了世界大多数国家和人民的利益，从全球国际关系这一层面倡导"建设持久和平、共同繁荣的和谐世界"，共同推进国际关系民主化，以达到经济发展的均衡、普惠、共赢，促进人类文明的繁荣进步，共同维护世界和平稳定。其次，突出"和而不同"，强调世界文明和文化的多样性。和谐世界理念主张尊重各民族、国家和地区文明的特殊性、独立性和多样性以及发展模式的多样化，主张在不同文明和文化的交流、融合、互动中共同发展，在不同文明和文化的包容和尊重中协力构建兼容并蓄的和谐世界。这就要求中国软实力的和谐战略的建构要认同世界文明多样性的客观存在，要尊重各国不

---

① 杨宇等：《"和谐世界"思想与中国软实力塑造》，《国际关系学院学报》2008 年第 3 期。

同的社会制度和发展模式，尊重不同国家、民族的文化和生活方式，只有遵从这一原则，才能让其他国家和地区真正尊重、接受和认同中国的和谐软实力，中国的软实力才能得到持续的发展。

七、结语

中国软实力战略选择必须牢牢把握后金融危机时代这一机遇，以长远的眼光、负责任的态度选择中国软实力战略的输出策略，以期构建新的国际秩序，进而实现中华民族的伟大复兴。

从中国传统文化的基本特点看中国文化软实力的提升

关　巍　于泉蛟

内容摘要：近些年，在经济全球化的整体背景下，各国之间的综合竞争加剧，对于一个国家的文化软实力问题的探讨日益得到学术界重视。文化软实力从总体上意指一个民族国家的传统文化和现代文化所具有的整体精神魅力，这种整体精神魅力鲜明地体现出一个民族所独有的精神气质，集中体现为一种文化上的吸引力，以其精神气质实现了对其他文化形态的有效影响。因此，充分挖掘中国传统文化的内蕴，展示其吸引力对我们而言一方面可以继往开来、传承文化，另一方面可以增强中国的国际影响力。

关键词：传统文化；特点；软实力

【作者简介】关巍，女，大连理工大学马克思主义学院讲师；于泉蛟，大连医科大学思想政治理论教学科研部讲师。

文化是一个民族得以自立的根本，是一个民族的灵魂。在今天，文化对一个国家所具有的吸引力、对其他民族和国家的影响力日渐增强。一种先进的民族文化在国家和地区综合实力的竞争中发挥着重要的作用。而中国传统文化在理解各民族文化的互竞与共生关系方面的思维方式、在处理当今人类面临的一些重大现实问题方面、在人类未来的整体发展方向的确立等方面要发挥自身应有的影响力，就必须加强文化软实力建设。

软实力的力量在于"吸引"，而非"强制"。中国传统文化作为民族文化，具有极为宝贵的价值，它产生于特定的地域，并在特定的历史时间中演化流传；作为民族的整体精神气质，集中折射出本民族特有的对世界、对他人、对自我的感受与认识；作为内在凝聚力，反映着一个民族的理想性追求，是一个民族独立发展的精神根基，使其成员表达出相同的基本价值观念；作为特定的心理倾向影响其行为方式，使其成员从总体上体现出高度的文化情感与文化认同。因此，民族文化一方面作为传统而存在并发挥作用，成为一个民族的"效果历史"，成为一个民族得以自立的精神支柱；另一方面，民族文化是一个民族、一个国家得以持续存在并显示其生命力与创造力的思想源泉，集中体现了一个国家的软实力。

一、中国传统文化的基本特点与文化软实力的提升

中国传统文化整体体现出情感性、创生性、柔韧性与包容性。对内，构成了一个国家内部的凝聚力与向心力，使其内在成员对本民族的文化产生价值认同、情感皈依，在历史的发展中展现出自身的情感性与创生性；对外，作为一种吸引力，通过在比较中的差异

性，对其他民族或者文化构成亲和力，在交流与互动中体现出其特有的柔韧性与包容性。

所谓中国传统文化的情感性，指的是在差异性的认识中理解文化"化成天下"的力量，其能直接作用于人的心灵与情感，从而使人潜在地受到熏染，形成一种隐形的情感，影响人的认同、行为与价值评价；中国传统文化的创生性集中展现为传统文化的历史发展，过去的历史过程作为整体背景体现在人们的思想、行为与习惯中，并通过历史的同步发展，在自身民族文化历史的演化以及与其他民族文化的碰撞中展示出自身的创生性，在实际问题面前展示自身的生命力；中国传统文化的柔韧性集中体现在与其他民族文化的碰撞中体现出的辩证性思维与"以退为进"、"曲中求直"的思想方式；中国传统文化中"百姓昭明，协和万邦"、"万物各得其和以生"、"己所不欲，勿施于人"等价值诉求可以克服社会制度与思想意识的差异性，达到增进理解和其他民族和谐共生的状态。

细分来讲，在个人思想意识方面体现为"自强不息"的奋斗精神与"厚德载物"的宽容心态并存的积极理念；在个人情感上体现为"仁民而爱物"的高尚情怀；在结义问题上体现为"舍生而取义"的价值理想；在个人行为方面集中体现为"己所不欲，勿施于人"的行为要求；在个人追求方面体现为"鞠躬尽瘁，死而后已"的奉献精神；在家国问题上体现为"天下兴亡，匹夫有责"的担当意识与爱国情操；在人格上体现为"富贵不能淫，贫贱不能移，威武不能屈"的坚毅品质；在处理和他人他国问题上体现出"天涯若比邻"与"四海之内皆兄弟"的友伴精神，等等。

中国传统文化在西方文化大行其道的今天仍然具有极强的生命力和感召力，并且在西方文化难以克服其自身局限性的今天，中国传统文化对处理各种世界性的难题具有重要的启发意义。因此，这就需要我们继承和发扬传统，充分挖掘传统民族文化的优秀资源，尤其是"仁爱"、"和谐"等价值理念，人与自然相统一的思想意识等，从文化的角度提升中国的国际形象，提高中国的整体实力。

二、中国传统文化作为软实力凝练与发扬的必要性

文化尤其是传统文化是中华民族的共同精神支柱和中国实现持续发展的思想保障，并为中国软实力的提升提供了思想资源。因此，必须加强对民族文化的挖掘和保护，并将传统文化与社会主义文化风尚结合起来，丰富中国文化的内涵，使其时代感充分显现，从而铸成一种得到充分认同的具有包容性的思想、价值和情感。

在这个问题上，我们认识到保持民族文化传统的重要性，同时要在各个文化传统尤其是东西方文化传统的交流与碰撞中保持自身的独立性与优越性，发挥文化传统的吸引力，使受众增强对中国传统文化的理解，在感性上产生亲切感，在理性上自觉分析中国传统文化的优越性，从而实现中国文化的传播，潜移默化地使中国传统文化"走出去"。

对于我们而言，要意识到文化和文化软实力之间的区别与联系。一定的文化可以构成一个民族国家的文化软实力，而不是所有的文化都是一个民族国家的文化软实力。文化软实力特指文化的主体运用其文化中的部分因素或者内容，以实现自身的影响力。文化软实力的构建需要一系列的硬件或者载体，使得一个民族的文化以有力的方式实现自身的传播，从而达到使其他文化背景下的人们感知、理解进而部分认同其文化特质，使其倡导的价值观念和思维方式可以广泛地深入人心，从而有利于一个国家发挥整体的影响力。因

此，文化成为软实力需要经过具体的规划来构建。中国的传统文化不会自觉地构成自身的文化软实力，也就是说，从文化到文化软实力，还需要有一个中介。这个中介就是传媒。而在这个中介的构建上，其他一些国家给了我们很多具有启发意义的经验。今天的世界，一些发达国家在提升文化影响力与建设文化软实力等问题上进行了一些非常有益且具有实效的探索，从政策与策略上制定了一系列的文化发展规划、战略与政策，把文化发展放在十分重要的位置；同时，大力发展文化产业，使之作为文化传播的载体，发挥重要的影响作用；在此基础上，加强文化输出，展示其思想意识与价值理念，扩大其国际影响力。这些西方发达国家提升国家文化软实力的做法，对于推动我国文化发展具有一定的启发意义。

今天，底蕴丰富的中国传统文化正以其独特的价值品格与思想魅力为世界上越来越多的国家和民族所感知和接受，中国元素正在成为全球文化领域一个重要的组成部分。这就形成了中国传统文化走出去的有利氛围和整体背景。

三、中国传统文化对解决一些世界性难题的启发意义

首先，中国传统文化对当今各民族之间文化的对立与冲突提供了具有启发意义的思考方式。中国传统文化的"和谐"理念可以使我们转换视角，在对立的思维方式中把握统一。文明的冲突与差异不是人类发展的一个难以解决的问题，各个文明之间尽管存在着宗教信仰、道德伦理、风俗习惯、思维方式、价值理念等方面的差异，但这并不妨碍各种文化在互竞中和谐共生，一种文化取得优势地位并不一定要以消灭另一种文化为代价，一种文化要对另一种文化体现出最基本的敬意，在差异中达到理解、达到和谐共生才是文化发展的真意。

其次，中国传统文化中关于人与自然的理念，有助于实现全球生态文明。生态文明作为继人类原始文明、农业文明、工业文明之后而兴起的一种文明形态，开始注重转变人们的视角，从过去的单纯从人类自身的角度出发理解人与自然的关系，到现在多角度地理解人与自然和谐共生、实现人类的可持续发展。中华传统文化认为人与万物的地位是平等的，在中国古人看来，天地万物各有其独特的内在价值与运行规律。从生命的角度，万物和人一样，作为平等的一员，共同构成了这个丰富的世界。这要求我们必须尊重自然界生命平等，从而重新规范人类自己的行为，悦纳自然。中国古代"天人合一"的思想理念，认为在处理人与自然关系时，从人与自然的和谐性出发，建立人与自然之间的联系。中国传统文化的基本理念、对人和自然关系的理解方式和生态文明建设的内在要求具有精神上的一致性，从而作为一种文化的助推力，必将对重塑人与自然的关系、转变人们过去的态度与理解方式，进行生态文明建设产生积极影响。

再次，中国传统文化中提升道德修养的思想观念，对于提升道德水平和个人素质具有重要的意义。个体是文明的承担者，集中体现一个民族的传统文化，而中国传统文化思想中大量的提升个人道德修养的思想理论对今天的道德建设具有重要的启发意义。传承、发扬与构建一个国家的文化软实力，最终的落脚点都是作为行为主体的个人。这就需要深入挖掘传统文化中所包含的关于家庭美德、社会公德、职业道德等方面的理论，将其作为能为人们普遍认同和积极履行的行为准则。

因此，挖掘中国传统文化中的有益成分，在继承传统的同时体现时代的需要与时代的特质，通过吸收和借鉴成功经验，系统地建构中国的文化软实力，从而为世界文化的发展与繁荣贡献力量，在思维方式的差异中实现思路的扩展，提供解决全球性问题的一些思想理论，这对提高中国的国际影响力具有重要意义。

参考文献：

［1］ Joseph S. Nye, Jr., Propaganda Isn't the Way：Soft Power, *International Herald Tribune*, January 10, 2003.

［2］［美］汉斯·摩根索著，徐昕译：《国家间政治——寻求权力与和平的斗争》，北京：中国人民公安大学出版社 1990 年版。

文化产业增强国家文化软实力的机能分析①

赵学琳

内容摘要：文化产业是经济文化一体化趋势的新兴载体，在理论层面和实践层面对于增强国家文化软实力具有丰富的科学机能。文化产业在资源形态、社会评价、民族风貌、意识形态、产品责任和教育功能等方面，对于国家文化软实力产生着独特影响，具有不可替代的功能和价值。我们需要因势利导，创造条件，推进文化产业的科学发展和繁荣发展，进一步增强国家文化软实力。

关键词：文化产业；软实力；话语；价值；结构

【作者简介】赵学琳，河北师范大学法政学院副教授。

党的十七届六中全会着重强调，要增强国家文化软实力，弘扬中华文化，努力建设社会主义文化强国。增强国家文化软实力是一项系统性的社会工程，需要各种要素禀赋在共同目标的引导下、在科学合理的实践结构中，相互关联、相互促进，实现国家文化软实力的整体性发展和持续性发展。其中，在增强国家文化软实力的实践中，文化产业成为越来越重要的力量，正在发挥越来越重要的功能。从理论分析的角度来看，文化产业在增强国家文化软实力的进程中存在着多重机能，成为文化产业与国家文化软实力之间的本质性关联。分析文化产业对于增强国家文化软实力的科学机能，充分发挥文化产业的作用，积极促进国家文化软实力的增强，是一项必要的工作。

一、文化产业是国家文化资源的技术形态和经济形态，反映着文化要素禀赋的特色和风格，是国家文化软实力的基础性资源

一个国家的文化资源是文化产业发展的重要战略条件，它凝结了这个国家或民族劳动成果和思维活动的精华。一般来说，文化资源是前人所创造和积累下来的文化遗产，包括历史人物、文物古迹、民俗、建筑、工艺、宗教信仰、语言文字等。文化产业的开发和运营是文化资源社会化、市场化和现代化的发展过程。在文化产业中，文化已经成为一种劳动对象和生产对象，文化资源通过创作生产环节转化为文化产品和文化服务，通过交换和

① 项目来源：2011年国家社会科学基金资助项目"文化产业对提高国家文化软实力的价值与实践研究"（11CZX076）；2009年教育部人文社会科学研究青年基金项目"提高国家文化软实力与文化产业发展战略研究"（09YJC710017）；2011年河北省高校人文科学研究优秀青年基金项目"河北省文化软实力的要素、理念和发展途径研究"（SKYQ200109）。

消费等环节转化为实实在在的财富。

国家文化软实力本身就是一个动态的范畴，不是凝固不化、静止不变的东西。因此，静态的文化资源，无论它多么丰富，多么有特色，也不能想当然地等同于文化软实力。当今世界，文化已经具有原生形态、经济形态和技术形态。新兴文化产业正在实现着文化的原生形态向经济形态和技术形态的转变，大批文化资源转化为产业形态。中华民族历史悠久而灿烂，文化资源异常丰富，为中国文化产品的设计、生产、创新提供了不竭的内容源泉。

因此，文化产业在形态和理念上既源于文化资源，又高于文化资源。如果仅仅将纯粹的文化资源当作可资利用的软实力，只会使我们自满于现状，而耽误了文化创新的努力。文化软实力只有在文化传播与消费中才能彰显它的生命力和影响力。因此，我们不能把我国的优秀历史文化资源简单地以静态的方式进行传播，而要对其进行现代化、信息化的创新，运用多种表达和传播手段，实现传统文化的活态延续。

文化产业的开发和市场争夺，成为当今世界软实力竞争的重要内容和主要场域。一种严峻的形势是，国际性信息技术集团和文化传媒集团早已开始着手整合世界各国的文化资源，为开发新的世界市场做好准备。中国文化资源主文化市场成为西方文化集团觊觎已久的目标。早在1992年，好莱坞安布林娱乐公司从网上获得中国云南禄丰的侏罗纪恐龙化石及河南西峡恐龙蛋的资料，受到极大启发，摄制出轰动全球的科幻巨片《侏罗纪公园》。后来《花木兰》、《功夫熊猫》、《功夫熊猫2》同样采用了相似的创作和运作模式，运用大量的中国文化元素和生活概念创造了耳目一新的文化盛宴，在中国和世界上获得了极高的收视率和丰厚的利润。《西游记》、《三国志》、《水浒》等中国诸多文化经典已经由美国、日本等国家文化资本开发、改造成为风靡全球的影视作品和游戏作品，成为中国文化产业界的强大竞争对手。

客观上讲，发达国家对于我国文化资源的掠夺，严重侵蚀了我国的文化主权和文化生态，不利于我国民族文化的可持续发展。但平心而论，发达国家对我国文化资源先入为主的开发，从根本上表明，一方面，尽管面对信息化浪潮，文化产业需要面向未来、出奇制胜地创新，或者说文化产业对于所在国家文化资源的依赖性在不断降低，但文化产业终究离不开文化资源作为自己的背景、元素和依托，否则它就失去了与人们进行思想、情感和心灵沟通的纽带，就会失去与人们进行对话的共性语言，就会成为苍白的呓语。另一方面，文化软实力对内表现为国民的精神状态、意志品格和内在凝聚力，对外表现为文化精神、价值资源、文化风格对其他民族的感染力和吸引力，文化资源的软实力也是文化软实力的一部分。我国文化资源浩如烟海，丰富多彩，这必将成为我们文化产业发展的特色资源，它是我国文化软实力的根本力量。在中国独有的传统文化资源基础上，构造具有中国特色和优势的文化产业体系，使我们在全球文化市场竞争中占据不可替代的独特地位，这将是我国文化软实力巨大的资源性优势。

二、文化产业是认识一个国家社会状况和发展程度的窗口，展示着自身文明和社会模式的合理性和先进性，是透视国家文化软实力水平的宏观视角

文化产业胎生于社会系统之中，天然地携带所在社会的信息、特征和色彩，体现着社会的发展阶段和宏观特征，这是一条无法背离的逻辑。2010 年，美国电影《阿凡达》风靡全球，以一种科幻的、星际的、人造生物的元素吸引着全球眼球，掀动着人们强烈的文化体验欲求。这个电影直接影射了美国后工业、后现代社会的宏大主题，借用了新经济发展以来美国太空探索、基因工程、数字模拟技术等社会发展的前沿成果。"精神文化生产作为人类社会生产活动的重要组成部分，是受到社会生产力的制约的，社会生产力的水平决定了文化生产的水平和满足社会的精神文化需要的程度。"① 也就是说，一个用手推磨的纯粹的农业社会是拍不出类似于《摩登时代》工业化主题的影片的。在中国工业化进程不断深入、后工业化进程刚刚起步的时期，文化产业不可能超越社会阶段，直接进入到信息化、数字化时代。

从系统学角度更能清晰地发现中国的文化产业与发达国家存在差距的历史原因。文化产业不是纯粹独立的范畴，它作为思想观念、心理认同和价值取向的载体，紧密依附于社会物质形态和经济形态之上，是一个社会市场化、现代化、信息化的鲜明标志。文化产业实现了一个国家精神文化与物质经济的紧密结合，代表着一个社会的发达程度和一个国家的综合国力。而一个强大繁荣的文化产业必然要依托一个发达的社会系统。反过来说，文化产业的强大繁荣也是一个社会发达的时代标志。从全球发展的趋势来看，文化产业正在形成日益强大的经济规模，成为整个国民经济的重要的以至支柱性的产业。

可见，在现实中，经济的繁荣会为文化的竞争力和吸引力提供更高的势能，成为影响文化认同感和凝聚力的重要砝码。文化势能是文化借助于它相应的经济政治水平及其所在社会环境，"在人们的心目中衍生的放大了的主观效果，是人们进行文化比较和评价中的客观的现象"②。在这样的逻辑中，文化产业的规模大小、实力强弱，就直接影响到人们对于一个国家文化水平和影响力的评价。随着网络化和信息化的不断发展，动漫游戏、数字电影、网络视频、移动多媒体广播电视、公共视听载体、数字出版、手机出版等新的文化形态不断出现，文化产业的具体种类日益丰富，涵盖的领域也不断扩大。实践证明，新兴文化产业成为全球经济文化一体化进程中新的增长点，成为推动经济结构调整、转变经济发展方式的重要力量。文化产业是新的时代条件下国民经济中的朝阳产业，成为经济发展社会进步的重要力量，推动一个国家实现社会繁荣和文化繁荣，进而增进人们的理解、认同和向往，是国家文化软实力认同的重要砝码。

---

① 柯可主编：《文化产业论》，广州：广东经济出版社 2001 年版，第 80 页。
② 赵学琳、陆静：《西方文化强势地位的结构理析与现实启示》，《内蒙古师范大学学报》（哲学社会科学版）2005 年第 1 期。

三、文化产业展现一个国家的民族文化风格和精神风貌，体现着民族文化和国民性的特色，是观察和评价国家文化软实力的重要视角

文化源于生活又高于生活。文化产业不仅需要依托于文化资源，而且直接体现一个国家和民族的文化风貌及其理念，是一个民族文化形象的生动写真。进而，"文化产业的振兴，在提高人们对文化的需求的同时，能够成为发现在全球化过程中逐渐消失的自我的契机，从而确立对自己地区或者国家的认同性"[1]。文化产业是一个无处不在的镜子，在这个巨大无比的镜子里，我们既可以找到自己，也可以发现对方。一方面，人们通过阅读和体验找到自己的语言、思想、观念、信仰，通过"嘤其鸣矣，求其友声"找到与自己思想共鸣的对象，找到自己可以值得信赖和托付的群体性归宿，解决文化危机背景下"我是谁"、"我们是谁"的内心困惑与终级追问。另一方面，人们能够在文化产业的舞台发现我们主体性之外的主体，认识不同色彩、不同形象、不同理念的民族性，了解到不同于自身世界的更大的世界，更加宽泛地理解"你是谁"、"你们是谁"的身份定位，增强文化或民族范畴中相对主义的意识，培养多文化、多民族的包容心态。各国文化产业的创作、传播、消费是各个民族文化的模仿，反映着一个民族的文化特色和文化风格，展现一个民族文化获得喜爱的资本和能力，是国家文化软实力展开表达、相互竞争的载体和平台。

在这个全球开放的平台上，尽管我们正在迎来一个信息化浪潮，世界每一个角落的民族文化都日益充分地展现在文化全球化的进程中，但我们对于多元民族文化的认识和理解并不是通过直接渠道，而是更大程度上依靠间接渠道，文化产业则在诸多间接渠道中承担着独特的功能。文化产业是对于国家文化软实力产生重要影响的一个机理，它为人们提供了一个具有独特文化内涵的文化生活和文化环境。"中国的软实力中文化的吸引力还相对较弱。相比较于美国的电影、音乐和其他文化产品，中国没有一个突出的享誉世界的文化品牌。世界许多国家对中国的印象还很模糊并充满错觉。"[2] 这种文化弱势不仅表现在经济和物质上，而且还表现在更深更广的精神世界，文化认知的纠葛在文化产业的竞争中产生着巨大张力。我国文化产业中出现矫揉造作的风格、崇洋媚外的姿态和"民族寓言"的策略，不能把真实的东方文化面貌呈现在世界文化的舞台上，只会导致西方对东方文化的"误读"，不利于双方的相互理解和认识，而对于国家文化软实力的目标来说也是背道而驰的。

四、文化产业传承着一个国家的价值观念和审美标准，具有意识形态的特殊使命，是传播文化诉求和政治诉求的有效载体

文化产业尽管受到市场经济的引导，但由于其生产的是文化性质的产品，附加着思想性、观念性的内容，因而也具有浓厚的意识形态色彩。文化产业可以通过文化产品推进交

---

① 胡惠林、单世联：《文化产业学概论》，太原：书海出版社、山西人民出版社 2006 年版，第 66 页。
② 王永章：《实现文化产业跨越式发展》，《人民日报》2007 年 11 月 29 日。

流、沟通和理解，肩负着表达国家立场、价值主张、民族声音的重要使命，是开展文明对话、推动国家文化软实力得到更广认同的重要途径。约瑟夫·奈也认识到文化产业在实现国家意识形态方面的独特影响，他说："流行文化中当然不无琐屑与凑热闹的成分，但一个占据着流行文化传播通道的国家有更多的机会传达自己的声音并影响他国的选择则是千真万确的。"① 因而，美国、日本、欧洲等发达国家和地区高度重视文化产业在实现国家话语和国家利益方面的独特功能，并把发展文化产业作为增强国家文化软实力的重要战略，推广自己的意识形态和价值体系。

在全球文化竞争中，西方的文化产业和大众文化处于主导性的优势地位。风行天下的西方大众文化不但利用其高科技、高品牌、高效应在世界各地捞取了大量的利益，而且在文化产业附加有文化创造者所体现的主导观念、生活风格、文化标准。好莱坞电影就是向全世界解释美国社会模式、宣扬美国意识形态的一条教鞭。"美国控制了全球75%的电视节目的生产和制作，影片产量虽只占全球6.7%，却占领了全球总放映时间的50%以上和电影票房的2/3。问题的严重性还在于文化产品已成为强势文化输出其政治观念、文化观念和价值观念的主要载体，甚至作为维护霸权、强权的重要战略。"② 经由好莱坞电影、肥皂剧、广告等文化镜像的折射，美国似乎成为一个自由、平等、民主的国度，成为一个崇尚宽容、公平、个性、正义、仁爱、权利的社会。西方发达国家借助强大的文化产业，把自己国家的价值观念、生活方式用一种引人入胜的方式，推广给经济、政治处于弱势的国家，通过受众的消费、欣赏和爱好重塑这些国家民众的文化价值观念，达到控制他国意识观念和推进国家对外战略的目的，实现约瑟夫·奈所说的"吸引而非强制"的效果。这由此也印证了一个道理，那就是"文化产业的消费过程，就是一种建构性的认同实践，文化产业的发展繁荣能使国际社会越来越多的人对一个国家产生精神层面上的认同感"③。

在现实中，尽管中国文化"走出去"的进程正不断地推进，但外界对中国文化的认识还存在着很大误差。当前，在对外经济交流中，我国保持着贸易顺差，但在对外文化交流中，我国出现了严重的文化逆差。文化逆差又分文化贸易逆差和文化价值逆差。"从贸易层面，文化逆差就是在图书、电影、演出等文化产品上进多出少；从价值层面，文化逆差就是外来文化对本国的影响大于本国文化对外国的影响。"④ 文化产业是传播和表达核心价值观的重要载体，是扭转文化逆差的重要力量，科学发展文化产业，增强我国文化产业的核心竞争力，推进我国文化产业的国际化，是向全球表达中国声音、宣扬中国话语、增强中国文化吸引力的重要举措。因为文化产业可以推进中国先进文化的创作、民族文化资源的现代化开发、中华文化走向世界，对于提升国家文化软实力、积极提高中华文化在世界文化舞台的吸引力和竞争力，都具有举足轻重的作用。

---

① ［美］约瑟夫·奈著，何小东、盖玉云等译：《美国定能领导世界吗》，北京：军事译文出版社1992年版，第194页。

② 周荫祖：《论文化建设的战略意义——学习十六大报告的体会》，《南京社会科学》2003年第1期。

③ 叶朗：《重视文化产品的核心价值》，《光明日报》2009年1月14日。

④ 陶文昭：《在文化的大发展大繁荣中克服价值逆差》，《贵州社会科学》2008年第11期。

五、文化产业可以促进文化产品质量的提高和效益的改进，提高文化产品的精神境界和社会价值，为增强国家文化软实力提供产品和产业支撑

文化产业不只是文化产品或服务进行设计、生产、流通、交换和消费的客观过程，而且也是一种商业活动，其运行方式依然受商品经济普遍规律的支配。"文化产品在很大程度上要受市场供求规律的调节，市场供求规律的变化决定和影响着文化生产的投入、产出效益。"[①] 价值规律是影响文化产业的重要规律，它要求按照有效的市场需求来组织文化生产、配置文化资源。

文化产业以追求利润作为动机和目标，容易产生重收入不重质量、重形式不重品质的不良现象，经济效益与社会效益之间存在着紧张的张力，但这两者之间的矛盾又不是不可调和的，而是存在着共同性的协调机制和有机联系在一起的条件。能够充分满足人们健康向上的文化需求、具有更高社会效益的文化产品和服务，往往具有更大的经济价值，在激烈的市场竞争中占有优势，实现更大的经济效益。而粗制滥造、低级庸俗的文化产品，由于没有精神文化内涵和社会效益，也不可能在文化市场实现较大的经济效益。由于市场机制本身优胜劣汰的规则，不仅会淘汰低劣的技术产品、物质产品，而且会淘汰低劣的文化产品。

文化软实力的力量源泉在于文化产品和服务的内在质量。从市场的长期选择来看，文化产业在市场机制的整体导向和长期导向下，会创造大量健康向上、无愧于时代的精神文化产品，营造有利于人民群众的思想文化环境，创造出丰富多彩、生动活泼的文化产品来。文化产业的市场化运作，可以不断提高文化产品的质量。马克思指出："在再生产的行为本身中，不但客观条件改变着……而且生产者本身也改变着，提炼出新的品质，通过生产而发展改造着自身，造成新的力量和新的观念，造成新的交往方式、新的需要和新的语言。"[②] 文化产业的发展尊重市场经济中优胜劣汰的铁的法则，文化企业必须要在"内容为王"的要求下，着重考虑如何改进自己的生产方式，提高产品的质量，要从产品生产的创意、立项和对资源、人才、技术手段以及包装宣传等诸多方面作出相应的调整，要以新的思路、新的生产方式、新的表现形式来生产出更好的文化产品。

市场机制为文化产业的发展提供赖以生存的市场资源和各种经济关系，可以促进文化资源的开发和利用，提高文化产品和文化服务的档次和繁荣程度，扩大知识、思想和文化情趣在社会各领域的传播和教化，从而实现文化的社会价值。文化产业可提供的产品和服务将通过市场的调节不断创新，不断提高质量和竞争力，这样就从客观上促使大量反映先进文化的文化精品得以产生。文化产业中产品质量的不断改进，精神境界的不断升华，科技要素的不断创新，结构体系的不断优化，为国家文化软实力提供了优质的物质载体和产业支撑。

---

① 何群：《文化生产及产品分析》，北京：高等教育出版社 2006 年版，第 21 页。
② 《马克思恩格斯全集》（第 46 卷），北京：人民出版社 1979 年版，第 494 页。

六、文化产业具有涵化教育的功能，承担着塑造国民素质与形象的文化使命，为提供国家文化软实力培育和塑造高素质的主体力量

马克思在论述物质生产与精神生产之间的关系时曾指出，在商品化的社会里，作为精神产品的文学艺术也会商品化。马克思在《资本论》中指出："商品首先是一个外界的对象，一个靠自己的属性来满足人的某种需要的物。这种需要的性质如何，例如是由胃产生还是由幻想产生，是与问题无关的。"① 由此可见，商品作为一个外界的对象，并不限于只满足人们物质需要的物质产品，它也包括满足人们精神需要的精神产品。现代文化产业的目的，都是为了通过自己的成果，满足人们和社会发展所提出来的多种文化消费层次的需要，其中既包括休闲时的审美娱乐，也包括对人生和世界的深刻思索与终极关怀。文化产业以制造出规范性的文化产品为手段，以满足人们的文化消费欲望为目的，在传播与消费的过程中提高消费者的文化知识水平、审美鉴赏力，增强人们生产劳动的积极性。由此党的十七届六中全会指出："发展文化产业是社会主义市场经济条件下满足人民多样化精神文化需求的重要途径。"②

文化产业既是国家的硬实力，也是国家的软实力，其中文化产业的软实力表现在"引导、启发、影响、教育人民的思想，提高国民素质，为国家的精神文明建设贡献力量"③。从教育范围上来讲，文化产业不仅在市场机制的引导下生产出更多的优秀文化作品，而且可以在社会领域中实现更广范围的传播，促进先进文化对人们的影响和教化。文化产业的出现，使文化生产从少数人手中解放出来获得了飞跃性的发展。文化不再是少数人的特权，而成为多数人可以参与和享有的文化运动。本雅明在《机械复制时代的艺术作品》一文中指出，文化领域的技术复制使艺术品从由少数人垄断性的欣赏中解放出来，为大多数人所共享。大众文化的生产"让实物脱壳而出，破除'灵光'，标志了一种感知方式，能充分发挥平等的意义"④。文化产业以文化民主化的取向，通过自由流通和交换，传播文化产品和文化服务所蕴含的知识、思想、精神、情趣，扩大文化在社会各领域进行传播、教化和利用的范围，并把文化观念转化为消费者的思想观念，从而影响人的行为并作用于社会，实现文化的实践价值。

从教育主题上来讲，在市场竞争的过程中，文化商品和文化服务既能满足人的精神文化生活需求，给人们带来身心的愉悦和科学文化素质的修养，又能促使人们形成正确的世界观、人生观、价值观和良好的道德修养，从而实现人的全面发展。同时，文化产业可以孕育、催生和传播许多体现人类文明进步的思想观念、人文精神和道德原则，进而成为塑造社会主义道德的新的增长点。近年来，以"红色影视"、"红色歌曲"为代表的"红色文化"蓬勃发展，这些作品通过其艺术的感染力和主题的生命力，教育、启迪和引导人们

---

① 《马克思恩格斯全集》（第23卷），北京：人民出版社1972年版，第47页。
② 《中共十七届六中全会在京举行》，《人民日报》2011年10月19日。
③ 《让文化真正成为国家软实力——全国人大常委会委员建言文化产业发展》，《光明日报》2010年6月3日。
④ ［德］瓦尔特·本雅明著，许绮玲、林志明译：《迎向灵光消逝的年代——本雅明论艺术》，桂林：广西师范大学出版社2004年版，第35页。

的思想和行为，激励人们以高度的使命感和强劲的开拓精神去奋斗、去创造。文化产业对于满足人们的精神文化需要、提高国民文化素养方面具有不可替代的作用。

国民是国家文化软实力的主体力量，每一个民众都是一个国家文化软实力的微观元素，国民的素质、觉悟和水平直接体现着一个国家文化软实力的质量、特色和魅力。文化产业的教育功能可以提高人们对于先进文化的执着追求和理性信仰，自觉抵制各种腐朽文化对人们的侵蚀，扩大我国文化的吸引力和凝聚力，为增强国家文化软实力提供高素质的主体力量。

我们应该从整体上把握文化产业在增强国家软实力方面的科学机能，因势利导，扬长避短，在文化资源、主体内容、精神理念、产业结构、教化途径等各方面创造相应的有利条件，在增强国家文化软实力的进程中充分发挥建设性作用。

中国软实力发展面临的挑战和应对

——以法治建设为视角①

刘国福

内容摘要：中国国家软实力发展面临着先天不足、后天努力不够、极少关注制度层面国家软实力等挑战。而发达的法治可以转化为强大的软实力，提高综合国力和国际竞争力。加强法治是应对中国软实力发展面临挑战的重要对策之一，实践中却常常被轻视甚至忽略。加强法治应从弘扬法治精神、加强法律制度建设和融入国际法律秩序等方面入手，树立中国软实力正面形象，使中国国家软实力发展具有稳定性和可持续性，主动适应世界其他国家软实力的变化。

关键词：软实力；法治；法律

【作者简介】刘国福，北京理工大学洪堡学者，主要研究方向：移民法。

近20年来，中国学界对国家软实力进行了深入细致的探讨，取得了丰硕的研究成果，得到了中央领导的高度重视，并逐渐成为国家的战略和政策，但是迄今尚未见到从法治建设角度系统探讨中国软实力的研究成果。分析中国软实力发展面临的挑战，梳理法治在中国软实力发展中的作用，论证应对中国软实力发展面临挑战的法治之策，有助于拓展和深化中国软实力研究。

一、中国软实力发展面临的挑战

国家软实力又称国家软权力[1]或者国家软力量[2]。国内学界普遍接受美国学者约瑟夫·奈关于国家软实力的概念，"一种通过吸引而不是强制和利诱手段获取你所要东西的能力"，即通过非经济、军事途径，尤其是一国文化、价值和制度来实现其国际目标。[3]一般认为，文化是国家软实力的核心内容，[4]中国特色社会主义制度、发展模式、价值观、民族凝聚力、外交政策和对外援助等是国家软实力的主要内容。[5]上述观点得到了官方最高层的认可和接受。胡锦涛总书记2011年在庆祝中国共产党成立90周年大会上的讲话中指出："要着眼于推动中华文化走向世界，形成与我国国际地位相对称的文化软实力，提高中华文化国际影响力。"2011年《中共中央关于深化文化体制改革 推动社会主义文化大发展大繁荣若干重大问题的决定》对推动中华文化走向世界提出了明确要求。指出增强

① 【基金项目】国务院侨务办公室2011—2012年重点课题"侨务政策研究"（编号：GQBZ2011003）。2012年教育部人文社会科学研究规划基金项目"技术移民法立法与引进海外人才"（项目批准号：12YJA820040）。

国家文化软实力和中华文化国际影响力要求更加紧迫。再次强调要增强国家文化软实力，弘扬中华文化，努力建设社会主义文化强国。时任国务院总理温家宝在 2009 年夏季达沃斯论坛的演讲中指出："所谓中国国家软实力，我以为就是对所有国家，特别是发展中国家、最不发达国家的尊重，就是在自己发展的同时，要尽力帮助它们。"由于中国国力有限、各界对国家软实力的认识有待深化、学界研究能力需要进一步提高以及政府国家软实力实务经验尚不丰富等原因，中国国家软实力发展正面临不少挑战。

中国国家软实力自身受制于国家硬实力和加速转型期而先天不足，以致影响力有限。国家硬实力是基础，国家软实力是拓展。国家软实力发展水平很难超越国家硬实力发展水平。国家软实力源于国家硬实力，发挥作用于扩散之中。没有国家硬实力的国家软实力是无源之水。缺乏合适扩散路径和机制的国家软实力只能拘于一隅。由于中国是发展中国家且处于加速转型期，中国国家软实力也处于发展中水平，并在形成中面临着诸多挑战。21世纪初，中国经济社会发展开始全面进入加速转型期。在工业现代化没有全部完成的时候，中国开始了向知识现代化迈进的过程，经济结构和社会结构呈现加速度的整体性跃迁，具体内容包括结构转换、机制转轨、利益调整和观念转变等，[6]文化、价值观、发展模式、外交政策和对外援助等国家软实力内容都未完全定型，对外扩散国家软实力的路径主要限于海外华侨华人和对外援助国，对外扩散国家软实力机制建设尚未列入政府议事日程。不分族裔和国别的四海同心和全球向往还只是大国梦想。

中国国家软实力发展受限于以经济建设为中心的国家战略而后天努力不够，以致中国国家软实力与国家硬实力的发展呈现结构性失衡。由于改革开放 30 多年来，中国一直以经济建设为中心，遵循发展才是硬道理的指导思想，经济体制经过大刀阔斧的改革，经济发展取得了巨大成就。文化、政治、外交和法治等领域建设服务于经济建设，相关体制改革长期相对滞后，相关领域发展取得的成就十分有限。因此，在中国国家硬实力尤其是整体经济实力得到空前提升的同时，国家软实力发展却相对迟滞与不足。从全球竞争力排位看，中国许多主要产品的产量和出口规模都已名列前茅，但在文化、民主、法治、管理、信息、创新、宜居等国家软实力指标方面，中国基本上在平均水平之下。[7]根据英国经济学家信息社《2011 年全球最适合居住城市报告》，中国大陆没有一个城市入选前 70 名。虽然《中共中央关于深化文化体制改革 推动社会主义文化大发展大繁荣若干重大问题的决定》对增强国家文化软实力作出了国家战略性部署，但是国家软实力并不是该决定的主要内容，而且文化也不是国家软实力的全部。相较于中国国家软实力自身受限于国家硬实力和加速转型期而造成的先天不足，发展中国家软实力后天努力不够更值得深思。中国国家硬、软实力极不平衡的综合国力结构表明，中国在现代化进程中必须更加重视国家软实力发展问题，施之以更有效和有力的政策和措施。

从要素或者资源力角度来看，我国目前的国家软实力研究和实践主要集中于文化层面的国家软实力，极少关注甚至忽略制度、外交、价值观和民族特性等层面的国家软实力，这与制度、外交、价值观和民族特性等在国家软实力中的重要性和不可或缺的地位极度不符。虽然国内学界不断扩大国家软实力内涵，但是文化始终是国家软实力的核心要素被予以最重点研究和实践。从制度、外交、价值观和民族特性等角度探讨国家软实力文章的数量和质量与从文化角度探讨国家软实力文章的数量和质量相比，几乎可以忽略不计。2011年 2 月 2 日检索 CNKI 知识网络服务平台，题名为"国家软实力"的文章有 151 篇，题名为"国家文化软实力"的文章却有236篇。题名为"软实力"的文章有4 125篇,其中题名为"文化软实力"的有1 481篇,而其中题名为"外交软实力"的文章仅有2篇,题名为"制度软实力"的文章仅有1篇,题名为"价值软实力"的文章一篇也没有。国家级官方文件在论及国家软实力时几乎只有"国家文化软实力"这一个角度。国家文化软实力似乎已经成为国家软实力的代名词。然而,国家软实力并非仅仅体现于文化层面,还体现于制度、外交、价值观和民族特性等层面,由制度、外交、价值观和民族特性等构成的国家软实力甚至是更为重要的国家软实力。在国家软实力建设过程中,中国有必要从人类历史和其他国家的经验教训中获取智慧,积极推进政治体制改革,全面贯彻落实依法治国基本方略,扎实推进社会主义核心价值体系建设,进一步加强外交能力建设,全面发展国家的整体软实力。

从研究视野看,国家软实力的研究存在宏观性研究远多于微观性研究的失衡问题。国家软实力已经得到普遍认可,许多关于国家软实力的争议已经不再执着于宏观上的系统理念和指导思想,而是纠结于微观的制度设计和具体实施。各界应该给予微观性研究更多关注和更多支持。国家软实力的宏观性和微观性研究的失衡致使许多国家软实力的制度设计和措施落实难以推进。在政府层面,微观性应用研究比宏观性理论分析更能满足工作需要。各界可以在以后的研究和实践中给予国家软实力微观研究更多的重视和支持。

从构建角度看,国家软实力自身建设探讨较多,国家软实力扩散研究较少。国家建设涵盖了国家软实力自身建设,国家软实力自身建设是国家建设的一个重要组成部分。在开辟了中国特色社会主义道路的今天,包括文化、制度、外交、价值观和民族特性在内的国家建设的目标、方式和措施是确定和清晰的,也就是说,国家虽然没有以形式但是在实质上确定了文化、制度、外交、价值观和民族特性等国家软实力各方面发展的目标、方式和措施,并一直在积极实施。在此情况下,如何在文化、制度、外交、价值观和民族特性等方面发展中融入国家软实力的理念和思想,尤其是如何扩散国家软实力就显得更为重要和紧迫。然而我国对国家软实力扩散的关注却少于对国家软实力自身构建的关注。学界曾分别从战略部署、提升国家形象和国际威望、外交实践、增强文化国力、国家相关制度的完善、共享人类共同价值等方面,对中国国家软实力自身建设进行了较为全面的探索。[8]国家软实力的力量来自扩散性,国家软实力只有通过扩散才会产生强大力量。而海外华侨华人在传播中国国家软实力过程中扮演回音壁、传统中介、助力器、黏合器和先锋队角色。[9]如何扩散中国国家软实力应成为今后研究国家软实力建设的重点。

二、法治在发展中国软实力中的作用

世界各发达国家无不拥有规范的法治和强大的法治软实力,越来越多的国家把完善法治上升到国家战略层面,成为提高综合国力和国际竞争力的战略选择,经济硬实力与法治软实力日益呈现出相互依托、相互支撑的态势。建设社会主义法治国家,根本目标是提高法治软实力,从而在日趋激烈的综合国力竞争中赢得主动。法治是指根据法律治理国家。[10]法治化是现代化的基本要求之一。[11]法律是由立法机关制定的,国家政权保证执行的行为规则。[12]中国法治建设是指适应经济建设、政治建设、文化建设、社会建设不断发展的客观要求,坚持党的领导、人民当家做主和依法治国有机统一,坚持以人为本,弘扬法治精神，树立民主法治、自由平等、公平正义理念，建立和完善中国特色社会主义法律体系，全面实施依法行政，深化司法体制改革，完善权力制约和监督机制，保障公民的合法权益，维护社会和谐稳定，不断推进各项工作法治化。① 法治在我国政治实践和国家工作中地位日益重要。法治在中国软实力发展中的作用越来越广泛，也愈来愈强。

法律作为中国软实力资源具有巨大价值。法律是制度的主要表现形式，是中国软实力的重要内容。[13] 当今世界，制度已经越来越成为国家软实力的重要因素。[14] 制度包括国内制度和国际制度两个部分。国内制度指要求大家共同遵守的办事规程或行动准则，[15] 主要表现为规范性文件特别是法律；国际制度指国际社会共同遵守的办事规程或行动准则，主要表现为国际文件尤其是国际法。西方有学者认为制度缺乏吸引力是中国软实力局限之一，为此我们需要创新和完善制度。[16] 2010 年年底形成的中国特色社会主义法律体系是这方面的最新成果，国家经济建设、政治建设、文化建设、社会建设以及生态文明建设的各个方面实现有法可依。② 西方国家普遍将法律作为国家软实力来打造，法律由此成为国家软实力建设的战略高地。世界各国都把加强法学研究机构的建设作为推动经济社会发展的利器。许多政党非常重视法学专家学者为其提供的执政理念和政策咨询。[17]

宪法和法律的有效实施对发展中国软实力和形成中国向心力有十分积极的作用。法律的生命力在于实施。中国加速构建和谐社会，就要实现经济发展和社会进步的同步提升，确保政治稳定、文化繁荣，落实民主法治和公平正义，这些都离不开宪法和法律的有效实施。只有采取积极有效的措施，切实保障宪法和法律的实施，才会维系政府公信力和增强中国向心力。就侨务法律而言，以 1990 年《中华人民共和国归侨侨眷权益保护法》（2000年修正）为核心的侨务法律体系已经形成，总体上解决了侨务工作有法可依的问题。随着中国特色社会主义法律体系的形成，从一般法的角度，在全体公民的层面上尊重和保障归侨和侨眷权益的法制环境日渐成熟。在这种情况下，许多华人华侨和归侨侨眷的权利没有能够落到实处，不是因为没有相关法律，而是因为没有认真实施尊重和保障华人华侨和归侨侨眷权益的法律。另外，许多新制定和正在审议的法律淡化甚至无视华人华侨和归侨侨眷的特性，涉侨法律不关注侨务和不解决侨务问题的现象依然存在，甚至比较严重。例如，全国人大常委会 2011 年 12 月 26 日第一次审议的《中华人民共和国出境入境管理法》（草案）是一部非常重要的涉侨法律，理应对华人华侨出入境、居留、工作和华侨回国定居等问题作出全面系统的规定，但是事实上却涉及很少，很少涉及的部分也规定得不充分。

法治政治体制和法制文化传统是发展中国软实力所必需的。发达国家通常具有良好的法治氛围，其民众习惯于政府以法治规范事务。如果我国政府在规范事务方面注重人治而忽视法治，就会在我国与发达国家之间形成沟通的障碍，降低服务和管理的效率，影响国家软实力的构建。要构建中国软实力必须建设一个充分和成熟的社会主义法治的政治体制，更有待形成法治文化传统，努力塑造公正、民主和人权的进步国家形象，充分显示机制创新能力，在完成开放的公民社会建设的同时完成政治文明的塑造。[18]

法治建设对于实现行政管理体制创新，增强领导干部依法行政的意识和能力，提高制

---

① 《中国的法治建设》白皮书，2008 年。
② 《中国特色社会主义法律体系》白皮书，2011 年。

度建设质量，规范行政权力运行，保证法律法规严格执行，全面推进依法行政，不断提高政府公信力和执行力，发展国家硬实力有重要意义。只有建设法治国家，不断推动我国上层建筑与经济基础相适应，民主政治才能展现出更加旺盛的生命力。贯彻依法治国基本方略，推进依法行政，建设法治政府，是我们党治国理政从理念到方式的革命性变化，具有划时代的重要意义。解决我国经济社会发展中的突出问题，要求进一步深化改革，加强制度建设，强化对行政权力运行的监督和制约，推进依法行政，建设法治政府。

中国法治建设经验传播有助于增强中国国际影响力。在全球化时代发展中国软实力，不能只注重中国的特殊性，应该同时着眼于人类社会的共同性，中国必须全力塑造具有普世意义的文化、制度、外交、价值观和民族特性。[19]法治具有普世性。昔日的罗马法典、拿破仑法典都曾经征服世界，超越罗马帝国、拿破仑帝国的存在而穿越时空影响至今。当代的大陆法系、英美法系是各国建设现代化的必修课之一，其国际影响力已经不局限于法系自身，而是渗透到政治、经济、文化各个方面。法治已经成为政治文明发展到一定历史阶段的标志，凝结着人类智慧，为各国人民所向往和追求。① 改革开放三十多年来，中国的法治建设取得了巨大成就。中国特色社会主义法律体系从制度上、法律上解决了国家发展中带有根本性、全局性、稳定性和长期性的问题，为社会主义市场经济的不断完善、社会主义民主政治的深入发展、社会主义先进文化的日益繁荣、社会主义和谐社会的积极构建，确定了明确的价值取向、发展方向和根本路径，为建设富强民主文明和谐的社会主义现代化国家、实现中华民族伟大复兴奠定坚实的法制基础。② 以法治形态表现的中国发展模式更容易向世界传播，为其他国家所接受，增强中国的国际影响力。

三、加强法治，应对中国软实力发展面临的挑战

加强法治是应对中国软实力发展面临挑战的重要对策之一，实践中却常常被轻视甚至忽略。当前，我国综合国力显著增强，已成为全球第二大经济体，在应对国际金融危机冲击中，中国发展道路和发展模式的优势充分显现，得到许多国家的关注和认同。我国国力的显著上升，引起了一些国家的疑虑和不适应，加强法治，增加国际社会对我国和平发展和谐世界理念的理解和认同，使我国在政治上更有影响力、经济上更有竞争力、形象上更有亲和力、道义上更有感召力，对于软实力发展有重要意义。

弘扬法治精神，坚持法治价值观，树立中国软实力的正面形象。2008年《中国的法治建设》白皮书指出："中国人民为争取民主、自由、平等，建设法治国家，进行了长期不懈的奋斗，深知法治的意义与价值。"中国是一个具有五千年文明史的古国，中华法系源远流长。中华法系成为世界独树一帜的法系，古老的中国为人类法制文明作出了重要贡献。改革开放以来，中国全面落实依法治国基本方略，在全社会大力弘扬社会主义法治精神，不断推进科学立法、严格执法、公正司法、全民守法进程，实现国家各项工作法治化。③ 中国坚持从国情出发开展法治实践，同时也注意借鉴和吸收国外法制建设的有益经

---

① 《中国的法治建设》白皮书，2008年。
② 吴邦国委员长2011年在形成中国特色社会主义法律体系座谈会上的讲话。
③ 胡锦涛2011年在庆祝中国共产党成立90周年大会上的讲话。

验和人类共同创造的法治文明成果，丰富和完善中国特色社会主义法治文明。中国与许多国家和国际组织建立了平等互惠的司法合作关系，接受和采纳国际上通行的司法合作规则。中国法治向世界展示的我国改革开放的崭新形象和法治国家的精神风貌，有助于消除人治国家的软实力的负面形象，[20] 树立法治国家的软实力的正面形象。完善的涉侨法规的制定与坚决执行，不但有利于保障华侨华人和归侨侨眷的权益，也能够通过华侨华人和归侨侨眷树立中国软实力的正面形象。[21]

加强法律制度建设，落实依法治国方略，夯实中国发展的法律基础，系统性和制度性地迎接和解决中国发展面临的挑战，全面和透明地向全世界介绍中国，使中国国家软实力发展具有稳定性和可持续性。法治可以成为国家软实力，发挥凝聚作用。非法治不构成国家软实力，而成为国家离散力，产生破坏作用，[22] 例如"文革"期间中国的混乱和封闭。要使治国方略成为国家软实力，而非国家离散力，就必须加强法律制度建设，进一步完善法律体系，加大宪法和法律实施力度。法律制度是一种国家软实力，它的实力不在于宣传，而在于是否回答和解决了人类社会面临的挑战。世界各国的发展经验证明，谁占据了法律的制高点，谁就能使本国事业兴旺发达，只有创新实践长盛不衰，才能在激烈的国际竞争中掌握主动权，从而影响和引导其他国家。而离开了法律支撑，经济繁荣难以持久。即使有繁荣经济，强国地位也难以确立，更不易巩固。

传播中国法治成就，增强中国软实力。改革开放三十多年来，中国的法治建设取得了举世瞩目的成就，通过宪法和法律确立了依法治国的基本方略。中国共产党和中国政府已经探索出了一条具有中国特色的科学执政、民主执政和依法执政相结合的道路。以宪法为核心的中国特色社会主义法律体系基本形成，人权在立法、执法、司法等各个环节得到了更加充分的尊重和保障，促进了经济发展和社会和谐的法制环境的形成，依法行政和公正司法水平不断提高，监督机构不断完善。虽然中国法治取得了辉煌成就，但是中国法律走出国门的广度和深度以及向外传播的力度还远远不够。以国际公认的高质量学术论文为例，中国被 SSCI 收录的法学类学术论文数量，与被 SSCI 收录的其他哲学社会科学类学术论文以及被 SCI 收录的理工类学术论文相比，可以忽略不计。1985—2008 年，汕头大学有 21 篇学术论文被 SSCI 收录，其中一篇为法学学术论文，同期，有 1 467 篇学术论文被 SCI 收录。在法律移植和输出方面，移植发达国家法律远远多于输出本国法律。我国法治国际影响力极其有限，与经济国际影响力非常不相称。扩散法治影响力，我国需要传播法治成就，融入国际法律秩序，加强与其他国家的法律交流，否则，法治影响力无以扩散，增强国家软实力势必受挫。

融入国际法律秩序，主动适应世界其他国家软实力的影响。近年来中国更加明确地表达了参与国际组织和国际机制的意愿，在与国际接轨方面已形成共识。在坚持原则立场的情况下，中国已不再单纯挑战既有的国际政治经济秩序，而是持积极参与的态度。新中国自成立到 1977 年底以前的 29 年中，总共参加的国际多边条约不过 31 个，而从 1978 年到 2004 年年底为止的 27 年间，中国缔结或参加的国际多边条约已多达 236 个。这些多边条约所涉国际领域的范围急剧扩展。1978 年以后中国参加的多边条约，超出了此前仅局限于外交、人道主义法、海事、航运、少数联合国专门机构的章程等狭小范围，迅速扩展到国际社会的所有领域。在国际制度的参与数量上，中国已经后来居上，成为参与程度比较高的国家之一。中国参与全球性政府间国际组织的比率达到 61.19%，在所有参与国中名列第 27 位；参与全球性非政府组织（NGO）的比率达到了 58.14%，在所有参与国中名列第 31 位。

解决法治建设中存在的问题，从而提升中国软实力。而我国法治建设面临诸多问题，与经济社会发展的要求不完全适应。法律体系呈现一定的阶段性特点，有待进一步完善。有法不依、执法不严、违法不究的现象在一些地方和部门依然存在。地方保护主义、部门保护主义和执行难的问题时有发生。有的公职人员贪赃枉法、执法犯法、以言代法、以权压法，对社会主义法治造成损害。全社会法律意识和法治观念淡薄，法治教育质量有待提高。这些法治建设面临的问题影响和制约着我国文化、制度、外交、价值观和民族特性等方面国家软实力的塑造和提升。法治对中国而言，基本上是舶来品。即使到今天，人治依然时常冲击法治。解决法治建设存在的问题，要根据社会发展的需要制定新的法律和完善旧的法律，进一步提高立法质量。要针对有法不依、执法不严、知法犯法的现象，严格实施宪法和法律。在进一步加强制度建设特别是加强对权力的规范、制约和监督的同时，在法律实践中凸显人民民主、自由平等、公平正义等价值观念，进一步增强全社会的法治观念，促进法治与民主更紧密结合，努力建设民主法治社会。

参考文献：

[1] 苏长和：《中国的软权力：以国际制度与中国的关系为例》，《国际观察》2007 年第 2 期，第 27 页。

[2] 庞中英：《中国软力量的内涵》，《瞭望》新闻周刊 2005 年 11 月 7 日，第 62 页。

[3]［美］巴里·艾肯格林：《赶超软实力》，《新世纪周刊》2012 年第 3 期，第 36 页。

[4] 刘相平：《对"软实力"之再认识》，《南京大学学报》（哲学·人文科学·社会科学）2010 年第 1 期，第 153 页。

[5] 陈奕平、范如松：《华侨华人与中国国家软实力：作用、机制与政策思路》，《华侨华人历史研究》2010 年第 2 期，第 16 页。

[6] 杨宜勇：《中国社会正处于加速转型期》，《中国青年报》2004 年 4 月 25 日。

[7] 黄仁伟、胡键：《中国和平发展道路与软力量建设》，《社会科学》2007 年第 8 期，第 5～6 页。

[8] 房桦：《十年来中国国家软实力发展研究综述》，《现代国际关系》2009 年第 1 期，第 58 页。

[9] 刘昶：《海外华侨华人与中国国家软实力的关系研究：以欧华社会为例》，国务院侨办 2009—2010 年课题研究成果。

[10] 中国社会科学院语言研究所词典编辑室：《现代汉语词典》（汉英双语），北京：外语教学与研究出版社 2002 年版。

[11] 何传启：《中国现代化报告（2011）》，北京：北京大学出版社 2011 年版，第 161 页。

[12] 马进：《法、道德和软实力》，《甘肃政法学院学报》2006 年第 6 期，第 41 页。

[13] 陈先初：《制度软实力与近代社会发展》，《求索》2011 年第 6 期，第 225 页。

[14] 方长平：《中美软实力比较及其对中国的启示》，《世界经济与政治》2007 年第

7 期，第 27 页。

　　[15] 肖瑜莲：《哲学社会科学是国家软实力的重要组成部分》，《宝鸡社会科学》2010年第 4 期。

　　[16] 章一平：《软实力的内涵与外延》，《现代国际关系》2006 年第 11 期，第 58 页。

　　[17] 陈玉刚：《试论全球化背景下中国软实力的构建》，《国际观察》2007 第 2 期，第 42 页。

　　[18] 刘红：《论政治文化再造与国家软实力之增强》，《财经政法资讯》2010 年第 6 期，第 31 页。

　　[19] 陈奕平：《美国、东南亚华侨华人与中国国家软实力的提升》，国务院侨办 2009—2010 年课题研究成果。

　　[20] 宋全成、解永照：《法律制度的界定》，《长春市委党校学报》2006 年第 4 期，第 76 页。

　　[21] 王海峰：《论国际软法与国家"软实力"》，《政治与法律》2007 年第 4 期，第 105 页。

　　[22] 王玲：《世界各国参与国际组织的比较研究》，《世界经济与政治》2006 年第 11 期，第 47～54 页。

第二编　华侨华人与国家软实力

中泰友好关系：华侨华人的角色

[泰国] 功·塔帕朗西

【作者简介】功·塔帕朗西，泰国前副总理，现任泰中友好协会会长。

今天，我非常荣幸也非常高兴能够到暨南大学参加学术会议，我谨代表中泰友好协会感谢各位。中泰友好协会是37年前由周恩来总理和当时的泰国差猜总理联合成立的。

我受暨南大学的邀请来到这里作主旨发言，讲讲华人在海外的作用，我觉得这个时机是非常适合的，因为我们知道东盟国家很快就会连成一体。但是今天我的主题并不是东盟，而是中国和泰国。那么下一次，如果有幸的话，我会非常高兴再次来到暨南大学讲讲我们未来的情况，那个时候我会讲讲中国和东盟的关系。

现在我们开始来讲讲中泰关系以及华人在泰国的作用。在今天这个学术场合，我虽是一名政治家，但是今天我不讲政治。

我们从1 400多年前开始讲起。当时是中国的唐朝，泰国王朝是在800年前成立的。那么，其实在800年前的泰国就已经看到有中国的瓷器出现了，这个是在泰国海岸线的乘船的遗迹上面发现的。也就是说1 000年前中国有船航行出海，然后从中国的海岸线航行到世界各地。我们看到在1 000年前中国人就有移居海外的历史了，向西到印度，向南到泰国。当时主要是从内陆上过来的，而不是从海上航行过来的。那么，这个时候也就是1 000年前来到泰国的这些人是中国的傣族，刚才讲到他们主要是从内陆从路上走过来的，而不是从海上过来的。那么，在西双版纳的傣族人和在印度阿森省的这些傣族人以及在泰国的傣族人，他们是同宗祖。这些傣族人在4月14日庆祝新年。在400年前，这些中国人来到泰国，是从海上过来的。他们大部分来自广东的汕头地区，还有潮州，尤其是潮汕这个地区。来自潮汕地区的这些中国人成为现在泰国华人的主导部分。在过去的400年间，来自潮汕的他们组成了泰国海外华人商业区的主体。

400年前通过海上过来的华人，他们现在仍然是泰国经济的主体部分。同时我们也非常了解一点，汕头的华人是出了名的勤劳。他们说的不是普通话，而是潮州话，现在仍然如此。现在，在泰国80%的华人不说普通话，他们说潮州话，10%说海南话，10%说福建话。那些会说普通话的华人，主要在泰国南部生活，数量很少。现在泰国有77个省，有6 400万人，在77个省中有77个商会，有超过55个商会的会长来自华裔的家庭。基本上所有的会长都会说潮州话。在泰国的首都曼谷，有80%的生意人说的都是潮州话。在曼谷的中国城，潮州话占主导。当我在任泰国的副总理时，我也曾引导中国的领导人到曼谷的唐人街看过。当时这位总理在唐人街和华人打招呼，用普通话说"你好"，曼谷的华人则说"你去哪里?"(潮州话),而不是"你好"(普通话)。在今年 1 月,在曼谷有一个很大的庆祝中国新年的仪式,他们在新年的时候打招呼并不说"新年快乐,恭喜发财"(普通话),他们说"新正如意,新年发财"(潮州话),这就是华人在泰国的情况。我的曾曾祖母来自汕头,我们说"吃饭"、"吃粥"(潮州话)。现在泰国的商界,也在使用潮州话。

我可以和大家讲些小故事,说说华人在泰国的情况。300 年前,有一位来自汕头的华人去了泰国,他叫郑镛。他是从海上去到泰国的,他的太太是泰国人,他们有了一个儿子,那个儿子的名字叫信,他在 300 年前入伍,参加了泰国的军队。当 300 年前的泰国遭到外族入侵时,信帮助军队保护泰国。当时泰国被入侵者打败,但郑信不愿意放弃泰王国,于是郑信就进行了还击,取得了胜利。也就是说,在 300 年前郑信打败了入侵者,使泰国获得了独立。在打败了入侵者之后,信成了郑信大帝,他是泰国有史以来最伟大的皇帝之一。但是不要忘记,这位使泰国获得独立的郑信大帝,他的父亲来自汕头。这段历史是泰国人永远不会忘记的。

两年前,我领导了一个地质车队从曼谷坐车到汕头去,花了八天的时间,我们以此行动来向在两百年前获得了泰国独立的郑信大帝的家族和祖先致敬。我们到达汕头的一个小村庄,在这个小村庄里面有郑信大帝他们家的衣冠冢。在泰国曼谷,也有这位郑信大帝的一个纪念馆。在泰国,我们把他叫做郑信大帝。请大家记住这位郑信大帝的父亲是汕头人。

这些历史故事告诉了我们中国跟泰国,特别是华人跟泰国的紧密关系。在郑信大帝取得了胜利之后,泰国再也没有受到其他入侵者的入侵。这个就是几百年前的中国和郑信大帝之间的故事。

那么,现在我们来讲讲华人在泰国的另外一个篇章。

我们从 1975 年开始讲起。当时中华人民共和国政府与泰国政府正式建立了外交关系,这个时候是在 1975 年的 7 月 1 号。当时我是泰国外交部长的一个助手,也是泰国访华使团当中的一个成员。我们当时住在北京饭店,因为当时北京饭店是北京唯一的饭店。我们当时去了友谊商店,那也是北京唯一的一间商店。

虽然已经过去了这么长的时间,但是我对此记忆犹新。当时我们代表团非常荣幸地见到了当时中国的领导人毛泽东主席以及周恩来总理,还有一位非常强悍的领导者邓小平。我们知道这三位领导者都有各自不同的特点:毛泽东主席是非常非常伟大的一位领导者;周恩来总理是一位非常非常伟大的外交家;邓小平领导人是非常非常强的实干家,而且是一位烟瘾非常大的领导人。

我们第一次见到周恩来总理的时候是在北京医院,周恩来总理跟我们讲了一句非常动人的话。泰国当时的外交部长是差猜,当时周恩来总理就在北京医院的大堂里等差猜。门打开了,周恩来总理一个人站在那儿,他是这样说的:"非常欢迎您,我老朋友的儿子。"当时我们外交部长差猜并不知道周恩来总理认识自己的父亲,所以坐下来以后,外交部长就说:"阁下,您认识我的父亲吗?"周总理说:"对,我之前见过您的父亲,在 1941 年的时候。"这个故事很长了,下次我再告诉大家这个故事。这就是我们关系开始的源头,也就是 1975 年,这已经过去 37 年时间了。

那个时候,我是泰国总理的助手。在那以后,我先后三次成为泰国的副总理。从那以后我来中国共计有 125 次。在过去的 37 年当中,我非常荣幸地告诉大家,我们的诗琳通公主曾经到过中国32个省市区，我自己都没有到过中国所有的省市区，而诗琳通公主去过中国这么多的省市区。2年前，诗琳通公主被中国授予"中国十大国际友人"的称号，她是在北京被授予这个称号的，她的中文读写都十分流利。我作为中泰友好协会的会长，但我不会说中文，只会讲一点点。我还记得第一次来中国的时候，正是百花齐放，万象更新。我仍然记得当时的情况。

我现在来谈谈华人在泰国的情况。近年来，我们有一些泰国的总理是华裔后代，前总理差猜就是其中的一位，前总理他信也是其中的一位。现任总理英拉是他信的小妹妹，她最近访问了中国；她被世界上认为是最美的泰国总理，她的祖父就来自中国。2个月前副主席习近平先生访问泰国曼谷，我非常荣幸在曼谷见到了习近平先生。让人印象非常深刻的是，因为几乎每隔10年我都会很荣幸地见到下一届的中国领导者。10年前，我在曼谷见到当时的副主席胡锦涛先生，今年我见到副主席习近平先生，每10年就会有这样的事情发生一次。这是一个非常有规矩、有规律的时间间隔，所以我觉得中国是世界上最守规矩的国家。因为这10年的时间间隔如期到来，不是一个意外，非常有规律。这也向世界表明中国政府的稳定与中国政府的信心。相比之下，泰国的政治就没有那么好预测了。我的家族很多都是泰国的政治家。我的外祖父曾经任泰国的副总理，外祖父有5个子女，我的母亲是外祖父的第二个小孩，我母亲有一个哥哥。这个哥哥长大以后成为泰国的总理。我是代表我们家族的第三代来为泰国服务。我这位成为泰国总理的舅舅就是差猜。我的外祖父是周恩来的好朋友，就是我刚刚给大家讲的故事。所有的一切发生在我的家族之中。所以作为泰中友好协会的会长，我非常荣幸也非常高兴能够为中泰友好关系的密切发展贡献自己的力量。

我还要讲一个发生在37年前的故事，它直接影响当今的情况。在1975年的时候，中泰两国正式确立中泰友好关系。当时周总理是这样说的，在我们两国确立了国与国之间的政治外交关系之后，我还想建立另外一种关系渠道。他说，外交关系是政府与政府之间进行的，我还想建立这个叫做"友好渠道"的关系，这是我们人民之间的渠道。这个成为我们中泰友好的重要里程碑。我们有了政府与政府之间的外交关系，也有了人民与人民之间的友好关系。在我们民间的友好关系之中，我们不谈政治，我们也不会有边界争端，也没有外交问题。民与民之间我们只有友好关系，没有其他的东西。当时周总理是这么说的，差猜你回曼谷去，你建立泰中友好协会，我在中国就建立中泰友好协会。当差猜担任泰国总理的时候，他也兼任泰中友好协会的会长。在14年前，差猜逝世之后，我被任命为泰中友好协会的会长，直至今日。

有这样一个渠道，中国与泰国民众的沟通因而更加紧密。我们没有什么外交礼仪、外交仪式，没有政治，也没有形式，我们的民众日常联系却更加紧密。在过去的37年当中，这成为中国人民最有用、最有效的沟通渠道。每年的7月1号我们都会在北京、曼谷庆祝中泰建交，向世界人民证明中国人民与泰国人民的友谊，向全球证明这件事情就是1 000多年前西双版纳的傣族人来到了泰国，再向世界证明300多年前来自广东的中国人来到了泰国，向世界人民证明在300年前泰国最伟大的国王的父亲来自中国，向世界人民证明泰国的两大前总理都是华裔的后代。所以，今时今日，泰国是东盟国家中与中国关系最紧密的合作伙伴。

东盟有十个成员国，即缅甸、越南、老挝、柬埔寨、泰国、马来西亚、新加坡、印度尼西亚、文莱以及菲律宾十个国家。我坚信，在十个国家当中，泰国是中国最友好的伙伴。原因就是我刚才提及的源自 1 000 年前的中泰关系。如果你现在到云南的西双版纳地区，你就能深切感受到当地傣族人民的生活情景，他们在 4 月 14 号庆祝新年，那也是我们泰国的新年。我们有着同源的文化，我们有着同样的传统，我们讲着相同的语言。泰国北部与云南西部的人们，交流是不需要翻译的，即便是现在对曼谷的人民，你也可以使用傣族语。我们每次来见中国的朋友都不需要翻译，我们经常说："中国泰国一家亲，中国泰国是兄弟。"曼谷的华人会用潮州话说："中国泰国是自己人。"这就是我讲的一个很短的关于华人在泰国的故事，如果下次受邀再来中国，我还会为大家讲讲。谢谢大家。

在滇越南留学生的大国观

——以软实力为分析视角①

刘　鹏

内容摘要：软实力理论现已成为研究国际问题的一个重要视角。越南是我国的近邻和外交前沿，近年来中国、美国、日本、印度四国在越南的外交举措频频，但尚无对中国、美国、日本、印度四国在越南软实力比较的研究成果，本文拟从越南留学生的角度研究上述四国在越南的软实力。本文采用问卷调查的实证研究方法，通过数据分析得出，尽管目前国内外研究机构都认为中国的软实力在快速提高，但在越南，美国和日本的软实力以较大优势领先于中国，在经济、文化、外交等方面，中国仍处于"老三"的位置。为此，本文提出了提高我国在越南软实力的若干建议。

关键词：中国、美国、日本、印度；软实力；越南在滇留学生

【作者简介】刘鹏，暨南大学国际关系学院/华侨华人研究院 2012 级博士研究生，云南财经大学印度洋地区研究中心讲师。

软实力理论自 20 世纪末提出以来，受到了学术界的广泛关注，国内外学者从软实力的构成、影响及其与外交政策的关系等多个角度进行了探讨，取得了一系列的成果。

留学生群体一直是我国希冀提高中国的国际声誉、扩展中国软实力的重要载体。2010 年我国共计有来自 194 个国家和地区的 265 090 名各类外国留学人员分布在全国 620 所高等院校中学习，其中获中国政府奖学金的学生为 22 390 人，占来华学生总数的 8.45%。[1]

越南是中国的重要邻国，自 2005 年以来中国一直是越南最大的贸易伙伴国，2010 年双边贸易额已达 300.94 亿美元；2010 年越南在华留学生人数达 1.3 万人，是我国留学生的第 5 大来源国，[2] 占我国留学生总数的 5.26%。尽管如此，中越关系近年来因美国、日本和印度等大国的外交举措而时有波动。为保持中越关系的长期稳定，研究中国在越南的软实力显得尤为必要。通过问卷调查的实证方式研究中国在越南的软实力，并与美国、日本、印度的软实力进行对比不失为一个重要视角。

一、软实力的界定和评估

软实力概念在引入中国后受到空前的重视，软实力的概念逐步被"泛化"和"中国

---

①　本文的写作得到暨南大学国际关系学院曹云华教授的悉心指导，陈文副教授、唐翙博士也对本文提出了诸多修改意见，在此一并致谢。

特色化"。① 约瑟夫·奈认为软实力来源于塑造他人偏好的能力，[3]它是通过吸引而非强迫或收买的手段来达到自己所愿的能力。一个国家软实力的主要来源有文化、政治价值观、外交和国际制度。[4]

由于软实力讲的是吸引力，如何量化评估软实力是一大难点。目前，国外对软实力分析的著作一般从软实力战略、教育、经济、流行文化等方面来分析。[5]中国学者门洪华则从文化、观念、发展模式、国际制度和国际形象五个方面对中国的软实力进行了评估。芝加哥委员会提交美国国会的关于软实力的系列报告则从经济、文化、外交和制度四个方面对各国的软实力进行了实证研究。在国际问题研究领域中，软实力的核心是对他国个体和群体的吸引力和塑造他国个体和群体偏好的能力。因此，通过问卷调查或其他方式了解他国个体和群体对另一国的评价和认可度就是评估软实力的一种可行的量化方法。本研究结合国内外研究方法，参考美国芝加哥委员会的软实力评估方法，从经济、文化、外交、制度与政治四个方面对中国、美国、日本、印度四国的软实力进行评估。

二、调查对象概况

在华越南留学生是研究我国在越南软实力的重要群体。留学生群体返回来源国后通常都会成为该国具有重要影响力的群体，② 同时也是留学对象国形象的有力传播者。通过对越南留学生的调查来对比中国、美国、日本、印度四国在越南的软实力是一个重要的视角，有助于我们认识四国在受过高等教育的越南青年群体中的影响力。但无可否认，以此来衡量四国在越南的软实力是具有很大局限性的，调查的结果也仅能部分反映四国在留学生群体中的软实力。

本次调查的对象主要是越南在云南的留学生，调查时间为 2011 年 9 月到 12 月，调查选取了四所越南留学生在云南就读人数最多的学校，即云南师范大学、云南大学、云南财经大学和云南民族大学。③ 共发放调查问卷 800 份，收回有效问卷 608 份，占问卷总数的76%。本次调查采用自填式送发问卷的方式进行，样本为简单随机抽样，调查人数占各校越南留学生总数的约1/3。从调查结果来看，88% 的调查对象的年龄在 20 ~ 25 岁之间，在滇越南留学生的主体民族是京族，占90%。④ 在受调查的越南留学生中，大部分是本科生，占91%，研究生占9%；被调查对象中来华时长大多为 1 ~ 3 年，其中 2 ~ 3 年的占46%，1 ~ 2 年的占23%（见表1），大部分调查对象已经对中国有了一个较清晰的认识。

---

① 关于软实力概念在中国泛化的原因和表现可参见毛夫国：《软实力概念的泛化及其原因》，《国际关系学院学报》2012 年第 3 期。

② 如现任越南总理阮晋勇就曾留学中国广西，相当一部分中国的经济和政治精英也都有留学背景。

③ 笔者于 2010—2012 年期间在云南财经大学国际合作交流处工作，负责该校的留学生管理，具备进行调查的条件，笔者通过学院和留学生班级辅导员发放调查问卷 200 份。另外三所学校的调查是笔者通过在这三所高校从事留学生管理或教学的教师进行的。

④ 留学生的民族构成与越南的民族构成基本一致，京族占越南人口总数的 87% 左右。越南民族构成可参见《越南共产党电子报》的《越南民族同胞》一文，http：//www.cpv.org.vn/cpv/Modules/News_China/News_Detail_C.aspx?CN_ID＝301899&CO_ID＝8334806。

表1 被调查对象情况说明（单位：%，填答样本占总样本的比例）

年龄分布	占比	民族构成	占比	年级分布	占比	来华时间	占比
20~25岁	88	京族	90	本科生	91	2~3年	46
15~20岁	8	傣族	6	研究生	9	1~2年	23
25岁以上	4	其他	4			4年以上	17

资料来源：根据笔者本次调查问卷数据整理。（调查时间：2011年9月到12月）

三、越南在滇留学生对中国、美国、日本、印度四国软实力评估的分析

本次问卷调查共涉及了四个方面的内容，包括了经济软实力、文化软实力、外交软实力、制度与政治软实力，分别对应了软实力的四大来源。

（一）经济软实力

近年来，中越之间的经济关系越来越密切，自2005年以来，中国一直是越南第一大贸易国，2010年双边贸易额达254亿美元，对华贸易额占越南进出口总额的比例为16.54%。[6]2011年前8个月，中国大陆对越投资额达4.6亿美元，居第四，仅次于中国香港、新加坡和日本。但从本次调查对象的反馈来看，中越经济关系的密切和中国对越经济重要性的提高似乎并未提升中国在越南的经济软实力。

经济软实力的调查问卷包括了四项主要内容，分别是经济影响力、产品美誉度、企业形象和经济援助。围绕这四项内容问卷中共有11个具体的问题，笔者将中国、美国、日本、印度四国在各个问题中的得分排名赋值后得到上述四国经济软实力的得分。① 对在滇越南留学生的调查显示，中国在越南经济软实力位居第三（2.25分），不及美国（3.58分）和日本（3.00分），高于印度（1.17分）（见表2）。

表2 中国、美国、日本、印度四国在越南软实力评估②

项目\国别	美国	日本	中国	印度
经济软实力	3.58	3.00	2.25	1.17
文化软实力	3.33	2.78	2.44	1.33
外交软实力	3.89	2.78	2.00	1.67

① 根据调查问卷中每个问题中四国的排名分别赋值平均后所得，从第一到第四名分别赋值4~1，后取每项指标赋值后的平均值；如假设美国在经济软实力的10个问题中有9个问题的得分排第一，1个排第二，则其经济软实力的得分为3.9分 [（9×4+3）/10]。

② 得分区间1~4分，4分为最高，1分为最低。经济、文化、外交、制度与政治四个指标的数值是笔者根据调查问卷中各自部分的问题中四国的排名分别赋值平均后所得，从第一到第四名分别赋值4~1，后取每项指标赋值后的平均值；如假设美国在经济软实力的10个指标中9个排第一，1个排第二，则其经济软实力的得分为3.9分 [（9×4+3）/10]。综合软实力得分为经济、文化、外交、制度与政治四项软实力的平均值。

（续上表）

项　目 国　别	美国	日本	中国	印度
制度与政治软实力	3.50	3.00	2.50	1.00
综合	3.58	2.89	2.30	1.29

资料来源：根据笔者对本次调查问卷结果计算所得。（调查时间：2011年9月到12月）

就经济影响力而言（见表3），调查对象认为美国、中国、日本对东南亚地区有较大经济影响力，其中美国最强，平均得分达7.14（0代表没有影响，10代表影响很大），中国在东南亚的经济影响力得分为7.08，仅次于美国，影响力居第二。日本的平均得分为6.41，印度为4.94。中国、美国、日本、印度对世界经济的影响的调查结果与前一问题的调查结果基本相同，美国对世界经济影响的平均得分最高，为6.86；中国、日本、印度的均分分别为6.48、6.26和4.94，分列第二、三、四位。

表3　中国、美国、日本、印度的经济影响力

	美国	中国	日本	印度
在东南亚地区的经济影响力均分	7.14	7.08	6.41	4.94
对世界经济的影响均分	6.86	6.48	6.26	4.94

备注：10分制，0代表没有影响，10代表影响很大。

资料来源：根据笔者对本次调查问卷结果计算所得。（调查时间：2011年9月到12月）

就中国、美国、日本、印度四国的贸易和投资等经济合作对越南经济发展的影响而言，调查对象认为美国的贸易投资对越南经济发展最为重要，平均得分为7.14；中国紧随其后，为7.12；印度和日本得分分别为6.17和5.45。尽管中国和日本对越南的贸易和投资额都超过了美国，但调查对象仍认为美国的贸易和投资对越南的影响更为重要。

日本产品的质量和美誉度使其在越南的经济软实力大增，在该类问题的调查中，日本得分都居于四国之首（见表4）。调查显示在得知产品是日本生产的产品后，购买欲望会大大增强，该项日本的平均得分为6.71，居第一；而在对四国产品质量的评价中，日本也是得分最高的国家（均分为6.47）。美国在这两个项目上都居第二，而中国的产品质量和美誉度则受到调查对象的广泛质疑，得分分别为5.09和5.28，分别为第四名和第三名。66.04%的被调查对象认为日本产品的质量非常好或较好，而只有37.74%的被调查对象认为中国产品的质量非常好或较好。

表4　中国、美国、日本、印度四国软实力部分相关指标得分

项目	美国	中国	日本	印度
如果您知道一个产品是以下一个国家生产的，是否会影响您的购买欲望？	6.38	5.09	6.71	5.16

（续上表）

项目		美国	中国	日本	印度
您认为以下国家生产出来的产品质量如何？		6.41	5.28	6.47	5.11
您认为以下国家的经济在国际上的竞争力如何？		7.14	5.95	6.60	5.52
您认为以下国家的公司是否具有优秀的企业家精神？		6.16	6.23	6.72	5.64
您觉得以下国家的科学技术发展水平如何？		6.59	5.85	6.90	6.04
您认为以下国家的经济发展是否有助于本国经济的发展？		7.41	6.48	6.67	5.68
您认为以下国家是否拥有世界领先的跨国公司？		7.12	6.38	6.64	5.64
您认为以下国家是否能够对贫困地区/国家开展人道救助和经济援助？		6.52	6.11	5.97	4.70
您认为哪一个国家的电视节目对您更具有吸引力？		7.02	6.52	6.45	5.57
中国、美国、日本、印度居民的行为举止、礼貌程度		6.38	5.8	6.76	5.85
中国、美国、日本、印度居民的受教育程度		6.74	6.17	6.93	5.40
您觉得以下国家是否有丰富的文化内涵和历史文化资源？	选7分及以上人数占比	58.49	67.92	62.26	50.94
	均分	6.17	6.21	6.17	5.59
您觉得以下国家在国际机构中是否具有领导作用？	选7分以上人数占比	75.47	54.72	64.15	49.06
	均分	6.95	6.12	6.50	5.63
您认为以下国家的外交政策是否足够尊重其他国家的主权？	选7分以上人数占比	71.70	67.92	66.04	52.83
	均分	6.81	6.19	6.69	6.24
通过观看新闻报道，您认为哪一个国家的外交行为更友好？	选7分以上人数占比	64.15	50.94	69.81	60.38
	均分	6.72	5.99	6.72	6.50
您认为以下国家是否推动了亚洲地区的信任与相互合作？	选7分以上人数占比	56.60	45.28	64.15	54.72
	均分	6.43	5.99	6.11	5.92

注：10分制，0分代表最低评价，10分代表最高评价；选7分及以上人数占比是指填答样本人数中给出分值7分及其以上的人数占总样本的比例，单位：%。

资料来源：根据笔者对本次调查问卷结果计算所得。（调查时间：2011年9月到12月）

美国企业在越南的公众形象非常积极，50.94%的被调查越南留学生认为美国企业对本国的贡献非常积极，紧随其后的是日本（26.42%）、中国（24.53%）、印度（11.32%）（见表5）。与此相同的是，美国企业的国际竞争力也受到广泛的认可。在对四国经济的国际竞争力调查中发现，81.31%的被调查对象认为美国经济的国际竞争力较强或非常强，[①]平均分为7.14，居第一；而67.92%的被调查对象认为日本经济的国际竞争力较强或非常强，平均分为6.60，居第二；中国、印度紧随其后（见表4）。

---

① 本文此处所说的强或较强指的是对某国某个问题的打分在7分及以上，因而此处的81.31%指的是填答样本人数中给出分值7分及其以上的人数占总样本的比例。

表5 中国、美国、日本、印度四国的公司（企业）对越南的贡献（单位：%，填答样本占总样本的比例）

国别	非常积极	有点积极	前两者合计	有点消极	非常消极	既不积极也不消极	不知道
美国	50.94	30.19	81.13	9.43	5.66	1.89	1.89
中国	24.53	32.08	56.60	26.42	7.55	3.77	5.66
日本	26.42	32.08	58.49	18.87	18.87	0.00	3.77
印度	11.32	39.62	50.94	9.43	28.30	9.43	1.89

资料来源：根据笔者对本次调查问卷结果计算所得。（调查时间：2011年9月到12月）

日本的企业家精神和科技水平在越南也得到广泛的认可（见表4）。在对四国企业形象的调查中发现，66.04%的被调查对象认为日本的企业具有非常优秀的企业家精神，平均得分达6.72，居第一，而认为美国、中国、印度企业具有优秀企业家精神的比例分别为62.26%、58.49%和47.17%，三国的平均得分分别为6.16、6.23和5.64。81.13%的被调查对象认为日本的科技发展水平较高或非常高，平均得分为6.90；69.81%的被调查对象认为美国的科技发展水平较高或非常高，得分为6.59；而认为中国和印度的科技发展水平较高或非常高的得分为5.85和6.04。

美国在经济发展对越南的有益性、拥有先进跨国公司和开展经济救助的得分居四国首位。84.91%的被调查对象认为美国的经济发展对越南的经济发展帮助较大或非常大，给出的平均分达7.41；日本的得分稍低，为6.67；而中国和印度此项的得分分别为6.48和5.68。被调查对象认为美国具有较多或非常多的世界领先跨国公司，平均得分为7.12；紧随其后的是日本（6.64）、中国（6.38）、印度（5.64）。

在开展对贫困地区人道救助和经济援助方面，美国也是得分最高的。69.81%的被调查对象认为美国能够对贫困国家和地区开展人道救助和经济援助，平均得分为6.52；中国为6.11，日本为5.97，印度为4.7（见表4）。

（二）文化软实力

在文化软实力部分，问卷从语言、高等教育、流行文化和民众素质四个角度进行了调查。将中国、美国、日本、印度四国在这四个方面的得分排名赋值后得到上述四国文化软实力的得分。调查结果显示，美国的文化软实力是上述四国中最强的，随后依次为日本、中国、印度（见表2）。

美国的语言优势、高等教育优势和流行文化对越南广泛而深入的影响在本次调查中再次得到证实，在涉及以上项目的调查中，美国的影响力都居于四国首位。81.13%的被调查对象认为本人或其子女学习英语对未来取得成功最重要，22.64%的被调查者认为学习日语对未来取得成功最重要。认为学习中文和印度语对未来取得成功最重要的人数占比为7.55%。

在高等教育方面，美国也占有绝对的优势。68%的被调查对象希望自己或自己的子女在美国接受高等教育，9%的被调查对象希望在中国接受高等教育，希望在日本和印度接受高等教育的被调查对象占比为6%。

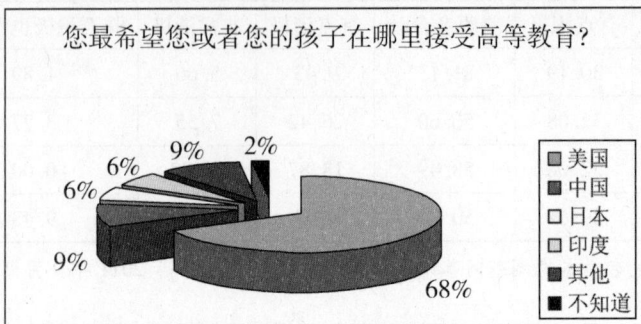

您最希望您或者您的孩子在哪里接受高等教育?

- 美国
- 中国
- 日本
- 印度
- 其他
- 不知道

68% 9% 6% 6% 9% 2%

图1 高等教育目的地选择

资料来源:根据笔者对本次调查问卷结果计算所得。(调查时间:2011年9月到12月)

调查显示,美国的电影、电视、音乐等流行文化在吸引力和接受频率上都高于中国、日本、印度三国,居四国之首。50.94%的被调查对象每天都会观看美国的电影、音乐或电视节目,而每天观看中国、日本、印度的电影、音乐和电视节目的比率分别为18.87%、13.21%和7.55%。此外美国电视节目对越南留学生也更有吸引力,平均得分为7.02;中国、日本、印度电视节目的平均得分分别为6.52、6.45和5.57(见表4)。此外,越南留学生对美国流行文化的评价也非常正面。41.51%的越南留学生认为美国的流行文化对本国的发展非常积极,22.64%的越南留学生认为中国的流行文化对本国的发展非常积极,认为日本和印度流行文化对本国发展非常积极的学生比例分别为11.32%和13.21%(见表6)。

表6 中国、美国、日本、印度四国的流行文化(如电影、动漫、音乐、服饰和饮食等)对越南发展的影响(单位:%,填答样本占总样本的比例)

国别	非常积极	有点积极	有点消极	非常消极	没有影响	不确定
美国	41.51	18.87	3.77	9.43	3.77	22.64
中国	22.64	35.85	22.64	1.89	9.43	7.55
日本	11.32	35.85	22.64	11.32	5.66	13.21
印度	13.21	28.30	16.98	15.09	15.09	11.32

资料来源:根据笔者对本次调查问卷结果计算所得。(调查时间:2011年9月到12月)

日本在居民礼貌程度、受教育程度和旅游吸引力方面有不俗的表现,得分居四国之首(见表4)。在对四国居民的礼貌程度的调查中发现,67.92%的受调查者认为日本居民的礼貌程度较高,给出的平均分也最高,为6.76分;美国、印度、中国居民礼貌程度的均分分别为6.38、5.85和5.8,中国在该项中得分最低。在教育程度方面,日本的均分为6.93,也是得分最高的国家;而认为美国、中国和印度居民受教育程度较高的平均分分别为6.74、6.17和5.4。旅游吸引力是文化软实力的另外一个重要方面。41.51%的被调查对象没去过日本和印度,想去日本和印度旅游;而32.08%的被调查对象没去过美国,想去美国旅游。

中国丰富的文化内涵和历史文化资源在调查中也得到认可，67.92%的被调查对象认为中国拥有非常丰富的文化资源和历史文化内涵，给出的平均分为6.21，得分最高；而日本、美国、印度的文化资源和历史文化内涵的平均分则分别为6.17、6.17和5.59（见表4）。

（三）外交软实力

周边外交一直是我国外交工作的重点之一，中越关系近年来也取得了较大的进展，但在本次调查中我们发现，中国外交软实力位于美国和日本之后，屈居第三（见表2）。在涉及外交软实力的14个问题中，中国没有一项得分居第一。要在民间达到中越关系的"四好"（好邻居、好伙伴、好朋友、好同志）似乎还有很长的路要走。

在涉及亚洲地区领导者、为国际纷争提供有效解决办法和国际机构中的领导作用等3个问题中，美国都获得了广泛的认可，得分居第一。在回答"以下国家中您更接受哪个国家为亚洲地区的领导者"这一提问中，有43.4%的越南留学生完全能接受美国成为亚洲地区的领导者，而完全能接受日本、中国、印度成为亚洲地区领导者的比例分别为：39.62%、26.42%和22.64%（见表7）。47.17%的被调查对象认为美国在国际纷争中提供了非常有效的解决方法。75.47%的被调查对象认为美国在国际机构中具有领导作用，平均得分为6.95。而认为日本、中国、印度在国际机构中具有领导作用的比例分别为64.15%（均分6.5）、54.72%（均分6.12）和49.06%（均分5.63）（见表4）。

表7　在滇越南留学生对中国、美国、日本、印度成为亚洲地区的领导者的接受程度（单位：%，填答样本占总样本的比例）

国别	完全接受	有点接受	不怎么接受	完全不能接受	不知道
美国	43.40	16.98	24.53	9.43	5.66
中国	26.42	26.42	20.75	11.32	15.09
日本	39.62	24.53	18.87	11.32	5.66
印度	22.64	11.32	28.30	28.30	9.43

资料来源：根据笔者对本次调查问卷结果计算所得。（调查时间：2011年9月到12月）

尊重他国主权是中国一直奉行的和平共处五项基本原则之一，也是中国国际合法性的重要来源之一。但本次被调查的结果显示被调查对象似乎对此并不认可。71.7%的被调查越南留学生认为美国的外交政策比较尊重或非常尊重其他国家的主权，该项得分为6.81，居第一；67.92%的调查对象认为中国的外交政策比较尊重或非常尊重其他国家的主权，平均分为6.19，居第四；66.04%的调查对象认为日本尊重他国主权，平均分为6.69，居第二；52.83%的调查对象认为印度比较尊重或非常尊重其他国家主权，平均分为6.24，居第三（见表4）。通过观看新闻报道，69.18%的被调查越南留学生认为日本的外交行为比较友好或非常友好，日本和美国的平均得分均为6.72，并列第一；认为印度和中国外交行为比较友好或非常友好的比例分别为60.38%和50.94%，平均分分别为6.5和5.99；

中国得分最低（见表4）。

在滇越南留学生是如何认识中国、美国、日本、印度目前在东南亚地区的作用，他们希望中国、美国、日本、印度未来在东南亚发挥什么样的作用也在本次调查中有所涉及。64.15%的被调查对象认为日本在推动亚洲地区的信任与相互合作方面发挥了较大的作用，平均分为6.11；而认为美国在该项的平均分为6.43，平均分居第一；印度和中国在推动亚洲地区的信任与相互合作方面发挥较大作用的平均分分别为5.92和5.99（见表4）。67.92%的被调查的越南留学生认为美国能与东盟国家形成更紧密的关系，他们给美国打出的平均分为6.43，得分居第一；而中国、日本、印度在此项的得分分别为6.42、6.29和5.76，中国居第二。希望美国、印度、日本和中国在东南亚地区发挥更大作用的比例分别为60.38%、41.51%、30.19%和15.09%；希望中国、日本、印度和美国在东南亚地区作用维持不变的比例分别为47.17%、26.42%、24.53%和16.98%；希望中国发挥更大作用的比例仅为15.09%，是四国中最低的（见表8）。

表8 在滇越南留学生对中国、美国、日本、印度四国未来在东南亚作用的期望（单位：%，填答样本占总样本的比例）

国别	发挥更大的作用	维持不变	作用下降	不知道
美国	60.38	16.98	13.21	9.43
中国	15.09	47.17	22.64	15.09
日本	30.19	26.42	30.19	13.21
印度	41.51	24.53	5.66	28.30

资料来源：根据笔者对本次调查问卷结果计算所得。（调查时间：2011年9月到12月）

整体而言，被调查对象认为中国在亚洲发挥了较为积极的影响。38%的被调查越南留学生认为中国在亚洲发挥了非常积极的影响力，46%的调查对象认为中国在亚洲发挥了积极的影响力（见图2）。关于中国的和谐世界外交理念，该理念在越南留学生中的影响还是有限的，17%的被调查对象听说过中国关于和谐世界的外交理念（见图3）。面对中国的崛起，8%的调查对象认为中国的崛起对东南亚地区的影响非常积极，50%的调查对象认为有点积极（见图4）。关于中、美、越关系，支持越南不依附中国和美国的政策似乎得到更广泛的认可。21%的被调查对象支持越南追随美国遏制中国，而54%的被调查对象则反对这一做法。

您认为中国在亚洲地区能够发挥什么样的影响力?

8%　0%　8%　　　　　38%

46%

- 非常积极
- 有点积极
- 有点消极
- 非常消极
- 不知道

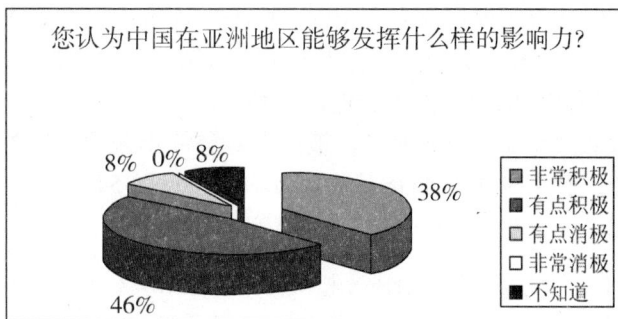

图2　中国在亚洲地区的影响

资料来源：根据笔者对本次调查问卷结果计算所得。（调查时间：2011年9月到12月）

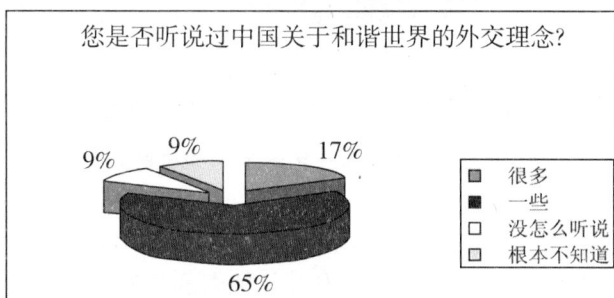

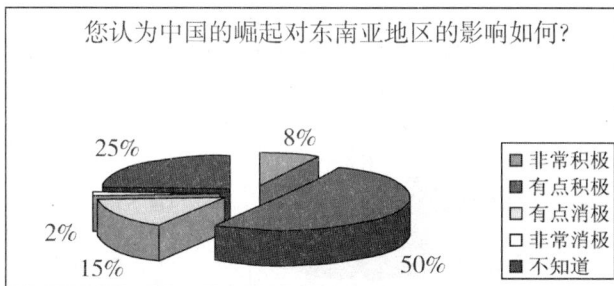

您是否听说过中国关于和谐世界的外交理念?

9%　　9%　　　17%

65%

- 很多
- 一些
- 没怎么听说
- 根本不知道

图3　中国的和谐世界外交理念

资料来源：根据笔者对本次调查问卷结果计算所得。（调查时间：2011年9月到12月）

您认为中国的崛起对东南亚地区的影响如何?

25%　　　　8%

2%

15%　　　　50%

- 非常积极
- 有点积极
- 有点消极
- 非常消极
- 不知道

图4　中国崛起对东南亚地区的影响

资料来源：根据笔者对本次调查问卷结果计算所得。（调查时间：2011年9月到12月）

（四）制度与政治软实力

本研究对政治软实力的调查主要涵盖了人权、政府评价、未来秩序和华侨华人。调查显示，被调查对象对人权的认知似乎与西方的认知有一定的差距，在0到10分的人权状况评价标准中，他们给出日本、美国、中国、印度的平均分分别为6.96、6.95、6.28和5.8。日本得分居第一，中国得分居第三。

在对各国政府机构是否能很好地为本国国民服务的评价中，被调查越南留学生给四国的平均分分别为 6.84（美国，第一）、6.72（中国，第二）、6.55（日本，第三）、5.56（印度，第四），对中国政府的评价高于我们的预期。

针对中国成为未来世界领导者的前景，被调查对象并不乐观。19% 的人认为中国会成为未来世界的领导者，而 47% 的被调查对象认为不会（见图5）。

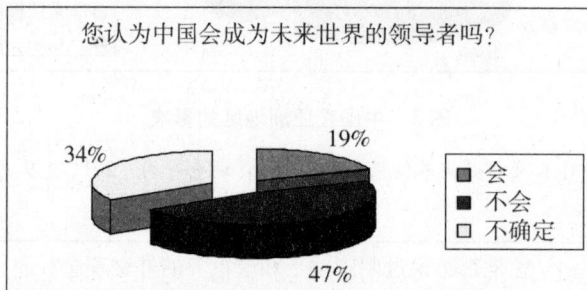

图 5　中国成为未来世界领导者的可能性

资料来源：根据笔者对本次调查问卷结果计算所得。（调查时间：2011 年 9 月到 12 月）

海外华人是中国软实力的重要来源，也是扩展中国软实力的载体之一。在涉及海外华人的问题中，8% 的被调查越南留学生认为华人对越南的发展非常重要，51% 的被调查对象认为华人对越南的发展比较重要（见图6）。同时，43% 的越南留学生赞成越南华人加强与中国的联系，而 32% 的越南留学生反对越南华人加强与中国的联系。由此可见，越南留学生对越南华人的作用和华人与中国关系有较大分歧。

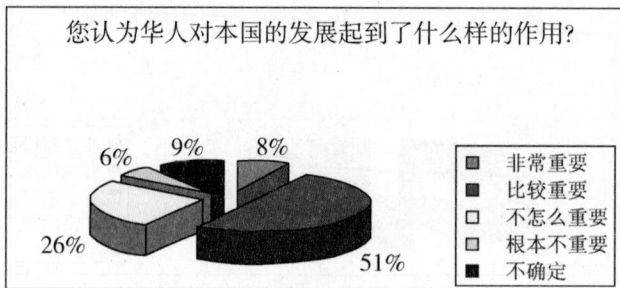

图 6　华人在本国的作用

资料来源：根据笔者对本次调查问卷结果计算所得。（调查时间：2011 年 9 月到 12 月）

四、越南在滇留学生对中国、美国、日本、印度软实力的评估结果

将中国、美国、日本、印度四国的经济、文化、外交和政治四项软实力加权平均后可以得出四国的软实力，据此，我们可以看出，越南在滇留学生认为美国的软实力在中国、

美国、日本、印度四国中最强（见表2），平均得分达3.58（总分为4分），在经济、文化、外交、制度与政治等四个方面得分都是第一；日本在越南的软实力总分居第二，为2.89，并在以上提及的四个方面的软实力都居第二；中国在越南软实力居第三，为2.30，四个单项的软实力也居第三；印度在越南软实力居第四。

此次调查的结果出现了几个令人意外的结果：①美国在越南的软实力遥遥领先，高于第二名日本23.88%，高于第三名中国55.65%。在本次问卷所涉及的51个问题中，美国在约80%的问题中得分最高。考虑到20世纪60年代美国与越南长达十多年的战争，这一结果让人意外。②本次调查的对象为在滇越南留学生，鉴于这部分学生选择来华留学并有69%的学生已在华接受教育一年以上，有理由期望他们对中国的软实力给予更高的评价和认可，但调查结果显示，中国的软实力屈居第三，大大低于美国和日本。③与很多国外专家和媒体报道的情况相反，美国、日本在越南的软实力并没有下降，而中国在越南的软实力也没有超过美国和日本。

整体而言，在滇越南留学生对美国具有较好的综合印象。被调查对象在回答"你是否认为越南和中国、美国、日本、印度拥有相似的文化和生活方式"这一问题时，38%的被调查对象认为越南与美国的文化和生活方式很大程度是相似的；23%的被调查对象认为越南与中国的文化和生活方式很大程度是相似的；17%的被调查对象认为本国与日本的文化和生活方式很大程度是相似的；而认为越南与印度文化和生活方式很大程度相似的比例则为5%（见表9）。

表9　中国、美国、日本、印度四国与越南生活方式的相似性（单位：%，填答样本占总样本的比例）

	很大程度	有一部分	很小一部分	无相似之处
美国	38	35	25	2
中国	23	42	29	6
日本	17	35	42	6
印度	5	22	36	37

资料来源：根据笔者对本次调查问卷结果计算所得。（调查时间：2011年9月到12月）

此外，对在滇越南留学生的调查发现，该群体对美国的感觉非常正面，感觉美国"非常积极"和"有点积极"的分别占39%和23%；对中国感觉"非常积极"和"有点积极"的占比分别为28%和25%，高达1/3的调查对象对中国的感觉"有点消极"，是中国、美国、日本、印度四国中比例最高的（见表3）。

表10　在滇越南留学生对中国、美国、日本、印度四国的感觉（单位：%，填答样本占总样本的比例）

	非常积极	有点积极	有点消极	非常消极	不确定
美国	39	23	15	8	15
中国	28	25	33	8	6
日本	28	25	21	15	11

（续上表）

	非常积极	有点积极	有点消极	非常消极	不确定
印度	15	28	25	15	17

资料来源：根据笔者对本次调查问卷结果计算所得。（调查时间：2011年9月到12月）

五、启示与建议

越南是中国近邻和外交前沿，也是中国第五大留学生来源国，越南在华留学生群体理应起到感知中国、扩大中国在越南软实力的作用。近年来中国政府采取了提高政府奖学金金额和比例等措施吸引各国留学生来华学习，希冀能够通过柔性手段化解外界对中国的忧虑，提高中国的软实力。本次问卷调查的结果对我国的软实力外交、中越关系和留学生培养都有着不同程度的启示。

（一）在滇越南留学生对美国、日本在越南软实力有较高认同

经过长期的经营，美国在越南拥有强大的软实力，随着美国政府"重返亚洲"政策的实施，在可预期的将来美国将继续保持其在亚洲强大的"硬实力"（如军事存在）和软实力。日本凭借其先进的科技、优秀的高等教育和人文素养、发达的工业生产，在越南的软实力依然强劲，再加上其近年来对越南大量的发展援助和投资，其软实力将继续保持。美国在东南亚的存在受到越南留学生的认可和欢迎，他们认为美国的军事存在有助于东南亚的地区稳定。

（二）越南民间对华仍存在较大疑虑

调查对象中有近1/3的越南留学生对中国感觉总体消极，中国在越南的软实力得分低于美国、日本，反映出越南民间对中国仍然存在较大疑虑。如何增强越南民间对中国的认可度，仍然是需要进一步探讨的课题。

（三）中国经济的发展使中国经济在越南的影响力增强，但硬伤明显

本次问卷调查显示，中国经济的发展使中国经济在越南及东南亚的影响力得到了认可，但中国产品的质量、产品美誉度及中国企业的形象则使中国经济软实力受累，这些方面的得分远远低于日本和美国。此外，中国企业的企业家精神和科技水平以及缺乏世界领先的跨国公司，也使中国经济软实力受到负面影响。中国经济吸引力的提升将依赖于产品质量和企业家精神的提高。

（四）中国的留学生教育方式和教学内容仍有较大改进空间

本次调查针对的是在云南的越南留学生，经过在华的教育和生活，这些学生在评定中国、美国、日本、印度四国软实力时，理应对中国软实力给予更高的评价，但事实是中国的软实力低于美国、日本。这说明我国针对留学生的教育在增进留学生对我国认可度方面仍存在较多问题。如何以"润物细无声"的方式提高在华留学生对中国的亲近感是留学生

教育努力的方向。

（五）在留学生教育和中华文化传播方面，注重历史也要面向当下

本次调查问卷显示，在滇越南留学生对中国传统文化给予了最高的评价，得分是四国中最高的，但在涉及当下问题的调查中，得分普遍不高。在留学生的当前教育中，中华传统文化如历史、民俗、书法、武术、绘画等往往得到较深度的宣传，[①] 但对当前的中国文化、现状等现实问题的探讨和分析则明显不足。我国当前的留学生教育既要突出我国丰富的传统文化和悠久的历史，也要突出当代中国教育的进步、人文环境的改善和流行文化的多彩。在本次调查中，中国在文化内涵和历史文化资源方面得分第一，但在高等教育、流行文化、居民礼貌程度、受教育程度和旅游吸引力方面得分都不尽如人意。功夫、京剧、龙舟要推广，中国现代的文学、影视作品和音乐也要宣传。这样才能使中华文化走下"神坛"，走进现实生活。

（六）中越互信的基础仍然薄弱

即便是中国引以为豪的尊重他国主权的主张，在越南在华留学生中也得不到认可，他们认为中国在尊重他国主权方面低于美国和日本；并认为与美国和日本相比，中国的外交行为更为不友好。希望中国在东南亚地区发挥更大作用的人数仅为15%，远低于美国的60%、日本的41%和印度的30%。同时，被调查越南留学生认为未来十年，中越发生冲突的可能性非常高，是四国中最高的，这说明中越的互信建设仍有很大的改善空间。

（七）软实力的提高宜少些官方行为，多些非官方推广，润物细无声

通过本次调查我们发现，尽管中国在提高软实力方面有很多官方举措，但这些活动的正面效应却在滇越南留学生中体现得不明显。无论是轰轰烈烈的中国文化年还是政府的高额无息贷款、发展援助和不断扩展的孔子学院，都是官方在"冲锋陷阵"，以"运动式思维"提高软实力很容易引起他国的反弹，特别是那些对华存在较深疑虑的国家，如越南。因此，针对这些国家，提高中国的软实力，我们要让政府从台前退到幕后，鼓励非官方机构和商业机构进行相关的活动。除了孔子学院，商业的汉语培训机构也可以达到汉语推广的目的；除了官方的中国文化年，商业电影、电视剧、音乐同样可以提高中国的文化影响力；除了官方的发展援助，NGO 的公益行为或许更容易树立中国的良好形象。

参考文献：

［1］生建学：《在"西北五省来华留学生教育发展研讨会"上的讲话》，《外国留学生工作研究》2011 年第 4 期。

［2］教育部国际合作与交流司：《2010 来华留学生简明统计》，第 7 页。

［3］Joseph S. Nye, Jr., *Soft Power：The Means to Success in World Politics*, New York：Public Affairs, 2004.

---

① 虽然目前国内对留学生教育没有统一的教学大纲，但一般各高校都会规定若干门公共课作为必选课程，常见的公共课必选课程一般就包括中国传统文化、汉语、中国书法等。

［4］Joshua Kurlantzick, *Charm Offensive*：*How China's Soft Power Is Transforming the World*, New Haven：Yale University Press, 2007.

［5］郑国富：《中越关系正常化以来双边贸易发展的实证研究》，《东南亚南亚研究》2011年第4期，第9页。

［6］参见中国驻越南大使馆经济商务参赞处网站，http：//vn. mofcom. gov. cn/static/column/zxhz/tjsj. html/1。

软实力视野下的政府侨务引智平台建设

——基于 2011 年华创会问卷调查数据

杨　海

内容摘要：本研究以"软实力"概念透视我国政府侨务引智平台建设，运用 2011 年华创会调研数据进行实证分析，阐述了我国侨务引智平台建设的必要性、建设重点和改善措施等相关问题。

关键词：软实力；政府；侨务；引智平台

【作者简介】杨海，华中师范大学经济学院副教授，国务院侨办侨务理论研究武汉基地成员。

华创会（华侨华人创业发展洽谈会）由国务院侨办、湖北省人民政府、武汉市人民政府合办，从 2001 年开始每年在武汉举行，取得了良好的引智效果，是我国政府侨务引智平台的典型代表。在 2011 年第 11 届华创会上，本课题组对参会海外代表进行问卷调研，回收有效问卷 85 份。根据这些调查数据，本研究以约瑟夫·奈提出的"软实力"概念（即除军事力量外的国家综合实力）透视我国政府侨务引智平台建设，从必要性、建设重点和改善措施等方面探析相关问题。

一、软实力视野下的政府侨务引智平台建设必要性分析

（一）政府侨务引智平台提高我国软实力

软实力的建设离不开高素质人才，人才同时也是软实力的有机组成部分。具有雄厚软实力的国家，都具有丰富的人才存量，并且不断吸引人才流入。加大人才资源库，是提高软实力的必经之路和可靠途径。改革开放以来，我国大批人才出国留学，其中有部分学成归国，但也有相当一部分滞留在海外。根据我国官方资料，1996—2010 年留学人员出国数、回国数、留学人员回国率［（回国数/出国数)%］如表 1 所示。

表 1　1996—2010 年留学人员出国数、回国数、留学回国率（单位：万人）

年份	出国人数	回国人数	回国率
1996	27	8.9	32.9%
1997	29.6	9.6	32.4%

（续上表）

年份	出国人数	回国人数	回国率
1998	30.2	9.9	32.7%
1999	32	11.2	35%
2000	34	13	38.2%
2001	46	13.5	29.3%
2002	58.5	15.3	26.2%
2003	70	17.8	25.4%
2004	81.4	19.8	24.3%
2005	93.3	23.3	24.9%
2006	120.1	31.7	26.4%
2007	135.1	43.35	32.1%
2008	157.12	45.84	29.2%
2009	162.07	49.74	30.7%
2010	190.54	63.22	33.2%

数据来源：1996年—2005年数据来自于王辉耀对《中国留学人员回国创业展会刊》、新华社及《人民日报（海外版）》相关资料的整理，参见《专题报道：中国留学人员出国回国统计》，家出国留学网：http：//www.outstudy.org/StudyAbroad/hgcy/21133.htm。2006—2010年数据由笔者整理自教育部官方网站：http：//www.moe.edu.cn/。

显然，根据上述官方的统计资料，我国的留学回归率一直没有超过40%。出于各种原因，某些留学人员回国没有被纳入官方统计中。王辉耀（2006）[1]、杨海（2010）[2]的研究认为，留学回归率应该在40%左右，但即便如此回国率也没有超过一半，可见我国人才流失（Brain Drain）是个严重的问题。

因此，采取措施引导人才回流成为我国提高软实力的当务之急，而政府侨务引智平台在引导海外人才回流方面可以发挥独特效应。例如，华创会2001—2009年的参会人才和引进项目数量呈现不断增加的趋势（见图1）。类似华创会这样的政府侨务引智平台为引导人才回流、提高我国软实力发挥着重要的作用。

---

① 王辉耀：《中国留学人员出国回国统计数据值得商榷》，参见王辉耀的博客，http：//blog.sina.com.cn/s/blog_46ebb5ba010004cj.html。

② 杨海：《留学人员回流趋势的相关实证分析》，《甘肃社会科学》2010年第1期。

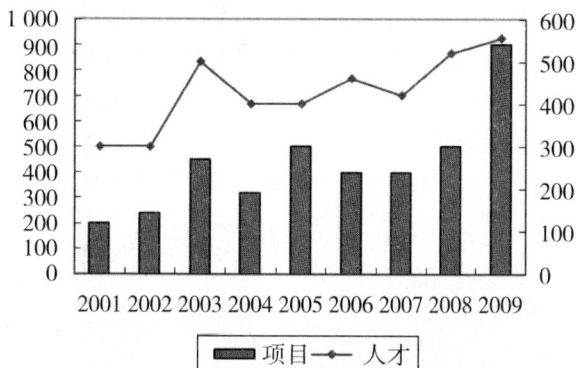

图1　华创会参会海外人才和引进海外项目数量（2001—2009）

数据来源：湖北省外事侨务办公室，《"华创会"成为知名品牌的发展历程及基本经验》，《"华创会"理论研讨会暨第五届海外人才与中国发展国际会议"论文集》，2010 年。

在 2011 年华创会海外代表问卷调查中，代表们对"华创会有效帮助自己找到机会"的评价如图 2 所示。15.35% 的海外代表认为华创会"很好"地帮助自己找到机会，41.2% 认为"较好"地帮助自己找到机会，共有 56.55% 的代表对华创会帮助自己找到机会的效果赞好，20% 认为"一般"，只有很少数代表（小计 11.8%）认为华创会在有效帮助自己找到机会方面"很不好"或"较不好"。这说明以华创会为典型个案的中国侨务引智平台在引进海外人才方面发挥着一定的作用，而这有效地推动了我国软实力的提高。

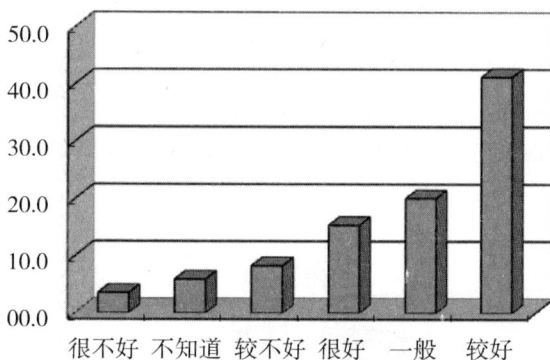

图2　2011 年华创会海外代表对"华创会有效帮助自己找到机会"的评价

（二）政府侨务引智平台宣传我国软实力

政府侨务引智平台是一个"请进来、走出去"的良好窗口，一方面吸引海外人才回流，另一方面向海外人才系统、生动地介绍了国内的经济、社会、文化发展状况，是我国国家软实力的宣传平台。

2011 年华创会海外代表问卷调查中，代表们对"华创会使自己了解国内情况"的评价如图 3 所示。小计 77.6% 的海外代表对华创会使自己了解国内情况表示"很好"或

"较好",17.6%的代表认为"一般",极少数代表反映"较不好"（1.2%）或"不知道"（2.4%）。这说明，整体而言，以华创会为典型个案的中国政府侨务引智平台在宣传国家软实力方面是卓有成效的。

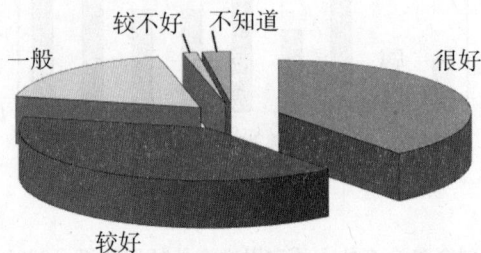

图3　2011年华创会海外代表对"华创会使自己了解国内情况"的评价

（三）政府侨务引智平台检验我国软实力

政府侨务引智平台本身是一项系统工程，受国家软实力的综合力量制约，其成功与否正是对我国国家软实力的检验。政府侨务引智平台能否达到举办目的，能否获得代表们的认可，是对我国国家软实力的一项侧面考察。

本研究依据代表们对华创会的气场反馈，从一个方面论述政府侨务引智平台检验国家软实力的状况。2011年华创会海外代表问卷调查中，代表对"华创会鼓舞了自己回国发展的信心"的评价如图4所示。30.6%的代表认为华创会"很好"地鼓舞了自己回国发展的信心，32.9%认为"较好"，小计63.5%的代表对华创会鼓舞自己回国信心表示赞好。可见华创会在气场上总体偏好。但同时也应注意到，27.1%的代表认为"一般"，这一比例相对于前述两个问题（参见图2和图3）是较高的。这说明，通过华创会这样的政府侨务引智平台作为检测仪进行综合检验，我国具备一定的软实力，但还有进一步提高的必要。

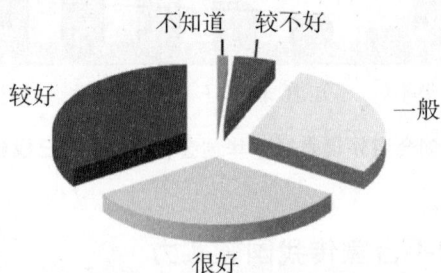

图4　2011年华创会海外代表对"华创会鼓舞了自己回国发展的信心"的评价

总体而言，政府侨务引智平台是国家软实力的检验仪、推进器和展示平台。欲提高国家软实力，有必要进一步加强政府侨务引智平台的建设。

二、软实力视野下的政府侨务引智平台建设要素分析

（一）基于政府侨务引智平台的中国软实力指标：海外人才回国发展信心

根据2011年华创会海外代表问卷调查（如图5所示），55.95%的代表对在国内发展"很有信心"，36.90%的代表"较有信心"，合计有92.85%的代表对在国内发展是有信心的。除少数（4.76%）代表还"不能确定"外，信心不充足的代表微乎其微。

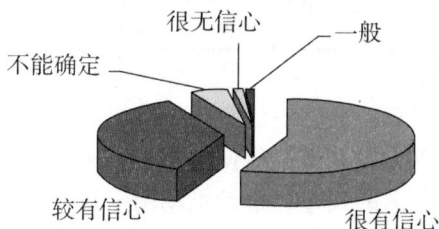

图5　2011年华创会问卷调查中海外人才对回国发展的信心

海外人才回国发展信心可测度是基于政府侨务引智平台的中国软实力指标。总体而言，华侨华人专业人士对回国发展是有信心的，这从一个侧面证明了我国具备一定的软实力。

下面再从优惠政策、经济形势、社会环境三个方面分解软实力因素，厘清其对海外人才回国发展的影响力和作用机理。

（二）促使代表回国发展的软实力影响因素

1. 国内优惠政策

根据2011年华创会海外代表问卷调查，海外人才认为"国内优惠政策"对自己回国发展的影响如图6所示：

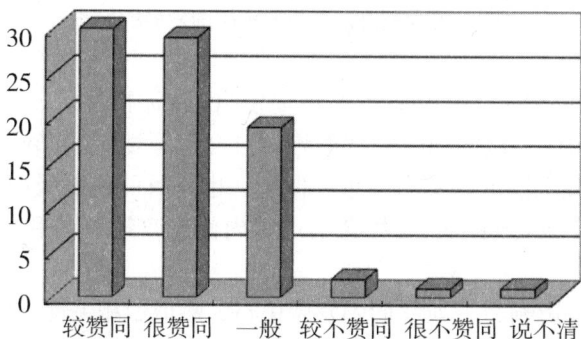

图6　国内优惠政策对代表回国发展的影响

35.3%的代表"较赞同"国内优惠政策促使自己回国，34.1%的代表"很赞同"，合计有 69.4% 的代表认同国内优惠政策对自己回国的影响。另外，还有 22.4% 的代表认为国内优惠政策对自己回国有着"一般"性的影响。总之，绝大部分代表对国内优惠政策是感兴趣的。

将"国内优惠政策影响力"与"回国发展信心"赋值作相关性分析。结果如表 2 所示：

表 2   "国内优惠政策的影响"与"回国发展信心"赋值的相关性分析

回国因素：国内优惠政策		国内发展信心
	Pearson Correlation	0.041
	Sig.（2 – tailed）	0.750

可见两者缺乏相关性。代表们虽然对优惠政策感兴趣，但单纯的优惠政策却不足以提高代表们回国发展的信心。仅以优惠政策促使海外人才回国发展，并不是国家软实力提高的表现，也未必能引回真正急需的人才、继而推动国家软实力的提高。优惠政策有一定的效果，但不应成为我国构建政府侨务引智平台、引进海外人才、提高国家软实力的重点。

2. 国内经济形势

根据 2011 年华创会海外代表问卷调查，"国内经济形势"对代表回国发展的影响如图 7 所示：

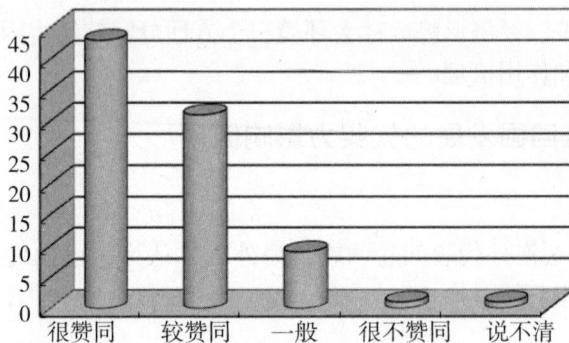

图 7   国内经济形势对代表回国发展的影响

50.6% 的代表"很赞同"国内经济形势促使自己回国发展，36.5% 的代表"比较赞同"，合计有 87.1% 的代表认同国内经济形势对自己回国发展的影响。总体而言，国内良好的经济发展态势是我国国家软实力的重要体现，也是目前最能吸引海外人才回流的因素（选择"很赞同"和"较赞同"的人数高于"国内优惠政策"项和"国内社会环境"项，参见图 5）。

将"国内经济形势影响力"与"回国发展信心"赋值做相关性分析。结果如表 3 所示：

表3　"国内经济形势"与"回国发展信心"赋值的相关性分析

		回国因素：国内经济形势
国内发展信心	Pearson Correlation	0.229
	Sig.（2 – tailed）	0.071

可见两者有一定的正相关性。国内经济形势的发展是我国国家软实力的重要体现，是吸引海外人才回国发展的重要因素。继续大力发展经济，有助于华侨华人专业人士的回流，得以实现"经济发展—人才引进"的良性循环。

我国政府侨务引智平台应大力宣传国内经济形势，通过平台建设的硬软件、宣传内容、办会主旨等各个方面展示我国经济建设的成就，引导海外人才投身于国家经济建设。

3. 国内社会环境

根据2011年华创会海外代表问卷调查，国内社会环境对代表回国发展的吸引力如图8所示：

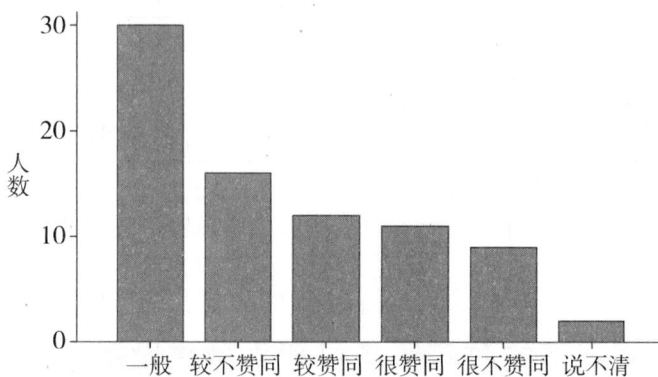

图8　国内社会环境对代表回国发展的吸引力

与前两个因素（国内优惠政策、国内经济形势）显著不同的是，海外代表倾向于对国内社会环境评价一般。35.3%的海外代表认为国内社会环境吸引力"一般"；18.8%的代表"较不赞同"国内社会环境能促使自己回国发展，10.6%的代表"很不赞同"，合计有29.4%的代表并不认同国内社会环境的吸引力；但同时，也有27.1%的代表表示"较赞同"或"很赞同"国内社会环境的吸引力。三种态度小计如图9所示：

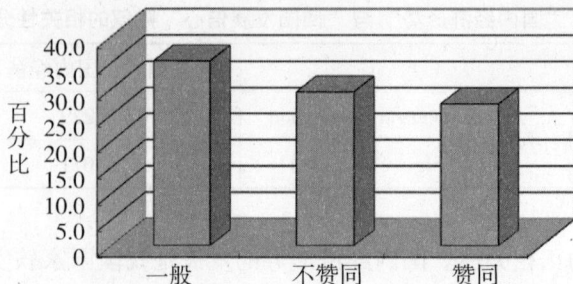

图9　代表对国内社会环境促使其回国发展的三种态度

一方面，对于"国内社会环境"，代表们的意见较分散，不如"国内优惠政策"项和"国内经济形势"项那样集中。这体现出代表们多元化的倾向和见仁见智的分歧；另一方面，也应该看出，总体而言，国内社会环境对代表的吸引力不算高，评价倾向"一般"。

将"国内社会环境"与"回国发展信心"赋值做相关性分析。结果如表4所示：

表4　"国内社会环境"与"回国发展信心"赋值的相关性分析

		回国因素：国内社会环境
国内发展信心	Pearson Correlation	0.320
	Sig.（2 - tailed）	0.011

可见两者有显著的正相关性。即改善我国国内社会环境，可有效提高华侨华人专业人士回国发展的信心。

三、软实力视野下的政府侨务引智平台建设重点

（一）淡化优惠措施

目前在各地如火如荼建设的政府侨务引智平台上，充斥着各类优惠政策措施的宣传。优惠措施从"科研、创业经费补贴"到"家庭、生活配套便利"等，不一而足。一是各地优惠政策具有同质性，二是竞争性地层层加码。在部分政府侨务引智平台上，甚至出现主要靠优惠政策措施唱主角，以层出不穷的各类惠才条件来吸引海外人才的现象。这事实上是建设政府侨务引智平台的一个误区。

优惠政策并不是整体软实力强大的体现，相反倒是整体软实力不足的一种变相弥补。优惠政策力度越大，可能越说明整体软实力的匮乏。试想，软实力雄厚、魅力十足的发达地区，人才趋之若鹜，是否还需要无微不至地提供保姆式的关照呢？当年很多留学生初到国外时，基本条件都难以保障，工作、学习、生活等困难重重，不也出现了义无反顾、势如潮涌的出国热吗？换而言之，如果该地本身缺乏真正的整体软实力，仅靠这类优惠政策就能有效引进急需人才吗？可以发现，某些西部地区也曾以极大的优惠政策招才引智，但效果却并不理想。

在前述的分析中，我们发现，"优惠政策"和"回国信心"之间缺乏相关性。说明优惠政策对软实力综合指标没有显著影响。单纯的优惠政策不能提高海外人才回国发展的信心（当然也就谈不上提高软实力），事实上，这只是对信心不足的一种补偿。试图以单纯的优惠政策引进海外人才，可能出现的后果是：急需引进的人才引不回来，平庸之辈却趁机逐利占位。这与引进国际化人才、提高国家软实力的初衷是相违背的。

诚然，优惠政策对海外人才有一定的吸引力，但对提高我国软实力、宣传我国软实力的作用是有限的。今后，在政府侨务引智平台建设上，应给予优惠政策一个合理的定位，不宜再由其唱主角，处处凸显各项优惠举措。对优惠政策而言，"非重点定位、有限制实施"是一种较适宜的思路。

（二）中性化经济回报

中国经济发展的势头举世瞩目、有目共睹。良好的经济形势、美妙的经济前景，是吸引海外人才的一个重要软实力因素。如前述分析中，"经济形势"和"回国信心"之间有一定的正相关性。目前，我国"经济形势"也是吸引海归的最主要因素（尤其是在国外经济普遍不景气的时期）。

对海外人才的经济回报应采取中性化的思路。一方面在道义上中性化。逐利不可耻，人力资本投资获取相应经济回报是无可厚非的，以良好的经济形势为宣传要点，吸引海外人才回流也是可行的。海外人才的"爱国爱乡"之心诚然天地可鉴，但这并不意味着仅凭赤子之心就可以回国发展，应通过经济回报加以合理鼓励。另一方面在收益上中性化。经济回报应重在回报，而不是现报。这是与单纯优惠政策的一大区别。既然是经济回报，就应该是对贡献的一种合理反馈，因有贡献而有回报，既不过多，也不过少，不偏不倚，体现经济客观理性。应将"回国发展"和"与国俱进"两者结合起来，将责、权、利更好地结合起来，中性化地对待海外人才的经济利益。

以中性化的思路看待海外人才的经济利益问题，才能长远有效地推动我国国家软实力发展。今后在政府侨务引智平台建设上，要实事求是地展示我国各地经济建设成就和经济发展前景，并以长远的经济利益规划创造人才的发展与国家的发展和谐共赢的局面。

与"优惠政策"不同的是，对归国人才的经济回报不重在现在的给予，而重在未来的分成。是否能长远有效地推进我国软实力发展应成为吸引人才、用好人才的政策依据。设计和宣传责、权、利对等的经济回报规划，应成为政府侨务引智平台进一步建设的要点。

（三）强调社会发展

软实力是由众多因素构成的。经济软实力是其中的重要因素，但不是全部成分。根据前述调研，我国"社会环境"与海外人才"回国信心"有高度正相关性。即改善我国社会环境，可有效提高海外人才的回国发展信心，而回国发展信心是我国国家软实力的重要指标。从软实力视角着眼，吸引海外人才需构建良好的社会环境。但调研也遗憾地揭示，在海外代表的心目中，我国社会环境还有待改善。

目前在我国政府侨务引智平台建设中，涉及社会环境的因素并不多见。今后可更多地强调我国的社会发展，并多调研海外代表对我国社会环境的看法和意见，有针对性地加以沟通和改善。根据本调研，提出如下几点建议：

1. 应通过平台宣传和关注中国的社会发展

在政府侨务引智平台的宣传和展示上，应更多地关注中国的社会发展。以前的人才交流会，谈经济发展多，谈优惠条件多。但本调研发现，对提高海外人才回国发展信心最显著有效的是"社会环境"因素（经济形势有一定影响，而优惠条件则完全无影响）。以后的人才交流会可更多地关注中国社会发展的问题，对海外人才关注的中国社会发展问题，政府侨务引智平台要更多地呈现，并凭借平台多与海外人才就这些问题加以沟通和咨询。这一方面可增加与海外人才之间的交流互信，另一方面可据此改善中国社会环境，提高综合软实力。

2. 应通过平台调研海外人才对中国社会发展的意见

社会文化真正体现了"软"性，是"软实力"中最"软"的也是最核心的因素。其本身是个笼统的概念，海外人才对其看法也是见仁见智。但吸引海外人才、提高中国软实力，仅仅依靠经济手段显然是不够的。社会环境是海外人才非常关注的一个因素，其本身也是国家软实力的一个组成部分，这是引进海外人才时不能回避的问题。有必要不断了解海外人才对中国社会发展的意见和看法，把握其心态、咨询其建议。在政府侨务引智平台的建设过程中，可将调研海外人才对中国社会发展的意见纳入工作程序，使相关跟踪调研常态化，就海外人才关注的中国社会发展问题进行有针对性的沟通，使人才交流的平台也成为文化交流的平台，为政府侨务引智平台的发展及中国国家软实力的发展征求意见、提供助力。

3. 社会发展并不意味着社会西化

有趣的是，本调研中，海外代表对"国内社会环境"促使自己回国发展的影响力的回复呈多样化，不像对"优惠政策"和"经济形势"那样有明显的集中性意见。表示"赞同"（27.1%）和"不赞同"（29.4%）的人数差异不大。这说明就整体而言，虽然海外代表对国内社会环境不大满意（35.3%的海外代表认为"一般"），但是其期待的社会发展方向未必就是西化。有相当一部分海外人才是喜欢中国社会环境的，只是对其中的部分因素有改善的需求。政府侨务引智平台也应明确地传递这样的信息：中国的社会发展不是要西化，而是要满足中国人民的社会发展需求，走有中国特色的社会主义道路，这是海外人才与中国发展问题的基本原则，也是提高国家软实力的最终目标。

当代印度尼西亚华人社团在促进印中交流中的作用

郑一省

内容摘要：本研究以田野调查资料为基础，从中华文化核心价值的传播、中国传统习俗的传承，以及印度尼西亚—中国的关系等方面分析和探讨了印度尼西亚华人社团与中国软实力建设的关系，认为印度尼西亚华人社团在加深印中之间的了解，促进印中合作及关系的改善，传播中华文化等方面都或多或少地提升了中国印象，最终有助于增强中国影响力。

关键词：印度尼西亚；华人社团；中国的软实力；建设

【作者简介】郑一省，广西民族大学民族学与社会学学院教授，博士。

引　言

"软实力"概念由美国学者约瑟夫·奈于 20 世纪 90 年代早期提出。他把软实力定义为"通过吸引力，而非强迫或交换，得到自己所想要的能力"。换句话说，软实力是塑造别人偏好的能力。一个国家的文化、政治理念和政策构成了一个国家的软实力。当一个国家的政策在他人眼中变得更具有合理性时，软实力就增加了。

自从"软实力"概念被提出来后，国内外学术界对此进行了多方面、多角度的探讨。就中国学者方面的研究而言，他们从各自理解的基础上探讨了软实力的内涵、结构和意义等。如倪世雄认为软实力应该包括价值标准、市场经济、西方文明、文化、宗教；① 刘杰认为应该包括核心价值、政治制度、文化理念、民族精神；② 周桂银等把国际形象、国际地位也纳入软实力结构框架；③ 皋艳认为软实力应该由一个国家和民族的文化传统、意识形态、民族习性、政府素质等构成；④ 庞中英提出了包括培养高素质人口和生产力的教育体系等在内的十一条；⑤ 国林霞则认为属于硬实力范畴的经济实力、军事实力也可以成为一个国家软实力的来源。⑥ 对于软实力的内涵，黄苏认为软实力包括"民族凝聚力、文化

---

① 倪世雄等：《当代西方国际关系理论》，上海：复旦大学出版社 2001 年版，第 392～394 页。
② 刘杰：《中国软力量建设的几个基本问题》，上海社会科学院世界经济和政治研究院：《国际体系与中国的软力量》，北京：时事出版社 2006 年版，第 102～103 页。
③ 周桂银、严雷：《从软实力理论看美国霸权地位的变化》，《解放军国际关系学院学报》2005 年第 1 期。
④ 皋艳：《世纪之交的中国文化软权力建设》，南京航空航天大学硕士学位论文，2004 年，第 3 页。
⑤ 庞中英：《中国软力量的内涵》，《瞭望》新闻周刊 2005 年第 45 期。
⑥ 国林霞：《中国的软力量及其构建》，山东大学硕士学位论文，2004 年，第 7 页。

影响力和对国际机构的控制力"，①而王沪宁则探讨了软实力的概念、内涵及与硬实力之间的关系，认为"总的软权力态势对谁有利，谁在国际社会中就占据有利地位；目前影响国际'软权力'势能的因素是工业主义、科学主义、民主主义、民族主义。软权力的力量来自扩散性，只有当一种文化广泛传播时，软权力才会产生更大的力量"②。显然，中国学者的研究提出了许多有意义的论述，应该说拓展了约瑟夫·奈的软实力研究理论。本人曾于 2008—2011 年期间前往印度尼西亚爪哇岛的雅加达、三宝垄，苏门答腊岛的棉兰，以及西加里曼丹的坤甸和山口洋等地调查，拜访了当地许多华人社团领袖及其精英，并参与了许多社团的活动。本文以这些地方的几个华人社团为例，探讨它们与中国软实力建设的关系。

一、印度尼西亚华人社团的历史发展轨迹

华人移居印度尼西亚的历史悠久，他们到达印度尼西亚后不久，出于自身的安全，以及和衷共济的需要而逐渐建立了各种类型的社团组织，并一直延续到现在。与东南亚其他国家的华侨华人一样，印尼华人社团既经历过繁荣发展的岁月，也有曾一度处于凋零或衰落的时期，而随着 20 世纪 90 年代末印度尼西亚进入后苏哈托时期以来，印尼华人社团又一次进入了繁荣发展的阶段。

据资料显示，印尼华人组建其社团的历史可以追溯到荷兰统治印度尼西亚的时期。一般认为，印尼华侨建立的第一个社团是"养济院"，于 1729 年在巴达维亚建立。养济院由当地的福建籍华侨所建，其建立的目的在于"帮助华侨解决急难问题、办理丧事、救济孤贫病残"。早期印度尼西亚华侨组建的社团数量并不多，且大都以地缘、血缘和业缘等类型的社团为主。至 1930 年代，荷印华侨社团共 138 个。③

1941 年太平洋战争爆发后，日本侵略者于 1942 年占领了爪哇岛，并开始了对印尼的殖民统治。在 1942 年至 1945 年 8 月期间，日本侵略者对印尼实施独裁统治，解散印尼所有的政党、工会和社团等组织，严禁任何政治活动。除了被日本扶持的华侨总会、华侨协会等可以活动外，印尼华侨的其他社团都被迫取缔了。

1945 年 8 月 17 日印度尼西亚独立，虽然后来印尼政府陆续出台了一些压制华侨社团的政策与措施，但总的来看，印尼华人的社团组织在 20 世纪 50—60 年代初期进入了一个繁荣发展的时期。一些学者的研究显示，这时期印尼的华人社团大约有 3 000 个。这一时期印尼华人社团有几个特点：一是由于受到中国大陆与台湾政治关系的影响，印尼华人社团大致可分为"亲北京"（红派）或"亲台湾"（蓝派），以及一些"中间"派别；二是社团的类型众多或多元性，即除了各个地缘、血缘性社团外，还有各种业缘、学缘、神缘等社团。

1965 年的"9·30"事件，使印尼华人社会受到极大的摧残与压制，而作为华人社会的三大支柱之一的华人社团也陷入了发展的低潮。据调查资料显示，1965 年 9 月至 1998

① 黄苏：《怎样估价美国的经济与实力——逆差、债务、软实力剖析》，《世界经济》1991 年第 11 期。
② 王沪宁：《作为国家实力的文化：软权力》，《复旦学报》（社会科学版）1993 年第 3 期。
③ 郁树锟主编：《南洋年鉴》，新加坡：新加坡南洋报社有限公司 1951 年版，第 15 页。

年 5 月期间，除了极少数的同乡会或以基金会名义创办的华人社团，以及一些宗教和慈善组织被允许活动外，绝大多数华人社团不被允许存在和复办。1998 年的"五月骚乱"既是印尼政治社会的一个转折点，也是印尼华人社团从沉寂走向又一个繁荣发展的转折点。随着印尼进入改革时期，苏哈托的继任者哈比比解除党禁，印度尼西亚华人不仅获得了自由组织政党的权利，先后成立了印度尼西亚融合党/印度尼西亚同化党（Pardindo）、中华改革党（PARTI）、印度尼西亚大同党（Partai Bhinelca Tunggal Ika Indonesia）、印度尼西亚佛教民主党（Partai Budhis Demokrasi Indonesia）四个政党，还纷纷成立了各种类型的社团组织。据不完全统计，1998 年后出现的新华人社团大约有 700 多个，若再加上在苏哈托时期残留下来的 200 多个，目前印度尼西亚华人社团共计有 1 000 多个。[①]

后苏哈托时期印尼的华人社团，虽然仍具有传统的五缘社团的特征，但也出现了一些新的变化，具体表现在四个方面：一是学缘类社团不断出现，不仅有 20 世纪 50—60 年代校友会的复办，而且还有许多新校友会的产生；二是新的地缘社团出现，这类社团已经不是传统的诸如福建或广东会馆那样的地缘组织，而是以印尼本土为基础的地缘组织，例如丁家宜旅耶同乡会、不老湾校友同乡联谊会等；三是以基金会形式活动的社团不断增多；四是许多土生华人的社团纷纷成立。

二、当代印度尼西亚华人社团与中国的软实力构建

印度尼西亚华人社团的发展虽然历经艰辛，但它作为当地华人社会的重要组成部分，既能为当地华人的生存与发展作出不可磨灭的贡献，也有助于中国软实力的构建。因为，印度尼西亚华人社团在自身发展和促进当地社会经济文化发展的同时，也在文化、经济、社会乃至政治等各个领域直接或间接地参与印中关系，加深印中之间的了解，促进印中合作及关系的改善，并传播中华文化。所有这一切都或多或少地提升了中国形象，客观上有助于增强中国的软实力。

（一）棉兰鹅城慈善基金会与中华文化核心价值的传播

一般认为，"和谐"理念是中华文化的核心价值观，它主张人与人、人与自然的和谐，是人类普世价值观的重要构成部分。

棉兰鹅城慈善基金会的前身是棉兰惠州会馆。棉兰惠州会馆于 1895 年成立，成立初期便开办养中学校、开设图书馆，当时它的宗旨是"重视同乡联谊，谋求同乡福利，重视华文教育工作"。1965 年，印度尼西亚发生"9·30"事件后，由于时局动荡，政治环境日益恶化，1966 年惠州会馆连同养中学校一起被查封、接管。会馆被接管后，棉兰惠州籍华人并没有放弃要回会馆的念头。据说，该会馆的主席林秀南不顾一切，将会馆的牙兰（即地契）牢牢地保管起来，一直到 1984 年，在惠州籍华人多方奔走和努力下，终于在该年的 1 月 21 日成立了棉兰鹅城慈善基金会。成立棉兰鹅城慈善基金会后，首任主席黄其深先生就拟定了建立基金会的宗旨，即"远离孤独和排外，开展不分种族、肤色和宗教的慈善活动，走向完美的融洽社会"。棉兰鹅城慈善基金会的徽标，便充分体现了这个宗旨。

---

①　印度尼西亚华裔总会：《印度尼西亚华人概况》（内部资料），2010 年 3 月印。

据该会的廖先生介绍，棉兰鹅城慈善基金会会徽是由天鹅、城楼和蓝天组成的圆形鹅城图。蓝天象征和平，坚固的城墙、雄伟的城楼象征强固而不可动摇的团结和安定，雪白的天鹅象征纯洁的心灵和无私奉献的精神。天鹅自城内飞出，体现了鹅城儿女向往自由，包容开放，不分种族、肤色、帮派和宗教信仰，投身社会，融入主流，为创造和谐相处、互助互爱、和平美好的社会而努力的精神。①

棉兰鹅城慈善基金会不仅将"和谐"的理念作为其组织的宗旨，而且也实实在在地加入构建"和谐"社会的行列。据该会的资料显示，1986年棉兰鹅城慈善基金会专门开设了一间慈善诊疗所。诊所设有西医与中医两个门诊。该所有中医医师16位，西药及专科医生22位，还有6位医务人员，每天向社会开放。求诊病人平均每日超过一百人，而在这些病人中有半数以上是当地民众。该诊所的医务人员除坐诊外，也经常深入当地民众居住区进行义诊。棉兰附近的火水山、思思、浮罗甘北、马达山及各地穷乡僻壤，都留下了鹅城医务工作者的足迹。他们与印度尼西亚的各民族群众建立了良好的关系。他们还获得苏北省政府的信赖，代表苏北省政府为领土岛的3 000名当地居民进行了义诊。棉兰鹅城慈善基金会所举办的这种慈善活动，得到了当地民众的高度赞赏。苏北省省长东姑·李察努汀在写给棉兰鹅城慈善基金会成立20周年的致辞中指出："鹅城基金会自1984年1月21日诞生至今已有20周年，其存在体现了苏北省这个地区乃是一个深具共同性，拥有慈善胸怀并乐于维持友谊和兄弟情谊的社群集居的地方。为此，欣逢20周年，我谨以苏北省政府和我个人的名义，向棉兰鹅城慈善基金会大家庭，致以崇高的敬意和真诚的问候。所参与的社会慈善活动，理应予以支持，因为在塑造实际的团结工作上，你们是体现关心社会和同命运共患难及共同性的典范。"②

（二）西加孔教华社总会与中国传统习俗的传承

移居海外的华人，或许已经繁衍了五六代，甚至更多代，他们在语言、服饰、生活方式等方面可能已经完全当地化了，但他们仍然保留着许多中国的传统习俗。祭祀祖先便是华人保留下来的中国传统习俗之一。

西加孔教华社总会，是西加里曼丹省华人的总部，设立在西加里曼丹省的省会坤甸市（Pontianak）。坤甸是一个多元族群的城市，主要居民有马来人、华人、马都拉人和爪哇人等。目前，坤甸市大约有62.5万人，其中马来人有22.5万人，占总人口的36%；华人有16.25万人，占总人口的26%；马都拉人有6.25万人，占总人口的10%；爪哇人有5.63万人，占总人口的9%。③

据当地华人的文献记载，西加孔教华社总会是在1967年因西加山区发生"难民潮"而成立的。当时山区华人纷纷弃家逃亡，以致大批华人难民涌入坤甸和山口洋等地，数以万计的难民流离失所，衣食不济，营养不良，疾病丛生，死亡无数。当时坤甸各族领导秉承人道主义精神，在苏庚军医及其他各族领导的倡议下，成立了一个可供收容难民的基金会，定名为YAYASAN BHAKTI SUCI，协助难民办理丧事，帮助难民渡过难关。当时，这

---

① 2008年1月29日笔者与廖先生的访谈录。
② 棉兰鹅城慈善基金会：《棉兰鹅城慈善基金会20周年特刊》，2004年6月，第7页。
③ 《坤甸黄氏宗亲会百年纪念特刊》，2010年8月，第18页。

个基金会是为全民设立的，它没有族群、血统和宗教的限制，属下设有回教、天主教、基督教、佛教、兴都教和孔教各部门。但在发展的过程中，只有处理孔教安葬事宜的部门比较活跃，因此孔教会的名称沿用至今。①

西加孔教华社总会成立后，不仅为当地华人的生存与发展作出了许多贡献，而且还带领华人发扬、扩展中国传统文化的核心要素，传承中国的传统习俗。其表现之一是组织开展一年一度的"烧洋船"活动。这种"烧洋船"，即西加孔教总会组织坤甸华人在秋祭活动中举行的一种宗教仪式，旨在叙述其移民的历史、不忘本源，以及强化族群认同、建构华人宗教文化。这种"烧洋船"仪式是坤甸华人在中华民族的传统节日"七月半"（中元孟兰胜会）时进行的，它由谒祖、拜义冢、恤孤和烧洋船一系列活动组成。

"烧洋船"的第一个活动是谒祖，所谓谒祖即祭拜祖先，这是海外华人保留的传统。一般来说，海外华人祭拜祖先的形式可分为家祭和社祭。所谓家祭，即在华人家中所设的祖先牌位前或到其祖先的坟墓前祭祀，而社祭则是由华人社团组织人们在祖先的墓地（总坟）前进行祭祀。坤甸华人"烧洋船"仪式中的祭拜祖先活动也属于一种社祭形式，但所不同的是，当地华人祭拜祖先的场所是设在西加孔教华社总会，而祭拜的祖先是孔子。拜义冢是"烧洋船"仪式的第二个活动。在拜义冢时，先由西加孔教华社总会的主席进行膜拜，随后是总会的监理事，再后是其他氏族社团的领袖及代表。按照义冢建造的年代，依次对"华侨义冢"、"西加孔教华社义冢"和"难民祖宗纪念碑"进行祭拜。恤孤是坤甸华人举行"烧洋船"仪式的第三个活动。恤孤，也叫"抢恤孤"。这种活动的内容就是将上午祭祀华人义冢的各种祭品，以及"七月半"这天华人各社团在其会所、华人民众在家中所祭祀的供品等都收集过来，并放入义山，即西加孔教华社墓园内的空地上，到时由需要这些祭品的穷人有秩序地进行"抢夺"。"烧洋船"仪式的第四个活动，也就是整个仪式过程的最后高潮，这就是烧洋船。在义山，即西加孔教华社墓园，早在几个月前就在此开始制造洋船了。这个洋船长 21.2 米，宽 3.62 米，高 1.12 米。该洋船与真正的船的结构和配置相比，似乎没有什么两样。在这次烧洋船的活动中，举行该活动的华人特地邀请了当地政府的官员，如坤甸警署署长 Muharom、警长 Ryadi，拉雅县的县长 Muda Mahandrawan 来参观，而当地政府也派出大批警员以及消防车来助阵。人们在船头前举行烧洋船祭拜仪式，大约 20 分钟后，将会点燃洋船。大约燃烧了 20 分钟，洋船终于从完整的船只，慢慢地变成一堆铁骨架。又过了 10 多分钟，虽然熊熊的火焰还在不断地吞噬着船的骨架，但燃烧产生的浓黑的烟雾已随着风的减弱，而渐渐变成淡淡的白烟，盘旋着消失在坟场、空旷的田野，以至天际，参加或观看的人们渐渐离去了。至此，"烧洋船"仪式完满地画上了句号。

在西加孔教华社总会组织坤甸华人举行的"烧洋船"仪式中，为何会有诸如谒祖、拜义冢、恤孤等一系列的活动连续进行？为何人们在焚香敬拜神明时那么虔诚？其实，这是对自己来自何方、自己的祖辈经历了什么磨难的追思，是对祖辈们的敬仰的自然而然的真情流露。在祭祀神灵时，通过祭拜、叩首、念祭文等，使在场的华人潜意识地认识到他们有着悠久的传统文化和习俗。祭文中所唱的"我华先侨，德厚留芳，来居斯土"，是向众人表明我们的先人是从遥远的中国移居到这里的。而我们的先人"斩棘开疆，栉风沐雨，

---

① 《西加华社总会 43 周年纪念特刊》，2010 年 9 月，第 12 页。

辛苦备尝，冒险犯难，不避艰强"的精神激励了华人"各尽其能，为工为商，建设斯邑，各展所长，不辞劳疾，努力是将，孜孜从事，无闻无涣"，使华人先人及其后辈做到了"促进社会，繁荣地方，降及今日，成果辉煌"，从而表明了华人族群所具有的优秀文化和美德，这些对华人族群文化认同的构建有着十分重要的意义。

（三）印华百家姓协会、华裔总会和印度尼西亚中华总商会与印度尼西亚—中国关系

印度尼西亚华人社团在带领当地华人积极融入主流社会，维护自身利益的同时，也十分关心和积极介入印度尼西亚与中国的关系，为两国政府和民众的相互了解，以及两国经贸关系的平稳发展作出了积极贡献。

1. 印华百家姓协会、华裔总会与印度尼西亚—中国关系问题的探讨

印华百家姓协会成立于 1998 年 8 月 28 日，其印尼语全名为 PAGUYUBAN SOSIAL MARGATIONGHOA INDONESIA。印华百家姓协会是由一群不同文化背景的印尼华裔在雅加达发起和成立的。该会是一个多功能性的社团，其章程规定凡是印尼籍的华人皆可以参加，但会员不得以协会会员的名义参加任何政党及政治性组织。该会的组织结构是先成立中央总部，而后发展地方分会。该会从 1998 年成立中央总部开始，2002 年在印尼全国 17 个省份建有 48 个分会，2010 年在全国 29 个省份 118 个县市建立分会及代表处，其发展规模逐年扩大，几乎涵盖了印尼境内全部的岛屿和省份。

印尼华裔总会成立于 1999 年 4 月 10 日，印度尼西亚语名称为 PERHIMPUNAN INDO-NESIA TIONGHOA，简称 INTI。印度尼西亚华裔总会在其宣言中强调"华裔人士要竭尽所能发挥民族资产这一潜力，为国家民族的大团结，更加进步、更加繁荣、公正幸福的印度尼西亚这个大方向贡献力量"。该会在 2010 年华裔总会成立 11 周年时，从最西端的班达亚齐直到印尼中部城市锡江，已在 12 个省份建有 49 个地方理事会。华裔总会内部设有妇女部、青年部、工商企业部、医疗部、法律部、网络部、彩虹奖学金部等。青年部与青年工商企业部的建立为社团的发展注入了新鲜的血液，更能加强社团的商业交流，增加会员们的收入，对本会起着积极作用。

一般认为，印尼百家姓协会和印度尼西亚华裔总会是印尼华人社会颇具影响力的社团。这两个华人社团自成立之时起便将反对种族歧视、扶危济贫、维护民族团结作为其首要的任务。例如，《印尼华裔总会章程及细则》第五章规定该会要力争实现全体华裔公民的基本权利。该会第一任主席汪友山在成立大会时的发言中指出，总会要求政府撤销一切歧视华人的法规。印尼百家姓协会的章程提到：印尼华人是印尼民族的组成部分，拥有一切应该享有的权利，同时也应履行应尽的义务。该会主席熊德怡在成立大会上也指出：苏哈托政府的各种歧视华人的政策已将华人降为二等公民。为此，印尼百家姓协会和印尼华裔总会带领其他华人社团积极投入到反对种族歧视的斗争之中。他们以召开研讨会、联名上书政府以及发动签名运动等形式，要求政府撤销一切歧视华人的法规，要求将春节定为节假日，要求修改宪法中关于总统必须由原住民担任的条款，要求取消禁止华人参政的规定，等等。此外，每逢印度尼西亚发生水灾、火灾或种族冲突事件，印度尼西亚百家姓协会和华裔总会都率先带领其他华人社团，发动会员或其他华人捐款捐物，捐建房屋，赈济灾民，帮助灾民渡过难关，这些活动都十分有助于密切华人和友族的关系。

　　与此同时，印尼百家姓协会和华裔总会自成立以来，也在推动印尼和中国的文化交流和经济合作方面作出不懈的努力。具体表现为经常举行以印尼与中国的关系为主题的讲座，主要邀请印尼国内的中国问题研究专家，以及来自中国国内的经贸代表团成员或经济学专家，这些讲座一般在其会所或公共场所内进行。据调查，印尼百家姓协会和印尼华裔总会自 2006 年以来举行的 26 场讲座中，与印尼和中国关系相关的讲座就有 8 场。例如，印尼华裔总会本着加强印尼—中国经济贸易合作的原则，借中国海外交流会"中国经济与法律专家巡讲团"来印尼访问的机会，于 2011 年 5 月 22 日在雅加达中心市马腰兰区的华裔总会的总部举行了专家专题演讲会，来自中国的专家学者介绍当前中国经济形势、法制环境及中国—东盟自贸区现状等，以此增进印中两大民族之间的相互了解，推动两国的经贸合作。①

　　2. 印尼中华总商会与印尼—中国经贸关系的发展

　　自 20 世纪 90 年代后，随着印尼与中国关系的恢复，以及双方经贸关系的发展，催生了诸如印尼中华总商会这样的华人经济类社团，其活跃在印尼华人经济和中国与印尼经贸往来的各个领域。

　　印尼中华总商会于 2001 年在印尼华企友光集团、大江集团、巴厘银行创办人陈大江的倡议下成立，是一个独立的民间商业机构。目前，印尼中华总商会已在印尼爪哇岛的东爪哇、西爪哇和外岛的苏门答腊的棉兰、巨港以及东加里曼丹等地建立了分会。

　　印尼中华总商会自成立以来，积极地为印尼与中国企业合作搭建平台，牵线搭桥，为加强印尼与中国多层次、全方位的经贸合作，推动两国企业开拓双方市场作出了贡献。

　　印尼中华总商会第一任会长陈大江仅于 2004 年就先后接待过 72 批前往印尼考察交流的中国代表团。2007 年 12 月，天津工商业联合会会长张元龙率领代表团拜访印尼中华总商会，希望与印尼中华总商会建立联系机制，交流商机，以便在适当的时候组团到印尼考察和投资。陈大江会长介绍了印尼政府现行的投资政策和印尼在橡胶、能源方面的优势，希望能够吸引更多的商家来印尼投资。② 2008 年，中国香港国际经贸合作协会理事长陈青东率经贸考察团访问印尼中华总商会，双方积极探讨在矿业等领域的合作项目。③

　　纪辉琦于 2010 年继任印尼中华总商会会长后，带领新的一届理事会除了继续积极地为印尼与中国的经贸往来牵线搭桥外，还在印尼各地设立分会，以便更好地为印尼企业与中国企业的直接对接奠定基础。例如，印尼中华总商会东爪哇分会于 2010 年 11 月 29 日举行匾名揭牌仪式，东爪哇省长苏卡沃、第五军区司令 Gatot Nurmantyo、中国驻泗水总领事王华根以及从雅加达远道而来的印尼中华总商会总会长纪辉琦、副总会长林文光及泗水各华人社团代表出席仪式，共同见证这具有重要意义的时刻。纪辉琦在致辞中向东爪哇省长转述了中国朋友的想法，他说，中国企业家非常看好东爪哇的投资市场与前景，他们希望能够进入东爪哇进行投资，浙江省的朋友也诚邀东爪哇省长前往浙江省进行考察，浙江省在中国不仅是一个经济大省，而且是一个工业大省，在中国各省份国民生产总值中名列前茅，东爪哇省长如果能够前往考察，将有利于两省未来在经济领域的互惠与互利，而他

　　① 《华裔总会周日举办专题演讲会》，（印尼）《国际日报》2011 年 5 月 22 日。

　　② 《印尼中华总商会迎接天津工商业联合会代表团》，（印尼）《国际日报》2007 年 12 月 4 日。

　　③ 《中国香港国际经贸合作协会经贸考察团访问印尼中华总商会》，（印尼）《国际日报》2008 年 3 月 2 日。

本人也将不遗余力地促进此次访问。东爪哇省长苏卡沃在致辞中向商会寄予厚望，他盼望商会能够为东爪哇省带来更大商机，为该地区的繁荣作出应有的贡献。他希望有更多外国企业家前往东爪哇投资，希望在东爪哇投资的企业不仅是加工业、制造业等行业，还能有更多的高科技企业入驻东爪哇。中国驻泗水总领事王华根也表示，中国驻泗水总领事馆将为分会提供最大的便利，让两国经贸、东爪哇省与中国各省的合作更加广泛，共同促进两地经济发展。①

结　论

与东南亚其他国家的华侨华人一样，印尼华人社团既经历过繁荣发展的岁月，也有曾一度处于凋零或衰落的时期，而随着 20 世纪 90 年代末印尼进入后苏哈托时期以来，印尼华人社团又一次进入了繁荣发展的阶段。在后苏哈托时代，印尼华人社团的繁荣发展和影响力的不断增强，为印尼华人树立了良好的形象，客观上有助于中国的软实力的构建。

"和谐"理念作为中国的核心价值观，其主张人与人、人与自然的和谐，是人类普世价值观的重要构成部分。印尼棉兰鹅城慈善基金会以其行动实践着"不分种族、肤色、帮派和宗教信仰，投身社会，融入主流，为创造和谐相处、互助互爱、和平美好的社会而努力"的宗旨。海外的华人，或许已经繁衍了五六代，甚至更多代，他们在语言、服饰、生活方式等方面可能已经完全当地化了，但他们仍然保留着许多中国传统的习俗。西加孔教华社总会每年组织坤甸华人举行的"烧洋船"仪式，表明了华人族群所具有的优秀文化传统，对华人族群文化认同的构建有着十分重要的意义。

印尼百家姓协会、华裔总会和印尼中华总商会等社团在带领当地华人积极融入主流社会，维护自身利益的同时，也十分关心和积极介入印度尼西亚与中国的关系，为两国政府和民众的相互了解，以及两国经贸关系的平稳发展作出了积极贡献。

---

① 《印尼中华总商会东爪哇分会举行揭牌仪式》，（印尼）《国际日报》2010 年 11 月 30 日。

海外华人信仰组织与中华文化的传播

〔马来西亚〕 王琛发

内容摘要： 当代海外华人信仰组织分布世界各地，既是渊源于中华，又是落实在所在国基层生活环境的社会组织，构成住在国的历史文化景观，无疑可以成为中国对其所在国外交的"第三者"，或反过来成为所在国对中国外交的"第三者"，促成双边友好交流。当代海外华人信仰组织既是中华民族的国际软实力，又是所在国家的文化软实力，使得它们有条件搭建中国与所在国或多国交流的稳健平台。中国主动与海外华人信仰组织交流，各国促进本国华人信仰组织与中国的交流，有助于各方缔造深入到民间基层的互相理解，并打破过去由他人对海外渲染的刻板的、以偏概全的中国宗教印象。

关键词： 华人信仰组织；外交载体；公共外交；软实力

【作者简介】 王琛发，马来西亚孝恩文化基金会执行长、马来西亚道教学院主席。

一、从海外华侨华人寻找公共外交载体

当我们讨论来自西方的软实力概念时，不妨回顾中国的春秋战国时期，看看古人如何应对诸侯纵横捭阖时代的大外交，看看他们有没有总结出类似西方软实力的说法。

约瑟夫·奈在2004年撰写的《软实力：世界政坛成功之道》（*Soft Power：The Means to Success in World Politics*）一书中，提出软实力的概念是相应于西方当时对待国际政治（外交）的情景，侧重"吸纳"（Co-opts）而非"强制"（Coerces）。因此，中文语境里的"怀柔"并不完全符合英文 Co-opts 的语义。然而，从儒家经典可以确定中国的春秋战国时代确实流传着类似软实力的概念，至少孔子在《论语·季氏》里说了："故远人不服，则修文德以来之。既来之，则安之"；在《礼记·大学》中，又出现所谓"修身、齐家、治国、平天下"的说法。把这两段文字互参，其语意已经概括了当代定义软实力所需要的"文化、价值观、外交原则"三大因素。

当然，约瑟夫·奈在《软实力：世界政坛成功之道》里是以现代人的表述方式提出概念的，他比儒家经典更直截了当地说明："软实力主要的三个来源：文化（在能吸引他国的领域起作用）、政治价值观（当这些在海内外都能真正实践之刻）以及外交政策（当政策被视为是合法的，并且具备道德威信）。"① 此说足以证明约瑟夫·奈对待涉外领域的观点与中国古人相近，类似上述《论语·季氏》与《礼记·大学》的综合主张。

但是，我们也必须注意，约瑟夫·奈的所谓"软实力"理论和中国传统的说法其实互

---

① Joseph S. Nye, Jr., *Soft Power：The Means to Success in World Politics*, New York：Public Affairs, 2004, p. 11.

有差异。约瑟夫·奈所强调的"软实力"并非儒家建议从个人人格做起的"修身养性",也不是建立在回归个体自我"修身"去开展"内圣外王";它所重视的是如何发挥自身成为影响他人的主体,目的在于推动他人实践我方展示的文化和价值观,以达到有利于己的方向。正如约瑟夫·奈在2003年谈到美国在伊拉克的战争,他是从实用态度出发,强调美国需要"把软力量看作是实施新的国家安全战争所能运用的最重要的工具和手段,绝不能低估软力量在国际机制和维护国家安全方面的作用"①。由此可以理解,西方谈论"软实力"的整体战略在于开拓外交利益的功能性效果,是要运用整体国家力量去促进能够带动"价值观"与"文化"两个因素的外交政策,以期对他者形成外交、价值观、文化三者环环互扣的影响力,目的在于维护本国在他国的利益。

既是从实用的角度出发,就必须讨论什么是正确有效的载体,并且考虑如何有效地去运用。所以,虽然传统的公共外交理论远远出现在约瑟夫·奈提出软实力之前,但是约瑟夫·奈在《公共外交与软实力》中回顾公共外交学科的成就,依然注意到它在冷战时期作为承载软实力的工具,有助于美国在长期冷战历史中获取最后的胜利。②可见,当约瑟夫·奈的软实力是一种手段性质的实践,所重视的"国家文化"也是国家如何以本身文化作为"吸引"他人的手段,以至达致本体的政治价值观在"海内外真正实践"。如此定义下,软实力势必涉及由国家力量在背后形成的外交政策,形成加诸他者之上的实力(Power,或可译作"权势")。

正因为如此,当代软实力的实践几乎都是渗透着"新公共外交理论"(New Public Diplomacy)的理论背影。软实力的概念后来一再被引入、渗透、丰富"新公共外交理论",持续影响着美国的外交行为,实不出奇。③

"新公共外交理论"之所以"新",在于它看到外交不再是政府对政府的行为,也不能完全由国家机构承担和主控外交,国家必须主导多领域与多层次外交,重视民间单位与外界的联系,重视它们在外交中的作用。它比传统的公共外交理论更重视非政府组织如何作为第三力量影响他国。新公共外交理论也发现,当代的外交工作常常会由于涉及外交活动的单位和个人的增多而变得复杂。在"新公共外交理论"中,外交策略要如何对非政府组织以及个人行使软实力,以及追求其中潜移默化作用的最大效果,成为公共外交成败的考虑因素。

近数十年来国际上盛行公共外交理论,其背后的根本逻辑其实是由于各国的公民意识(公民权利)都比过去相对成熟,加强了各国民众制约政府的力量。当各国政府已经无从全然依赖政策手段去控制对外交往领域时,各国政府除了趋向开放,也必须警惕地聆听各国民众无论在内政还是外交领域的各种声音。

当然,外交行为必须是由"本国政府"倡导,最终也必须是影响对方的当政者。"新公共外交理论"注意到国外公民意识的兴起,因此确定当代的新兴外交环境实际上是多边

---

① [美]约瑟夫·奈:《伊拉克战争之后的美国霸权与策略》,美国《外交》2003年7—8月号,转引自《参考消息》2003年9月8日。

② Joseph S. Nye, Jr., Public Diplomacy and Soft Power, The Annals of the American Academy of Political and Social Science, Vol. 616, Mar. 2008, p. 94.

③ 参考 Jen. Melissen, "Introduction", In J. Melissen, ed., *The New Public Diplomacy: Soft Power in International Relations*, Basingstoke, UK: Palgrave Macmillan, 2006.

的，处处都会遇上各式各类外交行为实践者所构成的"网络环境"（Network Environment）。由于政府决策往往受到各种民意的左右，大家也因此不得不考虑形成新的沟通方式。在这里，软实力的概念被引进外交领域，是以外交的方法促成以及实施软实力影响的载体；文化、价值观依赖着外交政策的灵活支持互为结合，由政府针对着其他国家的民间组织，又或者由政府主导本国民间团体对他国民间组织，在各个领域进行广泛的交流。①

通过公共外交较能实现国家软实力优势，首先是由于开展公共外交主要依靠非权力（非官方）的手段，以其他国家的民众为对象，其特点是较容易受到对方政府或双方民众监督。同时，公共外交又是根据他国民众的认同态度建构起本国针对各种外交事务的立场、说法以及行动的方向的，因此也就必须正确了解双方或多方国家的民意，制定双方甚至多方国家可接受的政策。最终，公共外交往往是双向交流的，因此它保证外交对象获得最大的谅解程度，并有利于达成共识。无论公共外交或者软实力，其理念固然是维护本国主体国家利益的方法或手段，但是，它们毕竟比传统的外交手法更可能符合双方国家及民众的共同利益。

因为公共外交是通过非政府的渠道，又是以民众为目标，所以它在特定的层次可能会比传统的政府外交更加灵活。很多时候，针对一国的公共外交甚至可以到第三国去进行。又或者，一个国家也可以通过第三国的非政府机构策动与目标国家之间的民间或官方外交，以达到维护本国利益的目的。在进行公共外交之刻，动用或作为对象的非政府组织，可以是本国的，可以是目标国的，也可以是第三国的，但其目标都是最快速地从最大程度影响外国公众舆论，组织交流和沟通思想，最终影响外国政府的政策制定。

由此返回对中华民族"软实力"的探讨。我们或应重视两个方向：一是中华民族软实力除了按照西方的定义作为一种手段，是否也应定基在原来以"修身"结合"济世"的传统，面向各国互相交错软实力影响的对话与博弈？二是民族软实力的全盘实践不可能纯粹是政府行为，否则无从尽善地集合最完整的资源去发挥最大力量。在此情况之下，推动中华民族软实力的系列载体在哪里？

若按约瑟夫·奈对中国的观察，他认为："与美国相比，中国依旧缺乏帮助创造国家软实力的非政府机构。"② 这一针见血的说法，显然是建立在约瑟夫·奈个人对于当代中国国情的理解，认识到中国在现有体制下有待摸索非政府组织如何发展、保障国民的安全与幸福。

但是，从公共外交的角度去理解，任何软实力建设都不必然要依赖国内缺乏的组织或者机制。它是可以延伸至对方国家或第三国家的民间组织，甚至以文化信仰的纽带争取对话伙伴。"第三者"可以在国内，也可以在国外。

由上述角度切入，中国传统信仰组织散布海外，过去几百年来在世界各地落地生根，很有可能成为中国促进海外友好关系的重要公共外交媒介。约瑟夫·奈自身对软实力的解说是："由于其他国家愿意追随它、钦佩它的价值观、模仿它的范例、向往它的繁荣和开

---

① 参考 Jen. Melissen, "Introduction", In J. Melissen, ed., *The New Public Diplomacy：Soft Power in International Relations*, Basingstoke, UK：Palgrave Macmillan, 2006.

② 参见于盈采访约瑟夫·奈的文章：《中国的软实力与对外交往》，张光梓编：《哈佛看中国·政治与历史卷》，北京：人民出版社 2009 年版，第 230 页。

放水准。"① 海外华人信仰组织所经历的历史变迁，使得这些散布在世界各地深入民间基层的单位，既源于历史的中国，又归属于世界的中华，同时在当代又是所在国家地方文化的组成部分，在地方上具有群众实力、社会联系，至少证明约瑟夫·奈当代的"新"说法有其道理。既然软实力原来的概念是"让别人主动拥抱我们"，那么当别人与我们共同拥有它时，它早就完成任务，而且可以成为双方共同的话题、沟通桥梁。

约瑟夫·奈2010年在《新公共外交：非政府组织与网络》中指出："非政府组织在利用网络方面的更大灵活性，使得被某些人称为'新公共外交'的事物崛起；这种新生事物不再局限于信息传递、倡议活动，甚至是政府与外国公众的直接接触（它服务于外交政策目标）；它也包括了以下两个方面：一是建立与其他国家市民社会行为体之间的联系，二是促完善国内外非政府团体间的网络。"② 东南亚各地华人的公共庙宇在历史上本属地方开拓群体的社会机构，接近约瑟夫·奈所说的"其他国家市民社会行为体"之本质，③ 更有资格成为在公共外交的领域之中直接面向基层群众的载体。

二、海外华人信仰发挥的中华传统软实力优势

19世纪中后期，西方列强在亚洲和拉美的殖民地政府大量从中国引进劳动力，带来华人先民陆续走出大清国境的契机，也推动了中华民族的国际化，华人传统信仰亦迎来了散播到世界各地的机遇。国际华人的特征之一，是先辈历史以来在世界各地一再跨国迁徙，期间建立了许多庙宇，分布在多国领土之上。

全球各地的华人庙宇，当然拥有来自中华民族的历史、血缘、语言等方面的传承渊源。可是，它们在各地落地生根，却是通过当地华人以至其他族群民众对中华诸神明的信仰认同（或历史、文化认同）去构建地方的本土关系与缘分，也在地方上建立起贡献当地多元文化与社会福利的正面形象。这些大小庙宇，各自拥有其影响力所及的地域范围，拥有信仰它的民众，拥有硬体的建设和软体的组织，也拥有本身的信仰文化特征。它们和地方社会的民众在历史上长期互相磨合，拥有密切的关系，庙宇也构成地方的文化景观。当信仰组织举办活动祈求"合境平安"，其信众其实是把庙宇影响力所及的范围视为"本境"。海外的中华信仰传统即是通过这数以万计的庙宇体现其"全球化"兼"本土化"的整体面貌。

因此，各地华人庙宇在其所在地区被界定为属于信仰领域的"合境平安"，虽然不一定有明确的地理边界概念，却显然和各国大大小小的行政区域是重叠的。庙宇每年在地方上组织例常的"巡境"活动，以及从事造福地方的社会福利活动，基本上都是各国领土上

① Joseph S. Nye, Jr., *The Paradox of American Power*: *Why the World's Only Superpower Can't Go It Alone*, New York: Oxford University Press, 2002, pp. 8 – 9. For A More Detailed Discussion, See Joseph S. Nye, Jr., *Bound to Lead*: *The Changing Nature of American Power*, New York: Basic Books, 1990.

② ［美］约瑟夫·奈：《新公共外交：非政府组织与网络》，转载自《中国网》，http://www.china.com.cn/international/zhuanti/2010 – 06/02/content_20170119.htm，2010年9月20日访问。

③ 参考王琛发：《马来亚传统华社组织的前现代公民团体定位——从角色萌芽到自我印象模糊的探讨》，本文原刊于马来西亚林连玉基金会《2011年华教节特辑》，原来连载于马来西亚《光华日报》，2011年12月6日至2011年12月8日。网络版本可见于《林连玉基金会》，http://www.llgcultural.com/index.php? option = com _ content&view = category&layout = blog&id = 72&Itemid = 230。

的民众活动。这是在政治版图以外，以信仰文化认同建立起的一片国际联系网络，我们可以名之为"信仰版图"①。

中华神明的信仰版图，还可进一步根据神系细分。民间崇拜的三清道祖、玉皇大帝、孔子、观音、关帝、玄天上帝、福德土地等神系，各有各的信仰文化版图，又经常因庙祀邻近而互相重叠在同一片土地上。以神明的历史渊源而论，诸神香火的传承，起源于原乡信众到异地开垦所移植的原乡记忆，多可考查其发祥地。如世界各地的玄天上帝信仰是公认武当山为祖庭（祖山）。有的神明虽不一定拥有祖庙、祖山或祖庭的概念，可是，没有祖庭或祖山，也有一个原乡的来历。② 有祖庙、有分香，庙与庙之间不论声望财富而是讲究长幼有序；没有祖庭或祖山，也存在对原乡充满情感的集体记忆。这就是从信仰认知去慎终追远、崇德报功。神明信仰的价值内涵来自传统中国，本就拥有教化信众忠孝仁义、饮水思源、报本还原的传统；庙宇见证着华人在海外诸国的沧桑变化，地方人民也熟悉庙宇融入地方历史的过程，更有助于信众从"历史来自中国、当下扎根本土"的合情合理情境去构建和传承信仰版图的认同意识。由此可见，诸种神明香火在海外的传播，实可视为中华民族的软实力历史以来通过先民迁徙而扩散海到内外各地。

海外华人传承祖先的信仰，可以因各群体的际遇不同而导致出现维持信仰的各种组织形态，各种组织又几乎都拥有着以信仰巩固组织凝聚力的共同点。源自中国的开拓群体，原本可以在各自的势力范围内各安其庙，不同原乡的友好群体也可能会把各自带来的原乡神明集中于同一庙宇。而民族软实力之所以能够通过庙宇积累以及传承，主要原因在于公共庙宇往往是历史上的社会中心，地方人民的共同记忆往往围绕着公共庙宇形成集体的回忆。以槟榔屿嘉应会馆为例，会馆供奉关帝香火已超过两百年，其会史说，会馆的任务是接纳那些南来的同乡，安排他们到马来半岛内陆工作，同时还要照顾失业和生病的族人；会史中又提到，它的成员在百年之前以关帝为共同信仰，大家还曾经采用由神明的掷胜杯判定谁能负责祭祀和管理会务的"头家炉主制度"③。再看马来西亚吉隆坡沙叻秀新村，当地民众几乎全是惠州人，地方上先有谭公庙作为公共机构；到如今，当初在1911年创办大同小学的谭公庙被包括在校园里，庙内至今悬挂着地方民众在光绪二十八年（1902）献给谭公爷的"万古纲常"匾额。除了沙叻秀，森美兰州的知知港和庇劳，以及雪兰莪州士毛月的安邦、沙登、增江，凡是惠阳人为主的聚落，都出现以惠阳盛行的乡土信仰神明

---

① 有关信仰版图的论述，可参考笔者之前发表的三篇文章：《全球视野下的玄帝信仰版图——以〈元始天尊说北方真武妙经〉为探讨根据》（"第二届海峡两岸武当文化论坛"，武当山，2010年11月10日）；《重构全球信仰版图——道教不能缺席当代国际议题》（"国际道教论坛"，衡阳市，2011年10月24日，中国道教协会编：《尊道贵德，和谐共生》，北京：宗教文化出版社2011年版，第252～260页）；《先贤、神圣香火、开拓主权：华南原乡与南洋信仰版图的互相呼唤——以马来亚客家先民为主例》（世界客属第24届恳亲大会"国际客家文化学术研讨会"，北海市，2011年12月1日）。

② 以流传南洋各国的闽南各姓王爷信仰来说，南洋各宫庙虽然可以追溯其王爷香火的来源，但整体的王爷信仰并没有一个祖山、庭或祖庙的概念。再以华南客家人盛行的山神、土地、龙神、地基主信仰，大家都是按照中国传统的信仰思想，认定当地奉祀的这些神明肯定是本土境内的，但却不会否认这是整套中华鬼神信仰体系的教导，当地的山神、土地、龙神、地基主，也是排班在由玉皇大帝开始的天地鬼神序列当中。而南洋各地盛行举办中元节普度以及北斗九皇诞庆，中元节祭祀佛教信仰中的面燃大士或者道教信仰中三官大帝之一的地官大帝，还有九皇诞崇拜的斗姆元君与北斗九皇星君，都一样是没有祖庙的概念，但神明无疑都是来自中华，又成为属于当地人传承的信仰文化。

③ 曾辉青：《本会会史》，沈仕坤编：《槟城嘉应会馆成立一百八十六周年纪念特刊》，槟城：嘉应会馆1987年版，第13页。

谭公爷作为护身符、保平安的集体信仰。①

东南亚华人诸神的信仰版图，往往又反映出先民在开发新土地的同时重视信仰的传承，并且期望继承祖先文化以保障地方未来命运。例如，印度尼西亚苏门答腊的锦江东岳观，其首任主坛人吴初帆在 1965 年立碑时，碑文即从泰山信仰上升到神格化的 "东岳天齐仁圣大帝"，实质上超越了山东区域性的山川崇拜，而有着代表民族道德价值和保护开拓子弟的神圣职司："东岳泰山为五岳之尊，在山东省中部……我们的福建省兴化府莆田县唐安乡锦江永丰里人等，侨居印度尼西亚苏岛，秉承自祖国的文化茂盛，计有年代……于印度尼西亚苏岛之安镇乃为祖国东岳观总镇首建的印度尼西亚苏北省棉兰市苏加拉美区的分镇，名为锦江东岳观，创始至今已有五十余年……印度尼西亚苏岛之安镇可称国泰民安、风调雨顺。"② 碑文其中又有说："继后有建汉都亚路东岳观、新加坡东岳庙及马来西亚古晋东岳观，规模均甚为雄伟。"③ 可见，延至20世纪下半叶，在东南亚的英荷殖民地，还可见到源自莆田的东岳信仰分香正在建构着它本身的信仰版图。

由此可见，人们在新地方安奉来自中国家乡的神明香火，也象征着在异地重建的新家乡是建立在思念与继承原乡文化的基础上的。信仰文化所包含的整套中华礼数以至价值观念，支持着群体及个人减轻异地谋生的陌生感，增加视开拓土地为新故乡的信心。庙宇既是地方上重建集体认同的中心，也成为维持社会秩序以及保障地方华人福利的公共机构。

中国传统信仰能成为各国的文化组成部分，最初不是起源于大清国的主动要求，它们后来的发展是基于华人作为当地国家公民或主人翁的信仰权利。海内外这片包含着民族软实力的中华信仰版图，毕竟超越了现有中国版图。虽然当地的文化是通过庙宇这一具体载体及其活动体现着传统中国或文化中国的生命力，但它有很大部分处于中国必须尊重当地主权的他国政治领土。而且，在许多国家，庙宇的信仰源自中国，庙宇的信徒却不一定只限于华人。

事实上，19世纪以后，这片传统中华软实力所影响的信仰版图，内部也不一定完全是中文的世界。以印度尼西亚来说，在该国苏哈托政权倾向排华政策的年代，内政部长颁布 1968 年 4555.2－360 号指令，禁止一切华文出版印刷。并且，在新的一级地区条例之下，居住在雅加达一级地区的印度尼西亚籍华人也必须向当局自行报备。④ 当时华人为了确保华人宗教经文能够继续流传，唯有凭借印度尼西亚政府强调有神论的反共宗教自由政策，改用印度尼西亚语注音又或者使用印度尼西亚文版本。但是，自此之后，它就逐渐成为适合印度尼西亚各族阅读的经文，甚至引发了部分原住民对佛、道教的兴趣，导致解禁后的今天，当地一些佛学院和寺庙都出现原住民血统或华人与原住民混血的学僧，道庙也出现原住民工作人员或信徒。以印度尼西亚语注音以及印度尼西亚文版本的宗教文字至今拥有庞大的市场，大部分读者是不谙华文的华人青年，也有来自印度尼西亚其他族群的读者。

至于到泰国旅游的游客，可能也会注意到，原本在华人民间广泛受到崇拜的观音、关

---

① 陈永标：《有关沙叻秀谭公庙的过去、近况及未来》，（吉隆坡）《沙叻秀谭公庙111周年特刊》，2008年，第32～33页。

② 笔者现场手抄的碑文原本没有标点符号。

③ 笔者现场手抄的碑文原本没有标点符号。

④ Benny G. Stiono, *Tionghua Dalam Pusaran Politic*, Jakarta: Transmedia Pustaka, 2008, pp. 1008－1009.

云长已经进驻当地不少南传佛教寺庙。

以此来看中华诸神明信仰在海外的演进，早在现代中国政府有意识地认识与借鉴西方公共外交概念之前，属于全体中华民族的信仰生活，已经跟随不同国籍的海外华人在海外逐渐形成传承民族软实力的载体。从它出现在发源地到扩展为拥有跨地域、跨国家的信仰版图，其本质上是中华软实力在当地与地方历史文化对话、交融的"本土化"过程。它除了依赖先民在迁徙过程中的延续与传播，还必须积极吸收当地文化元素，包括借助当地的元素举行崇祀、济助信众或积累当地的新神话，才能落实成为新安居地的信仰文化景观，在异地积累一代代新信众的向心力。

海外华人庙宇源于历史的中国，现今所在的政治版图不属于中国，信徒也不是清一色的华人，这说明它们不仅是中华民族的软实力，同时也是当地多元文化软实力的组成部分。一旦邻近区域的人口增加，互相交叉迁徙、交通往来频密，小片的华人或原住民开拓区都会联组成市镇的不同部分，来自不同原乡的神庙就会更进一步交织成一片中华文化的神道设教网络。神明世界所遵从的世界观，以及围绕着神庙信仰流传的风俗，最终又可能演变成为市镇民众共同拥有的文化遗产。[1]

各国各地的中华信仰传统反映出华人后辈对于祖（籍）国的文化传承，以及善用所在开拓地区各种资源与文化因子的本土文化建设情感，同时凝固着他们对祖先文化历史和地方文化历史的深厚感情。当祖居地的记忆和参与建设新兴国家的历史文化记忆都凝聚在地方庙宇中，庙宇便成为当地共同生活的华人与非华人可以共同传承的认同记忆；因此各地的华人信仰组织不仅是中华信仰版图的组成部分，同时也是所在国软实力的组成部分。

重要的是，信仰组织以信仰群体为纽带增强凝聚力。其信徒具备较高效的组织、动员与参与能力，往往可以包括来自不同地方、不同阶层的各族人民；而海外华人信仰组织各自拥有一定数量的信徒或非信徒支持者，日常接触的对象有高官显要也有一般公众，其支持者即使不一定都是华人，大家却一起通过信仰组织去认识中华文化，也保持对华人或中华文化亲善的基本立场。[2] 由此便形成其特有的优势：既因熟悉中国而与中国对话，又因熟悉当地而与当地对话，更有沟通中国和当地的优势。

结合公共外交、软实力以及信仰版图的概念看待海外华人的信仰文化，意识到这块并非政治的版图是整个民族传统软实力的既有存在，并且是重叠在目前诸国版图之上，则不论是从中国的角度或者从各国或当地华人信仰组织的角度出发，都可以从国际视野的高度互相整合资源。海外华人庙宇的优势就在于它们可以帮助中国了解世界，同时可以正确使用当地人民熟悉的方式为中国表述，使住在国政府和人民了解中国。一旦中国需要从各国找到可以正确聆听中国以及向中国正确表述地方感受的当地载体，传统华人信仰组织散播在海外各地由点到线、形成一片网络，又可说提供着既有的方便。这些海外华人信仰组织在华人住在国拥有从政府到民间的影响力，更有利于以民间的姿态促进双边交谈。

海外华人信仰在所在国汲取当地营养落地成长，其实兼属世界华人与地方群众，可以

---

① 此一现象，可参考新加坡以及马来西亚槟城等市镇的城市发展经验。

② 以马来西亚、新加坡、泰国、印度尼西亚等地的例子：在政教分离的体制下，民选政治人物不可能只服务单一宗教或单一族群，政治人物为了在民主选举中获得华人选票，往往必须通过拜会庙宇、争取参与庙宇活动的曝光率，以及支持庙宇的某些活动。另外，华人庙宇为了体现儒道信仰的民胞物与，也往往会将如赠医施药、济贫救灾等福利活动，扩大为不分种族、宗教的服务大众。

说是中华民族软实力和当地国家多元文化软实力的一体两现。从长远来说，以中国的祖山或原乡和各国的庙宇联系，互相之间本来就有血浓于水的亲情纽带。祖山（祖庭）与海内外各地分香的庙宇要如何互相支持，以及如何整合各地力量支持具体的地方庙宇经营和延续其信仰版图，需要中华信仰文化在当代的自我定位，这也有利于增加诸类中华神明信仰文化对地方社会的贡献，确保当地其他群体信任与重视地方华人，并且对华友善。

它还牵涉到中国应当如何尊重与协助当地民间丰富与维续信仰文化的当代实践，也有助于中国当代的民俗文化、信仰文化向早已朝向全球化的各地华人文化载体取经。从全球华人的发展角度看，这是文化复兴和推进国际软实力的议程。从当地庙务来说，这是建立地方信赖与和谐的必要举措。

三、中国与海外华人信仰的互动与障碍

早期的华人先辈，受到传统社会的有神论思想影响，他们也是由于对信仰的虔诚，坚持维续神明文化所反映和包含的中华传统价值观念，并传承至今。如果说中华民族的文化防线最早是通过先民在海外开拓、落地生根，以宗教信仰建立的，那也不为过。

实际上，海外的信仰文化版图，也为中国本土保存了明清以来历次由于兵灾和政治浩劫流失的许多文化元素。除了中国，任何国家如果通过当地的华人宗教组织经营公共外交，一方面固然有助于全球中华民族的文化复兴，另一方面更有利于促进当地的族群友好交流，以及保全当地的多元文化，整个过程也会带动中国与其他各国通过最基本的社区组织发展民间友好往来。

海外的华人庙宇，作为地方上的信仰组织，深入基层，在公共外交领域对中国和所属国来说都兼具聆听者、转述者、诉求者三重角色。如果各国重视世界各地的华侨华人信仰组织，能支持和促进中国与海外的宗教信仰组织的民间交往，并考虑赋予本国宗教组织对外公共外交的委托，海内外的华人信仰组织确有可能成为国与国之间公共外交良性互动的有效载体。当前，随着中国的经济崛起以及重视文化大国的建设，各级政府有的从经济搭台、文化唱戏的目标通过"神缘"联系发展海外关系，也有的是为了地方上的非物质文化遗产申遗而频频邀请海外华人信仰机构互动。这些活动虽然并不一定是有意识地提升到公共外交的层次，但至少都说明海外以神明信仰表达的中华民族传统软实力，与国内同一渊源的庙宇文化，是可以有更大的互动与合作空间的。

当然，正如国际外交的理想目标，信仰组织之间的国际互动，也依然不可能离开双边或多边互相追求对方遵守的诚信原则。

也正因中国的崛起，以及各级政府与海外华侨华人的交往带来的其他商业或名誉的机会，目前香港、台湾以及东南亚各地，也开始出现各种名堂的宗教组织，往往打着"总会"等名义进入中国。殊不知，在这些国家和地区所实行的社团法令，与中国国情造成的对社团的一贯理解，有很大的差距。这些国家和地区按照其结社自由的理念，多鼓励所有人数不超过十人的民间私人团体注册，推动社团注册，目标是方便政府可以有记录地管理地方团体的概况，确保治安，对民间团体最低和最高人数亦往往不太限制。这样一来，一旦中国各级政府单位以及宗教组织和海外华人的信仰组织交往，便可能走冤枉路，无从真

正落实与具有群众代表性质的民间公共庙宇交流。①

凡属当代创立的各种"会"，它们固然有建立跨国联系的自由，但论到互相交往的真实诚意，就不见得会比中国各地祖山或原乡庙宇与海外各地子孙庙的基础稳健。祖山或原乡庙宇和分香到海外的子孙庙的关系，是由历史文化渊源长期酝酿出来的，由中国到海外一路分香的历史过程，不只是神在动，而且是人在动，具体来说就是原来的乡亲或宗亲分居各方的历史情景；一旦后人有机会各自带着同源的香火团聚，双方内心油然自发的亲近感，不是其他因素可以比拟的。更明白地说，未来中国与海外的信仰组织交流，以至各国通过华人信仰组织进入公共外交，来自中国的祖山或原乡庙宇与它们全球各地分香组织之间的关系，是尤其不可忽略的一环。

另一方面，中国也应警惕，针对海外而从宗教方向进行的公共外交，往往也面对其他方面的阻力。其中一个显著的例子是西方国家从没有停止过指责中国的信仰自由。以美国对华态度为例，美国至今仍根据自定的《国际宗教自由法》（IRF Act）将被美国政府认定是"从事或容忍特别严重地侵犯宗教自由"的国家分类为"特别关注国"（CPC）。其中，美国国务卿希拉里·克林顿宣布对8个"特别关注国"的其中6国进行所谓的特别制裁，其中有缅甸、厄立特里亚、伊朗、朝鲜和苏丹，也包括中国。②

在国际上，国家通过宗教组织实施支持外交政策的行为，又或者是宗教组织在国内外游说针对本国政府或者另一个国家政府，都是常见的事。当中国在宗教信仰课题的领域受到他国质疑时，海外的信仰领域也散播着中国"从事或容忍特别严重地侵犯宗教自由"的流言，此种谣言可能通过某些宗教交流活动被放大与传播，长久下去有可能冲击到国际社会对中国的整体信任度。这种"特别关注国"的说法不但会加深国际上一般民众对"无神论中国"的刻板印象，也使得它有很多机会通过媒体制造出中国对待信仰"不诚实"以及"施暴"的形象。

同样的说法一旦转移成为中国对待信仰组织的说辞，也会在海外华人社会制造猜疑，并在某种程度上造成中国信仰组织对外交流的障碍，影响海外华人庙宇组织对祖山或原乡庙宇现状的疑虑、猜疑祖山或原乡庙宇来人的身份与诚意。其最终后果不只是干扰国际社会中的中国印象，添加诸多所谓中国国内人道与人权的争议，反过来也会干扰全球华人信仰版图的安全，给双方或多方交流过程制造障碍。

中国如果能从公共外交政策的角度关注到各种负面情势，其实就更应关注它如何通过与海外华人信仰组织互动，正确地说明自己的形象。如果能通过祖山或原乡庙宇的香火旺盛，鼓励各地有资格作为祖山或原乡庙宇的信仰场所进行一系列"请进来"和"走出去"的活动，和分散各国各地的华人庙宇深入往来，这可能是一条出路：长时间把外交深入友好国家的基层，并且加速以各种事实回应外界对中国宗教自由的质疑。

从大局来看，海外华人信仰版图是跨国甚至跨族群的，如果来自不同国家的组织发展成为常态的、长期的多边交流网络，那么它无形中也提供了包括中国在内的各国借助的民

① 举个例子，中国道教界的"李一"事件未成为话题之前，李一在马来西亚曾支持了几个这类的组织，这些组织中人也以各种名堂到中国国内活动，回马后借着放大中国单位接待他们的信息，反过来制造李一与他们本身在马来西亚的"中国官方支持"声势。

② 《2010 年国际宗教自由报告》，全文（英文）见美国国务院网站，http：//paei. state. gov/g/drl/rls/irf/2010_ 5/ index. htm。

间沟通的平台。大家有着共同的信仰文化，甚至对共同拥有的祖辈群体有着深厚的感情；各自对自己生于斯、长于斯的所在国家也一样感情深厚，全球华人信仰组织的共同价值也离不开对往圣先贤崇德报功、慎终追远；他们是各国交往过程中互相信任的协调者、聆听者、转述者。

无论如何，任何发挥信仰组织作为承载"软实力"外交载体的活动，即使是从外交需要的角度出发，亦不能无视信仰的本质或违反信仰的目标。以中华传统信仰来说，神道设教的目的本来就是为了确保安身立命的自在，兼具净化心灵与改善社会两个向度，信仰本身是对天道人心的肯定，从而论述追求与维护伦理道德规范的正当性与超越义。所以，如果真要重视信仰文化版图如何发挥成为传播软实力的公共外交载体，首先理应回归到尊重信仰，关注其中"体"与"用"的矛盾，不能依附着"宣传"、"包装"与"利用"的观念去实现信仰软实力。

过去三十年来，各国外交从重视传统外交转向重视公共外交，期间也伴随着国际政治学界对霸权政治和强硬外交的反思与检讨。从学理角度看公共外交，其运作原则也确实不能单凭立足在"宣传"、"包装"与"利用"的观念立场取胜。诚如 Jan Melissen 从交流形态区分"宣传"和"公共外交"的差别，认为现代公共外交是条"双行道"。按 Jan Melissen 所说："公共外交类似宣传，都是在劝别人想什么。但是他们最大的不同，就是公共外交也聆听人们说什么。"① 即使公共外交的内容还是涉及宣传与包装，可是公共外交在学理上的最大贡献之一，是它认可了地球上既不存在"国际通用"的通知方式，也难有可能依靠单向传递信息，强调了"聆听"在国际关系中的作用。也因此，一个国家要推动所谓"软实力"的影响，就必须采用更细致的做法，不能再依靠传统的政府外交方式去全面承担。根据公共外交理论，持续的"聆听"当然是构成整体外交运作的基础。

当下的全球社会，人口流动频繁、新知杂陈、意见纷纭已是常态，而当代跨国家、跨政府组织的国际联系也越来越能发挥更大的作用。早在 20 世纪，美国学者如哈佛大学的斯劳特就已注意到了国际互联网、信息全球化等现象的冲击，斯劳特曾提出："跨政府主义作为一种世界秩序理念，比之其他现存的任何一种社会秩序理念更有效和更具潜在的说服力。"② 在理论上，既然一国政府有聆听和代表民意的职责，那么不论是各国的政府或民间，都没有理由只听他国政府在民意以内或民意以外的宣传。

也因此，如上所述，当代公共外交理念主张的国家外交不再只是政府对政府，而是多方向的。而且，任何国家要想对外表达友好，就要学会用心聆听对方，并且要确保本国能准确应用各地方民众感觉亲切的表述方式，告诉当地民众本国的想法。甚至在外交过程中，所谓全面的外交方式还包括善用国际组织或当地民间组织之间的联系，直接聆听对方，或者通过"第三者"聆听他国的政府或民众，又或通过当地政府或人民信任的"第三者"发言，以期在最大程度上调整他国政府或人民对本国的印象，促成当地政府调整对待本国的想法和策略，达至双赢。

各地华人信仰组织既见证了中华文化传承，也参与形成了所在国历史文化内容，可谓

---

① Jan Melissen, The New Public Diplomacy: Between Theory and Practice, In Jan Melissen, ed., *The New Public Diplomacy: Soft Power in International Relations*, Hampshire: Palgrave Macmillan, 2005, p. 18.

② 倪世雄等：《当代西方国际关系理论》，上海：复旦大学出版社 2001 年版，第 464 页。

是一体两现的兼具两种软实力的载体，其兼容中华传统与地方认同的历史文化感情有利于创造当地国家与中国之间真诚友好交流的条件，这也是各国期盼全球华人信仰组织能够发挥"第三者"优势的基础。

华侨华人在公共外交中的作用

王　微　徐椿祥

内容摘要： 本文从软实力、公共外交、国家形象的概念和相互关系入手，在研究三者之间的关系，探讨公共外交重要地位的同时，更进一步阐述华侨华人在公共外交中所应该发挥的作用和制约因素。华侨华人是提升中国软实力，实行公共外交的重要力量，但是也受到现实问题的影响。未来中国政府将如何引导华侨华人进行公共外交，提升中国的软实力，实现中国的战略意图，促成与其他国家的双赢，是值得进一步思考和关注的问题。

关键词： 公共外交；软实力；华侨华人

【作者简介】王微，女，东北师范大学马克思主义学院硕士研究生；徐椿祥，东北师范大学马克思主义学院硕士研究生。

当前，随着中国国力的增长，国际地位和影响力显著提高，中国已经成为构建多极世界，牵动世界经济与国际关系变化的重要因素。然而随着中国硬实力的上升，中国在软实力的建设和发挥上仍然相对滞后。国际上对中国的报道，存在大量的误读和偏见。这不仅损害了国家形象，也给中国的国家利益带来了消极的影响。如何改变这一现象，已成为当务之急。

一、公共外交的地位

软实力、公共外交、国家形象建设是冷战结束以来，特别是 21 世纪以来国际关系领域研究的热门，在国内外引起学界积极的反应，并对这三者的理论进行完善与扩展。笔者试对三者的理论根源进行梳理，探讨三者之间的关系。

软实力（Soft Power），又译作软力量、软权力，是由约瑟夫·奈在 20 世纪 90 年代提出的理论。他认为，在国际政治中，规定导向、建立环境与使具体某国产生变革是同样重要的。同化式实力的获得靠的是一个国家思想的吸引力或者是确立某种程度上能体现别国意愿的政治导向的能力。这种左右他人意愿的能力和文化、意识形态以及社会制度等这些无形力量资源关系紧密。这一方面可以认为是软力量，它与军事和经济实力这类有形力量资源相关的硬性命令式力量形成对照。① 他后来又进一步指出，软实力指"一种常常源于文化和价值观念并在太多情况下被忽略的吸引力"，又称之为"权力的第二张面孔"。"一

---

① ［美］约瑟夫·奈著，何小云、盖玉云译：《美国定能领导世界吗》，北京：军事译文出版社 1992 年版，第 25 页。

个国家达到其在世界政治中所期望的结果，可能因为其他国家希望追随它，羡慕其价值观，以其为榜样，渴望达到其繁荣和开放的水平等。从这个意义上讲，作为实现世界政治目标的方式，确定议程、吸引其他国家与通过威胁、运用军事或经济武器迫使它们改变同样重要。如果一个国家代表着其他国家所期望信奉的价值观念，则其领导潮流的成本将会降低。"①

公共外交（Public Diplomacy），又译作公众外交，它是对传统外交的补充。1965 年，美国塔弗茨大学弗莱彻法律与外交学院院长埃德蒙德·古里恩（Edmund A. Gullion）首次提出了现代意义上的"公共外交"概念，将其定义为："公共外交旨在通过引导公众的态度来对政府外交政策的制定与实施产生影响。它包含了超越传统外交中国际关系的层面：政府在其他国家公共舆论的培养；一个国家的私人、利益集团与另一国的相应团体之间的互动；对外交事件的报道及其对政策的影响；从事交流事件的人员如外交使者与国外记者之间的联络；不同文化之间的交流等。公共外交的核心是信息（Information）和理念（Idea）的跨国界流通。"②

国家形象（National Image），美国政治学家布丁（Boulding, K. E.）认为：国家形象是一个国家对自己的认知以及国际体系中其他行为体对它的认知的结合，是一系列信息输入和输出产生的结果，是一个"结构十分明确的信息资本"。他进一步明确，本国自我认知与他国对该国的认知的博弈最终形成了一个国家的形象。③

它们三者之间的关系，正如约瑟夫·奈所解释的，公共外交的价值不仅在于获取特定时限的目标，而且有惠及现时段所有国际事务的潜力，是实现提高一国长期战略目标必不可少的部分，它使对外政策目标通过公共外交信息项目和其他软权利资源的比较优势得以巩固。④ 对于主权国家而言，尤其是正在崛起的国家来说，公共外交尤其重要。公共外交折射出来的主要是"一个国家的软实力，日益成为世界各国用来提升国家形象、增进国家利益的一件利器"⑤。对于软实力尚处于建设阶段的国家来说，国家形象的建立可以通过公共外交的手段来弥补。其中信息技术的发展，传播手段的间接性和信息流通的不对称性，以及认知主体的价值取向，对认识事物的本质都会产生影响。因此，国家形象的建立又具有可塑性，其手段就是公共外交。

21 世纪以来，中国学者对软实力、公共外交和国家形象进行研究，形成了自己的认识。对于软权力，由于约瑟夫·奈提出的理念过于抽象，中国学界对它的重新解读，可谓"仁者见仁，智者见智"。学者王沪宁认为："人们已经把政治体系、民族士气、民族文化、经济体制、历史发展、科学技术、意识形态等因素看作是构成国家权力的属性，实际上这些因素的发散性力量正使软权力具有国家关系中的权力属性。目前影响国际'软权力'势能的因素是工业主义、科学主义、民主主义、民族主义。只有当一种文化广泛传播时，软权力才会产生强大的力量。"⑥ 学者陈奕平主张应该跳出软实力的内涵，"探讨中国所具有

---

① ［美］约瑟夫·奈著，门洪华译：《硬权力与软权力》，北京：北京大学出版社 2005 年版，第 6 页。

② 参见莫罗公共外交研究中心主页，http://fletcher.tufts.edu/Murrow/Diplomacy。

③ 刘笑盈：《俯视到平视：外国媒体上的中国镜像》，北京：中国传媒大学出版社 2009 年版，第 2 页。

④ Joseph S. Nye, Jr., William A., Americas Information Edge, *Foreign Affairs*, Vol. 79, No. 2, 1996, pp. 20 – 36.

⑤ 檀有志：《软实力战略视角下中国公共外交体系的构建》，《太平洋学报》2011 年第 3 期，第 37 页。

⑥ 王沪宁：《作为国家实力的文化：软权力》，《复旦学报》（社会科学版）1993 年第 3 期，第 91 页。

的能够吸引他国的各种软实力元素"①。现今，中国政治体制不断创新，党内民主进一步扩大，国家体制进一步完善，这为中国政治稳定和社会发展提供了保障。在国际上，中国从国际赈灾到积极参与国际事务，维护地区稳定等方面，展现大国形象。在文化上，中国历史文化悠久，文化资源储备丰富。成功举办 2008 年北京奥运会和 2010 年上海世博会，不但向世界展示了中国，而且也进一步增强了中华民族的凝聚力。②

对于三者之间的关系可以用下图来表示（参见下图）。与硬实力不同，软实力的表现形式往往是温和的、无形的、内容丰富的。在全球化时代，软实力已经成为一国综合国力的重要组成部分，以其潜在的、超国家的、无形的力量构成国家的对外影响力。软实力作为一种有效的长期资源，必须要有合适的手段来开发它。对软实力的开发，公共外交是非常合适的手段。因为它可以隐蔽地博取他国公民对本国的好感，而不带有强制性。公共外交的核心是话语权，只有掌握一定的话语权，在国际上传达我们的声音，增进中西方之间的相互了解，才可以树立正面的国际形象，进而服务于我们的战略目标。战略目标的达成，反过来还会增强中国的软实力，加强我们的话语权。在今天西方主流媒体控制的传媒领域，对中国形象的报道多是负面的。尽管我们在前面谈到国家形象是可塑的，但是在今天西方媒体掌握话语权的时代，开展公共外交又是我们矫正国家形象的重要手段之一。

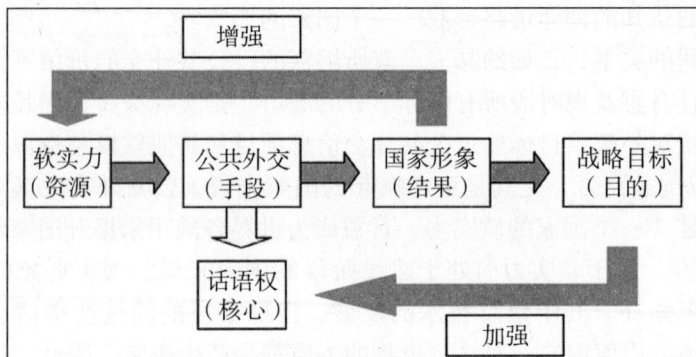

软实力、公共外交、国家形象三者之间的关系

二、华侨华人在推动公共外交中体现的作用

散布在世界各地的华侨华人，无疑是推动中国公共外交、塑造中国国家形象的重要力量之一。据 2001 年的统计，海外华侨华人人口数量为 3 000 多万，"散居在世界五大洲的160 多个国家和地方，世代久远，有的已居住至五六代以上。华侨华人 90% 以上已加入当地国籍"③。另据厦门大学庄国土的统计，截至 2010 年，全世界华侨华人已达 4 000 多万。

① 陈奕平、范如松：《华侨华人与中国软实力：作用、机制与政策思路》，《华侨华人历史研究》2010 年第 2 期，第 16 页。

② 上海社会科学院世界经济与政治研究院：《国际体系与中国的软力量》，北京：时事出版社 2006 年版，第125 页。

③ 华人经济年鉴编辑委员会编：《华人经济年鉴（2000—2001）》，北京：朝华出版社 2001 年版，第 454 页。

从历史上来看，海外华侨华人有拥护祖（籍）国独立、统一，维护国家形象的传统。中华民国建立后，华侨积极参与到国民政府的政治与经济建设中来，为祖国贡献力量。抗日战争期间，海外华侨华人除支援祖国抗战之外，还积极开展"国民外交"，尽力争取世界各国政府特别是英、法、美政府和人民的支援。他们采取集会演讲、与外国友人联谊、散发宣传刊物等方式呼吁世界人民援助中国抗战。特别是 1937 年 11 月召开的旨在调解中日冲突的布鲁塞尔大会，英、法、德、比四国华侨共 19 个团体的代表齐赴比利时，向欧美各国大使递交请愿书，请求制裁日本，援助中国抗战。① 海外华侨华人的活动，在当时虽然无法改变欧美政府对华的外交政策，却获得了世界人民对中国抗战的同情与支持。新中国建立后，海外华人华侨又投身于反独促统的行列中。美国著名侨领程君复先生谈道："两岸的和平统一是所有华人的共同心愿，是实现中华民族在这个世纪的全面复兴的至关重要的一步。在完成全国的和平统一大业以后，中国的经济会在未来数十年里越来越强大，中国制造的产品将会传送到全世界。这一经济和文化上的全方位扩展流布将提高全球华人的民族地位及文化认同感，同时向全世界传播中华文化，从而维护全世界的和平与发展，实现人人安居乐业的真正大同世界。"② 程先生的话道出了祖国统一与华侨华人之间的关系，也提出了一个更为关键的问题，中国的统一对世界的发展不但不构成威胁，反而对维护世界的和平与发展有所贡献。如何把中国的贡献向世界宣传，得到世界人民的认同，其中海外华侨华人的力量不可低估。

首先，海外华侨华人具备语言表达优势。通常认为，语言只是一种工具，但事实上，它的作用早已经超越了工具的范畴。"语言是人们进行交流，表达思想感情的一种工具，这一点是毋庸置疑的，但与此同时，它也是人类思想和情感的载体，是一个民族思想文化的载体，具有丰富的人文性。"③ 今天中国，"外语是中国高考的必考课程，中国学习外语的人数为世界之首"④。我们不缺乏掌握外语的人才，但是我们缺乏真正了解西方主流社会语言表达方式的人才。我们的外交辞令长期受到苏联模式的影响，在表达中往往带有鲜明的色彩和个性。比如，中国的媒体在涉及领土、民族问题时，宣传口径与官方外交辞令是一致的。常宣称"某某地方，自古以来就是中国领土"或者"中国自古以来就是一个统一的多民族国家"，这些语言表达我们听得习惯了，却得不到外国公众的认可。当今世界的主流语言是英语，如何告别官方的外交辞令，迎合拉丁语系国家的语言表达习惯，发挥汉语言之美，是当务之急。广大的华侨华人除掌握所在国语言和汉语言，还熟悉所在国的语言表达方式。其身份的特殊性，令华侨华人少了一份官方背景，他们的言论相对官方来说，更易被住在国公众所接受。在处理一些突发事件中，华侨华人发挥的作用也不可小视。例如现在纠缠中国的南海问题，中国的长期政策归纳为"主权在我，搁置争议，共同开发"，然而南海国家基本上排除中国，自己开发。怎样应对这个现实问题，表达我国的政策主张？有学者提出："可以根据不同的政治场合，由不同的群体表述为'全球化环境中的利益分享和责任分担'，'自由通行原则和主权原则的良性结合'，'中国维护周边和

<hr>

①《全欧华侨组织代表向九国公约会议请愿》，《救国时报》1937 年 11 月 15 日，第 4 版。

② ［美］龚忠武、［美］蔡文珠主编：《程君复先生纪念文集——一位海外爱国华人的楷模》，北京：九州出版社 2009 年版，第 321 页。

③ 寿启庚：《上海市基础教育心理论文集》，呼和浩特：内蒙古人民出版社 2006 年版，第 155 页。

④ 李宇明：《语言功能规划刍议》，《语言文字应用》2008 年第 1 期，第 4 页。

平稳定的新模式'等不同的提法,实际上表达的是一个共同的意思,维护的是我国一贯的政策主张。"① 针对国际舆论对我国政策表达比较刻板的批评,中国可以发挥东南亚华侨华人在东南亚各国的影响力,借助华文媒体表达中国的政策,实现语言表达的多元化。另一方面,华侨华人也是推动华文教育的重要力量。今天中国在世界各地兴建孔子学院,"致力于适应世界各国(地区)人民对汉语学习的需要,增进世界各国(地区)人民对中国语言文化的了解,加强中国与世界各国教育文化交流合作,发展中国与外国的友好关系,促进世界多元文化发展,构建和谐世界"②。在孔子学院学习过的外国人,对中国的认识、汉语言的掌握和友好程度上都有提升。然而,我们也应该看到,以汉语言传播为主的孔子学院,还仅仅是传播信息的工具和手段,在传播过程中,我们有一些华文教师还没有摆脱"以我为主"的国内教育模式。东北师范大学于硕教授曾谈到她去法国孔子学院的见闻,教师在课上空洞地宣扬中国文化的博大精深,要求学生好好学习汉语,颇有教育"化外之民"的感觉。这样的语言表达不但无法激起外国人学习中国语言的兴趣,反而会激起对中国文化的不满。华侨华人在海外生活多年,对住在国的生活和文化耳濡目染,熟悉所在国的沟通方式,培养华侨华人成为汉语言的推广者是最合适不过的举措。

其次,海外华侨华人更加了解住在国的价值观,能起到沟通作用。当今全球化趋势不断加强,尽管也有反对的声音,但是整体来看,全球化是不可避免的。全球化带来物质流通之外,还有跨文化的交流。上文谈到的语言表达方面的区别,就是跨文化交流中的一例。现阶段,我们除了要从语言表达方面来迎合主流之外,还要站在主流的价值观的角度来为自己争取权益。当今世界的主流价值观是什么?自由、民主、平等、公正等,这些带有基督教教义的普世价值观正是今天世界的主流价值观。我们抛开争论,中国的传统文化中也有一些类似的价值观。西方强调个人,东方强调集体,各有所长。但是在公平、正义方面,中国与世界是相通的。所以说中国社会的文化和价值观与世界主流价值观不是对立的,而是相互融合、补充的。我们在国内无法很好地了解其他国家的价值观,无法站在别国的价值观上理解问题。但是我们有海外华侨华人,他们更为了解住在国的价值观,可以为中国提供更加多元的价值观视角。例如,2008年西藏发生骚乱之后,大批华侨华人利用美国集会自由的环境,通过图片展览、新闻片断播放、传单发送、演讲、唱歌等多种形式抗议达赖访美。③ 当达赖代表在美国大学作演讲时,发生了中国留学生向达赖代表扔水瓶,并提出尖锐的政治性问题的事件。

再次,政治力量逐渐上升的华人社团是推动公共外交的中坚力量。华人社团、华文教育和华文媒体是海外华侨华人社会的三大支柱。据统计,"目前全世界华人社团超过1万个,其中'三缘'(血缘、地缘、业缘)性质的社团最多,占总数90%以上。虽然华人社团是一种团结互助的自助性组织,但具有社会、文化、慈善、经济、政治和学术等多方面的功能"④。21世纪以来,以土生华人为主的海外华人社团正逐渐打破华人社会相对封闭的社交圈,积极参与到住在国的政治活动中。在一些华侨华人聚居的地方,华人社团甚至

---

① 周庆安:《从南海问题看"争端中的公共外交"》,《对外传播》2011年第9期,第25页。

② 国家汉办/孔子学院总部网,http://www.hanban.edu.cn/confuciousinstitutes/node_10961.htm。

③ 《华人示威抗议达赖访美,指责媒体报道西藏不公》,腾讯网,http://news.qq.com/a/20080416/002022.htm,2008年4月16日。

④ 赵光辉:《高层次人才与海外人才战略研究》,武汉:武汉理工大学出版社2006年版,第182页。

成为当地社会主要的政治力量。例如，2010 年，加拿大《世界日报》以"拥与华人相同价值观，多伦多市长候选人获华社支持"为标题报道了华裔人士张金仪、陆郎毅、陶佳才等人公开支持多伦多市长候选人罗西（Rocco Rossi）的事件，"认为他来自移民基层，重视家庭、勤奋工作、诚实待人等，并具经营大企业经验，是担任多伦多市长的不二人选"①。此外，参与到华人社团中的每一位华侨华人，除了与社团的联系之外，还有自己的关系网。藏学家札洛说："海外的侨学界在当地与主流社会有着千丝万缕的联系，或是他们的老师，或是他们的学生；或是他们的老板，或是他们的雇员。侨学界在与西方主流打交道时，可以发挥滴水成河的强大作用"，是"纠正西方社会在'西藏问题'偏见的主流力量之一"。② 发挥华人社团关系网的功效，构成中国公共外交体系的一环，是华人社团在住在国发挥影响的主要手段。

三、影响华侨华人发挥作用的主要因素

海外华侨华人拥有国内民众无法获得的优势，是 21 世纪开展公共外交的重要力量之一。但是，当我们在进一步探索、利用华侨华人开展公共外交的同时，我们也应当注意到影响华侨华人发挥作用的因素。

第一，我们要明确华侨与华人的区别，区分华侨华人的政治态度。我们在研究中，为了表述的方便，往往将华侨和华人并列来谈论，忽视两者之间的差别。华侨是指"定居在国外的中国公民"，而华人"泛指具有中国血统者，今专指加入外国国籍华人的简称"③。二者仍有密切的历史、血缘、文化、社会和经济等方面的联系，但是二者的国籍差别是不可回避的问题。笔者认为，提出这一问题的关键点，在于讨论华人的政治效忠问题。每一个国家公民都应享有本国政府所提供的权利，也承担着相应的义务。华侨仍属于中国公民，有承担宣扬中国形象的义务。而华人从国籍上看，已属于他国公民，政治上也已经效忠他国（所起作用也是住在国的公共外交）。我们强调华人与我国公民的联系，是从种族和血缘方面的角度，强调与华人的亲切感，故而往往只重视华人在公共外交中所承担的积极一面。有学者概括华人是"政治上认同当地，文化上认同中国"，是具有"双重取向"者。④ 但是，情感上的亲近感是不能取代国家利益的。因此，当新加坡内阁资政李光耀提醒美国参与亚洲事务，以制衡中国的军事和经济力量，⑤ 从而引起中国网民的声讨乃至斥其为"汉奸"，就是完全弄错了概念。不过，当越来越多的华侨华人，特别是新生代的华人越来越认同住在国的政治理念，如何针对他们开展公共外交是值得探索的。

第二，贯彻"以人为本"的施政理念，是赢得华侨华人支持的核心。中国有句古话，"得人心者得天下"。这是中国传统政治文化中值得珍视的历史遗产。我们常常强调人心向

---

① 《拥与华人相同价值观，多伦多市长候选人获华社支持》，中国新闻网，http：//www.chinanews.com/hr/2010/10－10/2576527.shtml，2010 年 10 月 10 日。

② 《海外侨界成纠正西方在西藏问题上偏见的主流力量》，中国新闻网，http：//www.chinanews.com/hr/2010/09－06/2514261.shtml，2010 年 9 月 6 日。

③ 周南京：《华侨华人百科全书·总论》，北京：中国华侨出版社 2002 年版，第 1 页。

④ 吴前进：《国家关系中的华侨华人和华族》，北京：新华出版社 2003 年版，第 372 页。

⑤ 《联合早报：李光耀谈话显示东盟信任美国胜过中国》，中国新闻网，http：//www.chinanews.com/hb/news/2009/11－04/1946187.shtml，2009 年 11 月 4 日。

背是一个国家、一个政权存在的核心，也是确保一个国家繁荣昌盛的关键。不管是对国内民众，还是对海外的华侨华人，只有做到以人为本，才能得到支持或拥护。今天中国正处于社会转型期，种种社会问题层出不穷，只有贯彻"以人为本"的施政理念，消除社会弊端，让人民真正感受到"幸福的生活"，才能化解负面情绪，赢得国内外人民的支持，才能真正激发海外华侨华人自觉地为中国形象宣传。

当前，全球化进程不断加深，各方相互之间的利益博弈也日趋激烈，如何对话，除了取决于各方之间的政治、经济地位之外，还取决于对话的技巧。随着中国的崛起，打消外部世界的顾虑和不安、增进相互之间的理解成为公共外交的重要目的。同时，公共外交不仅是简单的塑造国家形象，更应该走出去，开展积极主动的公共外交，不但在国际树立良好的形象，还应该保护海外华侨华人的利益。同时国人和华侨华人要共同努力合作，既要宣传中国的传统文化，又要把一个充满活力，具有发展意识、国际眼光的现代中国推向世界。

跨国主义视角下的广西东盟留学生研究

李　钊

内容摘要：广西的东盟留学生群体是伴随着经济全球化与中国对外开放政策而快速发展壮大的，是一种特殊的流动群体。本文引入跨国主义理论分析和解释东盟留学生在广西的行为及生活情况。东盟留学生持续的跨国流动形成了跨界的生活方式，初步建构了跨国的社会空间，在社会认同上表现出情境性与跨界性。身为华裔或者组建跨国家庭，成为一种深刻的适应性策略。通过身份血缘与跨国联姻建构跨越国界的社交网络，从经济、政治、文化、宗教民族等各方面链接中国与东盟社会，并深刻影响了当代中国、东盟、留学生群体三者的相互关系。

关键词：跨国主义；广西；东盟来华留学生

【作者简介】李钊，暨南大学国际关系学院硕士研究生。

一、研究设计

（一）研究假设

广西东盟留学生建立了一个类似跨国移民构建的跨国社会网络。

（二）调查对象

本文的研究对象是在广西壮族自治区的东盟十国留学生，本次调查学校包括南宁的广西民族大学、广西大学、广西医科大学、广西中医药大学、广西华侨学校，以及桂林的广西师范大学、桂林电子科技大学、桂林理工大学共 8 所学校，共发放 780 份调查问卷，回收 713 份，经筛查后计入有效问卷输入 SPSS 软件的共 633 份。访谈了五十余位东盟留学生以及日常生活中与留学生有密切接触的中方保安、老师、东盟协会的中国同学、与留学生有私人友谊的中国籍同学等十余人。

（三）调查方式

调查方式包括问卷调查和深度访谈。问卷调查先运用判断抽样的方法，抽取目前招收东盟国家留学生较多的学校，在广西抽取了 8 所学校；其次，采取整群抽样的方法，将所抽取的样本学校的所有东盟留学生作为问卷发放的对象。当然，在实施过程中，因为留学生上课、住宿以及不愿意填答等原因，并没有做到使这 8 所学校的每一个东盟留学生都填答问卷。

（四）调查内容

问卷调查是以书面提问的方式，总结了包括文化适应、软实力比较、社会关系与朋友国籍等几大方面共 29 个问题。在问卷设计中，严格遵循一般性、逻辑性、明确性与非诱导性。同时在问卷设计中采用封闭式与开放式相结合的方式，这样有利于发掘东盟留学生的某些特殊性原因或更深层次的思考。

二、东盟留学生来华原因分析

广西壮族自治区地处我国华南，北回归线横贯全区中部，南临北部湾，面向东南亚，西南与越南毗邻，东邻粤港澳，北连华中，背靠大西南，是我国西部地区唯一拥有出海口的省级行政区，是中国与东盟之间唯一既有陆地接壤又有海上通道的省区。2010 年 1 月 1 日，经过 10 年努力，涵盖 19 亿人口、6 万亿美元国民生产总值、4.5 万亿美元贸易额的中国—东盟自由贸易区建成，有力地促进了中国与东盟国家在政治、经济、文化教育、民间交往等方面的交流与合作，文化教育合作开展较多，成效也较显著。当年 8 月，在贵阳举行的中国—东盟教育部长圆桌会议发表声明强调，落实 2020 年东盟来华留学生和中国到东盟留学生分别达到 10 万人左右的"双十万计划"；推进双方高校间的学分转移和互认，鼓励中国与东盟国家大学建立全面、务实的教育合作关系，积极开展区域交流。

《服务贸易协议》实施以来，东盟来华留学生人数逐年递增，广西因为得天独厚的优越地理位置已成为东盟留学生聚集地。2010 年东盟国家来华留学生 49 549 人，如表 1 所示，泰国、越南、印度尼西亚分别以 13 177 人、13 018 人、9 539 人占据东盟来华留学生人数的前三位。

表 1　2010 年东盟各国来华留学生人数统计

留学生来源国	总数	学历生	非学历生	2009 年总数
泰国	13 177	3 949	9 228	11 379
越南	13 018	9 235	3 783	12 247
印度尼西亚	9 539	3 468	6 071	7 926
马来西亚	3 885	2 502	1 383	2 792
新加坡	3 608	1 254	2 354	3 198
菲律宾	2 989	335	2 654	2 273
老挝	1 859	1194	668	1 557
缅甸	972	657	315	1 026
柬埔寨	502	352	150	406
总计	49 549	22 946	26 606	42 804

资料来源：教育部国际合作交流司《2010 年来华留学生简明统计》。

又如表2所示，无论从招收人数还是招生院校数目上我们都可以看出，广西凭借着独特地理优势与自贸区的强大推力，一跃成为中国招收留学生的主要省份之一。广西已越来越成为东盟国家留学生进入中国的首选之地。广西的高等教育国际化步伐已悄然比肩国内主要经济发达的省份了。

表2　2010年广西招收留学生院校一览

留学生所在学校	总数	学历生	非学历生	2009年总数
广西民族大学	1 328	531	797	1 066
广西师范大学	1 181	723	458	1 403
广西大学	854	646	208	1 008
广西医科大学	841	690	151	736
广西财经学院	25	12	13	
广西东方外语职业学校	40	1	39	
广西工学院	5	0	26	
广西华侨学校	210	9	201	
广西教育学院	26	0	26	
广西民族师范学院	2	0	2	
广西师范学院	322	103	219	
广西体育高等专科学院	6	0	6	
广西艺术学院	9	9	0	
广西中医药大学	261	205	56	
桂林电子科技大学	291	138	153	
桂林理工大学	192	48	144	
桂林医学院	42	42	0	
贺州学院	19	0	19	
柳州城市职业学院	48	9	39	
柳州师范高等专科学校	9	0	9	
钦州学院	44	0	44	
梧州学院	153	22	131	
玉林师范学院	50	5	45	
中国广西国际青年交流学院	210	0	210	

资料来源：教育部国际合作交流司《2010年来华留学生简明统计》。

我们的问卷设计中有一道题是请留学生选择来华留学的主要原因，通过问卷调查，我们可以用统计数据表3来直观了解东盟留学生来华原因。

表3 广西学校东盟留学生来华原因

原因	频数	百分比%
中国文化吸引我	275	21
中国经济发展较快，来华留学对自己事业发展有利	236	18
中国大学的学习条件（如校园环境、图书馆、实验室、师资等）较好	195	15
学费较低或有奖助学金	133	10
中国政治环境稳定，社会秩序较好	92	7
同母国地理位置相近	92	7
政府（或单位，或父母）派我来学习	82	6
同母国文化习俗相近	83	6
家人在中国工作或与中国联系多	61	5
其他	55	5

从表3问卷调查数据显示，中国经济的快速发展、中国文化的独特魅力以及中国大学学习条件优越是东盟留学生来华的三大主要原因，而位居第四的"学费低"也是东盟留学生选择来华留学的重要因素之一。

因为东盟与我国历史上交往频繁，地缘相近，在漫长的历史进程中有着相似的习俗与思维方式，文化相容与适应也相对容易；从问卷"中国经济发展较快，来华留学对自己事业发展有利"一项的填答，我们可以得知近年来随着中国日益成为全球经济的发动机，通晓中文、了解中国市场逐渐成为东盟年轻人未来就业的两件利器，因此看好中国经济发展前景而到中国留学的同学也不在少数；"中国大学的基础设施与学习条件优越"与"学费较低或有奖助学金"可以看作是一个问题的两个侧面，这里用性价比概念来衡量非常合适。在花相对少的钱得到相对多的收益这一思想主线下，中国无疑是一个不错的选择。在中国经济高速持续发展，社会生活水平持续改善，基础设施建设日新月异的大背景下，中国文化日益进入世界大众的视野，对东盟留学生产生了极大的吸引力。此外，由于中国特别是广西与东盟国家地理相近的优势，使得留学的成本大大降低，提高了留学广西的性价比。

三、在中国期间东盟留学生构建的跨国社会网络

随着问卷发放量的日益增长，我们更有针对性地对一些典型情况的东盟留学生作了深度访谈，发现东盟留学生来华后构建的跨国社会网络主要有：

（一）留学生与中国老师、中国同学

现代高等教育的发展，交流与思考成为核心内容，科技成就与人文精神是大学一直以来的本质追求；对于高等教育的受教育者而言，接受高等教育也是他们积攒社会资本的要求。对于留学生来说，所谓社会资本即是他们来华读书的主要目的，建构与中国有关的跨

国社会网络更是准备留在中国发展的留学生今后成功的重要条件。建立人脉网络，为将来事业的开拓打下坚实的基础。我们在问卷中设计了请答卷者说出 10 个左右的好朋友的性别、国籍、与留学生的关系等基本信息的问题，希望可以了解到留学生群体在中国是否与中国师生或中国当地人结交朋友。结交中国朋友，无疑成为东盟留学生回国后从事与中国有关的工作，或留在中国发展的坚实的社会资本。有 578 位东盟同学共罗列了 3 830 位好朋友，其中中国朋友 622 人，占总比重的 16.24%。不到 20% 的比例说明，留学生在中国期间同中国朋友的交往并不频繁，在深度访谈中，我们也发现有相当一部分留学生缺乏与中国朋友主动交往的热情，而中国人的情况也大体如此。此观点可以引述一位广西民族大学中国东盟协会中方负责人的谈话记录：

之所以建协会是为了加强双方的交流，广西民族大学好多专业是出国的交换项目，促进中国同学和留学生的交流很有意义。广西民族大学技术型工科理科专业的同学一般很少加入社团或者参加活动，主要是小语种或者要出国的同学会主动参加协会。中国人不愿意主动认识，也没有勇气认识留学生。①

在调研中我们发现，凡是有很多中国朋友的，在学生会或者各种社会团体中担任很多职务的东盟留学生，都是愿意留在中国、喜欢中国、看好中国经济发展的学生。他们也结交了很多中国朋友。但是，他们只是属于主动融入中国社会的一小部分留学生，大部分东盟留学生属于希望认识中国同学，但不好意思或者羞于主动联络中国人，所以日常生活中的中国朋友数量偏少。

在这种情况下，跨国社会网络的建构起到了一定的正面作用，比如在采访过程中，通常与外界联系多的留学生会在同当地人发生交往的过程中，携带留学生室友一起参加，很多留学生与当地人的结识都是在这种一个群体与另一个群体的联谊中发生的。

关于与中国同学交往的问题，在这里笔者必须谈到一个消极现象。在广西 8 所学校中，没有一所是留学生与本地中国同学混住的。这种情况极为不利于留学生与中国的学生群体交流。针对这一问题，我们采访了中国老师、同学、留学生宿舍的保安、东盟各国留学生等人员，他们有代表性的答案是：留学生与中国学生生活风俗习惯不同，尤其是穆斯林同学的生活习惯使之难以适应与中国学生同住；留学生和中国学生发生矛盾后会迅速演变为中国同学与东盟同学的群体矛盾。

其实这两个原因都可以反驳。第一，信仰方面的原因，马来西亚与印度尼西亚同学因信仰问题所以与中国人同住困难，但中国回族同学和汉族同学住在一起并没有什么问题，并且从本次调研样本中可知信仰伊斯兰教的同学只占留学生总数的很小一部分（见图 1）。第二，关于群架问题，这个问题是会产生的，就好比在大学中两个山西同学打架，不会再有第三个山西人上来搅和，但如果是山西人和山东人打架，那么很有可能演变为山西帮与山东帮的群架。对于这个问题，我的反问是：因噎难道可以废食吗？显然不可以。尤其是在采访过程中，几乎所有的东盟留学生同学都表示愿意与中国同学同住，了解中国同学的生活，了解中国社会的动态，而接触到的中国同学也无一人反对。

---

① 据笔者 2011 年 9 月 20 日对广西民族大学东盟留学生联络协会副会长的访谈。

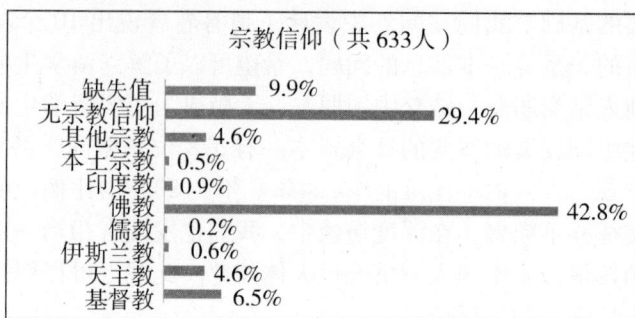

图1 宗教信仰（百分比）

访谈一（受访者：越南留学生）：我来中国一周了，是3+1留学生，已经在越南学习了两年汉语，是越南中部岘港人，已经在越南餐厅越来香工作，毕业后会从事和中国有关的工作，可能是翻译或者中文老师。我是周围朋友圈里第一个来华的，会推荐介绍其他朋友来中国。中国人很友善，我愿意和中国人多交往。我不去食堂吃饭，因为在越南餐馆打工所以一般就在越南餐馆吃饭。越南南部人吃饭偏甜，中部人吃饭偏辣。

访谈二（受访者：中国学生）：当时是越南同学主动留电话联系我的。刚认识一天就被请去宿舍玩。将来想去越南留学，有一些学对外汉语的同学留学越南后被越南公司聘用了，认识的越南人中没有在中国工作过的，大部分人都渴望与中国人结识、交朋友。

由此可知，如果当事双方都不反对的话，那么恐怕就只能归咎为校方的文化保守心态与懒惰怕麻烦的管理心态了。学校的管理水平与管理方式对于留学生的发展是有很大影响的。

访谈三（受访者：越南公务员）：我们三人都是公务员，拿政府奖学金来读书的。在学校很闲，课很少，老师也不管，所以常出门旅游。而毕业的要求也很简单，只要交论文就可以，不用上课，不用发表论文。

访谈四（受访者：泰国留学生）：我大学本科是在厦门读的，学习汉语，曾在母国教授汉语时的一名学生现在暨南大学读书。最喜欢的是汉语，也很喜欢大学里的环境，喜欢大学里的教授，他们人很好。公安部门的好心，恰恰阻止了东盟来华留学生的最大期望，即跟中国人交朋友，接触中国社会。

访谈五（受访者：缅甸留学生）：我没有兼职工作，开学时，当地公安部门出于人身安全的考虑，建议不要兼职，在南宁的缅甸朋友也经常见面，学习以外的事情，民大也不建议我们去做。

访谈六（受访者：越南留学生）：我来中国11年了，起初是交换生，现在读硕士，经历了从广西到北大半年，再到华东师大半年，现在又回到南宁广西中医药大学读书的过程。一直在思考要不要留在中国发展，每两个月就会出去走走，见见在各地的朋友。我非常适应在中国的生活，甚至有点担心回到越南后会不会适应不了家乡的生活。

总体来讲，东盟留学生来华后会遇到各种各样的问题，并产生对一些问题的看法。他们与中国的老师、同学在为数不多的交流中，缓慢地建立友谊。而对于一些在中国居住很久的留学生而言，回不回祖国成为一个现实问题，因为在中国太久了，已经完全适应了中国的生活，回国意味着对母国社会的"反适应"。

在留学生管理方面，广西的华侨高中可能因为其学校学生多为未成年人，所以在监管上更为严格，发展方式、升学渠道也相对明确。在与华侨学校殷老师的访谈中，我们了解到目前华侨学校的主要运作模式：

> 华侨学校是国家公办的普通中专，有40年历史，隶属广西侨务办公室，是广西唯一中国仅有的5所公办侨校之一。在校生3 000多人，外国留学生100多人，主要来自东南亚国家，如越南、老挝、泰国、柬埔寨和新加坡，部分来自英国、爱尔兰、瑞士等国。
>
> 外国小留学生来此读书是为了进入中国大学继续深造作铺垫。华侨学校每年有大量推荐生名额，主要推荐到侨务系统的大学和当地大学，如广西大学、广西民族大学、广西医科大学、广西中医药大学、广西师范大学、广西师范学院、暨南大学、华侨大学和上海大学。我们推荐学生的标准70%～80%依据HSK水平，剩下的依据在校表现。90%的留学生毕业后会在中国读大学，学校专门为海外华侨华人学生设置奖学金、助学金，有97%的升学就业率。截至目前，我们累计为海外培训华文教师1 000余人，先后培养了4 000多来华留学生。每年招收的语言班同学毕业后会去工作，目前学校里只有老挝来的几个留学生是华侨，剩下的都是华人，属于外国留学生来华。①

留学生家长选择让孩子在更小的年龄来中国念高中，是为了使得留学生在未来更好地适应中国的生活，可以在中国有更好的发展。早一步融入中国，对于留学生构建跨国社会网络，可能有非常显著的正面效果。

（二）留学生与中国社会居民的社会网络

东盟留学生来广西后结交了多少中国朋友是本次调研的重要考察指标，外国留学生结交中国朋友的多寡会直接影响其在中国的社会网络规模与强度。如果外国留学生结交了很多中国朋友，那么他在中国的社会资本就一定与之呈正相关。在本次调研的问卷中，专门设立"朋友"版块，以全方位考察东盟留学生在中国的社会网络。

表4　东盟留学生的朋友网络

	朋友1国籍	朋友2国籍	朋友3国籍	朋友4国籍	朋友5国籍	朋友6国籍	朋友7国籍	朋友8国籍	朋友9国籍	朋友10国籍	总计
总填写值	584	503	469	414	372	339	315	302	289	283	3 870
总缺失值	49	130	164	219	261	294	318	331	344	350	2 460
中国朋友数	130	98	57	49	44	59	51	52	45	47	632

---

① 据笔者与广西华侨学校殷老师的访谈。

从表4中可以看出，在总共3 870个填写值中，中国朋友占到留学生朋友总数的16.33%，也就是说平均每个东盟留学生在十个朋友中只有一个半中国朋友。多数情况下，因为受制于目前我国高校管理机制的禁锢（按相同国家居住原则），十个朋友中认识最多的总是来自本国的朋友。

运用SPSS对变量"来华时间2"与变量"朋友1＝4（4是中国人）"进行双变量相关分析，得到Sig＝0.002呈现显著相关结果（表5）。说明随着来华时间越长，东盟留学生所拥有的中国朋友越多，在本文研究中，笔者认为如果一个东盟留学生拥有的中国籍友人越多，说明他与中国发生的联系亦越多，与之正相关的是此东盟留学生构建跨国社会网络能力。

表5　来华时间与朋友是中国国籍的相关分析

		来华时间2	朋友1国籍＝4（FILTER）
来华时间2	皮尔逊相关系数	1	0.121*
	单尾 t 检验结果		0.002
	参与相关系数计算的有效观测量数	625	576
朋友1国籍＝4（FILTER）	皮尔逊相关系数	0.121*	1
	单尾 t 检验结果	0.002	
	参与相关系数计算的有效观测量数	576	584

＊表示显著相关在单尾0.01水平上。

在目前稍显僵化的政策环境下，留学生们在有限的空间内顽强地发展建立了一定的跨国社会网络。在实地调研期间，笔者在有意无意间发现了一些很经典的案例。

案例：越来香（中国人和越南人合资餐馆）①

中国老板程先生：我毕业于民大对面的广西机电学院，女朋友是越南岘港人，她在这边留学期间我们认识并交往。目前她已结束留学回越南了，等我挣够钱了就接她来中国。越南人来这边感觉马路很宽，现在所见跟以前在国内了解到的不同。有很多中国男学生来民大是为了追求越南女孩，越南盛产香料，因此越南女孩身上都有一种很特别的香味。越南女生害羞，不会主动去找男生，保守一点。现在留学生人数越来越多，南宁市与胡志明市即将开通航班，这肯定会带来更多的留学生。民大很多留学生是交换生，在越南的专业是汉语，来中国后会选择第二专业，毕业时双方学校都会发毕业证，学两个学位好找工作。

越南老板阿孝：我是拿孔子奖学金来中国留学的，每月1 700元人民币，在民大读硕士。我以前摆地摊，之后跟程老板合伙开了这个店。2008年秋天来中国后一直挺喜欢这里，如果有可能将来还会做边贸生意。我认识的越南同学中有两个朋友在中国有男朋友。中国的环境比越南要好，尤其是卫生方面，越南的灰尘比较多，而且经济和管理没有这边

① 笔者在广西民族大学四川成都籍方同学的介绍下结识该餐馆的老板，方同学还对笔者在南宁的调研给予了很多帮助，在此表示非常感谢。

好。来这里后南宁人对我都很好，我跟中国人接触得比较多，但其他同学接触得就比较少。

调研过程中我们了解到有老挝学生与中国学生发生了通婚的行为。通婚行为使留学生的跨国网络转变为传统的跨国家庭网络，东盟同学留下来并与当地人通婚的行为是对本论文研究假设的最有力佐证。

对于中国社会发展的相关问题，留学生们也有自己的看法：

访谈一（受访者：泰国留学生）：奖学金每月 1 700 元人民币，只够吃喝，不能有更多的钱四处游历见识中国。毕业后不准备留在中国，中国人应该有宗教信仰，移民中国与否的评判标准是留在一个地方是否过得舒适开心，没有来中国以前觉得中国很好。目前中国的政治环境还不够好，产权还不够清晰，部分产品质量也存在问题。

访谈二（受访者：泰国留学生）：中国国内腐败问题太严重，所以将来不准备移民中国。自己来中国不一定有连带作用，家人不会讲普通话，但会讲潮汕话，回国后准备做汉语老师。目前没有兼职工作，很少与中国人交流，中国学生与留学生之间的活动也很少。广西买不到泰文书，很多留学生只在宿舍上网和祖国同学联系，在自己的圈子里不和中国人打交道。建议学校多举行针对性的活动，促进交流，也希望中国方面多开放鼓励学习第二外语和小语种，不要光是学习英语，也多学泰语、马来语等，在广西的东南亚人比说英语的人多得多，所以应该多学习东南亚国家语言。

（三）留学生与母国亲朋好友网络

东盟留学生来到中国后，后续会有母国的亲朋好友也来中国留学或者生活吗？这是笔者本次调研重点关注的问题之一。广西大学的缅甸籍学生会主席苏同学跟笔者讲述了他来中国留学的经历：

我是周围第二个来中国的人，2001 年师姐来中国读金融。2002 年，我当时在缅甸国立大学读本科，通过 HSK 后来中国学习计算机专业。毕业后会回家，因为是家里的老大，有照顾老人的职责。我有一个妹妹今年刚来广西大学读书，来之前在政府电视台工作，毕业后会继续在那里工作。我 1999 年开始上网，第一个看到了广西大学的网址。我喜欢中国的公园和环境，生活很方便，什么都可以买到，特别是电子产品。留学生联系很紧密，一起有活动，跟非洲人、柬埔寨人、泰国人关系很好，我目前在中国各地如广西、四川、深圳都有好朋友。我的大部分同学毕业后都会回国，为了跟父母在一起。一般来说，本科生都会回去，硕士、博士则可能会留下。

根据社会网络分析的相关研究表明，社会网络的延伸具有比较强烈的惯性。

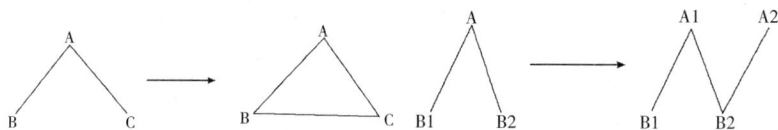

图2　社会网络发展的两种典型类型

如图 2 所示，社会网络的建构总是偏好拓展性并追求更稳定的网络结构。如左侧上图 ABC/AB1B2 之间的非关联结构通常会出现两种演变方式暨变成稳定的三角形结构，或者是拓展为更大范围的 N 字形结构。在这里就不得不讨论一个社会网络分析的术语——声望。声望是指一个社会成员在其所处的社会群体中所获得的评价与社会承认，如称赞、荣誉等，是一个成员社会地位的象征。[①] 在社会网络分析中所引入的声望是一种结构性声望概念，笔者将这种结构性声望理解为在社会网络内部的受欢迎程度与在社会网络外部拓展上的影响力。

在与苏同学的对话中，有三个关键点需要引起注意：一是从苏同学的师姐到苏同学再到苏同学的妹妹，他们先后来中国读书，尤其是他和他的妹妹先后来到同一所大学读书，这佐证了上文笔者对群体思维惯性的阐述，因为苏同学来到广西南宁市的广西大学，对这所城市与这所学府产生了积极的感情，因此她的妹妹随之来中国读书这个行为背后一定有苏同学的意见或者看法的影响。这就是一个跨国社会网络建立的条件之一——持续性。如果只有一批人或者只在一个相对较短的时间段内发生了留学生来华，然后这种活动就戛然而止，那么是不具备成为社会网络的条件的；二是苏同学通过网络认识了中国的广西大学，这种网络媒介的存在是留学生跨国网络的重要技术支撑，其双刃剑式的作用，笔者会在下文中详细描述；三是大部分毕业生由于父母的关系最终会回国，这时通常人们会认为回国是因为需要照顾父母，然而不能忽视的另一点是在掌握了中国语言文化后回国发展，在照顾父母的同时，利用自己掌握的与中国相关的知识可以更好地发展事业。笔者认为在这种情况下回国同样是一种循环，以一种另类的方式殊途同归地促进了跨国留学生群体的壮大，在掌握了更多与中国相关的知识后，回国有利于他们事业的发展，这样会形成一种群体惯性，对没有来过中国留学的人产生影响，到中国留学不论能否留在中国，起码学成归来后有利于事业的进一步发展。

应用在本文的东盟来华留学生家庭上，一个家庭中，来了一个孩子就有可能来第二个，一个群体里来一个成员，那么这个群体里的第二个成员就指日可待了。在调研过程中，我们有幸遇到了一对老挝的表姐妹，她们汉语水平不是很高，但是通过间断的交谈得知，姐姐冯×君，是广西大学环境工程专业研究生，中国方面每月提供 1 700 元人民币；妹妹唐×色，广西民族大学国际贸易专业本科生，学费由中国、老挝各出一半。她俩都想通过留学最终留在中国工作，觉得在中国生活很好，工作也很好，不想回国，更愿意留在中国发展。等她们汉语学得再好一点，对中国更熟悉一点后，家人也会来中国看望他们并一起去旅游。此类例子在调研过程中还有很多。

广西师范大学的印度尼西亚留学生吴同学：在原来的朋友圈里我是第一个来中国的，来这边主要是为了学中文，目前姐姐也想来中国，所以在帮助姐姐找研究生奖学金项目。一个月只有 700 元生活费，因为来师大的印尼人太多了，所以奖学金减少了很多。我是 (2+2) 班的公费生，课非常多，一周有 7 门课，没有时间交朋友。毕业后会从事与中国有关的工作，想做生意，中国经济很有潜力。

---

① 林聚任：《社会网络分析：理论、方法与应用》，北京：北京师范大学出版社 2009 年版，第 124 页。

留学生群体本身具有独特性，在理论上他们只是短期来华留学，学成后归国的可能性较大，并且由于相对于传统跨国移民，留学生在定居国的逗留时间较短，一年又有两个假期可以自由回家，距离广西近的越南同学甚至有一个月回家一次的现象，同时借助于信息时代互联网的帮助，他们与母国联系的频率也非常高，随时随地都可以。联系方式主要有电话、邮件、视频等。

表6 广西东盟留学生与朋友联系方式统计表

	写信	电话	电邮	即时通信软件	SNS社交网站	见面	总数
朋友1	7	107	16	90	27	267	514
朋友2	5	84	23	76	26	256	470
朋友3	2	85	20	73	15	248	443
朋友4	0	109	14	40	21	187	371
朋友5	5	53	21	63	19	202	363
朋友6	5	51	13	61	22	179	331
朋友7	3	49	9	64	25	163	313
朋友8	2	47	11	63	18	160	301
朋友9	1	45	19	57	14	153	289
朋友10	3	46	15	53	14	151	282
总计	33	676	161	640	201	1 966	3 677
比例	0.90%	18.38%	4.38%	17.41%	5.47%	53.47%	100%

上表显示出互联网技术背景下，网络联络方式风行，占所有联系方式的46.54%，与传统的"见面"方式平分秋色。这说明数字网络技术的应用与普及已经深刻改变了留学生与朋友们的联系方式。虚拟网络中的联系正日益变得与现实中的见面方式一样不可或缺。虚拟网络联系的优点是基本不受空间的限制，只要联系的双方都有电脑、电话，都连接在网络中，哪怕他们相距千里依旧可以实时通话。这样的技术支持无疑确保了来华留学生与母国亲人朋友联系通道的顺畅，对留学生维系与母国的联系作用巨大。

在关于跨国社会网络的问题上，还有一种不能忽视的情况存在于中国社会之中，就是这些东盟留学生在中国有亲人。这种亲缘关系作为桥梁，连接了东盟国家与中国，此时东盟留学生跨国前来的学习行为，可以从留学生的跨国网络视角解释，同时也可以用传统跨国移民网络来解释。典型案例如下，

广西大学越籍留学生阮越英：我初中毕业时想留学新加坡，但年龄小，没成行。后来在越南高考失利，在复读与来中国留学之间选择了来中国，本想申请武汉大学，但因为姨妈在南宁，父母觉得自己年龄小，所以选择让我来广西大学读书。我曾经打算申请去中山大学或暨南大学，但后因手续繁杂，一直没成行。

在交谈中阮越英提到她姨妈以前来中国留学时结识了姨父，后留在中国生活多年。后来因为在越南有经验的职业医生待遇很好，所以姨妈一家决定到越南发展。越南女孩阮越英的例子说明，留学生跨国网络可以成为传统跨国移民网络的一个组成部分，甚至可以说，留学生跨国网络在一定条件（如网络更大或者流动更频繁）下，完全可以成为跨国移民的主要形式。留学生的受教育程度与自身素质决定了其建立的跨国社会网络更容易接近所在国主流阶层，也更容易在主流社会找到自身的立足点。同时作为一种跨国力量的存在，留学生跨国网络的发声能力也明显强于传统跨国移民网络，声音的有力与强传递性构成了留学生跨国社会网络的显著特点。

四、广西东盟留学生跨国社会网络的影响分析

诚如吴前进教授所说，"跨国主义"为全球的变化形势和我们时代的发展提供了一个集合广泛的概念。[①] 根据跨国主义研究的相关理论，跨国社会网络的形成会为新移民提供了一种更为方便的、不同于原有方式的融入新社会的途径。跨国社会网络会帮助新成员利用其自身的优势禀赋，快速融入主流社会。而在跨国社会网络形成之前，移民通常需要付出艰苦卓绝的努力方能融入主流社会。跨国社会网络对新移民的辅助与帮扶作用显而易见。

在问卷调查中，有一项是"毕业后您愿意留在中国发展吗？"，通过留学生对这个问题的回答，我们可以了解到当下的东盟留学生对于扎根中国发展的态度。

表7　东盟留学生毕业后是否愿意留在中国发展统计表

		人数	百分比	有效值百分比	累计百分比
有效值	愿意并会考虑加入中国国籍	101	16.0	16.4	16.4
	愿意，但不考虑加入中国国籍	191	30.2	31.1	47.5
	不愿意	323	51.0	52.5	100.0
	总数	615	97.2	100.0	
缺失值		18	2.8		
总数		633	100.0		

如表7所示，在"毕业后您是否愿意留在中国发展"这个问题上，除了没有填写的18位同学，52.5%的留学生选择了不愿意，31.1%的留学生选择了愿意留在中国发展但不加入中国国籍，16.4%的同学选择了愿意留在中国发展并愿意在法律允许的情况下加入中国国籍。

（一）跨国社会网络对留学生跨文化适应的影响

"跨文化适应"是指适应陌生文化的一种渐进过程，在进入到他者文化时，人们原有

---

① 吴前进：《跨国主义：全球化时代移民问题研究的新视野》，《国际观察》2004年第3期。

的世界观、自我特性、思维模式等都会受到一定程度的冲击，感觉到新鲜与不适应。① 文化适应是一个复杂的过程，如本文文献综述部分所述，社会学家 H. Douglas Brown 的研究结果表明，适应者一般要经历四个阶段：①新奇阶段；②冲突阶段；③复苏阶段；④融入阶段。

留学生跨国社会网络的存在使得传统的跨文化适应四部曲发生了一定程度的改变，在实地调研中，笔者发现，留学生跨国网络会在第二阶段即文化冲突阶段介入到留学生的跨文化适应过程中。跨国社会网络会对来华留学生的跨文化适应产生正负双向的影响。

正面影响主要是在留学生处于文化冲突阶段时，跨国社会网络的存在给予留学生极大的感情支持，并提供了超越留学生本身社交与视野范围的接触中国社会与中国人的机会。例如前文中提到的广西大学老挝留学生会主席苏同学，他妹妹来华正是由于受到他的影响。苏同学的妹妹还无法用汉语与中国人沟通，但由于有他和他未婚妻的帮助，妹妹适应得很快。在采访中，苏同学的妹妹还为我们端来了水果，借此机会我们与她进行了友善而简单的对话，鼓励她学好中文，并互留联络方式。相信这种友好正面的经历可以在其进入第二阶段——文化冲突阶段时期提供重要的心理支撑，避免产生过多否定性观点。而这个友善交谈的机会是她的哥哥苏同学为其创造的。这是一个典型的留学生跨国社会网络对留学生跨文化适应提供正面支持的例子。跨国社会网络的存在每天都在对新进入网络的成员进行正面的适应性帮助。

从负面效果看，跨国社会网络在中国这个大环境下为新进留学生提供了一个相对封闭并有安全感的小环境。这个小环境明显类似于其母国环境。这种负面效应在新技术手段的应用下被放大。在调研中，笔者去很多留学生公寓发放问卷时看到很多人都在上网。广西民族大学留学生会主席越南留学生陈同学介绍说，很多东盟留学生来中国后，借助网络手段天天与家乡同学、亲人联系，完全不接触中国社会，甚至都不和其他母国同学交流。相当多留学生会在网络上首选母国语言的媒体接受信息。当然，这个现象本身是一种语言逐步转化现象。通常汉语言能力越好、在中国越久的东盟留学生越会首选汉语媒体作为了解信息的渠道，但是语言能力越差的留学生就越会首选母国语言媒体。留学生接触当地社会的迫切性受到互联网的极大削弱。

不论正反两方面效应如何，这都是跨国社会网络所拥有的独特禀赋所赋予的。正如跨国移民社会网络一样，留学生的跨国社会网络同样介入了留学生跨国文化适应的四个阶段。而留学生也正是利用跨国社会网络这个平台以及多重身份和换位思考的独特视角选择融入中国社会或者抵抗中国主流意识形态与日常生活习惯。

（二）跨国网络对留学生专业与职业选择的影响

在高等教育领域，我国在理工科类专业有相对优势，在中国特色文化专业方面如中国艺术类、中文类有绝对优势；而在实际应用科学方面，由于我国经济的持续发展及乐观前景，经济管理类专业也颇受追捧。东盟留学生来华学习，主要也集中在上述领域。表 8 是本次调研采集到的广西东盟留学生所学专业分布情况。

---

① 冒国安：《论文化适应》，《贵州师范大学学报》（社会科学版）2004 年第 4 期。

表8　广西东盟留学生所学专业统计

专业	人数	百分比
经济学	98	17.0%
法学	12	2.1%
教育学	11	1.9%
语言文学	302	52.4%
理学	3	0.5%
工学	9	1.6%
农学	2	0.3%
医学	63	10.9%
管理学	66	11.5%
旅游学	4	0.7%
艺校、设计	6	1.0%
总计	576	100.0%

由表8我们可以看出，在本次样本收集的576份数据中，学习中文的同学就占到总数的52.4%，经济学、管理学、医学共227人，占总比的39.4%。特别要指出的是，在调研中，我们了解到来学习医学的东盟留学生主要是学习中医、中西医结合等课程，选择西医专业的同学不多。由此可知，中国特色专业与经济管理类专业是东盟留学生来华学习的两类主要专业。

很多学者对于专业偏科的现象持否定的观点，并在其文章结尾的政策建言中大都谈到采取各种措施克服此类问题。笔者认为这种偏科现象的出现本身就是市场调配作用的自然结果，无须介怀。我国目前也确实只在中国特色经济发展方式与中国特色文化两方面有优势。在综合国力水平与科技研发水平没有结构性改变之前，这种现象不可能消失。试想，一个立志从事尖端生物学研究的大学生不去美国而选择来中国留学，这是不现实的。在这种情况下，任何高等教育研究者的"加政策，促平衡"的献言只会是不切实际的。东盟留学生选择专业门类的倾斜不能视作偏科现象，反而应该被视为符合事实的正常现象来加以利用。

这种偏斜恰恰是今天广西东盟留学生构建跨国网络的有力工具。中国特色类专业如中文专业是融入中国社会的基础，只有学习了中文才可能在中国立足，才可能建立跨国网络，并盘活跨国网络。中医类专业恰恰是我国软实力推广的有效载体，这些学习中医的同学都想利用自身国籍与中医相结合而产生的独特的要素禀赋，以期回到祖国后开创中医事业，并且由于医学科学的快速发展，交流的重要性不言而喻。留学生成为中医后，常年往来于中国与东盟之间进行学术交流的机会也越来越多。

而经济管理类同学的职业选择，也恰恰说明了跨国社会网络对东盟留学生嵌入中国社会的作用不可忽视。在调研中，留学生坦诚毕业后主要从事与中国相关的贸易类、翻译类、导游类、教师类等工作，这可以看作是跨国网络赋予来华留学生群体的独特就业要素禀赋。如果不从事这些行业，也就等于跳出了留学生构建的跨国社会网络，放弃相对优势要素。

如前所述，中国吸引大量理工类东盟学生来中国学习，那么毕业后他们如何立足中国呢？进入传统主流社会科研领域，在母语非中文，而中国本身又是相对单一的单语社会的情况下，留学生的竞争力将大大降低。任何一个理性的经济人都是不会这样做的。

专业与职业选择时这种结合自身要素禀赋的特点，使得东盟留学生避开在传统社会渠道下与中国大学毕业生的竞争。同时他们所构建的留学生跨国社会网络也帮助后来的东盟来华留学生更容易地立足于中国社会。跨国社会网络开辟了新的渠道，保证跨国移民以一种非传统的方式进入主流社会，得到主流社会的认可。而这也是跨国主义研究史的重要发现。

（三）对留学生祖（籍）国的影响

传统跨国移民网络对祖（籍）国与居住国在贸易上的促进作用已在多本关于移民与贸易关系的著作中被予以肯定。跨国移民因为对双方国情都相对了解，这样就构成了跨国移民从事贸易行业的禀赋优势：可以直接沟通，双方没有语言障碍，并且减少了交易的成本，促进跨国贸易的发展。[1] 通过这种观点，经济学家们又推想到，由于跨国移民独特的要素禀赋，不光是国际贸易，它同时也会在对移民来源国的对外直接投资（FDI）上起到极大的促进作用。因为要取得成本核算、地理位置选寻、人力成本计算、社会特性研究等等 FDI 前期准备阶段的必备资料，跨国移民在取得上述资料的能力显然强于普通外国人。

复旦大学经济学院的杨希燕、唐朱昌在 2011 年发表的《移民网络促进 FDI 流入——基于中国经验的分析》一文中提到了中国移民网络为 FDI 的流入提供了重要的推进力，而起作用的主要是高等教育的移民。[2] 杨、唐二人通过海外华人对中国 FDI 的数据分析，论证了不同学历层次人群对中国 FDI 贡献程度的差异，并在文章的结论部分强调了高素质人口的外流对流出国经济发展的正面贡献。[3]

毫无疑问，东盟来华留学生属于跨国高素质人口，无论从其家庭背景上看，还是从东盟留学生在华接受高等教育这一事实的角度上看，东盟留学生都是经济学家口中的跨国高素质人口。高层次跨国人才在未来对发展中国—东盟贸易以及其他种种经济联系时都会有很强的促进作用。

借助经济学家们的观点，笔者可以更好地认识东盟来华留学生构建跨国社会网络后对祖（籍）国的经济贡献，但由于东盟来华留学生的大规模发展开始于 21 世纪初，而目前的跨国留学生社会网络还只是雏形，笔者在此只能预测性地认为，未来东盟留学生跨国社会网络对东盟各国 FDI 的贡献是不可忽视的。从跨国贸易与 FDI 投资两个主要方面对移民来源国产生的经济发展促进作用可以看出，跨国移民对移民来源国的经济发展作用值得笔者在日后的研究中持续关注。同理，东盟来华留学生对东盟各国未来经济的发展以及中国

---

① Rauch J. V., Trindade Ethnic Chinese Networks in International Trade, *Review of Economics and Statistics*, 84 (1), 2002, pp. 116 – 130.

② 杨希燕、唐朱昌：《移民网络促进 FDI 流入——基于中国经验的分析》，《世界经济研究》2011 年第 5 期。

③ 杨希燕、唐朱昌：《移民网络促进 FDI 流入——基于中国经验的分析》，《世界经济研究》2011 年第 5 期。

与东盟经济联系的贡献值得期待。

（四）对中国以及中国与留学生母国关系的影响

回顾世界上最早发展高等教育国际化的大英帝国，我们发现，寻求政治影响一直是英国政府大力接收国际留学生的重要动因，直到近年，英国政府才淡化了此方面的诉求，转而首先强调经济利益。英国为实现培养忠实于帝国的殖民地管理精英的战略，确立了为每一个殖民地培养一批大学教师、创建一所大学的目标。[①] 甚至在"二战"后的很长时间里，英国依然推行此种高等教育国际化方式。政府的决策者认为，外国留学生不仅学到了本国科学技术，更重要的是学到了思维方法、行为方式、价值观念等。这些知识在他们身上涂抹了想洗也洗不掉的油彩，打上了永远也消除不了的烙印，其深远的文化影响是难以估量的。[②]

早期来我国留学学成归国的越南留学生中有很多人成了越南政府的省部级高官，因此在处理与中国关系的过程中，虽然不能说一定会是亲华派，但起码他们对中国有清醒的认识，是名副其实的知华派。他们能够正确认识而不误读中国政策，不会对两国关系的发展制造障碍。在这个问题上，笔者认为，不能期待高等教育政策的国际化为后世培养大批亲华派。因为一个18岁留学生来到中国后，一定会带着审视与观察的眼光看待中国社会生活的方方面面。而这种审视的过程正是留学生了解中国、了解中华民族的过程。我们不能奢求留学生来到中国就一定爱上中国，一个留学生将来离开中国后，能够了解中国人的思维方式，了解中国的复杂国情就足够了。也许在未来会有更多的东盟留学生成为各国各行业的领袖，我们期望他们可以正确理解中国政策与政府立场，而不是误读。这种力量对双边甚至多边关系的建设无疑是正面而有效的。

推广软实力是国策，孔子学院是软实力推广的利器，这也是政府与民间的共识。孔子学院的推广，以及高等教育国际化后，中国迎来了大量的留学生。在广西，东盟留学生占全国东盟留学生的十之八九，如此多的留学生，在完成学业后会有各种各样的选择，其中必然有一部分人加入到跨国网络的构建与扩大的工作中去。可是我们的政策仅止于孔子学院，在孔子学院之后呢？我们没有充分的思考和准备留学生招来之后的个人和群体发展问题。

中国政府是希望建立一个像德国一样的多元文化社会，还是希望像澳洲政府那样吸收劳动人口？抑或是像英国政府那样为了争取外汇将留学生政策定为国策？我们需要明确的目标，要给留学生留下进一步发展的空间。留学生普遍希望可以增加同中国社会接触的机会，希望得到兼职工作的锻炼，但目前情况不容乐观。

---

① 王立科：《英国高等国际教育政策及其借鉴意义》，《内蒙古师范大学学报》2008 年第 5 期。
② 崔庆玲：《在高等教育国际化中美、英两国留学生教育思考》，《理工高教研究》2004 年第 5 期，第 52～57 页。

表9　留学生在中国是否有兼职工作统计

		人数	百分比	有效值百分比	累计百分比
有效值	有	53	8.4	8.5	8.5
	没有	419	66.2	67.4	75.9
	想但没找到	131	20.7	21.1	96.9
	根本不想	19	3.0	3.1	
	总数	622	98.3	100.0	
缺失值		11	1.7		
总数		633	100.0		

　　622位受访的东盟留学生中只有53名学生目前有兼职工作，只占总数的8.5%。如果留学生被局限在学校的狭小空间中，身在中国而无法与中国社会交流，这不得不说是我国高等教育国际化的悲哀。无交流则无理解，没有今天对中国社会生活的了解，来华留学生就可能在未来对中国事件和中国政策产生误读。如果这样悲剧性的事情不断发生，那么我们今天大力吸引东盟留学生来华留学就会成为劳民伤财之举。

　　为东盟留学生接触中国社会生活提供更广大的平台和渠道，这样东盟留学生构建的跨国网络才会在未来发挥其越来越重要的作用，跨国网络对广西当地经济的拉动作用也才有可能显现，大量东盟留学生的到来也会培养出广西高校与广西民间社会的小语种学习热情。目前广西民族大学的越南语专业在中国已经处于顶尖水平，同样广西当地社会掌握东盟小语种的人也越来越多，在东盟国家工作的广西人也在逐年增加。笔者还将在以后的日子里继续关注广西东盟留学生构建跨国网络的进展状况。

结　论

　　广西的东盟留学生已经开始构建跨越国籍社会的网络，其嵌入两边社会、链接两边社会的行为初具形态。跨国社会网络的发展壮大必然对双方社会产生积极而深远的影响。因此，发展跨国网络需要双方社会、政府的调整适应，需要管理形式的反思与创新。未来中国经济依然会持续发展，最新数据显示，如果中国保持7.5%的GDP年均增长率和4%的通货膨胀率，那么，2018年中国GDP总量以及18项主要经济指标将超过美国，成为世界榜首。在这样的历史背景下，东盟来华留学生群体预计将继续快速扩大，而留学生构建的跨国社会网络也将逐步转变为高等人才跨国移民的社会网络。很快留学生所代表的高端人群将不满足于没有政治参与的社会实践现状，建立外国人永久居留制度甚至是外国人常态化入籍渠道就成为政府工作的必然选择。令人期待的是，2011年12月27日，《人民日报·海外版》发表了题为《中国拟设外国人永久居留制度》的文章，希望这是一个好的开始。

试析海外新型华人社团在中国
公共外交中的文化中介功能

高伟浓　寇海洋

内容摘要：中国的崛起势必会对原有世界格局造成一定的影响与冲击，然而由于西方媒体和某些势力的炒作，"中国威胁论"言论不断掀起，严重损害了中国国家形象。面对这一局面，中国开展行之有效的公共外交活动，就具有必要性和重要性。众多的华侨华人是中国特有的丰富的资源，而新型华人社团则可构成开展公共外交的行为主体，发挥其独特作用。本文从文化视角，运用典型案例阐述新型社团开展的文化活动，分析其在公共外交中的文化中介功能。

关键词：公共外交；新型华人社团；文化中介

【作者简介】高伟浓，暨南大学华侨华人研究院教授、博士生导师；寇海洋，暨南大学华侨华人研究院硕士研究生。

一、相关概念的界定

近年来，公共外交（Public Diplomacy）逐渐成为一个热门话题，是各国争相讨论的焦点。然而，对于什么是公共外交，国内外专家学者从不同视角给出了多种定义，可谓仁者见仁，智者见智，此处不予赘述。在众多的论述中，赵启正在《公共外交通讯》创刊号中提到：公共外交，它和政府外交组成国家的整体外交。参与公共外交的各方从各个角度表达本国国情，说明国家的政策，表现本国文化，介绍外国公众对本国感兴趣之处以及解释外国对本国的不解之处，同时在国际交流活动中了解对方的有关观点。通过公共外交，可以更直接、更广泛地面对外国公众，从而能更有效地增强本国的文化吸引力和政治影响力，改善国际舆论环境，维护国家的利益，表现本国的国际形象。[①] 他提出的这一说法较为全面地概述了其内涵，也受到了多数学者的认同。笔者这里探讨的公共外交的界定即采用这一提法。

有关新型华人社团，其定义尚未达成共识，成为学术界研究讨论的范畴。一般来说，华人社团是以华人为主要成员构成，以地缘、血缘、业缘、经济利益、政治目的、慈善意图、兴趣爱好、宗教信仰、学术教育等为纽带而自愿组成的民间组织机构。笔者认为，新型华人社团是相对于传统华人社团而言的，时间上大致是 1970 年以后成立的、以上述某一特定因素为纽带成立的社会组织。其类别主要为同乡会、校友会、慈善团体、专业科技

[①]　赵启正：《中国登上公共外交世界舞台》，《公共外交通讯》2010 年春季创刊号。

文化组织、娱乐体育组织、妇女组织、职业组织、法律组织等，其活动大多不局限于社团内部，而积极开展与其他社团的合作，加强与居住国及祖（籍）国之间的联系，是较为活跃的组织机构。

这里所说的"文化中介"，是指海外新型华人社团在所开展的各项活动中所扮演的"居间"角色，一方面是指新型华人社团作为居住国公众了解中华文化的"中介"，另一方面是指新型华人社团也作为中国了解外来文化的"中介"。华人社团如何充当这一角色，似乎是难以阐析的问题，也是一个非常有价值的学术问题。本文试图通过文化视角，从新型华人社团典型案例阐述其举行的文化活动，来探讨它在中国公共外交中的文化中介功能。

二、中国公共外交与新型华人社团互动的可行性分析

面对"中国威胁论"的负面效应和消极影响，中国亟待开展针对外国公众的公共外交活动，以求减弱质疑和消除噪音，客观公正地看待中国的崛起。而海外新型华人社团如何在这一活动中发挥其独特作用，是我们当前可以挖掘和发挥的资源之一。

（一）中国开展公共外交的必要性和重要性

改革开放 30 年来，中国在政治、经济和军事等硬实力上取得了快速发展，影响力不断增强，在国际经济与政治舞台上也占据着重要地位。然而，就中国软、硬实力的发展现实而言，中国所面临的形势是硬实力的快速成长与软实力的严重"赤字"，即两者之间的严重反差。由于中国国际舆论影响力及话语权等软实力的薄弱态势，国际主流舆论或因对中国国情不了解，或因意识形态、价值理念的差异以及对中国快速发展的不适应，造成对中国仍有很大程度上的误解、疑虑甚至偏见。特别是近几年来，变种的"中国威胁论"，如"中国强硬论"、"新殖民主义论"等言论不断涌现，严重影响和歪曲了中国在海外的国家形象。面对这一局面，如何改变国际社会对中国的不公正印象，塑造有利于我国发展的国家形象，是一个亟待解决的问题。而近年来，随着公共外交理论的兴起，开展丰富多彩的公共外交活动是改善这一局面的有效途径。

开展公共外交的意义和作用已经成为国内的共识。正如刘宏教授所说："成功的公共外交政策的制定与实施需要我们对中国发展的现状、特点及未来走向有清醒的认识，并在此基础上通过不同的方式影响国外公众、非政府组织和政府对中国的看法，从而推动中国的国家利益。"[①] 这几年来，我国政府逐渐重视公共外交活动的价值，强调大力开展公共外交活动。外交部长助理马朝旭曾表示："中国的发展已成为国际社会关注的焦点，中国与世界的联系空前紧密。在新形势下，加强'公共外交'、加深中国与世界的相互了解势在必行。"[②] 2009 年 8 月，胡锦涛总书记在驻外使节会议上提出，开展好公共外交是新形势下完善我国外交布局的客观要求，也是中国外交工作的重要开拓方向。总书记还指

---

① 刘宏：《华侨华人与中国的公共外交》，《公共外交通讯》2010 年创刊号。

② 《中国外交官与外媒互动热络　同唱敖包相会》，中国台湾网，http://www.chinataiwan.org/sy/gd/200908/t20090815_974574.htm，2009 年 8 月 15 日。

出，进一步加强公共外交的目的，是积极引导国内舆论配合国家总体外交，加大对外国媒体、重要智库、社会各界人士的工作力度，努力引导国际舆论客观看待我国发展，增进外部世界对我国基本国情、价值观念、发展道路、内外政策的了解和认识，树立我国负责任的大国形象。① 这些言论都充分说明国家政府层面已开始重视开展公共外交活动，公共外交成为改善国家形象，构建国家软实力的重要途径。

（二）新型华人社团作为中国公共外交资源的可行性

当今，海外华侨华人人口众多，据庄国土教授研究估算总数约有 5 000 万。② 这些庞大的移民群体既是居住国政治、经济、文化等领域的积极参与者，是其居住国与祖（籍）国交往联系的桥梁，也是中国现代化建设和发展的独特资源。如何挖掘和发挥华侨华人在中国公共外交中的作用，亦应是华侨华人挖掘和发挥上述作用的题中应有之义。既往事实证明，海外华人在中国民族兴亡、国家建设、改革开放等方面均作出了积极贡献，也在中外文化交流与民间交往中发挥了重要的作用。那么，海外华侨华人作为中国公共外交的重要资源，理应也可以发挥应有的作用。③ 同时，海外华侨华人还兼有更广泛的特殊角色，他们既是公共外交活动的受众，又是活动的参与者，起着居住国与祖籍国的中介作用。

作为华人社会三大支柱之一的华人社团，是支撑华人社会存在与延续的重要力量，在今天看来，更是华人社团组织传承中华文化的重要载体。1970 年以来，随着中国新移民及华人再移民的涌现，为了适应新环境，华人在居住国成立了形形色色的新型华人社团。这些社团对沟通当地华人社会与居住国政府及祖（籍）国的关系，对传播和弘扬中华文化，促进多元文化发展，发挥了不可替代的作用，日益成为华人社会不可忽略的力量。同时，他们积极参与居住国的各项活动，一定程度上展示了华人的良好形象，从侧面为中华民族进行了"国际公关"。

随着自身不断地发展壮大，新型华人社团在华人社会的影响力也逐渐增强。华人社团是华人在居住国从事活动的组织和载体，是中华文化的重要推动者。社团的这些基本功能也可作为中国开展公共外交活动的资源，使其立足华人社团，活跃于居住国，传递中华文化，成为彰显中国形象的窗口。

相比传统社团而言，新型华人社团具有更为独特的优势：较为了解中国近几十年的发展变化，更能客观真实地看待中国的发展，有助于居住国及祖（籍）国之间的各项交流；大多数社团人员受教育的程度高，参与社会活动的能力强，能够发挥一定的社会名流效应，对于开展中外关系的交流具有强烈的责任感和影响力；新型社团组织形式多样，结构较为灵活，不限于社团内部活动，积极开展与其他社团的联合，共同推动彼此关心的话题。其所开展的活动也自觉或不自觉地显示出自身是中华文化的传承者，中国国家形象的塑造者，居住国中国形象的代表者等角色。正是这些优势，使新型华人社团可以充当中国公共外交的行为主体，发挥其特有的作用。

综上所述，为"使我国在政治上更有影响力、经济上更有竞争力、形象上更有亲和

① 赵启正：《从民间外交到公共外交》，《外交评论》2009 年第 5 期。
② 《约 5 000 万：华侨华人总数首次得出较明确统计数字》，中国新闻网，http://www.chinanews.com/hr/2011/12 - 01/3499424. shtml，2011 年 12 月 1 日。
③ 丘进主编：《华侨华人研究报告（2011）》，北京：社会科学文献出版社 2011 年版，第 31 页。

力、道义上更有感召力"，在中国亟需开展行之有效的公共外交活动中，海外新型华人社团是一股不可忽略的重要力量，可以作为中国公共外交活动的行为主体之一，发挥其应有的作用。中国公共外交和海外新型华人社团具有互动的可行性，有利于提高中国国家形象，改善不利的舆论环境压力，维护和促进国家的根本利益。

三、海外新型华人社团的文化活动

海外新型华人社团在居住国及祖（籍）国的活动具有多重功能，在政治、经济、文化和社会等领域都起着重要的作用。下面试从文化角度分析新型华人社团的活动，继而探讨其在中国公共外交中的文化中介功能。之所以从文化视角分析，首先，海外华侨华人置身于中华文化和居住国文化的碰撞之下，不同文化的冲击对他们价值观念的建构以及归属感的寻求所带来的影响十分突出；其次，文化活动是居住国公众易于接受和便于交流沟通的方式，能够从文化细节上广泛传播中华文化，塑造国家形象。[①]

据分析，几乎所有的华侨华人组织都经常开展社团活动，23.8%的华侨华人社团每周都进行活动，25%的华侨华人组织每两周举行一次活动，31.2%的社团没有固定时间，根据社团领导人及其成员的时间机动而定。这些社团中，以语言教育、文化艺术、体育武术等文化类为主的约占30%的比例。[②] 尤其是新型华人社团，开展各项活动尤为积极活跃，成为当地民众了解中华文化的窗口。华人社团是组织开展文化活动的载体。中国公共外交的开展需要借助华人社团的中介角色把中华文化传播到当地民族中，这有助于改善西方媒体的不实报道，促进中国国家形象的塑造，营造良好的舆论环境。下面将通过典型的新型华人社团案例对海外新型华人社团的文化活动作具体的阐述。

（一）中巴文化交流的积极推动者：巴西华人文化交流协会

巴西华人文化交流协会创建于2000年12月2日，是由一群有志于促进中巴文化艺术交流的中青年华侨华人发起成立的。该社团本着爱国爱乡、弘扬和传播中华博大精深文化的宗旨，团结广大侨胞，拥护和支持祖国统一大业，促进中巴两国人民友好往来，推动两国文化、科技、经贸交流，积极奉献海外赤子的一份力量。如今，经过十多年的发展，这一社团已在巴西华人社会中成为充满活力和颇有影响力的组织。成立以来，已成功举办"中巴文化研讨会"、"中国人在巴西发展史研讨会"、"中巴法学研讨会"等交流活动，深入了解中巴文化，促进双方关系的良好发展。每逢中国传统节日，社团组织举行各种联欢活动，让华人切身感受到中华文化的氛围，也让居住国民众了解到华人的节日文化。该社团还开办华文教育，建立图书馆，定期举办讲座，并开展一些棋类、乒乓球、武术等文体活动，丰富华人的文化娱乐生活，也受到了当地居民的喜爱，成为当地民众了解中国文化的窗口。同时，社团还积极将中国的二胡与巴西的桑巴舞进行了有机的结合，向巴西社会展示了两者合一的美妙旋律，并邀请中国的一些民族艺术团体赴巴展示中华艺术文化，推

---

① 陈荣岚：《华文传媒与华人文化认同及文化传播关系之研究》，国务院侨务办公室政策法规司编：《国务院侨办课题研究成果集萃（2007—2008 年度）》（下册），北京：国务院侨务办公室 2008 年刊印，第 656 页。

② 陈旭清：《华侨华人社团的文化传递功能研究》，国务院侨务办公室政策法规司编：《国务院侨办课题研究成果集萃（2007—2008 年度）》（下册），北京：国务院侨务办公室 2008 年刊印，第 760 页。

动了中巴两国文化交流。总体来说，这一社团为推动中巴两国人民往来和文化交流起到很好的桥梁和纽带作用。①

（二）促进中美关系发展的典型：百人会

百人会（Committee of 100），"百人委员会"的简称，是美国一个无党派、非政治性的全国组织，由一批在各自的领域作出杰出贡献的美籍华人组成，由建筑大师贝聿铭以及大提琴家马友友等人共同发起，于 1990 年 5 月在纽约成立。其宗旨是：凭借会员在各方面所扮演的领导角色，改善华人权益，提升华人地位，促进中美关系的新发展。百人会并不以政治期许作为中美以及美籍华人和美国人之间的沟通桥梁，成立 20 多年来，按宗旨和成立宣言精神，在争取华人权益、促进中美关系的改善等方面频繁活动，积极开展工作。② 随着中美关系的变化以及华裔在美国的影响力渐增，百人会扮演的角色更加重要。如今，百人会已经发展成为美国最有影响力的全国性华裔组织之一，在美国政界十分活跃，对推动中美关系发展发挥了积极的作用。

百人会主要从三个方面推动中美关系的发展：一是定期出版会员对中美关系看法的白皮书，二是定期走访海峡两岸，三是组织民意调查。据百人会第五任会长、赛贝斯公司董事会主席程守宗说："目标很明确，就是让美国社会进一步了解中国，帮助在美国的同胞在各个领域争取更多机遇。"③ 吴邦国委员长在会见百人会代表团时表示，希望"百人会"利用自身优势，发挥桥梁作用，在增进中美两国彼此了解与促进合作等方面做更多的工作。④ 百人会在促进中美关系良好发展、推动两国公众相互认识和了解方面作出了突出贡献，为新型华人社团推动中外关系树立了典范。

（三）统一文化的践行：欧洲华侨华人联合会

欧洲华侨华人社团联合总会是 1992 年 5 月 8 日在荷兰鹿特丹成立的非牟利组织，其宗旨为加强欧洲华人社团之间的联系，促进彼此间的了解与合作，不论其宗教信仰、政治观点如何，也不论其来自不同地区和文化风俗的差异，力求以团体的力量争取旅欧华人的共同利益，为提高华人的政治、经济、社会地位而努力。目前，欧华联会有 24 个国家共 200 多个华人社团参加，已成为海外最大的，也是全球唯一的一个跨国洲际华人社团组织。

欧洲华侨华人联合会成立近 20 年来，一直致力于维护中国统一大业，从多方面向欧洲乃至世界说明祖国统一的重要意义，并用实际行动维护国家形象，反对分裂行为。在其举行的每届年会上，均表示促进中国统一是海外华侨华人不可推卸的责任与义务，必须坚持"一个中国"原则，反对分裂国家的活动，为中华民族的和平统一贡献自己的一份力量。同时，它还通过组织各种活动、召开年会等向欧洲传递中国统一的意义，在反对"台

---

① 巴西侨网，http：//www.bxqw.com/，参考暨南大学华侨华人文献信息中心数据库资料。

② 赵可金：《软战时代的中美公共外交》，北京：时事出版社 2011 年版，第 274 页。

③ 《美国"百人会"：促中美交流 为华裔发声》，中国新闻网，http：//www.chinanews.com/kong/news/2009/12-25/2038938.shtml，2009 年 12 月 25 日。

④ 《吴邦国会见亚洲女议员女部长会议代表和百人会客人》，中国新闻网，www.chinanews.com/gn/news/2007/11-28/1090352.shtml，2007 年 11 月 28 日。

独"、"藏独"、"疆独" 等分裂行为中阐述了其坚定的立场，表达了欧洲华人的态度。① 此外，它还成为欧洲华人以共同声音与欧盟进行对话的平台，并通过与欧盟官员的频繁接触和定期会晤，在反独促统、西藏问题等方面向欧方表明了欧洲华侨的立场和态度。② 这一系列活动推动了欧洲民众了解中华民族的真实意愿，为客观认识中国国家分裂行为提供了依据，成为中欧双方沟通的平台。

从上可知，这些社团按照其宗旨所开展的有所侧重的文化活动，有利于居住国民众了解中华文化，推动多元文化的和谐发展。从案例（一）可知，以新移民为主的社团是中国公共外交的丰富资源，对促进中国与世界的文化交流具有重要意义；从案例（二）可知，华人精英群体在改善中外关系中具有突出作用，也是中国开展公共外交的重要行为主体；从案例（三）可知，华人社团在反对国家分裂活动，促进中国统一事业所具有的重要价值，是中国开展公共外交必须争取的力量。这些新型社团开展的文化活动正是中国所需要的，也是开展公共外交的重要方式，是政府或非政府组织借鉴和利用的资源。

四、新型华人社团在中国公共外交中的文化中介功能

从上述典型案例亦可知，新型华人社团又可以充当中华文化和海外文化交流的中介角色。中国公共外交的开展需要运用这一特殊角色来改善中国国家形象，营造较为有利的国内外舆论环境。而文化交流是平等的、双向的交流过程，既是外国公众了解中华文化、认识理解中国的过程，也是中国了解外国文化、减少对其他国家和民族的误解的过程。正如德国著名理论家哈贝马斯指出："不同的文化类型应当超越各自传统和生活形式的基本价值的局限，作为平等的对话伙伴相互尊重，并在一种和谐友好的气氛中消除误解，摈弃成见，以便共同探讨对于人类和世界的未来有关的重大问题，寻求解决问题的途径。这应当作为国际交往的伦理原则得到普遍遵守。"③ 所以，中国开展公共外交的过程是一个双向交流的过程。而新型华人社团正好具有在中国开展公共外交时扮演文化中介的功能。

（一）新型华人社团是外国公众认识中华文化的中介

新型华人社团在居住国开展的各类文化活动是外国公众了解认识中华文化的平台。每当中国传统节日来临，华人社团均举办各类丰富多彩的习俗活动，这既是华人传承中华文化的体现，也是当地民众认识中华文化的窗口。每当居住地移民文化巡游活动开展时，社团均积极参加各类演出，特别是采取多个社团相互合作的方式，既加强华人社团之间的团结，也是当地民众认识中国形象的开端。特别是近年来，随着中国经济的发展，中外文化经济交流日益广泛，华人社团开展的中文培训、传统文化（如武术、中医、饮食）等特色活动，更吸引了当地民众的兴趣，有利于民众从文化层面上认识中国。

在全球化的进程下，新型华人社团逐渐向国际化发展，实际上，他们在这些国际舞台上更能展示爱好和平的中国传统文化，消除人们的受威胁的心理。这一特点对促进国际之

① 参引暨南大学华侨华人文献中心数据库各类网络报刊资料。
② 宋黎磊、王义桅：《中国对欧公共外交：目标、进展与挑战》，《现代国际关系》2011 年第 8 期。
③ ［德］尤尔根·哈贝马斯、［德］米夏埃尔·哈勒著，章国锋译：《作为未来的过去：与著名哲学家哈贝马斯对话》，杭州：浙江人民出版社 2001 年版，第 215 页。

间的文化交流与联系更为有利,能够促进不同国家不同文化的多重磨合,成为扩大中华文化影响力的有效途径。新型华人社团开展这类活动,更易于得到海外公众的接触和认可,因而更易于促进中外文化的多元发展。

(二) 新型华人社团是中国公众了解海外文化的中介

新型华人社团较为熟悉和了解中国国情,积极发展和祖(籍)地的交流与联系,开展各类文化交流活动。这些活动本身就是中外文化沟通的体现。海外华人社团通过各种方式把国外文化传递到中国,成为当地认识和了解外来文化的渠道。通过对祖(籍)地的捐赠,慈善文化得以传播,带动祖(籍)地慈善事业的发展;通过开展文化交流,使海内外不同文化思想得以碰撞,促进祖(籍)地与外界的交流;通过开展寻根、夏令营、联谊活动,能够加强多元文化的沟通,提供一个可以联系的平台;通过介绍海外风土人情、音乐影视作品和开展各类文化研讨会,有助于祖籍地民众拓宽视野,加深对海外文化的了解。这些活动是中国公众了解海外文化的窗口和载体,对国内民众的生活方式、思维方式、价值观念都会产生深刻的影响。

最后,中国开展公共外交活动的作用就是加强中外文化的多元交流,让世界认识中国,让中国认识世界。海外新型华人社团在这一公共外交中扮演着独特的中介功能,对增强中国文化吸引力和政治影响力,营造良好的国际舆论环境都起着重要作用。我们要通过中国政府多个部门(如外交部、文化部、国侨办等)的积极探索和联动,努力挖掘公共外交行为主体资源,充分发挥海外新型华人社团的积极性,释放其所具有的外交能量,共同推动中国公共外交的深入,塑造良好的国家形象,维护国家的根本利益。

华侨华人与中国文化软实力的提升[①]

——以美国华侨华人为例

李其荣　　沈凤捷

内容摘要：华侨华人是提升我国文化软实力的重要力量。本文以美国华侨华人为例，从华侨华人在中国文化软实力构建中的地位，美国华侨华人对提升中国文化软实力的贡献，中国文化软实力提升过程中的问题及对策等层面论述了华侨华人与中国文化软实力提升的关系。文章认为，我们要把保护发展民族文化作为核心，把加强对外文化传播力度作为手段，把海外华侨华人作为重要资源，把促进经济政治发展作为基础，大力弘扬中华文化，让文化成为增强政治价值观、国家发展模式、外交政策和国际形象吸引力的直接推动力，以文化优势引领中国软实力的提升。

关键词：华侨华人；中国文化软实力；美国

【作者简介】李其荣，华中师范大学国际移民与海外华人研究中心教授，国务院侨办侨务理论研究武汉基地主任；沈凤捷，女，湖北美术学院教师。

在如今以和平为主的发展时代，国际政治不断变化的性质已产生了更为重要的无形力量，即普世性文化、民族凝聚力和国际制度，[②]"软实力"[③]的概念和意义也越来越被大家所了解和认同。对于中国来说，国家软实力最直观的表现应该在文化方面。据调查，中国与美国、日本、韩国、印度等国相比，被认为是"一个具有独特文化和传统的国家而非作为一个重大经济或军事力量的国家"[④]，独特的中华文化可以说是中华民族的形象与标志，

---

①　从1990年美国学者约瑟夫·奈提出软实力概念后，国际上就掀起了研究软实力的热潮。国内外关于这个领域的著作文章不胜枚举：约瑟夫·奈在《中国软实力的崛起》等众多文章中发表了对中国软实力的看法；美国学者乔舒亚·柯兰奇在《中国的魅力：中国软实力的影响》这本探讨中国软实力问题的专著中系统梳理了中国软实力在亚洲乃至世界崛起的历程和影响；新泽西大学丁胜在博士论文《软实力与中国的崛起：中国现代化进程中的软实力评估》一文中分析了软实力在中国现代化进程中的地位；上海社科院出版的《国际体系与中国的软力量》一书也着重对中国软实力进行了评估；陈正良主编的《中国"软实力"发展战略研究》一书被认为是国内近几年开始的软实力研究的拓展和深化。除此，许多专业杂志和报纸也刊载了讨论中国软实力的文章，但总的来说国内外学界研究中国软实力重点在于探讨软实力理论、中国软实力资源与建设、中国软实力及其外交等问题，而专门探讨华侨华人与中国文化软实力关系的文章却寥寥无几，经搜索大致只有王志章的《硅谷华人社区软实力研究》一文和陈正良等合写的《析海外华侨华人在推动中国软实力形成和发展过程中的作用》一文。鉴于华侨华人对中华文化的贡献有目共睹，并结合胡锦涛主席在十七大报告中"提升中国文化软实力"的言论，笔者因此选择从华侨华人与中国文化软实力这个新视角来行文，试图探索华侨华人在中国软实力构建之路上的作用及影响。

②　Joseph S. Nye, Jr., Soft Power, *Foreign Policy*, Fall 1990, p. 164.

③　按照约瑟夫·奈的解释，和一个国家所谓的经济、军事这些硬实力相对应，文化、外交政策、政治价值观的感召力就是软实力，软实力资源包含多个要素，多数学者认为文化力是其核心要素。

④　Lai Hongyi, China's Cultural Diplomacy: Going for Soft Power, EAI Background Brief, No. 308, 2006, p. 5.

是中华民族崛起的一种取之不尽、用之不竭的力量源泉，是中国一种重要的软实力资源。中国共产党在十七大报告上也着重强调了"文化软实力"① 这一概念，将其作为我国参与国际竞争的必要手段，可见文化实力在中国国家软实力构建中的地位。那么，目前中国的文化软实力发展情况如何，海外华侨华人在中国文化软实力构建中扮演着什么样的角色，中国文化软实力提升过程中存在哪些问题，我们应如何采取对策，这都是本文要探讨的问题。

一、华侨华人在中国文化软实力构建中的地位

华侨华人是中华文化坚定的继承者，也是中华文化积极的创新者，更是中华文化天然的跨文化传播者。首先让我们分析中国文化软实力的现状，接下来分析华侨华人在中国文化软实力构建中的地位。

（一）中国文化软实力现状

改革开放以来，中国的发展确实迅猛，中国软实力也取得了许多成功，例如国际形象有所改善②、孔子学院遍地开花③、"汉语热"的兴起④、到中国的外国人数量猛增⑤、中国电影产生了爆炸性的国际票房⑥、"北京共识"⑦ 对于不少亚非拉国家来说比"华盛顿共识"更具吸引力等，这些都彰显了中华文化的新魅力以及中国软实力的提升。

但在高兴之余，我们也不能忽视中国软实力发展所存在的诸多问题。从外部看，中国

---

① 文化软实力在约瑟夫·奈构建的软实力国际政治理论中并没有获得应有的概念定位，但在十七大报告之后，它便作为一个概念被正式提出来，北京大学中国软实力课题组将其定义为"文化本身所张扬出来的那种创生力量"，即"文化的凝聚自固力、竞争力、传创力和感召力的整合表达"。其实，文化软实力概念存在着广义、狭义之分：广义是指文化、外交、政治制度等因素都包含在内的软实力对他国的影响力；狭义则是指构成软实力的基本要素——文化对他国的影响力。十七大报告及以上提到的定义便属于狭义含义。基于这种狭义定义，本文所理解的文化软实力只是国家软实力的核心因素，是指一个国家或地区文化的影响力、凝聚力和感召力。

② 英国广播公司曾在全球 21 个国家进行调查，结果发现只有 1/3 的人希望美国价值观传播到本国，相比而言，多两倍的人更相信中国有着积极的影响力。（引自 Joshua Kurlantzick, China's Charm：Implications of Chinese Soft Power, *Policy Brief*, Carnegie Endowment, June 2006, p. 6.）2007 年美国《时代》周刊公布的全球最新民意调查表明："中国已经成为全球最受敬重的前 5 个国家之一。"

③ 自 2004 年 11 月中国国家对外汉语教学领导小组办公室与海外合作建立的首家"孔子学院"在韩国挂牌成立至 2009 年，中国已在 81 个国家和地区建成 256 所孔子学院和 58 所孔子课堂，预计到 2010 年建立 500 所。

④ 据统计，到 2006 年全世界非华人学汉语人数已达到 3 000 万，预计 2010 年将达到 1 亿。（引自 Sheng Ding, *Soft Power and the Rise of China：An Assessment of China's Soft Power in Its Modernization Process*, PhD Thesis, Rutgers, The State University of New Jersey, 2006, p. 128.）

⑤ 据统计，在中国的外国留学生人数已经达到了 110 000 ~ 140 000 人。（引自 Joshua Kurlantzick, Charm Offensive：How China's Soft Power is Transforming the World, Foreign Policy Research Institute, Aug. 2007, http：//www.fpri.org/enotes/200708. kurlantzick. chinacharmoffensive. html.）

⑥ 中国电影《卧虎藏龙》、《英雄》、《十面埋伏》在国际票房上很高，其中《卧虎藏龙》是美国历史上票房最高的非英语电影。参见 Sheng Ding, Robert A. Saunders, Talking Up China：An Analysis of China's Rising Cultural Power and Global Promotion of the Chinese Language, *East Asia：An International Quarterly*, Vol. 23, No. 2, June 2006, p. 15.

⑦ 2004 年 5 月，英国专家乔舒亚·库珀·雷默提出"北京共识"，他定义为：一心一意地进行创新和试验，积极主动地捍卫国界和国家利益，以及深思熟虑地不断积累非对称权力手段。目标：在实现增长的同时保持独立。他认为北京的全球发展模式吸引追随者的速度几乎与美国模式使他们敬而远之的速度一样。参见［英］乔舒亚·库珀·雷默著，张达文译：《从华盛顿共识到北京共识》，《国外社会科学文摘》2004 年第 7 期。

的软实力发展速度比起它的经济、军事发展速度要落后很多；从内部看，中国软实力发展要素中，文化力比政治力和外交力的发展速度又要落后很多，我国目前最主要的软实力是"在国际上所塑造出的和平、负责任的国家形象，并非我国几千年厚重的历史文化积淀，文化自身并没有对国家综合力量产生相应的贡献"①，文化竞争力、投射力和信息力并不像我们所想象的那么强大。尽管唐人街遍布世界各地，它也只是中国文化单元式的对外迁移，其文化载体是华人而不是当地人，且这种强调集体、否定个体利益、否定个性的中国文化整体主义的核心价值在西方得不到认可；② 尽管全球兴起"汉语热"，但汉语对许多人的吸引力往往更多地反映在希望得到在中国获取经济利益的机会，而不是渴望学习中国政治、社会或文化，而且据统计，相对于中国学生几乎人人学习英语的现象，在美国3 000多所大学里只有800所开设了汉语课程，大约有2.4万高中生在学汉语，有超过100万高中生在学法语；③ 尽管中国的外国留学生人数很多，但80%的留学生来自亚洲，这80%中又有50%来自韩国；④ 尽管带着"中国制造"标签的文化产品随处可见，我国仍存在严重的"文化赤字"现象。综观各国在世界文化产业市场中的份额，美国占42.6%，欧洲占33.9%，日本占10%，韩国占5%，而我国不足6%，⑤ 所占份额与我国发展规模颇不相称；尽管中国地广人多，但媒体传播能力薄弱，据国家信息安全报告显示，占有世界人口1/5的中国只拥有4%的全球信息资源，⑥ 有资料显示我国媒体的对外传播渗透能力指数仅仅"高于中低收入国家的水平，相当于美国的1/6，中高收入国家总体水平的1/2，发达国家水平的1/5"⑦。这种现象说明了中国在文化"走出去"方面明显准备不足；尽管中华文化博大精深，它所表达的信息仍是一个"空白品牌"，好吃的中国餐和模糊的孔夫子就代表了西方人对中国的普遍了解，⑧ 并没有形成明确的理念和内涵，不像美国文化软实力，很容易让人想到"自由、民主、独立"等信息。

因此，我国文化软实力的发展还不容乐观，经过一些指标衡量，我国的文化吸引力不及美国文化吸引力的1/10（8.6%），⑨ 我们没有美国那样明确的文化内涵，没有像好莱坞那样庞大的文化产业，没有像哈佛那样高级的大学水平，没有那么多促使软实力发展的非政府组织，⑩ 没有像美国那样受世界广泛欢迎的大众文化产品。作为一个有五千年文明历

① 上海社会科学院世界经济与政治研究院：《国际体系与中国的软力量》，北京：时事出版社2006年版，第136～138页。

② 上海社会科学院世界经济与政治研究院：《国际体系与中国的软力量》，北京：时事出版社2006年版，第131～132页。

③ Sheng Ding, Robert A. Saunders, Talking Up China: An Analysis of China's Rising Cultural Power and Global Promotion of the Chinese Language, *East Asia: An International Quarterly*, Vol. 23, No. 2, June 2006, pp. 21 – 25.

④ David Shambaugh, *Power Shift: China and Asia's New Dynamics*, Berkeley, Los Angeles: University of California Press, 2006, p. 16.

⑤ Yanzhong Huang, Sheng Ding, Dragon's Underbelly: An Analysis of China's Soft Power, *East Asia: An International Quarterly*, Vol. 23, No. 2, winter 2006, p. 31.

⑥ Bates Gill, Yanzhong Huang, Sources and Limits of Chinese Soft Power, *Survival: Global Politics and Strategy*, Vol. 48, No. 2, 2006, p. 27.

⑦ 王英杰：《论软力量的价值及中国软力量的构建》，东北师范大学硕士学位论文，2006年，第13页。

⑧ 刘艳房：《中国国家形象战略与国家利益实现研究》，河北师范大学博士学位论文，2008年，第82页。

⑨ 阎学通、徐进：《中美软实力比较》，《现代国际关系》2008年第1期，第28页。

⑩ Joseph S. Nye, Jr., The Rise of China's Soft Power, *The Wall Street Journal Asia*, 2005, p. 1.

史的国家，我国却没有赢得"文化大国"的美誉，其中存在的问题确实值得深思。所以，我们不要被目前的一些成就所蒙蔽，我国的文化软实力发展之路还任重而道远。

（二）华侨华人与中国文化软实力的关系

要提升中国软实力，首先得依靠博大精深的中华文化以及承载这种文化的全体中国人，具有中国血统的海外华侨华人也能作为依靠的力量。如今"国际人口流动已渐渐成为一种社会转型力量，它以一连串不同但重要的方式重组国家与社会，影响了输入国和输出国的整个社会"①，华侨华人作为国际移民群体中的一支队伍，也对中国和输入国产生了双重影响。对于中国来说，自秦汉以来，海外华侨华人已经遍布全球，他们的思乡恋土情结使他们成为帮助中国摆脱压迫、推进现代化进程以及推动中外经济、政治、文化交流的重要力量，促进了中国的经济腾飞和社会进步，有人甚至称"海外华人是除石油资本、犹太资本之外的世界三大资本之一"②。在如今这个强调软实力的时代，华侨华人仍然有条件和能力为提升中国软实力作贡献，他们可以成为中国的形象大使、人才宝库、民间外交官、文化桥梁、促和力量，这些都实实在在地影响着中国的软实力。

那么仅从文化视角来考察，正如著名侨史专家刘伯骥先生所言："舍文化不足以言华侨，舍文化因素，更无法认识华侨之本质"，海外华侨华人具备特殊的文化身份。

他们是中华文化坚定的继承者，因为一个民族的成员离开了祖（籍）国移居异地，是不会立即脱离原有的民族文化而全盘接受移居国民族文化的，相反他在新的居住空间还会不自觉地受到原有文化的制约和影响，从而保存了祖（籍）国的文化传统及生活方式。就算经过当地文化的长期同化，仍可以在他们及其后代身上找到祖（籍）国民族文化的印记。③ 而且鉴于群体或社区具有文化传承上的强固性，华侨华人一般就是以群体形态如华人社团社区、唐人街等出现的，这些群体也有效地承载着华夏文化传统，使中华传统文化得以在海外延绵。

他们也是中华文化积极的创新者，因为华侨华人文化在不断丰富当地文化的同时，也会不断地吸收其他民族文化的许多因素，与当地文化逐渐融合，成为新的混合文化。④ 这种文化是以民族文化为母体，融合其他民族文化，进行互补、共生、整合后形成的深具魅力、富有活力的独特文化。新型的华侨华人文化在同中华民族接触过程中不自觉地向母体文化输入世界性现代化文化的新鲜血液，促使中华文化的不断创新。

他们更是中华文化天然的跨文化传播者，因为他们身上保存着中国的传统文化，对中国怀有特殊感情，同时又在外国生活，与外国人直接接触，直接的文化传播远比间接文化传播效果明显。约瑟夫·奈曾有表述："一国文化价值的普世性是获得软权力的关键"⑤，而是否具有普世性必须通过文化传播来验证，文化只有传播才有影响力，只有当民族文化

---

① Stephen Castles, Mark J. Miller, *The Age of Migration*: *International Population Movements in the Modern World*, Hampshire: Palagrave Macmillan, 2003, p. 21.

② 魏明：《全球信息时代中国文化软实力发展战略研究》，华中师范大学博士学位论文，2008 年，第 95 页。

③ 李未醉：《加拿大华人社会内部的合作与冲突》，北京：世界知识出版社 2007 年版，第 95 页。

④ 王焕芝：《新时期华侨华人文化发展趋势探析》，《齐齐哈尔大学学报》2008 年第 3 期，第 69 页。

⑤ Joseph S. Nye, Jr., *The Paradox of American Power*: *Why the World's Only Superpower Can't Go It Alone*, New York: Oxford University Press, 2002, p. 12.

广泛传播时，一国软实力才会产生越来越强大的力量，华侨华人正是传播中华文化的有效且便利的传播载体。

这三种特殊的文化身份为海外华侨华人增进和扩大中华文化在全球的影响力提供了有利的条件。因此，面临我国的文化软实力水平亟待发展的形势，我们应该充分认识到海外华侨华人的独特作用，遍布全球的华人网络为中国软力量的施展开辟了世界舞台，他们可谓是提升中国文化软实力的重要力量。

二、美国华侨华人对提升中国文化软实力的贡献

美国是全球继东南亚国家之后的第二大华人聚居地，华侨华人也是最大和最早移民美国的亚裔族群。据统计，2007 年美籍华人总数有 353 万之多，占亚裔美国人口的 23.3％。① 庞大的华人移民群体因为一种文化情结，通过各种方式在美国传播了中华文化，增强了中华文化的吸引力，提升了中华文化软实力。

（一）提升中国文化软实力的主要内容

华侨华人提升中国文化软实力，通过以下途径：饮食文化，建筑文化，中医文化，中华传统价值观，文学艺术，语言文化，风俗文化等。

1. 饮食文化

饮食文化是中国传统文化的内容之一，中餐馆也成为广大华侨华人移居海外赖以谋生且历久不衰的经济支柱之一，而华侨华人在让世界了解中国菜的漫长历史过程中也发挥了相当大的作用。在美国，第一家中餐馆开业于 1850 年，当时餐饮业是老移民谋生的重要手段，约有一半以上的在美华侨华人直接或间接从事与中餐业有关的行业。早期中国菜主要以粤菜为主，虽然口味比较单一，但物美价廉，很受美国人欢迎。一次民意测验的结果表明，在外国饭菜中，中餐的受欢迎程度排名第二，仅次于意大利食品。20 世纪 70 年代后，美国中餐发展更为迅速。"1971 年美国各地有中餐馆 9 355 家，2000 年为 35 779 家，到 2006 年有 4 万多家，超过麦当劳、汉堡王、温迪屋三家之和。"② 而且这些中餐馆不再仅仅集中于唐人街，也出现在很多非华人居住区；顾客也不再主要局限于华人，许多美国居民和欧洲人也频频光顾；而且餐馆种类繁多、口味多样，从粤式茶楼、小食店到颇具规模的大饭店、酒楼，从以前的以广东味为主的菜肴到现在汇集中国各大菜系不同风味的菜肴，③甚至还能找到中国少数民族傣族人开的餐馆。④ 另外，中餐还开始西化、快餐化。如美国的陈文曼亚美公司中有一个独特的"陈查礼"快餐集团正在发展，这家快餐集团是美国最庞大的中式快餐集团，"它给顾客提供的中式食品有蛋卷、扬州炒饭、酸甜云吞、叉烧包以及各式点心等。这些富有民族色彩的中国式食品满足了美国人趋向多样化的饮食习惯和

① Jimmy Wales , Chinese American, Wikipedia, http：//en. wikipedia. org/wiki/Chinese_ American.

② 任贵祥主编：《海外华侨华人与中国改革开放》，北京：中共党史出版社 2009 年版，第 380 页。

③ 任贵祥主编：《海外华侨华人与中国改革开放》，北京：中共党史出版社 2009 年版，第 380 页。

④ ［美］彼得·邝著，杨立信等译：《新唐人街——当代美国华人社区》，北京：世界知识出版社 2002 年版，第48 页。

味道要求及制造水平更高的需求，吸引了许多美国当地人"①。中国美食在美国华侨华人的努力下已经深深扎根于美国文化中，中餐馆实际上已成为美国整个文化不可分割的部分。

2. 建筑文化

居民建筑是人造的自然，是凝固的文化。在华侨华人留在美国的建筑中，最具文化特质的建筑样式——牌楼，在异乡的人们心中投射了传统文化的意象，中国牌楼绿瓦朱柱，雕龙画凤，飞檐翘角的特色十分鲜明地展现了古老的中华建筑艺术。这些牌楼一般坐落在唐人街的街道入口处，"一进街口，你立即就能感受到浓郁的华夏气氛，仿佛置身于中华古城之中。例如波士顿唐人街的牌楼，红柱金瓦，雕梁画栋，气势雄伟。牌楼楣头正反两边，雕刻了'天下为公、礼义廉耻'八个熠熠生辉的大字，凝聚着中华民族的传统美德和政治理想。西雅图唐人街的拱形'中华门'以中国自古推崇的吉祥色——红、黄、蓝、绿为主色调，其顶部有一火球状装饰物，象征着吉祥如意，内部以龙为主要装饰图案，象征着神圣、尊贵、威武，更意喻华人是龙的传人"②。中华建筑尤其牌楼是华人社区一个永恒的文化遗产，象征数千年的中华文化，也影响了美国当地人对中华建筑文化的认同。

3. 中医文化

中医是建立在阴阳五行理论基础上，采取望、闻、问、切的方法进行诊疗的医学，其中既有深奥的医学科学道理，又蕴含着深邃的中华文化哲理。早年赴美的老一代穷困的中国移民看不起西医，就用中医偏方治病，中医药文化因此被华侨华人带到了美国。当时美国白种人认为仅靠一些草药来治病的做法是荒谬的，有人甚至认为中医是妖医，正是这一批早期华侨利用中医成功治疗了一些西医没有治好的病症，才使中医逐渐被当地人所接受，为中医药在美国的继续发展打下了基础。1965年后，随着新移民的到来，中医在美国的影响力也不断提升。例如，中医是北美医药界出现的新医学分支——选择医学（包括了与传统西医不同的一切民族医学）中重要的组成部分，各大城市都有选择医学学会和相关医生，不少白人也改学或兼学中医或针灸。③ 在这期间也出现了不少传播中医文化的杰出华人，如1982年在美国创办了中国文化医药大学的华人崔巍经过20多年的探索，形成了一套自成体系又令人信服的中医学文化理论，著有《中国文化医学之根》。近年来，美国医学界逐渐转变对中医的偏见，转而重视中医及中医学，崔巍功不可没。④ 再如华人黄志伟在美国创办了第一所中医学院，以"挖掘和推广中国传统医学、培养中医药人才、研究中医传统疗法"⑤ 为宗旨。华侨华人的努力使中医文化越来越被大众所熟悉和认可。

4. 中华传统价值观

贵和持中、崇德重义、勤俭耐劳等精神都是我国传统的文化价值观，对世代中国人影响深刻，广大华侨华人将其传播到世界各地，成为世界文化的组成部分。在和合精神的指导下，海外华侨华人注重人际协调、性情平和。在华工盛行的年代，老华侨被白人抢走了

① 罗晃潮：《中华饮食文化的海外传播》，《八桂侨史》1997年第2期，第31~32页。
② 乔钟：《美国唐人街牌楼：古老而鲜明的中华民族建筑风格》，《人民日报·海外版》2009年3月20日。
③ 李未醉：《加拿大华人社会内部的冲突与合作》，北京：世界知识出版社2007年版，第88~89页。
④ 任贵祥主编：《海外华侨华人与中国改革开放》，北京：中共党史出版社2009年版，第382页。
⑤ 沈燕清：《美洲华侨与中医药的发展》，《八桂侨史》1998年第3期，第56~57页。

工作，只会不声不响地离开，找另一份工作，不会与人争吵；在如今高素质的华人新移民不断增加的时代，他们仍然追求"人和"，如"硅谷华人反对种族歧视，尊重其他文化及观点，真诚待人，与他人和睦相处"①。在崇德重义、厚德载物思想的影响下，华侨华人推崇高尚的道德情操，强调对家庭、民族、国家和所处社会的责任，一方面家庭主义很好地根植于多数海外华人思想中，②华人家庭尤其是第一代华人家庭比起当地家庭来说，子女更为孝顺，更听父母的话，父亲在家处于一种权威地位，而且老一代华侨华人更愿意回国奔丧守墓或回国归丧，体现出中华文化传统，同时也加强了海外游子与祖（籍）地的联系；另一方面华人更重视道德规范，也强调自律，即使是小孩子，也经常被教育应该遵纪守法，自己的行为一定要符合社会的基本道德准则。有事实证明，在 20 世纪 50 年代美国青少年犯罪率较高的时期，华人青少年犯罪率相对很低。以纽约为例，1953 年纽约市青少年局报告说经他们处理的 17 000 个案件中，只有 12 个案件牵涉到华人，而且只是轻微违法行为，比如用粉笔在墙上乱涂乱画等。③ 在勤俭耐劳精神的影响下，华侨勤劳节约，什么苦活脏活都肯干，为改善生活而努力奋斗，这种精神也使他们得到当地人的尊重。像美国在修建铁路的艰苦岁月里，各处的华人以耐劳、高效率作风受到称赞，成为美国建设事业中不可或缺的一部分。当时《太平洋新闻报》载有"白人看不起、不愿做的工作，华人肯做；白人所做的，华人能学会做；他们是填补空白者，愿做别人不愿做的，或别人尚未做过的，他们总是能适应白人的要求……"④ 再如当今硅谷的华人在硅谷这个激烈竞争的环境里，拥有的勤奋踏实、刚毅坚强的特质使得他们在事业上取得了很大的成就，深受美国主流社会的称赞，也出现了"没有华人，硅谷就会沉下去"⑤ 的言论。喜欢一种文化"只是文化传播的第一步，文化价值观的内化才是繁琐和复杂的"⑥，华侨华人将中华文化价值观发扬光大，有助于中华传统文化更深入持久地吸引侨居地居民。

5. 文学艺术

文学艺术是一个国家文化底蕴的体现，华侨华人把中华文化中这些璀璨的珍珠如文学作品、书法绘画、音乐戏剧、武术气功、舞龙舞狮、划龙舟、手工艺等带到了美国，展现了中华文化的特色和魅力。

美国华人杰出代表林语堂，可谓是向美国人民介绍中国思想的最优秀的代表，他从 1919 年开始长期旅居美国，并用亲切幽默的文字描述了中国人民、中国传统以及中国的各种信念，激起了人们对中国的热情和兴趣，他的作品很多，如《孔子思想》、《老子思想》等，美国几乎所有图书馆都存有他的著作。⑦

作为中华文化三宝之一的武术也是华侨华人大力传播的对象。20 世纪 70 年代后，美国设立了很多华侨精武体育会分会，有些到美国的华侨武术家也纷纷成立了健身社或武术

---

① 王志章：《硅谷华人社群软实力研究》，http://buddykingsky.blog.163.com/，2008 年 10 月 10 日。

② Gordon C. K. Cheung, International Relations Theory in Flux in View of China's "Peaceful Rise", *Copenhagen Journal of Asian Studies*，26（1），Sep. 2008，p. 11.

③ ［美］宋李瑞芳著，朱永涛译：《美国华人的历史和现状》，北京：商务印书馆 1984 年版，第 170 页。

④ Mary Roberts, Coolidge, *Chinese Immigration*，New York：Holt and company，1909，pp. 34 - 37.

⑤ 王志章：《硅谷华人社群软实力研究》，http://buddykingsky.blog.163.com/，2008 年 10 月 10 日。

⑥ Joel Wuthnow, The Concept of Soft Power in China's Strategic Discourse, *Issues & Studies*，No. 2，June 2008，p. 12.

⑦ ［美］宋李瑞芳著，朱永涛译：《美国华人的历史和现状》，北京：商务印书馆 1984 年版，第 295 页。

馆，促进中华武术的传播，且太极拳当时也风靡全球。① "1993 年 8 月 21 日美国组建武术大家庭，成立了美国国家武术总会，美籍华人吴廷贵担任美国武术总会会长，克林顿总统亲自致贺电，3 000 多人到会，盛况空前。"② 中华武术走向世界，华侨华人武术师们功不可没。

在戏曲方面，粤剧、汉剧、潮剧、琼剧和闽剧在华人社会中比较流行。粤剧在美国出现最早，"1852 年便有一个鸿福堂的戏班在旧金山演出，自 1877 年以来，旧金山保持有三四间戏院，到二三十年代粤剧戏班到美国演出仍十分活跃，当时旧金山还有两间粤剧戏院，也有一批基本演员和艺员的行会组织——八和会馆"③。1865 年，"加利福尼亚州圣安多里市的华侨集资开演粤剧，聘请优伶及乐工 30 人，搭建帐篷为剧场，观众有中西矿工，非常热闹。该剧团随后在各矿场或华埠轮流开演，极受欢迎"④。如今，海外推广中华文化的形式也在不断创新。洛杉矶越剧团曾在南加州成功演出了《红楼梦》，演员全部是生活在洛杉矶的华人，只请了国内名伶当艺术顾问，道具和布景则从上海制作后运去。⑤

6. 语言文化

语言是文化传播最有效的工具之一，也是文化全球化的核心要素，语言和文化密不可分。⑥ 早期来自广东的华侨到美国后说的是广东话，而且绝大部分是广东的地方方言。他们聚居在唐人街，使用广东话更容易在唐人街求职、工作、与人交往，因而他们极少愿意去学英语，只有为了工作的方便才会去学简单的英语。这种长时间说广东话的局面在华侨华人社会里起着保持发扬中华传统文化、增进民族凝聚力的重要作用。后来，"一些汉语直接以语音形式进入英语中，有的还被收入到权威的英语词典。比如英语中的 chow mein（炒面）、tofu（豆腐）、chopsuey（炒杂碎）等"⑦。随着华侨社会向华人社会的转变，华人新生代的增加，越来越多的华人后裔不会说中文。因此，多年来很多华人通过聘请中文家教、上中文学校、送子女回国等各种方式让下一代说汉语、认汉字和写方块字。随着世界范围内儒家价值观的建立，中文也逐渐成为中国软实力的标志。⑧ 对于海外华人来说，会说汉语、认汉字是让下一代了解中华文化的基础，也是提升中国软实力的重要方式。

7. 风俗文化

具有五千多年历史文明的中国有许多传统的节日，这些节日风俗也被广大华侨华人带到了异国他乡。在中华民族众多传统节日中，春节最隆重、最热闹、最大众化，春节里贴年画、贴福字、写春联、剪窗花、买年货、包饺子、逛庙会、放鞭炮、舞龙舞狮等习惯都是延续了几千年的中国农历新年的传统元素。近现代以来，华侨华人在创业的同时也不忘

① 蔡扬武：《华侨华人在体育传播中的作用》，《体育文化导刊》1993 年第 5 期，第 22 页。

② 荆福生主编：《华侨华人与体育》，北京：中国社会科学出版社 1996 年版，第 71 页。

③ 罗晃潮：《华侨华人与中华文化海外传播》，《岭南文史》1998 年第 2 期，第 85 页。

④ 廖悦清：《近代广东旅美华侨华人与中美文化交流》，江西师范大学硕士学位论文，2007 年，第 14 页。

⑤ 连锦添：《海外同胞：在国外如何留住中华民族的"文化之根"》，《人民日报·海外版》2008 年 2 月 15 日。

⑥ Sheng Ding, Robert A. Saunders, Talking Up China：An Analysis of China's Rising Cultural Power and Global Promotion of the Chinese Language, *East Asia：An International Quarterly*, Vol. 23, No. 2, June 2006, p. 6.

⑦ 廖悦清：《近代广东旅美华侨华人与中美文化交流》，江西师范大学硕士学位论文，2007 年，第 14 页。

⑧ Gordon C. K. Cheung, International Relations Theory in Flux in View of China's "Peaceful Rise", *The Copenhagen Journal of Asian Studies*, 26（1），Sep. 2008, p. 12.

将中国春节的元素传播到当地，使之生根发芽，延续至今。春节凝聚着四方游子，并向世界传扬着中华文化的魅力。在美国，已有十几个州把中国春节列为法定假期，[①] 从某种意义上说明中国的传统节日已经融入当地主流社会文化之中。国庆节也是美国华侨华人热烈庆祝的节日。在休斯敦，当地的华侨华人已经连续 10 多年举办了国庆节庆祝活动，而且每年的庆祝活动都各具特色，都是当地华侨华人社团认真筹备、精心组织的结果，目的在于"利用这一时机，激发广大华侨华人对祖（籍）国的热爱之情，向美国主流社会展示中国灿烂的传统文化"。在纽约，华侨华人在国庆 45 周年来临之际举行的美东华人大游行庆典备受美国社会各界的关注，美国知名华人历史学家麦礼谦称之为"是美国华人历史上的一大进步"[②]。

（二）美国华侨华人提升中国文化软实力的方式

美国华侨华人提升中国文化软实力的方式有：发挥唐人街固守民族文化的功能；建立社团组织传承中华文化；利用华文媒体扩大中华文化影响。

1. 发挥唐人街固守民族文化的功能

过去，华侨称他们聚居的街区为"唐人街"，也称"华埠"、"中华街"或是"中国城"。唐人街里，建筑物多是中国风格："亭台楼阁、雕龙画凤、园林水榭、中文招牌、中文楹联，无处不体现中国情调。中国人经营的各种风味的中餐馆以及中国式商店比比皆是，普通话和各种方言畅通无阻，中国音乐和中国戏曲四处可闻，中国货物、中国社团、中文学校、中文报刊随处可见。逢年过节，习俗与中国传统一模一样：张灯结彩、舞龙舞狮、放鞭炮、扭秧歌、踩高跷、摇旱船、贴春联、拜神祭祖、迎宾访友……"体现出中国的风土人情和华侨对根的依恋，同时也吸引了不少外族人。[③] 唐人街是一个源远流长、珍贵的民间文化宝库，唐人街的中华文化氛围可以促进青年华裔对自己民族之根的了解，也可以增进白人对中华文化的了解。一位美国记者是这样谈起对唐人街的感受的："唐人街其实就是融社会、经济、文化为一体的'中华文化街'，外国人可以在这里感受中华文化的神秘和魅力。对外国人来说，唐人街是认识中国的第一步。"[④]

2. 建立社团组织传承中华文化

海外华侨华人为了生存和发展，以及因为群体至上的文化传统和在血缘、种族、语言、习俗等方面的认同感，在居住国结成了各类社团组织，华侨华人社团被视为"海外华侨华人社会的基石和核心，是联系和团结海外华侨华人的重要载体"。这些社团的宗旨、活动或多或少带有弘扬中华文化、团结互助的内容。据统计，明确以弘扬中华文化为主要宗旨的社团，约占社团总数的 12%，比如一些学术研究学会、非营利性的文艺表演社团、书法或文学作家协会、中文书店、影像店等组织，还有其他约占总数 32% 的社团也分别在

---

①　尚文：《"四海同春"彰显中国软实力》，《侨务工作研究》2007 年第 1 期，第 29 ~ 31 页。

②　任贵祥主编：《海外华侨华人与中国改革开放》，北京：中共党史出版社 2009 年版，第 374 页。

③　李原、陈大璋：《海外华人及其居住地概况》，北京：中国华侨出版社 1991 年版，第 359 页。

④　李炜娜：《唐人街变化：折射出华人移民海外历史足迹》，人民网，http：//chinese. people. com. cn/GB/42314/4927761. html，2006 年 10 月 17 日。

宗旨中包含了"发扬中华文化"、"推进中文教育"或"倡办华文学校"等内容。① 从实际行动上来看，有的华人社团兴办学校、创办华文报刊、兴办图书馆、开展各种文艺体育活动，这些也都有利于传播中华文化，可以说华人社团是中华文化依托的重要组织，是华人传播中华文化的重要媒介。

3. 利用华文媒体扩大中华文化影响

华文报刊是海外华人社会的重要媒体之一，在传播中华文化、报道华人社区和中国消息等各方面发挥了很大的作用。20 世纪 80 年代以前，华侨华人在美国 5 个城市办有华文日报 15 种，每天 16 版的《国际每日新闻》（1981 年创办于加州），总共发行 13 ～ 15 万份，平均 8 个华人就有 1 份华文日报。他们还办华文杂志及非日报 95 种，全部报刊数 110 种，占世界海外华文报刊总数的 30%。美国每一个华裔家庭都拥有一份以上的华文报刊。② 20 世纪 80 年代以来，随着中国大陆新移民在欧美的迅猛增加，他们所创办的华文报刊越来越多，而且能更准确地展示中华传统文化和现代文化。进入 21 世纪，全美国"有 100 多家华文报刊，1/2 以上的州都有中文报刊杂志，其中 1/3 是由中国大陆移居到美国的华侨华人创办的"③。目前美国影响很大的两种华文报是《世界日报》和《侨报》，其中《世界日报》已成为一个跨越国界的媒体网络。④ 另外，针对有些华裔后代不懂中文的情况，一些双语版报刊问世。这些报刊对于只懂外文不懂中文，又希望了解中国的华裔和外国朋友来说，是一个福音，有利于打破文字上的隔阂。⑤

随着计算机网络技术的发展，网络媒体也成为传播中华文化的新工具，目前世界各地的华侨华人，只要具备上网条件，就可以通过网络接触到华人世界的新闻、文化和商务信息，同自己的祖（籍）国、家乡、亲属或同乡进行联系，为子女寻求学习母语的辅导并增进接触中华文化的机会。如今，世界上的华文网站越来越走向联合，2001 年 2 月来自美国、加拿大等 20 多个国家的华文网站在美国硅谷召开了首届中文网站研讨会，并宣布成立了"海外中文网站协会"（OCWA）。⑥ 另外，中文电子报刊也越来越多地出现在网络上。如《华夏文摘》、《威大通讯》、《中华经济时报》、《美中网际电子报》等。⑦ 海外华文电子报刊是华侨华人传媒业的新生事物，是对传统华文报刊的革新，也代表了海外华文报刊未来的发展趋势。

广播电视电影也是扩大中华文化影响力的重要媒体。海外华侨开办广播电台最早始于 20 世纪 30 年代，到 20 世纪 70 年代，美国华人广播已经发展形成纽约、旧金山和洛杉矶三个中心。据不完全统计，截至 90 年代中期，海外华语广播电台先后开办 60 多家，其中美国就有 25 家。⑧ 另外，据调查，美国有三大华语电视网：亚美电视、中华电视、北美卫视，"三大电视网均采用国语和粤语双语广播，通过通信卫星，一周 7 天，一天 24 小时滚

---

① 李明欢：《当代海外华人社团研究》，厦门：厦门大学出版社 1995 年版，第 214 ～ 215 页。
② 李原、陈大璋：《海外华人及其居住地概况》，北京：中国华侨出版社 1991 年版，第 25 ～ 27 页。
③ 国务院侨办侨务干部学校编著：《华侨华人概述》，北京：九州出版社 2005 年版，第 124 页。
④ 孔秉德、尹晓煌：《美籍华人与中美关系》，北京：新华出版社 2004 年版，第 169 页。
⑤ 李原、陈大璋：《海外华人及其居住地概况》，北京：中国华侨出版社 1991 年版，第 25 ～ 27 页。
⑥ 刘权：《建立全球华人研究信息联系模式探讨》，《研究学者网络月报》2008 年第 2 期，第 2 页。
⑦ 任贵祥主编：《海外华侨华人与中国改革开放》，北京：中共党史出版社 2009 年版，第 348 ～ 349 页。
⑧ 周南京主编：《华侨华人百科全书（总论卷）》，北京：中国华侨出版社 2002 年版，第 745 页。

动式地向美国各地传送节目。在设有有限电视网的城市，三大电视网也通过有线电视台每天播放 2 至 15 个小时不等的节目"。播放节目主要分两类，"一是新闻和采访，包括中国大陆、香港和台湾的要闻，国际短讯以及美国国内、地方和华人市区新闻；二是各种各样的专题报道和娱乐节目"。除了三大华语电视外，美国至少还有 12 个中文电视转播台，主要转播全国性或地区性电视联网中有关中国大陆、香港和台湾的节目。① 美国还有一支三四千人的华语电视电影制作队伍，已生产电视剧、影片几十部，题材多是反映美国华人的生活。②

总之，华侨华人传播中华文化既不是通过宗教作为先导，更不是通过殖民统治强制推行，而是通过建立唐人街、社团组织、华文媒体等方式和平地、民间性地、循序渐进地传播中华文化，从而使中华文化被美国大众所认知，进而潜移默化地融入当地的社会生活，成为当地多元文化中的一支。

三、中国文化软实力提升过程中的问题及对策

移民的东方文化毕竟不会成为西方文化的主流，美国华侨华人文化传播功能的发挥总是容易受到诸多因素的阻挠，诸如不利于中华文化传播的美国国内文化环境和政治氛围、华侨华人新生代出现的严重的失根失语现象、华文教育存在的教学状况急需改善、使用字体语言不统一、华侨华人社团的整体实力发展有欠缺等问题。这些问题影响了华侨华人在美国的生存发展，阻碍了华侨华人对中华文化的传播，不利于中国文化软实力的提升。鉴于此，本文提出以下几点对策：

（一）帮助华侨华人正确认识自我，促使华人后裔对中华民族的文化认同

一些华人觉得越早忘记美国排华历史，越早忘记自己的文化、语言、生活习惯和自己的华人身份，就越能被主流社会所吸收。但结果不尽如人意，个人经济上的成功并不意味着会被主流社会完全接纳，③ 无论他们的言行举止多么美国化，由于身体和心理上的明显不同，他们还是遭受了社会隔离、经济歧视和法律的不公。④ 正如一位年轻华裔说："大学毕业后，我试图在一些公司谋职，但是我得不到任何机会。我被告知，因为我是华人所以他们无法雇用我。"⑤ 这种种令人无奈的情况会使华裔陷入自我身份认同的困惑之中，会变得不自信，影响中华文化的传播效果及华侨华人的身心健康。

对此我们认为，可以鼓励并帮助那些成长在双重环境中的美国华裔青年建立更多的"中华文化俱乐部"，为他们创造更多的机会和更好的环境去学习中国的历史和文化，促使他们思索自己的文化之根，帮助华裔找回自我，摆脱迷茫，确立并增强信心；同时在国内

---

① 周敏著，郭南审译：《美国华人社会的变迁》，上海：上海三联书店 2006 年版，第 157～158 页。

② 李原、陈大璋：《海外华人及其居住地概况》，北京：中国华侨出版社 1991 年版，第 28 页。

③ Min Zhou，James V. Gatewood，eds.，*Contemporary Asian America*，New York：New York University Press，2000，p. 353.

④ Benson Tong，*The Chinese Americans*，London：Greenwood Press，2000，p. 65.

⑤ Lei Jieqiong，A Study of American-born and American-raised Chinese in Los Angels，University of Southern California，1931，pp. 68 - 79.

开辟有利于华侨华人回国工作的创业平台，大力鼓励华裔青年来华创业，告诉他们中国有无数的机会，他们也不会因为种族背景遭到拒绝；出版并推广建立在"多向分层同化理论"[1] 基础上的宣传册，让华裔明白，在贫困社会环境中，移民子女最好不要完全吸收美国文化、摒弃民族文化，因为他们的族裔社区可以帮助自身免于陷入贫穷，[2] 双文化意识不会产生叛乱，相反还使得移民子女有更卓越的表现；[3] 另外还要建立专业的华人心理咨询机构，建议处于东西方文化冲突中的华人采用一种双重文化身份，也就是"自身的种族身份感随所在环境和与其相处的人的改变而改变"[4]，即"当他们与其父母或同种族的成员在一起时，他们按中国方式行为。当他们与主导社会的成员相处时，就按照西方文化的习惯来行为"。这种文化适应的类型是最理想的，因为两种文化价值的冲突程度最低，也就最少形成心理疾病。[5] 同时要让他们明白，"种族不是回顾祖（籍）国的方式，而是成为美国人的方式，一种将自身放入美国一直都存在的多元文化之中的方式"[6]，兼有两种文化，把主流社会的精华和本民族文化的精华结合起来，对自身的发展会更为有利。

（二）宣传中国和谐思想，促使中华文化对外传播环境的改善

"中国威胁论"、"排华思想"等氛围确实不利于中国文化软实力的提升，在此我们认为要利用多种方式宣传以下内容：

一要正确宣传中国提升软实力这一行动，指出中国提升软实力不是为了抗衡美国软实力，中国发展自己最主要的目的是提高国家庞大人口的生活水平，减少因经济和其他社会不公原因造成的不满情绪等。[7] 中国的崛起是 13 亿中国人参与全球化的产物和中国提高 13 亿人民人权的必然要求，[8] 中国的崛起并不意味着中国是以"零和"[9] 的竞争方式与美国产生正面冲突[10]，中国在软实力发展之路上的所作所为客观上也有助于美国获得某些利益，从而改变美国民众认为中国软实力威胁到美国的想法。

---

① "多向分层同化理论"强调三个方面："第一，移民融入美国社会并不意味着自身社会地位的升迁，社会地位的高低取决于融入美国社会结构中哪一层。第二，移民成功地改善其社会经济地位及其子女成功地融入主流社会的中上层并不仅仅取决于个人的人力资本和经济资源，还取决于族裔凝聚力和支持力。第三，抛弃祖籍语言文化并非改善移民自身及其子女社会经济的良方，父母子女共同学习英语和美国文化，并在此过程中有意识地维系自己的母语及文化传统，才是移民第二代读书成功和改善经济的良策。"引自周敏著，郭南审译：《美国华人社会的变迁·序言》，上海：上海三联书店 2006 年版，第 3 页。

② Yu Xie, Emiliy Greenman, Segmented Assimilation Theory: A Reformulation and Empirical Test, Research Report, Population Studies Center, University of Michigan, 2005, p. 4, p. 28.

③ Min Zhou, Growing Up American: The Challenge Confronting Immigrant Children and Children of Immigrants, *Annual Reviews Sociology*, 1997, p. 86.

④ Phinney Jean S., Chavira V., Parental Ethnic Socialization and Adolescent Coping with Problems Related to Ethnicity, *Journal of Research on Adolescence*, 5 (1), 1995, p. 92.

⑤ 滑明达：《文化超越与文化认知——美国社会文化研究》，北京：中国社会科学出版社 2006 年版，第 167 页。

⑥ Min Zhou, Growing Up American: The Challenge Confronting Immigrant Children and Children of Immigrants, *Annual Reviews Sociology*, 1997, p. 73.

⑦ Thomas Lum, Coordinator etc., Comparing Global Influence: China's and U. S. Diplomacy, Foreign Aid, Trade, and Investment in the Developing World, CRS Report for Congress, 2008, p. 19.

⑧ Rosita Dellios, China: The 21st Century Superpower? Lecture on Casa Asia, Barcelona, 2005, pp. 11 - 14.

⑨ 所谓零和，是博弈论中的一个概念，意味着一方的得益，一方吃亏，双方没有合作机会。

⑩ Gordon C. K. Cheung, International Relations Theory in Flux in View of China's "Peaceful Rise", *Copenhagen Journal of Asian Studies*, 26 (1), Sep. 2008, p. 15.

二要及时宣传文化交流的必要性和我国和谐文化的精华，指出我国文化交流的目的和方式都是建立在和平基础上的，传播和弘扬中华文化并不是民族沙文主义或文化侵略的表现，我们不要把简单的文化交流渲染上太多的政治意义，不要把文化间的差异视为异端，认为是无法接受和可憎恨的，而要将其视为共同生活的经验，其中包含着许多对全人类有价值的教导和信息，① 从而改变美国民众认为我国利用华侨华人或孔子学院等进行文化渗透的看法。

最后还要广泛宣传华侨华人对美国作出的贡献，指出所谓的"华人经济圈"不属于任何一个国家或几个国家，而是属于全世界，并用事实证明越是鼓励支持本国华侨华人发展经济的国家，就越能利用世界各国华侨华人的经济力量来参与国际经济竞争，反之，就会把本国华侨华人的人才、资本拱手相让，② 从而改变美国民众认为华侨华人仅效忠中国以及华侨华人经济消极影响了美国经济的看法。

（三）加大对外文化传播力度，促使中国本土文化影响力的扩大

对外传播是文化软实力的关键环节，一个国家文化的影响力，很大程度上取决于是否具有先进的传播手段和强大的传播能力，华侨华人在异国他乡传播中华文化的贡献是有目共睹的，但是毕竟力量弱小，而且随着华裔的增多，对中国感情的减弱，这种力量会更加变小，所以，我们必须加大力度传播中国本土文化，不仅促使外国人了解中国文化，也帮助华人后裔培养对祖（籍）国的感情。

1. 大力发展文化产业

第一，中国政府应增加对文化产业的经济投入。我国对文化产业的经济投入不大，我国文化产业仅占国家 GDP 的 3%，而发达国家占了 10% 以上，③ 如美国就占 20% 以上。④ 所以我们要加大对文化产业的经济投入。

第二，促进精华文化产品的出口。如前文所述，我国的文化产品出口远远少于进口，因而我们要花更多的精力去生产发掘更好的、更适合海外环境的书籍、影视、音乐、游戏等，出版更多的双语作品，开辟更多的渠道将这些文化产品推向国际市场，比如政府可以创造条件促使有实力的国内出版集团去美国设立出版社，或与当地出版社联合，就地了解大众需求，组织编辑出版适合美国华侨华人和其他族裔的文化产品。

第三，打造有影响的大众媒体。在美国，华文媒体数量较多，但有的媒体的受众有局限性，如《侨报》是以来自中国大陆的群体为主，《星岛日报》是以来自香港和早期的广东、福建的群体为主，《世界日报》是以台湾的群体为主。⑤ 因此，我们应该打破受众限制，建立一些更有影响力、更具广泛性的报刊或电子媒体。这要求我们加强对华文媒体从业人员的培养工作，提高他们的中华文化修养，同时要办好国内有关涉侨的报刊、影视、

---

① Javier Pérez de Cuéllar etc., *Our Creative Diversity*, *Report of the World Commission on Culture and Development*, UNESCO Publishing, 1995, p. 25.

② 汪抗等：《活跃在世界经济舞台的明星——海外华侨、华人》，天津：天津社会科学院出版社 1994 年版，第127~129 页。

③ 唐慧云：《国内学术界中国软实力研究现状述评》，《国际关系学院学报》2008 年第 3 期，第 19 页。

④ 赵磊：《当前提升我国文化软实力面临的机遇和挑战》，《新远见》2008 年第 5 期，第 61 页。

⑤ 王志章：《硅谷华人社群软实力研究》，http://buddykingsky.blog.163.com，2008 年 10 月 10 日。

网络等媒体，还要加强国内媒体与华文媒体之间以及各华文媒体间的相互合作和支持，实现资源共享，促进华文媒体的健康发展。

2. 开展广泛的文化交流活动

第一，建立更有影响力的文化中心。如法国除了驻各国使馆的文化处外，还在91个国家建有151个文化中心，这些中心被称作体现法国"软国力"的核心机构。再如韩国设立了许多机构推广韩国文化，包括在首尔建立"韩流发祥园地"，在北京、上海等地建立"韩流体验馆"等。① 我们应该吸收百家之长，加派文化官员，促使各国的中国大使馆、领事馆担当起文化中心的责任，促使更多文化中心的建立。

第二，扩大文化宣传活动的规模。中国政府应该加大经济投入，由政府主导扩展文化交流活动的规模。在国家主导大型文化交流活动时，还可以鼓励一些有条件的地方政府或有实力的文化艺术团体在节庆时前往华侨华人所在国慰问演出。近几年来，国务院侨办在春节期间组织的"文化中国·四海同春"活动受到华侨华人、多国政要及民众的热烈欢迎。

第三，加强与各种华人社团和华裔的交流。国家有关部门可以"请进来"，经常邀请一些著名的华人社团领袖或者华裔政治领袖访问中国，定期邀请一些华裔科技精英到中国高科技区考察或邀请一些年青华裔到中国参加夏令营等文娱活动；也可以"走出去"，在海外开展"文化中国"系列活动，继续组派各种文化小组，深入到华人社团进行演讲、才艺培训、文化展演等活动，将更多饱含中华民族优秀传统文化内容的文化产品奉献给海外同胞。

第四，建立一个可以坦率地讨论中国文化、政治和经济生活各个方面的系统，使外国人能够从一个国家的好与坏中找到适合自己了解中国的途径，中国要明白品牌不是自己所决定的，而是其他人怎么认为的。②

（四）发展华文教育，促使中华文化在美国的延续

华文教育是联系中国和华侨华人关系的重要纽带，是传承中华文化的最佳途径，可谓"海外的希望工程"。我们应在华文教育的师资、教材、方法等方面加强研究和投入。

（1）在师资方面，我们一方面要做好教师培养工作，将"走出去"与"请进来"紧密结合，不仅选派优秀教师前往华校任教，还要邀请华校老师来华培训；另一方面要做好筹资工作，鼓励和引导海外华校加强同当地教育部门的沟通和合作，争取到他们的经济支持，也要努力实现华文老师的本土培训，以节约培训经费。

（2）在教材建设方面，我们不仅要大力出版中英双语读物、中英文优秀文学经典的音像制品，还要扩大输出渠道，并鼓励民间、私营机构加入到汉语推广队伍中来。据悉，国内英语教育的最大品牌"新东方"已提出："只要给政策，我们可以做到如同推广英语一样推广汉语。"我们应该相信民间私营机构能更快地适应市场、打开市场。而且，我们也可以帮助外国人来编汉语教材，这样中国式的教材才能彻底变为本土式的教材。

（3）在教学方法方面，我们要尽量创造一个适合海外儿童的汉语学习环境，教课时考

---

① 曾河山：《从英、法、韩文化战略看国家形象的塑造》，《对外大传播》2007年第2期，第53～55页。
② Joshua Cooper Ramo, Brand China, *The Foreign Policy Centre*, 2007, p.46.

虑到孩子们的生长背景以及美国的文化教育，采用快乐教学的方式。同时，可以由我国国务院侨办指导，在美国华校当地举办类似于中国国内的"夏令营"、"冬令营"等活动，让更多的华裔在学校内部就能体验与中华文化相关的项目。

（4）在文化环境方面，除了学校为学生提供一个学习中国文化的环境外，我们更要促使华人家庭为子女创造一个可以讲中文和了解中国传统文化的环境。有研究证明，"使用本族裔语言在一个人族裔特性形成过程中起决定作用，孩子说母语的能力只有在跟父母说母语时才得以加强"[1]。而根据贝蒂·孙（Betty Sung）的研究，"在纽约有17%的华人高中生一周之内都不曾见到他们的母亲，父亲与孩子间的联系就更少了"[2]。因而我们有必要号召华侨华人家长多花一些时间与自己的孩子相处，多用母语与孩子交流。另外，从科学角度讲，儿童对语言的驾驭能力要大大超过成年人。对一个四五岁的孩子来说，同时说两三种语言是轻而易举的事[3]，因而我们可以鼓励华人家长尽早教孩子学习中文。

（五）通过非政府组织促使传播中华文化力量的壮大

一般认为，硬实力属国家政府所有，而软实力并不能完全为政府所掌控。软实力的发展除了政府行动外，还应该包括大众的参与，即通过互联网等媒体、旅游以及各种非政府组织联盟等方式参与。[4] 尤其是通过非政府组织进行公共外交，对政府的外交工作有辅助的作用，有时甚至比政府行为更能促进软实力的发展。世界上有一些国家很好地运用了非政府组织推进民主文化的发展。如在美国，好莱坞电影的制片公司、吸引全球学生和学者来美求学的名牌大学、遍布世界各地的美国跨国公司等广大非政府组织在传播美国的大众文化、价值观、知识、生活方式以及政治制度各方面的价值是难以估量的，甚至超过美国政府的影响力。[5] 而对于中国而言，中国软实力最大的空白之处就是在国际舞台上缺乏非政府组织。[6]

对于我国来说，我们一方面可以把海外华人社团当作可利用的非政府组织，通过构建和谐社群来提升华侨华人软实力和中国软实力；另一方面也要充分利用国内的各种文娱社团、新闻传播媒体、经济组织、教育机构等非政府组织，正确引导它们走出国门，壮大传播中华文化的民间力量。

综上所述，华侨华人是提升我国文化软实力的重要力量，我们有必要把华侨华人纳入到我国的软实力构建领域中来。随着我国经济的迅速发展，会有更强大的硬实力作为软实力发展的基础。而强大的硬实力又会吸引更多的华侨华人主动、积极地传承和发扬中华文化，继续成为中国软实力的重要内容。所以，我们要把保护发展民族文化作为核心，把加

---

① Simon H. Cheng, Wen. H. Kuo, Family Socialization of Ethnic Identity among Chinese American Pre-adolescents, *Journal of comparative Family Studies*, Vol. 31, No. 4, 2000, p. 463.

② Ronald L. Taylor, Edited, Minority Families in the United States：A Multicultural Perspective, Prentice Hall, 2002, p. 150.

③ 雷东瑞：《守护文化的大动脉》，新华网，http：//news. xinhuanet. com/overseas/2008 – 05/06/content_8111845. htm，2008 年 5 月 6 日。

④ Roger L. Janelli, Dawnhee Yim, Soft Power, Korea, and the Politics of Culture, Institute of East Asian Studies, Berkeley：University of California, 2007, p. 1.

⑤ 方长平：《中美软实力比较及其对中国的启示》，《世界经济与政治》2007 年第 7 期，第 23 ~ 24 页。

⑥ Yiyi Lu, Blind Spots in China's Soft Power, *The Straits Times*, 2007, p. 1.

强对外文化传播力度作为手段，把海外华侨华人作为重要资源，把促进经济政治发展作为基础，大力弘扬中华文化，让文化成为增强政治价值观、国家发展模式、外交政策和国际形象吸引力的直接推动力，以文化优势促进中国软实力的提升。

论巴西华侨华人在中国软实力提升中的作用

程　晶

内容摘要： 自20世纪90年代以来，在中国和巴西双边政治关系、经贸关系稳健发展的基础上，中国加强与巴西在文化、教育、环保等领域的交流与合作，努力提升中国在巴西的软实力，树立良好的大国形象。其中，巴西华侨华人在中国软实力提升中发挥了重要作用，主要表现为华侨华人充分利用自身资源和华文学校、华文社团、华文媒体等渠道，在巴西弘扬中华传统文化，加强中巴文化交流；展示中国经济发展成就，介绍中国发展模式，促进中巴经贸交流；理解和支持中国国家方针政策，宣传中国和谐外交政策和互利共赢的合作理念，增进中巴政治理解与互信。虽然华侨华人在提升中国软实力中面临一些挑战和困难，但是我们既应该重视也应该巧妙地运用华侨华人这一资源，努力构建中国、华侨华人和巴西三方共赢的局面，提高中国的影响力和国家形象。学术界还未有学者从华侨华人角度来探讨中国在巴西软实力的提升，本文以笔者在2009—2011年公派巴西期间进行的调研、收集到的最新材料的基础上拟作此方面的研究尝试，以求教于方家。

关键词： 巴西；华侨华人；中国；软实力；文化

【作者简介】程晶，女，湖北大学历史文化学院讲师，武汉大学历史学院博士研究生。

一、中国在巴西软实力的提升

软实力是一个国家依靠政治制度的吸引力、文化价值的感召力和国民形象的亲和力等释放出来的无形影响力，是一个国家综合国力的重要组成部分。软实力概念自20世纪90年代初由美国学者约瑟夫·奈（Joseph S. Nye, Jr.）提出以后，受到众多国家的广泛关注。在当今以和平与发展为主题的国际社会中，软实力的运用可以达到硬实力无法比拟的效果，对于国家综合国力的提升和壮大具有更为深远、更为持久的意义。2007年胡锦涛总书记在中共十七大报告中提出要"提高国家文化软实力"，"弘扬中华文化"，"增强中华文化国际影响力"，"增强社会主义意识形态的吸引力和凝聚力"。[①] 20世纪90年代以来，随着中国经济实力的增长和综合国力的增强，随着中巴政治、经贸关系的稳健发展，中国开始重视在西半球最大的发展中国家——巴西提升软实力，努力推广中国文化，树立良好的中国形象。

---

① 《胡锦涛在党的十七大上的报告》，新华网，http://news.xinhuanet.com/newscenter/2007 – 10/24/content_6938568_6.htm，2007年10月24日。

（一）中巴政治、经贸关系的发展是中国在巴西提升软实力的基础

硬实力是软实力发展的基石，离开硬实力的依托来发展软实力只能是空中楼阁。中国在巴西软实力的建设与提升以20世纪90年代以来中巴政治关系、经贸关系的稳健发展作为基础。

中巴两国自1974年建立外交关系以来政治交往得到加强，特别是1993年中巴建立战略伙伴关系，中巴高层互访频繁，政治互信增强，两国关系开始步入平稳发展期。进入21世纪，中巴高层交往更加密切频繁。2004年，两国元首实现了同一年度内的成功互访，成为中巴两国关系发展中的里程碑性事件，极大地提升了中巴战略伙伴关系，促进中巴双边关系快速发展。2011年4月，新当选不久的巴西总统迪尔玛·罗赛夫便对中国进行国事访问，并签署了包括《中巴联合公报》在内的22项合作文件，凸显双方推动互利合作、夯实战略伙伴关系的强烈意愿。中巴高层的良性互动为中巴关系的全面发展奠定了坚实的基础。

在经贸领域，21世纪以来中巴双边贸易保持快速增长势头。根据巴西发展、工业和对外贸易部的统计数据，2002年中巴双边贸易额达到41亿美元，2005年突破100亿美元，2007年突破200亿美元，2008年突破300亿美元，2010年突破500亿美元。[①] 其中，2009年巴西与中国的双边贸易额首次超过美国，中国成为巴西最大的贸易伙伴、最大的出口目的地国家，巴西则超过印度成为中国第九大进口来源国。

中巴两国在政治、经贸方面的合作进入快速发展的新时期，中巴关系已成为当今发展中国家双边关系的典范。

（二）中国在巴西软实力提升的主要表现

在政治交往加强、经贸合作密切的同时，为了克服地域阻隔、语言障碍、文化差异等带来的距离感和陌生感，深化中巴战略伙伴关系，中国在文化、教育、环保等领域加强与巴西的交流合作，努力提升中国在巴西的软实力，树立良好的大国形象。中国在巴西软实力的提升主要表现在：

1. 外交磋商对话机制的建立

1985年中巴两国外交部建立了高级官员定期磋商制度，1986年开始举行首次政治磋商，到2007年两国已举行了14次双边政治磋商。此外，2007年4月，双方决定建立战略对话机制。2007年11月29日，中巴两国首次战略对话在北京举行。双方通报了各自发展战略和对外政策，并就两国关系和共同关心的重大国际与地区问题深入、坦诚地交换了意见，进一步扩大了两国在有关问题上的广泛共识。[②] 外交磋商对话机制的建立，体现了中巴两国在发展双边关系方面制度建立的成熟度和两国的互信度，促进中巴双方在国际事务中保持协商和合作。

---

① Sérgio Costa, Oportunidades de Investimento no Estado de São Paulo , São Paulo, 2011, p. 17.

② 《中国与巴西双边关系》，中国网，http：//www. china. com. cn/international/zhuanti/2009 - 02/06/content_17236972htm，2009年2月6日。

2. 文化、教育交流的频繁

1985 年中巴双方签署了《文化和教育合作协定》，并先后制订了三个文化交流执行计划。两国政府还合作组建了"文化合作混合委员会"，迄今已举行过 4 次会议。1999 年和 2000 年两国文化部长实现了互访。2004 年 11 月，胡锦涛主席在访问巴西之际所发表的重要演讲中明确提出要"重视文化交流，增进相互了解"，使得中巴在"文化上密切交流，成为不同文明积极对话的典范"，"共同为世界文化的多元发展增光添彩"。① 此外，在中巴双方 2009 年签署的《中巴进一步加强战略伙伴关系的联合公报》、2010 年签署的《中巴两国政府 2010 年至 2014 年共同行动计划》和 2011 年签署的《中巴联合公报》中都表示要加强中巴两国政府间的文化交流与合作，鼓励和推动两国社会各界参与双边文化交流，拓展交流领域，提高合作水平。

在中巴两国政府的积极努力下，特别是 1993 年中巴战略伙伴关系建立以来，双方多次派出政府文化代表团互访。中国目前已派出了 40 多个文艺、体育、教育、学术团等访问巴西，并且已在巴西举办过故宫藏品展、世界遗产在中国展、中国皮影戏展、汉字展、少林武术展、"云南印象"展、中国高等教育展、中国文化周、中国文化月等活动。另外，中国教育部每年向巴西提供奖学金名额，并且在巴西圣保罗州立大学、巴西利亚大学、里约热内卢天主教大学和南大河州联邦大学成立了四所孔子学院。中国社会科学院拉美研究所和北京大学分别设有巴西研究中心和巴西文化中心。与此同时，巴西也派出了 40 多个文化、体育和艺术团访问中国。2004 年巴西大型文化艺术展"亚马逊——原生传统展"在北京故宫展出，这是故宫博物院至 2004 年为止举办的规模最大、最隆重的外国展览，当时正在中国进行国事访问的巴西总统卢拉专程到故宫为该展览揭幕。2004 年 8 月，"走进中国——巴西国家展"在北京中国国际展览中心隆重展出，这是两国建交 30 年来巴西在中国举办的首次国家展。此外，自 2009 年以来巴西桑坦德银行组织了巴西高校精英中国行（Top China）以及中国高校精英巴西行（Top Brazil）项目，加强中巴高校之间的交流与合作。中巴之间的文化、教育交流已从过去完全由国家负担经费，逐步出现部分由国家负担，部分由企业、商家或民间团体负担的"官民结合"的趋势，增加了交流机会。文化、教育交流的频繁有力地促进了中巴双方加强沟通、增进友谊。

3. 环保、生物能源等非传统领域的交流增强

作为发展中大国，中巴都有发展经济、改善民生的迫切需要，同时也都是温室气体排放大国，面临着严峻的环境问题，急需探索一条经济发展与环境保护相结合的可持续发展之路。中巴在环保领域、生物能源等问题上携手合作，加强交流。

1996 年 11 月，在李鹏总理访问巴西之际，中巴两国签署了《关于可持续发展共同议程》。2004 年 11 月，中国和巴西签署了新能源和清洁能源领域的合作备忘录，随后中国派出了中国科技部工程技术代表赴巴西进行技术考察。2010 年在中巴两国政府签署的《中巴两国政府 2010 年至 2014 年共同行动计划》中，中巴两国政府声明"两国将就气候变化和环境保护等重大国际问题开展深入对话"，"合作开发新能源，特别是可再生能源

---

① 《携手共创中拉友好新局面——国家主席胡锦涛在巴西国会发表演讲》，人民网，http://www.people.com.cn/GB/shizheng/1024/2985330.html，2004 年 11 月 12 日。

（风能、太阳能、水能、生物燃料和生物能）"，"加强在生物燃料领域的合作并发展伙伴关系"。[①] 2011 年在巴西总统迪尔玛·罗赛夫访华之际，中巴双方发表了《中巴联合公报》，表示两国要"进一步深化在石油贸易及融资、油气勘探开发、电力、能源装备、和平利用核能以及包括生物燃料在内的新能源领域的合作，以深化双方在环境领域及绿色经济项目方面的合作"[②]。

目前巴西是世界上最大的可再生能源生产国，可再生能源约占巴西全国能源供应总量的 45.3%，发达国家可再生能源约占其能源供应总量的 13%，发展中国家为 6%。其中，可再生能源之一——从甘蔗中提取的乙醇占巴西全国能源供应总量的 17.9%。[③] 此外，生物柴油是巴西应用最广泛的另一种生物燃料。中巴科研机构、大学等在中巴高委会框架下开始加强在生物能源、气候变化等问题上的交流与合作，整合双方科研力量。目前，中国的清华大学、广西农科院、中国热带农业研究院与巴西的里约联邦大学、巴西农业研究院以及其他巴西研究机构在生物燃料、生物技术、气候变化等方面的合作已起步。其中，2009 年 1 月清华大学和里约联邦大学成立了中国—巴西气候变化和能源技术创新研究中心。该中心于 2010 年 8 月在巴西里约热内卢主办了首届中国—巴西气候变化与新能源研讨会。此外，中国是世界第一大温室气体排放国，巴西排名第四。在应对全球气候变化问题上，中巴两国存在广泛共识，合作密切。例如在哥本哈根气候变化大会上，中、巴、印三国坚持《京都议定书》的原则：共同但有区别的责任，这样的立场为大会取得积极成果作出了贡献。

4. 中国发展模式的吸引力

中巴两国同为发展中大国，发展历程有诸多相似之处，如历史上都遭受过西方国家的殖民侵略，都是在西方发达国家主导的国际政治经济秩序中探索现代化道路，都有着发展经济、建立大国的强烈愿望。但是，两国在现代化发展历程中所采取的发展模式及其产生的结果差别很大。巴西在现代化道路探索中，不仅经济发展经历了大起大落，政治也不稳定，军人政权和文人政权交替，同时还伴随着财富分配不均、贫富差距悬殊、社会治安恶化等社会问题。而中国自改革开放以来则采取渐进式改革，在取得巨大经济成就的同时注重改善民生，促进经济增长、政治稳定与社会和谐。中国的和平崛起被外国学者们誉为"中国发展模式"或"北京共识"。

中国发展模式引起人们的积极探讨，激发了巴西等发展中国家的极大兴趣，特别是以开放市场、财政紧缩和私有化为主要内容的"华盛顿共识"在巴西等拉美国家试验失败以后。而中国的发展并没有照抄照搬"华盛顿共识"，而是从中国的实际出发探索出了一条渐进式改革道路，保证经济社会的持续发展和政治的稳健变革，从而为巴西等发展中国家提供了一条可资借鉴的超越经典现代化理论和"华盛顿共识"的新路径。对于同为发展中大国的巴西来说，"中国发展模式"无疑具有重要的借鉴意义和吸引力，尤其是近年来中

---

① 《中华人民共和国政府与巴西联邦共和国政府 2010 年至 2014 年共同行动计划》，中国外交部网站，http://www.fmprc.gov.cn/chn/gxh/tyb/zyxw/t684715.htm，2010 年 4 月 22 日。

② 《中华人民共和国和巴西联邦共和国联合公报（全文）》，新华网，http://news.xinhuanet.com/world/2011-04/12/c_121296596_4.htm，2011 年 4 月 12 日。

③ 巴西政府网，http://www.brasil.gov.br/cop/panorama/o-que-o-brasil-esta-fazendo/matriz-energetica。

国在减贫、缩小贫富差距方面所做的努力，为巴西实现经济社会的可持续发展提供了参考。巴西前总统卢拉很欣赏中国改革开放以来所取得的经济成就和社会成就，多次强调"要发现中国的价值"，并制定"中国议程"。①

5. 中国国家形象的改善

国家形象是一个国家总体实力即"综合国力"的重要组成部分，成为一个国家对外交往的旗帜和走向世界的通行证。在中巴经贸快速发展的同时，"中国威胁论"、"新殖民主义"等言论在西方媒体的推波助澜下在巴西也存在。中国在外交、文化等领域与巴西频繁交流、加强合作，向巴西展现中国的和谐外交政策和负责任的大国形象，增加了中国在巴西等拉美地区的影响力。近年多次民调显示，拉美民众对中国的认知度已与美、日、法、西等发达国家处于同一级别。② 2009 年巴西驻华大使胡格内说，"巴西人民认为中国是一个现代的、正在改变与发展的、更为开放的国家"，"中国形象非常正面，发展成就举世瞩目"。③

二、巴西华侨华人在中国软实力提升中的作用

巴西是近代历史上华工在拉美旅居最早、当今华侨华人在拉美最多的国家。华侨华人移民巴西的历史可以追溯到 1812 年，当时葡萄牙政府引进中国茶农到巴西种植茶叶，由此拉开了华侨华人移民巴西的序幕。但是，解放以前，巴西的华侨华人只有 1 000 多人。华侨华人大规模移民巴西主要是在 1949 年以后，尤其是 20 世纪六七十年代和 20 世纪 90 年代。目前在巴西的华人华侨人口一共有 25 万左右，主要集中在巴西圣保罗市，圣保罗市的华侨华人占整个巴西华人华侨人口的 90%。华侨华人在巴西这块土地上兢兢业业，辛勤耕耘，不仅促进了巴西社会的多元化，而且也促进了中国在巴西软实力的提升。

（一）弘扬中华传统文化，加强中巴文化交流

1. 推广汉语教育

语言是文化的载体和交流的媒介。中国和巴西双边交流中的一大障碍就是语言。巴西人的母语为葡萄牙语，熟练掌握汉语的巴西人凤毛麟角。随着中巴经贸关系的快速发展、中国综合国力的增强和国际地位的上升，中国文化、语言在巴西的影响力和吸引力不断增强。近几年，越来越多的巴西在校学生和社会人士选择学习汉语，出现了一股"汉语热"，汉语在巴西被誉为"未来的语言"④ （A língua do futuro）。巴西民众认为，如果掌握了汉语，那么自己的未来就会有更多的机会。

巴西的汉语教育办学规模不断扩大，办学模式日益多样化。除了一些以华裔学生为主

---

① 吴洪英：《"拉美成为中国后院论"辨析》，《现代国际关系》2009 年第 3 期，第 41 页。

② 吴洪英：《"拉美成为中国后院论"辨析》，《现代国际关系》2009 年第 3 期，第 41 页。

③ 《巴西大使：中国形象非常正面　发展成就举世瞩目》，搜狐网，http://news.sohu.com/20090702/n264937549. shtml，2009 年 7 月 2 日。

④ Maria Carolina Nomura, Mandarim ainda é visto como idioma para o futuro, http://www.folha.uol.com.br/folha/classificados/empregos/ult1671u336545. shtml ，2007.

的中文学校外，在巴西的一些大学也纷纷开设了汉语选修课程，如巴西的圣保罗大学、圣保罗州立大学、巴西利亚大学等。另外民办的汉语培训学校增长迅速，如圣保罗的华光语言文化中心和里约热内卢的袁爱平中巴文化研究中心在巴西汉语教育界影响很大，获得广泛好评。此外，自2008年首家巴西孔子学院——圣保罗州立大学孔子学院成立以来，目前在巴西已经开设了4家孔子学院，丰富了汉语教学形式。值得注意的是，在这些汉语教育机构中，除了面向华裔学生为主的中文学校外，其他汉语教育机构中非华裔的巴西学生占多数。此外，这些汉语教育机构除了进行汉语教学外，他们也结合巴西的风土人情和巴西学生的特点大力宣传中国文化，如举办茶艺、书法、绘画、哲学等中国文化讲座、展览会和研讨会，组织学生到巴西的中国寺庙、中国园林等地参观或到中国游览、进行交流等。

为了克服中巴两国之间交流的语言障碍，巴西的华侨华人在努力推广汉语外，他们也利用自身语言优势，从事葡语教学，让更多与巴西交流合作的中国人克服语言障碍。例如，在巴西华侨华人进出口贸易最为集中的圣保罗二十五街，华侨华人开设了多家葡语培训学校，主要为前来巴西投资的中国商人提供语言培训，让他们更方便地进行中巴经贸交流。

汉语教育不仅培养了巴西华裔的民族意识，让中华文化薪火相传，而且更重要的是通过语言教育克服中巴两国交流中的语言障碍和文化障碍，增进中巴人民之间的理解。巴西政府和中国驻巴西使领馆对华侨华人在推广中国语言文化、促进中巴文化交流方面的贡献进行了多次表彰，如由圣保罗华人移民于2003年创办的华光语言文化中心曾于2005年获得圣保罗企业家联合会颁发的最高质量奖，2007年获国务院侨办颁发的华文教育杰出贡献奖，2011年被巴西军事法庭及巴西历史文化艺术馆授予象征最高荣誉的若奥六世勋章。2004年由里约热内卢华人移民创办的袁爱平中巴文化中心被评为巴西华文教育示范学校，2009年成为首批海外"华文教育示范学校"之一。

2. 传播中国传统项目

巴西的华侨华人通过学校授课和举办活动等方式把中国的武术、气功、舞龙舞狮、书法、绘画、美食、中医等比较流行的传统项目传播到了巴西，丰富了巴西社会的多元文化。其中，在2003年巴西万人瞩目的圣保罗狂欢节桑巴列队表演中，中国主题首次登场，狂舞的中国金龙、腾跃的中华雄狮以及绚丽的花车上穿着中国民族服装的一群华侨华人，成为巴西狂欢节上耀眼夺目的一景。2010年中国主题再次亮相巴西狂欢节，让巴西民众深刻感受到中华文化的独特魅力。在诸多中国传统项目中，中国针灸在巴西的传播引人注目。针灸疗法被用于治疗多种疾病并取得了良好效果，如今针灸疗法已进入巴西政府的公共医疗体系中，上到总统、下到百姓都成为中国针灸的受益者。其中，巴西中医药针灸学会名誉会长、巴西利亚华人华侨协会会长顾杭沪担任巴西前总统卢拉和现任总统迪尔玛的中医保健医生，并随同卢拉总统访问过中国，被巴西人亲切地称为中国的"御医"。2008年在由华人移民创建的巴西中医药针灸学会成立25周年之际，巴西总统卢拉亲自致电表示祝贺。为了统一规划、系统协调地发展中国针灸，巴西政府不仅成立了巴西中医药针灸学会、巴西中医药学会等组织，而且还成功举行了国际针灸医师资格考试，多次举办或者参加有关的国际学术研讨会，如2010年举行了巴西第一届国际针灸大会，2011年举办了巴西国际针灸学术研讨会等。

3. 展示中国习俗文化

巴西的华侨华人人在他乡，心系中国。在当地生活中，他们不仅吸收巴西的文化，也把中国的习俗文化带入巴西，如春节、元宵节、端午节、中秋节等各种节庆，还有华人婚礼、寺庙祈福等活动。在一些重要的中国传统节日上，华侨华人与中国驻巴西使领馆、巴西当地政府、民众等一起举行庆祝活动，进行联欢。其中，最为盛大的中国节日当属春节，这不仅是巴西华侨华人的聚会、中国传统文化的大展览，也是巴西民众的另一个"狂欢节"。在春节庆祝活动现场，前来参观的巴西民众络绎不绝，他们与华侨华人们一起兴高采烈地活动，共同感受中国文化的魅力。自 2006 年以来，巴西总统卢拉每逢中国春节之际都会发表新年致辞，向巴西的华侨华人致以春节问候。目前，春节已经成为圣保罗、里约热内卢等巴西大城市中中国文化的一个品牌。

4. 展现中华传统文化价值观

由于中巴相聚甚远，大多数巴西民众从未踏上过中国国土，他们近距离观察中国、认识中国的一面镜子便是跟他们同住巴西的华侨华人们。因此，对于巴西民众而言，华侨华人是中国形象的表达者和传达者。巴西是一个移民国家，没有种族歧视，只有经济歧视，在巴西的华侨华人多以经商为主，许多人从事进出口贸易，经济条件很好，所以华侨华人在此没有受到歧视。在兢兢业业、勤劳致富的同时，华侨华人也不忘回报巴西社会，常常进行各种慈善活动或募捐活动，巴西许多城市的贫民窟、老人院、孤儿院、慈善院常常可以见到华侨华人慰问捐助的身影。2011 年巴西里约热内卢、圣保罗州等地暴发了水灾，巴西华侨慈善基金会、巴西华人协会、巴西中国和平统一促进会等华人社团纷纷捐款捐物。华侨华人乐善好施的佳话被巴西民众传颂。此外，华侨华人勤劳节俭、做事认真、注重家庭、重视教育等这些中华民族的传统美德也给巴西民众留下了深刻印象，构成了当地人心目中良好的中国形象，赢得了巴西人的尊重，并且丰富了巴西社会的多元文化。巴西前总统卢拉曾赞扬道："华侨华人同巴西民众和睦相处，已经成为巴西进步的因素之一。"① 为了表彰中国移民为巴西的现代文明与社会、经济发展所作出的贡献，圣保罗议会将每年的 10 月 7 日定为"中国移民日"。

（二）展示中国经济发展成就，介绍中国发展模式，促进中巴经贸交流

为了让巴西民众真正认识、了解中国的发展成就和国情，华侨华人通过报纸、展览、讲座等不同方式从多个角度广泛介绍中国的发展模式、发展成就、国情和现状等，成为巴西民众了解中国的窗口。例如，创建于 1960 年的《南美侨报》是巴西乃至整个南美洲最大的中文报纸，该报不仅开设了中国经济、政治、社会等版面，而且 2005 年还开通了网站，并且在 2008 年北京奥运会后在中文版外还特别增加了葡文版，重点介绍中国经济发展情况和投资信息等，让巴西的华侨华人和当地民众接触到中国发展的最新信息。

此外，华侨华人还利用自身优势促进中巴经贸交流。目前中巴经贸发展保持持续快速增长势头，随着中国企业"走出去"战略的实施，越来越多的中国企业开始进驻巴西，如

---

① 《各国政要向华侨华人拜年　盼与中国"虎年一跃"》，中国网，http：//news. china. com. cn/txt/2010－02/12/content_19417524. htm，2010 年 2 月 12 日。

宝钢、华为、中兴、格力、奇瑞等。与此同时，一些巴西企业也开始走进中国，如世界第一大铁矿石生产和出口商巴西淡水河谷公司、巴西雪花工厂等。但是，由于两国相距遥远，语言文化、政策法规的差异等给两国经贸交流带来很大阻碍。例如，1994年进入巴西市场的格力（巴西）有限公司总经理张征虎谈道："刚建厂时，我们在巴西面临的最大困难主要是对巴西的相关法律、法规不熟悉。比如由于不知道巴西法律规定每年必须按照通货膨胀率给员工涨工资，还导致了当地工会前来抗议。……巴西的税务算法复杂，许多（中国）企业容易在不知不觉中因'偷税漏税'遭到当地税务部门的罚款。"①因此，对中巴两国国情、语言文化都较为熟悉的华侨华人在中巴经贸交流中担任了牵线搭桥的重任。一方面，华侨华人、华文媒体、华人社团等为中国企业、个人投资商到巴西投资或巴西企业、个人投资商到中国投资提供有效的资讯和渠道，帮助他们开拓市场，熟悉当地环境，起到事半功倍的效果。另一方面，华侨华人自身也到中国大陆投资，为祖国建设添砖加瓦。其中，特别值得一提的是巴西中华总商会。2004年5月在中国驻巴西圣保罗总领事馆的倡导和巴西多家华人社团的积极支持下，巴西中华总商会在圣保罗正式成立。目前，巴西中华总商会已成为巴西华人社团中最大且最具影响力的组织。巴西中华总商会的宗旨和目标便是为侨胞提供商贸信息、法律咨询及各种便利，提供中巴外贸政策介绍和宣传，协助开拓中巴经贸合作，促进中巴贸易，协助展销活动及中巴商团互访，做好商贸中介服务。巴西中华总商会自成立以来已多次组织大型商务考察团赴中国进行商务考察或接待中国赴巴西的商务考察团，成为中巴两国贸易促进的桥梁。

（三）理解和支持中国的国家方针政策，宣传中国的和谐外交政策和互利共赢的合作理念，增进中巴政治理解与互信

巴西的华侨华人虽然大多已加入巴西国籍，但是他们仍情系中国，密切关注祖国发展，理解和支持中国的国家方针政策，支持祖国领土完整、和平发展，反对"台独"、"藏独"、"疆独"等势力。例如，"台独"活动在巴西一直较为猖獗，华侨华人主要聚集的圣保罗市被"台独"分子称为仅次于纽约的"第二大本营"。巴西的华侨华人们团结一致，与"台独"势力作斗争，坚决反对任何分裂祖国的活动。2003年，当陈水扁当局搞"公投立法"时，巴西的华侨华人通过召开座谈会、发表文章等多种形式强烈谴责、坚决反对。2005年，全巴西华侨华人在圣保罗市召开了拥护《反分裂国家法》大会，坚决捍卫中国国家主权和领土完整。为了聚集华侨华人力量反对台独等分裂势力，1991年爱国华侨华人们顶着风险和压力成立了巴西中国和平统一促进会，成为最早成立的海外"和统会"之一，2002年该促进会成功举办了全球"促进中国和平统一新世纪圣保罗大会"。此外，2002年成立了里约热内卢中国和平统一促进会、2005年在巴西利亚成立了巴西华侨华人促进中国和平统一联合会。这些爱国组织的成立，极大遏制了"台独"势力在巴西的蔓延。

在巴西，中国威胁论、新殖民主义等不和谐声音仍然存在。华侨华人通过个人渠道、华文媒体等方式宣传中国和谐的外交政策和互利共赢的合作理念，增进中巴政治理解和互信。值得一提的是，近年来巴西华侨华人参政意识增强，政治影响力上升。2007年祖籍为

---

① 陈楠：《中国和巴西：穿越地球的握手》，《南方周末》2009年7月2日，第C15版。

中国广东的威廉·巫当选为巴西首位华裔联邦众议员；2010 年祖籍为中国广东的李少玉当选为圣保罗市议员，成为圣保罗市议会首位东方女议员，也是在巴西从政的唯一一位华裔女议员。威廉·巫和李少玉议员为增进中巴政治互信积极活动，最近几年他们曾多次到访中国，并迎接访问巴西的中国领导人。威廉·巫曾讲到，"在巴西的中国侨民要做中巴友谊的桥梁"①，表达了巴西华侨华人的心声。此外，巴西一些有影响力的华侨华人利用他们与当地政要、社会名流等建立的密切联系和人脉资源，推动中巴双边关系和谐稳定发展。例如巴西华商巨擘毕务国先生曾当选为世界华商会议主席，先后三次荣获巴西政府颁发的十字勋章，并被列入《巴西名人录》。自 1974 年中巴正式建交以来，毕务国先生便积极协助中国驻巴西大使馆推动民间外交活动，到 1995 年底他先后接待了包括江泽民、李鹏、李瑞环、朱镕基、胡锦涛等在内的中国政要数百人。华侨华人成为增进中巴政治理解、推动中巴友好合作的民间大使，丰富了中国进行民间外交的手段。

三、结语

综上所述，华侨华人对于中国在巴西软实力的提升起到了一定的积极作用。但是，与此同时，我们也应该认识到华侨华人在提升中国软实力中面临着一些外部挑战和实际困难，不仅受制于中巴双边政治、经济关系的发展这个大背景，也受制于巴西的国内环境，如巴西的政策法规、不良的治安环境等。此外，也受制于华侨华人自身一些问题，如巴西华侨华人社团过多且过杂，缺乏统一规划和活动资金；少部分华侨华人违法经营，偷税漏税，贩卖假货或冒牌货等。

因此，中国政府一方面应该充分认识到巴西华侨华人在提升中国在巴西软实力中的独特作用，协助华侨华人在巴西当地开展活动，提高中国的影响力和国家形象；另一方面中国政府也应该注意方式方法的使用，运用巧实力，努力营造中国、华侨华人和其所在国巴西三方共赢的局面。正如巴西华人协会会长吴耀宙所讲的："中国因为综合国力的强盛，对华侨华人的期望也不再是更多地要求支持国家和家乡的经济建设，而是希望海外华人在国外勤奋创业，安居乐业，融入主流社会，积极参政，自立自强，并要回馈当地社会，为居住国经济社会发展作贡献。"②

---

① 杜军玲：《贾庆林在巴西国会演讲侧记：为中巴友谊共同努力》，中国政协新闻网，http：//cppcc.people.com.cn/GB/45579/10485189.html，2009 年 12 月 1 日。

② 《巴西华人协会会长吴耀宙：为侨服务创新猷》，中国侨网，http：//www.chinaqw.com/hqhr/hrjy/200902/17/151279.shtml，2009 年 2 月 17 日。

软实力视野下的福清新移民研究

沈燕清

内容摘要：20世纪90年代初，美国哈佛大学教授约瑟夫·奈便提出了软实力的概念。对我国而言，如何利用华侨华人的特殊地位作用促进国家软实力的形成发展是一个十分值得重视的理论和实践课题。本文试图以福清新移民为个案进行研究，分析新移民在我国软实力构建中的地位与影响。

关键词：福清；新移民；软实力

【作者简介】沈燕清，女，厦门大学国际关系学院副教授。

20世纪90年代初，美国哈佛大学教授约瑟夫·奈便提出了软实力的概念。当前，对软实力因素重要作用的认识已成为各国有远见的政治家、学者的共识。对我国而言，如何通过多种途径，调动发挥好各种因素、资源力量来促进国家软实力的形成、发展和提高，是一个已在展开并正待认真深入研究的时代课题，而其中如何利用华侨华人的特殊地位作用促进国家软实力的形成发展更是一个十分值得重视的理论和实践课题。本文试图以福清新移民为个案进行研究，分析新移民在我国软实力构建中的地位与影响。

一、福清新移民的海外分布及职业构成浅析

所谓新移民，系指改革开放以后移居国外的我国公民或者说是"改革开放以来，从中国大陆移居国外者"[①]。福建省是我国新移民重要输出地，其中，福州移民是福建新移民的主力军，占福建省新移民总数的80%以上，且每年以净增长数3万人的速度发展，到2005年为止，"仅市区的新移民约60万人，其中福清市26万人，长乐市20万人，连江县10万人。全省以各种渠道出国的人数估计当在80万人左右"[②]。

福清，雅称"玉融"，是全国著名侨乡。据史料记载，早在宋末元初，福清海口镇里美村俞定则就到交趾（越南）经商，这是有文字可考的走出国门的第一个福清人，此后福清人不断前往东南亚各地。[③]改革开放以后，福清新移民继承了前辈移民传统，但随着时代的变迁又具有了新的特点，主要体现在新移民分布面不断拓展，除了传统的移入国之外，足迹开始遍及欧洲、美洲、大洋洲和非洲等地。2004年福清市侨办侨情普查显示，福

---

① 庄国土：《近30年来的中国海外移民：以福州移民为例》，《世界民族》2006年第3期，第38页。
② 林国平、邱季端主编：《福建移民史》，北京：方志出版社2005年版，第296~297页。
③ 施雪琴：《改革开放以来福清侨乡的新移民——兼谈非法移民问题》，《华侨华人历史研究》2000年第4期，第26页。

清共有海外华侨华人78万人，遍布世界112个国家，其中改革开放后的新移民有30万人左右（见表1），迄今为止，福清新移民人数应该不下40万。

表1　1996—2004年福清出国人员情况统计表（部分国家）

单位：人

国别	1996年	2004年	年增长率（%）
日本	15 726	35 826	11
英国	10	19 819	158
新加坡	3 151	5 966	8
印度尼西亚	4 193	4 940	2
新西兰	45	4 853	79
美国	1 666	3 345	9
南非	21	3 504	89
阿根廷	580	3 250	24
澳大利亚	1 795	2 897	6
意大利	35	2 528	71
韩国	18	2 420	36
马来西亚	61	2 175	56
俄罗斯	357	2 149	25
西班牙	38	2 139	65
加拿大	183	2 022	35
法国	10	1 007	78

资料来源：依据福清市侨办1997年和2004年侨情普查资料制成。

从表1可见，改革开放以后，福清新移民分布的国家更为广泛，出国人员超过2 000人的国家有14个。亚洲的印度尼西亚、日本、新加坡是福清新移民的主要移居国家，而美洲、欧洲和大洋洲国家则成为福清移民开拓的新空间，如加拿大、美国、澳大利亚、阿根廷等国也有相当数量的福清新移民。20世纪80年代后，欧洲也出现不少福清移民，如法国、俄罗斯成为福清新移民比较集中的国家。另外，在世界其他地区，如多数非洲国家以及印度洋上的岛国如毛里求斯、马尔代夫、斯里兰卡等国家和地区都有福清人的身影，甚至在炮火纷飞的中东地区，也有福清新移民的足迹。[①] 2008年4月，中共福清市市委副书记郑晓在接受记者采访时曾说，福清旅外乡亲足迹遍及世界各地，尤以日本、印度尼西

---

① 林莉：《从出国劳务视角浅析福建沿海农村劳动力转移——以福建省福清市为例》，《福建农业科技》2009年第6期，第84页。

亚、澳大利亚、阿根廷、南非、英国等国居多。①

2007 年 1 月厦门大学南洋研究院在福建省侨办、福清市侨办的大力协助下,曾组织对福清侨乡进行入户调研,共获得问卷数百份和大量的访谈笔录。此后我院庄国土、郭玉聪等老师将调查资料汇编成《福建新移民调查资料》,未公开刊行。在调查中我们发现,多数受访户有多位家庭成员移民到不同的国家,如问卷第 010102A016 号显示,户主陈先生,30 岁,2005 年曾到非洲经营纺织品生意,其妹在 2002 年移民到日本打工,其姨丈于 2003年前往以色列做劳务,其堂弟于 2004 年移民阿根廷经营超市。而问卷第 030208A102 号显示,户主陈先生,47 岁,本人未移民,但其大弟、大弟媳、大妹、二妹夫、二弟、二弟媳、三妹、三妹夫 8 人都移民到南非约翰内斯堡开超市或做服装生意。

总体而言,福清新移民主要集中在以下几个国家和地区,他们的职业也呈多元化。

非洲地区:莱索托:根据 2007 年的统计资料,目前在莱索托生活的华人总共约有5 000 人,他们主要来自福建,大部分经商和从事纺织品加工等行业。② 此外,福清人也在莱索托的超市业中占据重要位置,莱索托 8 个城市几百家超市、商场中,基本上均被福清人所垄断,经营品种也由单一的日用品发展到五金、副食、服装、鞋帽、餐馆、车行等行业。③ 南非:据福清市出入境管理科有关材料显示,据不完全统计,在南非的福清人有 4万多人。到南非的福清人一般都开店,开的大多是超市、服装店和饮食店,投资从 10 多万元到百万元不等(见表 2)。④ 莫桑比克:福清乡亲旅居莫桑比克创业打拼开始于 21 世纪初,以城头、沙埔、音西乡亲居多,达 300 多人,主要从事贸易、木材、矿产及塑料加工等行业。⑤ 此外,还有一些福清人在乌干达等国家谋生。⑥

表 2　受访南非福清新移民出国后职业状况

单位:人

工作种类	人数(人)	比例(%)
暂无	2	1.3
开服装企业	112	73.2
开食杂店、超市	28	18.3
开床上用品店	1	0.7
打工	10	6.5

资料说明:见厦门大学南洋研究院庄国土、郭玉聪主编:《福建新移民调查资料》(福清卷),2007年未刊本。此次调研共采集福清移民南非者 163 人,其中有效数据 153 人,无效数据 10 人,此表是对有效数据统计的反映。

---

① 《八十万"福清哥"侨居世界 110 多个国家和地区》,http://tieba.baidu.com/f? kz = 464725031。
② 《歹徒抢劫超市　福清男子在非洲莱索托遭枪杀》,http://www.fj.xinhuanet.com/news/2007 - 07/08/content_10512804.htm。
③ 《如何到非洲做生意》,http://blog.sina.com.cn/s/blog_721c18540100md3j.html。
④ 《4 万福清人南非"淘金"》,http://xzs.2000y.com/mb/1/ReadNews.asp? NewsID = 228444,2008-11-10。
⑤ 《300 多"福清哥"在莫桑比克打拼　组团返乡考察觅商机》,《福建侨报》2011 年 5 月 20 日。
⑥ 《中国"豆腐林"享誉乌干达》,http://szb.dlxww.com/xsb/html/2010 - 04/17/content_342684.htm。

通过表2可见，受访南非福清新移民大多从事商业经营，其中又以开办服装企业最多。此外，还有开办超市和饮食店者，投资从10多万元到百万元不等。相比当地人，华人更加勤劳，且有经商头脑，大多很富裕。

日本：1986年福清兴起去日本"淘金"的热潮，从表1可见，截止到2004年6月，福清市赴日新移民为35 826人。到2011年初，据不完全统计，在日福清人约有10万人，分布于东京、大阪、横滨、名古屋等大城市。[①] 日本福清人早期主要是偷渡比较多，后来慢慢地变为以探亲、留学、结婚等理由到达日本。移民日本需要花费很多的钱，很多都是借钱出去的，所以移民日本要很辛苦地工作，基本上一天只睡四五个小时，做两份工作甚至三份工作。福清人有很好的吃苦耐劳的精神，也因为水平有限及语言障碍，一般做的都是比较低级辛苦的工作，经常受到日本人的欺负和排斥。[②]

阿根廷：据统计，目前旅居阿根廷的华侨已超过6万人，其中闽籍的约2万名。[③] 有资料显示，目前福清人正以100人/周的频率进入阿根廷。[④] 1994年四名福清新侨合伙在阿根廷首都布宜诺斯艾利斯开办了第一家闽籍华人超市。此后，不少闽籍新侨纷纷效仿，闽籍华人超市也越开越多。据2009年4月阿根廷华人超市公会的统计，分布在全阿根廷的华人超市数量已达3 900余家，其中福清人所开的超市有近3 000家，占华人超市的80%，总资产逾6亿美元。[⑤] 其中在食品和饮料方面，华人超市的总销售额已经占到阿根廷全国总销售额的30%左右。[⑥] 而据阿根廷华人超市公会2011年8月5日公布的报告，目前在阿根廷的华人超市数量已超过1万家，每年销售额达到59.8亿美元，[⑦] 其中福清人所开的超市约为五六千家。

此外，在英国、加拿大和法国等国，福清新移民的数量也有了显著的增长。据《世界日报》报道，多伦多福清人约有两千余人，他们在经济上的影响力日益增强。以华人超市来说，2009年以前，福清移民所开的华人超市仅一家，然而2010年中有12家华人超市易手到福清人的手中。目前，由福清人经营的多伦多中型规模企业至少有30家，涉及领域包括超市、农场、茶叶、家具、五金、花卉、便利店、建筑装修等。[⑧]

2012年1月我院师生利用寒假再次到福清重点侨乡高山镇、江阴镇以及宏路镇龙山街道进行为期一周的补充问卷调查，共获得有效问卷54份。调查结果显示，福清新移民从事服装、超市、小摊贩等商业活动的高达50%以上。由此可见，福清海外新移民多从事商业经营活动，随着时间的推移，他们的经济实力也有了很大的增长（见表3）。

---

① 《身居日本10多年老华侨："在仙台的福清人较少"》，http：//fj. sina. com. cn/news/m/2011 – 03 – 13/093494285. html。

② 《日本人心中的福清人》，http：//bbs. fqlook. cn/forum. php? mod = viewthread&tid = 650，2009 – 01 – 26。

③ 《福清人另一闯世界的地方——阿根廷风景》，http：//bbs. 66163. com/thread – 786787 – 1 – 1. html。

④ 沈燕清：《阿根廷福清新移民超市业现状浅析》，《八桂侨刊》2007年第3期，第17页。

⑤ 《福清人：另一闯世界的地方——阿根廷风景》，http：//bbs. 66163. com/thread – 786787 – 1 – 1. html。

⑥ 《阿根廷华人超市占据当地零售三分天下》，http：//news. xinhuanet. com/overseas/2007 – 04/08/content _ 5947546. htm。

⑦ 《阿根廷华人超市数量超过1万家》，http：//news. xinhuanet. com/world/2011 – 08/06/c – 121821752. htm。

⑧ 《移民：福清移民多伦多经商显身手》，http：//chuguo. china. com/immigrants/canada/2010/0921/13574. html。

表3　阿根廷福清新移民出国后年收入

出国后年收入（万元人民币）	人数（人）	比例（%）
无	23	17.6
5 以下	13	9.9
5～10	21	16.0
11～20	23	17.6
21～30	12	9.2
31～40	11	8.4
41～50	3	2.3
51～60	10	7.6
61～70	2	1.5
71～80	2	1.5
81～90	2	1.5
90 以上	9	6.9
合计	131	100

资料来源：庄国土、郭玉聪主编：《福清新移民调查资料》（福清卷），厦门大学南洋研究院，2007年未刊本。

从上表可以看出，除了刚前往阿根廷还没什么收入的人之外，51.2%的人的年收入在5万～40万元人民币，这个收入是没出国之前在福清当地所不敢想象的。由此可见，福清新移民不仅在分布上更广泛，其经济实力也逐渐增长。

二、新移民与软实力：理论层面的探析

（一）"软实力"概念的提出与发展

"软实力"概念最早由美国哈佛大学约瑟夫·奈教授在1990年出版的《注定领导——变化中的美国实力特性》一书中提出。随后，他在2002年出版的《美国霸权的困惑——为什么美国不能独断专行》和2004年出版的《软力量——世界政坛成功之道》等书中系统论述了软实力理论。约瑟夫·奈认为，软实力是相对于军事力量和经济力量等硬实力而言的能够促使他人改变立场的力量。[①]他还进一步指出，软实力主要包括三种力量资源：

---

① 参见 Joseph S. Nye, Jr., *Bound To Lead: The Changing Nature of American Power*, New York: Basic Books, 1990；［美］约瑟夫·奈著，郑志国等译：《美国霸权的困惑——为什么美国不能独断专行》，北京：世界知识出版社2002年版；［美］约瑟夫·奈著，吴晓辉、钱程译：《软力量——世界政坛成功之道》，北京：东方出版社2004年版。

一是文化；二是意识形态与价值观；三是外交政策。[①] 他认为，一个国家的综合实力，既包括由经济、科技和军事实力等体现的硬实力，还包括以本国文化、社会制度、生活方式和意识形态等价值观念层面所体现出来的软实力。从国家实力的角度去定义，可以将软实力主要理解为：它"是一个国家的文化、核心价值、社会制度、民族特性等要素蕴含的力量资源及其外化为国家行为、国家政策战略所形成的影响力、同化力与规制力"[②]，其内涵十分丰富。

总体而言，约瑟夫·奈认为国家软实力有三种资源要素：①文化：文化是为社会创造意义的一系列价值观和实践的总和。其内涵具有先进性，能够吸引和同化他人。同化即让他人接受自己国家的思维、价值观等，从而具有与自己相仿的观念。文化要具有同化力，才能有助于国家目标的实现。②政治价值观：价值观的吸引力是一个国家软实力的重要组成部分，它是一种世界观和方法论。一个国家只有拥有足以影响世界的思想体系，才能真正增强政治价值观的吸引力。而国家在国内外的政策是国家文化的又一要素。政策是政治价值观的体现，人们可以从政策的效果上体会到政治价值观的吸引力。③外交政策：外交政策包括国家所倡导的世界理想和具体的对外举措，是软实力的重要因素。外交政治价值观实施的手段，通过实践体现国家的价值认同，表现国家的国际形象。合理的外交政策能够给国家带来声誉和威望，有助于塑造和实现国家的战略目标。对外政策不仅对一国在国际中的地位和受欢迎程度，还对该国的国际政治和经济环境具有重要影响，从而直接影响该国的国内政治和经济。[③]

在约瑟夫·奈提出软实力概念后数年间，软实力概念逐渐被包括美国在内的众多国家政治领袖、专栏作家及学者采纳和使用，相关研究逐渐增多。对于软实力的概念，学界一般接受美国学者约瑟夫·奈的观点，即软实力是"一种通过吸引而不是强制和利诱手段获取你所要东西的能力"，但对软实力的内涵，即软实力资源和如何运用软实力资源却有不同看法。[④]

如在中国，有的学者曾将中国软实力资源归纳如下：①文化要素：文化是为社会创造意义的一系列价值观和实践的总和。中国文化具有先天的优势，它是我国软实力的一个重要来源。②观念要素：在国家的整体层面上，观念是一种软实力，观念的变革更是一种软实力。自1840年以来，中国的观念变革深受外来文化的影响和冲击，其中充满着传统文化与西方文化的激烈交锋与渐进融通，且与中国的政权组织形式、基本国家制度建设、现代化进程等议题密切相关，从而展现出独特的战略价值。③发展模式：自改革开放以来，中国在国内现代化建设中所取得的成就令世界为之瞩目，中国经济发展模式成为追求经济增长和改善人民生活的发展中国家效仿的榜样。当一国的内外政策获得更多的理解和认同

① Joseph S. Nye, Jr., The Changing Nature of World Power, *Political Science Quarterly*, Vol. 105, No. 2, 1990, pp. 177－192.

② 陈正良、薛秀霞等：《析海外华侨华人在推动中国软实力形成和发展过程中的作用》，《浙江学刊》2009年第6期，第126页。

③ 李琳、洪晓楠：《约瑟夫·奈的软实力理论评析》，《大连理工大学学报》（社会科学版）2011年第4期，第90~91页。

④ 参见门洪华：《中国软实力评估报告（上）》，《国际观察》2007年第2期；庞中英：《中国软力量的内涵》，《瞭望》新闻周刊2005年第45期；张战、李海军：《国际政治中的中国软实力三要素》，《中国特色社会主义研究》2003年第4期。

时，也就意味着该国软实力的增强。④国际制度：中国与国际制度的关系充满了波折，经历了从拒绝到承认、从观望到参与、从扮演一般性角色到力争重要发言权的过程。这个过程伴随着两个尚未最终完成的转变，即从"中国之世界"到"世界之中国"的转变，从世界体系的"局外者"到"局内者"的转变，而这两个转变过程的完成在一定程度上也可视为中国发展的一般性标尺。⑤国际形象：随着中国经济的迅速发展和中国进一步融入国际社会，中国与国际规范的契合度逐步提高，中国的国际形象已得到显著改善，逐步树立了负责任的大国形象。① 2007年底"软实力"一词则首次被写入了中国共产党全国党代会报告中。在中共十七大报告中，软实力以"提高国家文化软实力"的表述形式出现，与之相关的重要论述还包括"文化越来越成为民族凝聚力和创造力的重要源泉，越来越成为综合国力竞争的重要因素"、"增强中华文化国际影响力"以及"大力发展文化产业、繁荣文化市场、增强国际竞争力"等。② 透过报告的字里行间可以看出，中国政府已确立从国家层面推动发展文化软实力的重大战略，并作出相关系统部署，软实力开始上升为国家战略建构的层面。

（二）华侨华人在我国软实力构建中的角色分析

改革开放以来，海外华侨华人的数量剧增，其社会地位不断提高，经济实力大大增强。庞大的海外华侨华人群体在促进中国增强硬实力上的作用显而易见，在推动国家软实力形成和发展过程中，海外侨胞也以其拥有的独特优势，发挥了独特的作用。

对于华侨华人在我国软实力构建中的作用，不同的学者有不同的看法。陈正良、薛秀霞等在《析海外华侨华人在推动中国软实力形成和发展过程中的作用》一文中将华侨华人在推动国家软实力形成和发展过程中的作用归纳为以下几个方面：①广大海外华侨华人是增进扩大中华文化在全球影响力的积极传播弘扬者和促成中外文明交流沟通的重要桥梁，特别是随着海外华人逐渐融入当地主流社会、华文教育融入主流教育、华文媒体进军主流文化产业等，都使中华文化在与当地主流文化的不断交融中逐渐扩大自身的影响力。②海外华侨华人是中国形象的重要表达者与传播塑造者。随着中国的发展和国际地位的提高，"中国因素"在国际关系中的作用明显增强，这为海外华侨华人在世界舞台上发挥聪明才智提供了更广阔的空间。③海外华侨华人是一支国家统一的重要的促进和维护力量，中国的和平统一大业一直得到海外华侨华人的大力拥护和支持。④海外华侨华人也是向世界解释和宣传中国、发展国际民间友好事业、促进国际理解的最好的"民间大使"：长期以来，海外华侨华人组织和社团积极从事促进双边关系发展的各项活动，为住在国政府发展对华关系建言献策、增信释疑，向外国宣传中国的内外政策，促进世界更加全面客观地了解中国。正是由于他们的积极参与，使住在国政府和人民更加了解当代中国，也丰富了中国进行民间外交的手段。⑤海外华侨华人还是连接中国与全球经济网络的"渡船"，是世界先进文化、思想观念、先进技术、管理经验及全球化视野的重要传递者：在中国经济进一步迈向自由化和全球化的过程中，海外华人资本充当着区域经济（或本土经济）与世界经济

---

① 马为民：《中国的软实力资源及对国际环境的影响》，《东南亚纵横》2007年第11期，第71～74页。

② 《胡锦涛在党的十七大上的报告（全文）》，http://news.xinhuanet.com/newscenter/2007 - 10/24/content_6938568.htm。

的粘合剂和催化剂。这种"渡船"的作用使得中国经济与全球经济之间的联系更加紧密，合作互促加强。⑥全球海外侨胞对祖国的向心力和爱国热情，已然成为增强民族凝聚力、振兴中华的强大精神推动力。近些年来，诸如在我国抗震救灾和举办奥运会过程中，广大海外华侨华人更是倾注了极大的关注和热情，自发举办了各种形式的募捐和支持活动，充分展现了海外华侨华人对祖国的向心力和中华民族的强大凝聚力。⑦海外华侨华人还是促进中国社会健康发展的建言、诤言提供者和重要推动主体。虽然他们对于大陆的决策一般不会有决定性的影响，但因为其相对开放、客观的态度等因素，可以为促进中国社会发展中诸多问题的解决拓展新的思路，提供许多新的参考意见。他们是促进中国社会健康发展的重要的建言、诤言的提供者，成为中华民族伟大复兴进程中不可或缺的重要推动力量。①

而暨南大学陈奕平教授通过细致的梳理，认为可从以下几个方面分析中国软实力的资源及海外华侨华人的影响和作用：①对中国文化艺术的介绍和推广：华侨华人移居海外，更为重视中华传统文化教育，其中主要通过教育机构和华文传媒来进行中华传统文化教育及中华文化的传播。华侨华人还在吸收当地文化元素的基础上，发展中华文化，形成了颇具特色的海外华文文学与艺术氛围，为当地人民喜闻乐见并接受。②对中国核心价值观的传播："和谐"理念是中国的核心价值观，其主张人与人、人与自然以及国与国之间的和谐，不仅与西方价值观有融通之处，也是人类普世价值观的重要构成部分。华侨华人在海外身体力行地阐释、传播"和谐"的理念和价值观，提示我们应该注重在海外华文教学系统中积极传播这一人类社会的普世价值观。③对中国的现实国情和发展模式的介绍：经济实力是国家的硬实力，但经济制度和发展模式则属于软实力范畴。海外华文媒体、华人社团、文化中心和华侨华人热心人士都从不同角度、以不同方式介绍中国的国情现状和发展模式，尤其是海外华文媒体近年来普遍增加了对中国新闻的报道，不断扩大版面和增加报道强度，介绍中国政治昌明、经济发展、文化繁荣、社会稳定的情况。有些国家的华文传媒还辟有介绍中国的当地语版节目，海外华文传媒（包括华文广播电台、电视台）成为扩大中国软实力影响的重要平台。④对中国外交与侨务政策的理解、支持和解释：中国向来奉行和平、平等、独立自主、不干涉内政等外交政策，对于中国的和平外交与侨务政策，海外华人社团和华文媒体普遍接受并加以赞赏，成为宣传中国外交理念和政策的一个重要渠道。②

2011 年 10 月中共十七届六中全会更是提出建设社会主义文化强国的战略目标，报告指出：建设社会主义文化强国战略目标是基于提高国家文化软实力、在日趋激烈的综合国力竞争中赢得主动而提出来的。当今世界正处在大发展、大变革、大调整时期，围绕综合国力的全方位竞争更加激烈，谁占领了文化发展制高点，谁就拥有了强大的文化软实力，谁就能在激烈的国际竞争中赢得主动、占得先机。文化安全在整个国家安全工作中占据着基础性和战略性的重要地位。③ 广东省侨务办公室主任吴锐成曾就此指出：优秀的中华文化是海外儿女共同的灵魂和精神家园。长期以来，海外侨胞为传承中华文化做了很多工

---

① 陈正良、薛秀霞等：《析海外华侨华人在推动中国软实力形成和发展过程中的作用》，《浙江学刊》2009 年第 6 期，第 127～129 页。

② 陈奕平、范如松：《华侨华人与中国软实力：作用、机制与政策思路》，《华侨华人历史研究》2010 年第 2 期，第 16～17 页。

③ 《为什么要提出建设社会主义文化强国战略目标？》，http：//news. sohu. com/20111116/n325775843. shtml。

作,使中华文化在海外得到了广泛传播……在海外华侨华人社会中,已经形成了文化传播的四大载体:华侨华人本身、华人社团、华文传媒和华文教育。在推动中华文化走出去的过程中,不仅要构建中国自己的软实力,同时必须调动海外华人华侨的积极性。① 暨南大学高伟浓教授也指出:"华人华侨已经成为中国向世界传播中华文化、展示中国形象、维护中国利益的重要力量。华侨华人科技界特别是其中的精英人才所发挥的超越科技本身的思想影响力,是中国国家软实力得天独厚的构成元素。要重视并发挥华侨华人在向世界传播中华文化、展示中国形象、维护中国利益方面的独特作用。"②

由此可见,华侨华人对我国软实力的构建可以起到重要作用,尤其是在文化软实力的构建上。

三、福清新移民与国家软实力的构建

上文述及,改革开放以来,福清新移民不仅分布日益广泛,而且经济实力也有了较大增长,他们在增强我国软实力上也发挥着积极的作用。

(一)展示与传播中国文化

一直以来,福清新移民都积极向侨居地人民展示与宣扬中华传统文化,在这方面阿根廷华人超市业公会的贡献尤为突出。

阿根廷华人超市业公会成立于2004年,自其成立以来,除了在规范行业标准、团结华侨华人业主、提供法律服务等方面发挥了重要作用,也积极充当中华文化的使者。如2005年7月公会创办了自己的月刊《CASRECH》,是一份简体汉语与西班牙语双语刊物,目的在于提供更多信息给华人超市,透过华语翻译帮助超市业者了解市场的新产品、阿根廷政府现行的法令以及各种工厂新推出的商品。该刊物也刊载一些宣扬中华文化和中国影响力的文章,如在《CASRECH》2009年10月第52期上,陈大明主席热情撰文《为全人类的未来,我们与祖国共同前进:庆祝中华人民共和国成立60周年》,他写道:"面对祖国取得光辉成就的今天,我们海外游子无不感到骄傲与自豪,在此为伟大的祖国成立60周年献上我们最真诚的祝福:恭祝我们伟大的祖国繁荣富强、国泰民安、再创辉煌。虽然我们与祖国相隔甚遥,但并不改变我们血液里对祖国的热忱之心!我们身处海外、心系祖国。祖国的强大和中华民族走向复兴是海外游子的共同心愿。无论我们身居何方,祖国都温暖着我的心窝!"③

此外,公会也在各方面积极宣扬中华文化。如2009年6月23日至24日举办的第五届阿根廷华人超市业展销会曾安排以下活动,即邀请中华人民共和国驻阿根廷全权大使曾钢致辞以及举办2010年上海世博会推介会和精彩的中华文化节目大表演。④ 2011年7月底

---

① 《广东侨办:做好"侨"文章推动中华文化走出去》,http://news. enorth. com. cn/system/2011/12/08/008283245. shtml。

② 高伟浓:《华侨华人应成为提升国家软实力的重要力量》,《侨务工作研究》2011年第1期。

③ 陈大明:《为全人类的未来,我们与祖国共同前进:庆祝中华人民共和国成立60周年》,《CASRECH》2009年第52期,第16页。

④ 《CASRECH》2009年第48期,第56页。

公会在布市"Centro Costa Salguero"展览馆举行阿根廷第七届华人超市公会展销会，有80余家阿根廷知名企业、经销商和许多华人超市业者参会。本次展会在阿根廷首次出现了用中文宣传推介本地产品的新气象。参展的阿根廷公司在展会上派发的广告册与广告宣传单，大量使用了中文的介绍与说明。例如，一家为华人超市供应鸡蛋的阿根廷食品公司的招牌"新鲜鸡蛋"，阿根廷"Yogur"酸奶公司推出的广告词"全新的优格"等等，都是直接用中文印出来的。有一家当地饮品公司还推出了普洱、绿茶等中国口味的茶饮料。在阿根廷当地经营的华人企业也有良好表现，华人企业皇家饭店派出厨师，在展销会现场制作中国风味的特色点心，包括煎饺、小笼包等，供来宾品尝。超市公会数年来的展销会使阿根廷企业人士与华人超市业主的沟通和交流越来越密切。①

2011年9月由中国侨联组派、中国驻阿根廷大使馆支持、中国侨联和阿根廷中国文化艺术协会联合主办的大型晚会"中秋之夜"在布市进行。演出代表团受到阿根廷华人超市公会的热烈欢迎与热情招待，公会主席陈大明表示，"亲情中华艺术团"的到来，为阿根廷的中秋节增添了更多的节日气氛。每逢佳节倍思亲，艺术团为旅阿华侨华人带来的不仅仅是艺术演出，同时也是来自祖国的祝福和问候。旅阿华侨华人在感受到温暖之际，也向艺术团表达了真挚的感谢。在送别时，陈大明主席代表阿根廷华人超市公会向艺术团赠送纪念品，为亲情中华艺术团的阿根廷之行画上了一个圆满的句号。②

在南非，福建籍乡亲有3万多人，其中绝大多数是福清人，约占闽籍乡亲近90%，其中又以江阴镇最多，有1万多人。1997年，闽籍乡亲在南非成立了南非中华福建同乡会，现有会员约1 700多人。这些新侨，在海外始终坚守中华传统文化，除了国庆节、春节组织会员联欢外，还在中国传统节日举行活动，如端午节送粽子、中秋节送月饼等，让中华文化在南非代代相传。③

（二）积极维护中国的国际形象

海外华侨华人一直是维护中国国际形象的一股重要力量，福清新移民也不例外，多年来他们在"反独促统"、反对"法轮功"、反对"藏独"、反对"疆独"势力、支持奥运会、宣扬世博会等方面作出了积极贡献。

如南非闽籍乡亲始终不忘自己是炎黄子孙，于1997年成立了南非中华福建同乡会，该组织坚定支持"和平统一、一国两制"方针，反对"台独"，积极参与全世界华侨华人促进祖国和平统一的各项活动，成为全球华侨华人反独促统的一支重要力量。④

在非洲小国莱索托，现有福建人2 000人左右，其中福清人约1 700人。莱索托中国和平统一促进会（莱索托和统会）成立于2004年6月26日，由莱索托中华工商联合会、莱索托福清同乡会、莱索托中资中派联谊会共同组成。该会自成立以来，以《反分裂国家法》为本，积极参与各种和统会会议，并结合莱索托本地情况，定期与当地台湾商会和台商进行沟通，以增进了解、消除隔阂，帮助台商解决大陆劳务人员和业主的纠纷，努力在

---

① 《阿根廷第七届华人超市展销会　主流企业展中国元素》，http：//www. cnr. cn/allnews/201108/t20110802_508315749. html。

② 《阿根廷华人超市公会送别"亲情中华"艺术团》，http：//news. cntv. cn/20110916/109827. shtml。

③ 《福建省侨联访问埃及、南非》，http：//www. fjql. org/qldt/769. htm。

④ 《福建省侨联访问埃及、南非》，http：//www. fjql. org/qldt/769. htm。

莱索托建立一个和谐的华人社会。2005年8月，莱索托和统会组团参加了在奥地利所举行的纪念世界反法西斯60周年及全球促进中国和平统一大会。福清侨胞陈克辉先生在成功连任会长之后，随后的就职感言中，除了感谢全体理监事的支持外，还提出四项要求，希望全体理监事能共同努力：①了解形势：要求各位委员在百忙中要坚持看中央四套的"海峡两岸"节目，以了解两岸的形势发展，心中有大局才能更有效地开展各项工作，经常同广大侨胞讲形势和任务，激发大家的爱国热情并坚持执行使馆的各项指示，指导和统会各项工作。②加强交流：积极参与支持世界各国和统会的各项活动，互相交流，为推动海外"反独促统"统一阵线的形成而努力。③多交朋友：要求各位理监事和台胞多交朋友，一方面不忘记老朋友，另一方面广泛交结新朋友，发展私人友谊，互相沟通，拉近距离，消除隔阂，和睦相处，互通有无，谋求在莱索托共同发展，为首先在莱索托建立一个和谐的华人社会而努力。④请求中资企业商会在和统会中发挥更大的作用，除了以往的努力外，还希望今后发挥更大的骨干作用。①

2005年9月18日，莱索托中华工商会、和平统一促进会和福清同乡会共同隆重举办"同一个世界，同一个梦想"中秋联欢会，中国驻莱大使仇伯华及旅莱华侨华人等800余人出席了联欢会。全非洲和平统一促进会副会长、莱索托和平统一促进会会长、莱索托中华工商会会长陈克辉先生在联欢会上致辞，表示新一届商会将继承优良传统，加倍努力，使侨胞更好地融入当地社会，工作得更加得心应手。陈会长称，和统会将遵循《反分裂国家法》，坚持一个中国原则，坚决反对"台独"，促进祖国早日统一，使海峡两岸的炎黄子孙早日团圆。② 2007年10月26日，由全非和统会副会长蔡庆担任代表团团长的全非洲中国和平统一促进代表团一行18人前往莱索托王国，开始了全非和统会"非洲之行"计划的第一个行程，受到莱索托中国和平统一促进会会长陈克辉等的热烈欢迎。③

而在阿根廷，福清侨领陈瑞平更是为维护祖国国际形象不遗余力。陈瑞平是阿根廷华侨华人联合总会主席，阿根廷中华工商企业联合总会主席，阿根廷阿中福清会馆董事局主席，阿根廷福清同乡联谊总会主席。2007年4月11日，奥运火炬从美国旧金山抵达布宜诺斯艾利斯进行传递。此前，作为阿根廷华侨华人联合总会会长，陈瑞平率在阿华侨华人通过各种媒体，强烈谴责"藏独"分子破坏北京奥运会圣火境外传递活动的行径，并表示将自发组织人员护卫火炬，确保奥运圣火在布宜诺斯艾利斯的传递活动顺利进行。他还连夜挥笔，亲自写下一幅幅巨型横幅："祝北京奥运会圆满成功"、"北京奥运，百年梦圆"、"祖国昌盛，民族团结"、"点燃激情，传递梦想"等，运笔饱满酣畅，倾注赤子深情。此时，他心里只有一个念头：借奥运火炬传递这一千载难逢的机会，表达对祖国母亲的热爱！④

正是在陈瑞平等热心侨领的推动与努力下，圣火传递得以圆满进行。2008年4月11

---

① 《莱索托中国和平统一促进会换届　陈克辉连任会长》，http：//www.chinaqw.com/hqhr/stzx - fz/200610/27/49591.shtml。

② 《莱索托华人华侨隆重举办中秋联欢会》，http：//www.fmprc.gov.cn/chn/pds/wjdt/zwbd/t432101.htm，2005 - 09 - 19。

③ 《访问莱索托　全非和统代表团展开"非洲之行"》，http：//www.chinaqw.com/hqhr/stzx - fz/200711/05/93796.shtml。

④ 《记阿根廷华侨华人联合总会、阿根廷中华工商企业联合总会主席陈瑞平》，http：//hr.cctv.com/20101109/102814.shtml，2010 - 11 - 09。

日，北京奥运火炬传递到阿根廷。当时正值星期五，是超市每周生意最红火的日子。当地的华侨华人对火炬传递投入了极大的热情，超市业者纷纷表示，损失多少收入都无所谓，确保奥运火炬的顺利传递是自己义不容辞的责任。在整个传递活动中，沿线华人都挥舞红旗。在火炬传递的起点，华人统一戴着红帽子，帽子上檐绣着"北京奥运"字样，上身则穿着红色外套，胸前绣着的白色火炬标志与之交相辉映，华人的举动在阿根廷引起很大轰动，也让阿根廷人从中进一步认识了中国。①

（三）促进中国与其侨居国的经济、文化交流

福清新移民还积极充当桥梁，在祖国与侨居国的经济、文化交流中扮演重要角色，其中又以阿根廷华人超市业公会最为突出。

自 2005 年至 2008 年间，阿根廷前任总统基什内尔与现任总统克里斯蒂娜先后 7 次接见陈大明等华人超市公会领导，鼓励华人业主在这个领域继续发展。2006 年 10 月 25 日至 28 日，应国家副主席曾庆红邀请，阿根廷副总统丹尼尔·奥斯瓦尔多·肖利对中国进行正式访问，公会主席陈大明作为肖利副总统率领的阿根廷来华正式访问团的随团人员，全程陪同访问了北京、上海等地。2010 年 7 月，应阿根廷总统克里斯蒂娜·费尔南德斯·基什内尔邀请，陈大明与他的团队再次随访，陪同克里斯蒂娜总统圆满完成了在北京、上海的行程。在访华期间，华人超市公会代表受到了阿根廷国家电视台第七频道采访，提升了华人在阿根廷的地位和形象。此次成功访华，进一步增强了中阿两国之间的友好关系，促进了两国经济合作和商贸往来，对两国的共同发展和繁荣起到了积极的推动作用。② 与此同时，陈大明和他的团队也在积极主动地融入阿根廷社会。2010 年 5 月 21 日至 25 日，阿根廷举行独立 200 周年庆典活动。当地华侨华人精心组织了一场庆典活动。他们穿着具有中国特色的传统民族服饰，组成中国特色的方队游行，伴以舞龙舞狮和挥彩旗的精彩表演，与阿根廷人一起度过欢乐的节日。③

此外，2009 年 4 月 16 日到 29 日，华人超市公会组织商务访华团回国参观考察。除了回到福清家乡，考察团还走访了北京、上海、福州与香港等各大城市的超市业界。④ 考察团主要领导拜访了阿根廷驻华大使 Cesar Mayoral 及中国领导，此次考察有助于推动中阿之间的经贸往来。⑤

而在莱索托，福清新侨也积极充当祖国与侨居国当地之间的桥梁角色。

2000 年 1 月 16 日，莱索托福清同乡会在莱索托首都马赛卢正式挂牌成立，该会成立至今，受到莱索托政府及社会各界的认可，在推动莱索托积极发展与社会团结方面起了极大的作用。成立以来，该会多次热情接待国内出访团组。为了更好地使中国走向世界、使

---

① 林明：《一个"福清哥"的海外创业记——记阿根廷华人超市公会主席陈大明》，《炎黄纵横》2010 年第 12 期，第 39 页。

② 《转载阿根廷华人超市公会的公告与我的评论》，http：//blog. sina. com. cn/s/blog_764622b30100rh9h. html，2010 年 7 月。

③ 林明：《一个"福清哥"的海外创业记——记阿根廷华人超市公会主席陈大明》，《炎黄纵横》2010 年第 12 期，第 39 页。

④ 《华人超市的侨乡》，《CASRECH》2009 年第 47 期，第 8 ~ 10 页。

⑤ 《阿根廷华人超市公会收到中国官员肯定》，《CASRECH》2009 年第 47 期，第 14 ~ 18 页。

福清走向世界，同乡会邀请南非祖鲁国王到中国参观访问，访问期间受到了福建省、市领导的热烈欢迎和友好接待，国王一行参观了福建省尤其是福清市在改革开放所发生的变化后感触颇深，对中国在短短的十多年间所发生的翻天覆地的变化大加赞赏。同乡会还多次邀请南非新堡市领导到福清访问，促成福清市与新堡市缔结成为友好城市，并大力招商引资，引进新堡市闽都有限公司在福州江阴开发区投资 600 万美元创办仓储式物流园。为了进一步巩固团结友好关系，该会还联络了莱索托的华侨华人，在莱索托成立了中国工商联合会，大力宣传"一国两制"的政策，并多次邀请在莱索托经商的台湾人偕同台湾亲人到祖国大陆走走看看。①

莱索托福清新侨还注重与当地社会的融合。2006 年 12 月 20 日上午，在莱索托的边境城市马费滕，莱索托中华工商联合会及莱索托福清同乡会共同捐赠了猪舍、种猪、猪仔以及生活用品和食品给艾滋感染者及艾滋孤儿，由莱索托副首相 Mr. A. L. Lehohla 代表莱索托政府接受了这项捐赠。这项计划是由莱索托中华工商联合会及莱索托福清同乡会联合支持的，希望借由豢养猪只，让艾滋感染者得到经济助力，从而在对抗艾滋方面有更大的力量。莱索托中华工商联合会秘书长陈正弘先生表示，希望每年都能举办此项活动。这次捐赠的活动由莱索托中华工商联合会主导，莱索托福清同乡会襄赞，主要是工商联合会的领导干部带头捐赠，并号召其他侨民踊跃参与。此次捐赠金额为南非币 20 万兰特左右，② 此项活动得到当地人民的欢迎，极大地增强了华人社会在当地的影响力。

在英国，经营国际汇款业务的"Money TT"集团董事长何家金先生也热衷于促进祖（籍）国与侨居国的交流。他参与发起创办英国福清同乡会、福建同乡会，并身兼英国福建同乡会监事长、福清同乡会会长，他长期致力于提升福建乡亲形象、提高华人地位。2002 年 2 月何家金创办的《新欧侨报》与广大读者见面。作为欧洲唯一一家全彩铜版印刷的华文报，《新欧侨报》始终秉承爱国、爱乡、爱侨的宗旨，以较高的品位，传递英国华人社会和祖（籍）国建设的正面信息，赢得越来越多的华人朋友的欢迎。2005 年 10 月，通过与《福建侨报》的合作，《新欧侨报》开辟"海峡西岸"、"情系八闽"两个专版，全力推荐海峡西岸经济区，展示华侨华人爱国、爱乡业绩，牵动了广大旅英乡亲的心弦。《新欧侨报》影响日益扩大，成为英国华人与主流社会沟通的桥梁，得到中国驻英使领馆的肯定，伦敦市政府和当地警务部门通过翻译，了解收集华人社会信息，并在《新欧侨报》刊登征兵和警务公告。作为英国华侨华人的杰出代表，他还受到访英的胡锦涛主席、温家宝总理等中国领导人的亲切接见。何家金说："中国强大了，华侨华人地位提高，是全球华夏子孙之福，与有荣焉，倍加珍惜，为了中英两国美好的未来，更要全力以赴。"③

在南非，中华福建同乡会走过 7 年不平凡的历程，作为创会副会长和第四届会长，福建新侨李新铸积极投身于同乡会各项活动，与创会会长叶北洋先生等一起团结广大乡亲，

---

① 林璐：《闯荡莱索托的"福清哥"》，《炎黄纵横》2005 年第 1 期，第 53 页。

② 《莱索托中华工商联合会及福清同乡会举行慈善捐赠》，http://www.chinaqw.com/tzcy/hszx/200612/25/55883.shtml。

③ 《做有意义的事——访世界福清同乡会副主席、Money TT 董事长何家金》，http://www.66163.com/Fujian_w/news/fjqb/060519big5/2671.html，2006 - 05 - 22。

购置会所，发展会务，投入到庆祝港澳回归、中南建交、祖（籍）国国庆和新年联欢等活动中，与祖（籍）国人民分享欢乐，也迎来了到访的江泽民、朱镕基、曾庆红、钱其琛、陈至立等中国领导人的接见和鼓励。①

因此，可以说，福清新移民在我国软实力的构建中发挥了不可忽视的作用。

---

① 《新南非　铸辉煌——访南非中华福建同乡会会长李新铸先生》，http：//www.66163.com/Fujian_ w/news/fjqb/040924/1_9.html。

浅论宗教与侨务的结合

［马来西亚］甘德政

内容摘要：中国在政治、经济和军事实力上升之际，在文化和观念领域仍进展有限，在实际的国际影响力上呈现明显的"软硬失衡"态势。如何利用中国丰富的宗教和文化资源，针对海外华侨华人信众展开"与信仰有关的外交"，以提升中国的软实力、化解"中国威胁论"和完成"和平发展"的战略目标，是当前侨务工作应努力的方向。国家统一战线工作需要全面把握和正确处理的五大重大关系（即政党关系、民族关系、宗教关系、阶层关系和海内外同胞关系）之中，若能将其中两个重大关系，即宗教和海内外同胞关系结合起来实践，对中国国家利益的长期建设会有事半功倍的作用。

关键词：宗教；软实力；与信仰有关的外交；侨务

【作者简介】甘德政，马来西亚人，复旦大学国际关系与公共事务学院博士研究生。

一、与信仰有关的外交：软实力的对外投射形式

宗教作为影响国际关系诸因素中少数同时具有无形（宗教思想）和有形（宗教机构）两种力量的因素，较之其他因素有其特殊甚至更为持久的影响。近年来国际宗教非政府组织的兴起引起西方学者的关注，被认为是塑造世界政治的文化、宗教和政治地貌的重要因素。[①] 有学者认为，"宗教外交"是指一个国家的政府以特定的宗教价值观念为指导，通过职业外交官直接实施、授权或者委托各种宗教组织实施的外交行为，以及默许宗教组织开展的针对另一个国家政府的游说行为。[②] 也有学者将宗教卷入外交事务的现象称为"以信仰为基础的外交"（Faith-based Diplomacy），徐以骅认为："广义解释即认为传统外交要认真看待宗教，注重宗教价值观的非传统外交可与传统外交相互补充；而狭义的则指与世俗外交有异、以宗教价值观为核心的外交……从广义上以信仰为基础的外交具有公共外交的一轨性质。"[③] 他也认为，冷战结束后美国出现了某种"与信仰有关的外交"（Faith-re-

---

① 徐以骅：《当前国际关系中的"宗教回归"》，见徐以骅主编：《宗教与美国社会——宗教与国际关系》（第4辑·上册），北京：时事出版社2007年版，第20页。

② 涂怡超、赵可金：《宗教外交及其运行机制》，《世界经济与政治》2009年第2期。

③ 徐以骅主编：《宗教与美国社会——宗教与国际关系》（第4辑·上册），北京：时事出版社2007年版，第26页。

lated Diplomacy）甚至出现外交政策宗教化或"福音化"的趋势。①

　　17 世纪法国皇室狂热支持的海外传教运动，和 20 世纪早期美国总统威尔逊的"传教士外交"（Missionary Diplomacy），这两者的性质已具备"与信仰有关的外交"的内涵。近代以来，基督教教会在中国开展一系列"教堂、学堂、医院"的"福音布道三位一体"活动，对近代中国的历史进程影响深远。② 虽然部分虔诚的西方传教士在中国土地上所设立的"教堂、学堂、医院"曾造福为数不少的中国基层群众，但在帝国主义炽热的年代，西方列强凭着"船坚炮利"强迫中国签订了"不平等条约"，使得大多数中国人一谈到基督宗教，直接联想的并非"宗教自由"、"宗教平等"或"宗教权利"，而是帝国主义、殖民主义以及与之关联的"文化侵略"。③ 中国人深受帝国主义侵略的痛苦记忆使然，新中国成立后即奉行"打扫干净屋子再请客"的政策，导致西方传教士黯然离开自己曾经耕耘多年的中国。在冷战格局形成、对抗无神论共产国家的需求之下，以美国为首的西方势力在官方和外交人员不直接涉入对外宗教事务的情况下，一些有宗教背景的非政府组织就出面成为美国进行公共外交、向外投射软实力的重要"载体"。宗教作为一种软实力的形式，当软实力的各种概念为了霸权而剧烈竞争时，宗教价值观便成为这场竞争的中心。④ 提出软实力概念的约瑟夫·奈就指出："公共外交作为历史上的一种推广软实力的手段，对赢得冷战的胜利有实质的功效。"⑤ 冷战年间美国宗教组织的传教活动遍布绝大多数国家，并且举办和资助大量诸如学校、医院等社会服务机构，美国宣教史学家比弗说海外传教仍然是"美国文化在草根层面上对这些民族产生影响的最有效方式，是亚洲、大洋洲、非洲和拉丁美洲人民心目中美国大众形象的塑造者"⑥。到了冷战结束以后的"宗教复兴"年代，以宗教和信仰为基础的非政府组织在国际政治舞台上仍然继续扮演着重要的角色，那些以人权和宗教为议题的宗教或世俗非政府组织往往充当西方外交政策的非正式执行者。国际宗教非政府组织与主权国家、政府间国际组织以及其他非政府组织的互动，也已成为全球治理和构建国际政治现实的重要因素。⑦

　　与美国广泛利用"二战"前传教士在海外的网络来进行"与信仰有关的外交"相比，中国自新文化运动以后，宗教逐渐沦为"愚昧落后"、"封建迷信"、"束缚理性"等的代名词，到了"文革"时期，宗教更是遭到灭顶之灾。改革开放之后，邓小平倡导"拨乱

---

　　① 相对于西方学者提出并在近期引起热议的"以信仰为基础的外交"（Faith-based Diplomacy），徐以骅所提出的"与信仰有关的外交"（Faith-related Diplomacy）一词更能准确概括美国目前的外交政策宗教化趋势。有关"与信仰有关的外交"论述，见徐以骅主编的《宗教与当代国际关系》一书中的第 15 章（即将出版）。笔者以为"与信仰有关的外交"的概念更符合中国国情，因此引用来阐述本文的观点。

　　② 有关教会在华的传教和教育活动研究，见徐以骅：《中国基督教教育史论》，桂林：广西师范大学出版社 2010 年版。

　　③ 卓新平：《"全球化"的宗教与当代中国》，北京：社会科学文献出版社 2008 年版，第 52 页。

　　④ Jeffrey Haynes, *An Introduction to International Relations and Religion*, London：Pearson Education Limited , 2007, p. 42.

　　⑤ Joseph S. Nye, Jr. , *Public Diplomacy and Soft Power*, *The Annals of the American Academy of Political and Social Science*, 2008（616），p. 94.

　　⑥ 徐以骅：《宗教新右翼与美国外交政策》，见徐以骅主编：《宗教与美国社会——美国宗教的"路线图"》（第1 辑），北京：时事出版社 2004 年版，第 99～100 页。

　　⑦ 有关宗教非政府组织的全球活动，见徐以骅、秦倩、范丽珠主编：《宗教与美国社会——宗教非政府组织》（第 5 辑），北京：时事出版社 2008 年版。

反正"、"实事求是"的思想解放路线，才让过去极端政治化的宗教政策从死胡同里走出来。近年来国内宗教学者也逐渐达成"宗教是文化"、"一个民族的传统宗教是构成其民族文化的重要内容"、"民族宗教构成一个民族的价值标准、行为规范和民族特性"等新共识。① 宗教学者卓新平指出"宗教作为文化"的思想已在当代中国出现，但在现代的中国政治传统中，文化通常被赋予中性评价，而宗教在意识形态之评价上仍为一个敏感的问题。② 无论如何，从目前中国社会对宗教的接受度来看，一些中国学者认为宗教在中国的形象已经从过去的"人民的鸦片"转变成一种"社会资本"的形式。③ 美国国际关系学者杰克·斯奈德认为宗教有两面性："宗教既可以增加国家当权者的合法性，也可以侵蚀其合法性；宗教既可以划定国家的疆域边界，也可以制造跨国界的认同群体和网络；宗教既可以增强族裔民族认同，也可以扩大民族间的认同差异甚至分裂一个国家……宗教可通过塑造和影响组织、网络结构的价值观和动机来影响政治。"④ 因此，如何妥善利用"宗教"这把"双刃剑"，让其成为增强中国软实力的正面因素，而不是沦为境外反华势力用来操纵和贬低中国国际形象的工具，成为当今国内国际关系和宗教学界所关注的重点。

中国自古以来不乏与软实力概念相近的思想，如《道德经》的"天下之至柔，驰骋天下之至坚"，《孟子》的"仁者无敌"和"以德服人"，《孙子兵法》的"上兵伐谋，其次伐交，其次伐兵，其下攻城"，最理想的效果是"不战而屈人之兵"。中国在和平发展的实践过程中，国家的安全防线必须通过友好信任的渠道建立在他人心中，而且是建立在领土之外。"有海水的地方就有华人"，华侨华人遍布世界各地，更重要的是，中国各种历史悠久的传统宗教与民间信仰在海外华人的日常生活中仍然扮演着重要的角色。因此，如果善用中华在海外的"信仰遗产"来展开"与信仰有关的外交"，并有针对性地和有策略地与当地华人沟通，通过他们对于当地商界、媒体、非政府组织乃至政党的影响力来影响中国政府的外交决策，将有利于打破被西方文化霸权所抹黑的中国形象。

二、晚清在海外的"信仰遗产"⑤：以英属马来亚为例

东南亚是海外华人的重要聚居区，在这片多元种族、多元文化杂处的区域里，宗教信仰向来是东南亚华人的文化认同源头。源自中国南方省份的先民，数个世纪以来前仆后继地前往南洋开拓，把他们热爱土地、感恩土地、祈求祖先和家乡神明庇佑的信仰移植到东南亚，以确保向祖辈传承的价值系统落实在当地重建的社会中，并维持互相的信任与秩

---

① 吕大吉、牟钟鉴：《中国宗教与中国文化·概说中国宗教与传统文化》（卷一），北京：中国社会科学出版社2005年版，第15页。

② 卓新平：《"全球化"的宗教与当代中国》，北京：社会科学文献出版社2008年版，第371~372页。

③ Xu Yihua, Religion in Current Sino – U. S. Relations, *The United States and China：Mutual Public Perceptions*, edited by Douglas G. Spelman, Washington, D. C.：Woodrow Wilson International Center for Scholars, 2011, p. 117.

④ Jack Snyder, "Introduction", *Religion and International Relations Theory*, New York：Columbia University Press, 2011.

⑤ 本文的"信仰遗产"概念，出自于2003年10月联合国教科文组织第32届大会通过的《保护非物质文化遗产公约》规定后，民间信仰被列入非物质文化遗产的关注范围。有关论述可参阅萧放：《文化遗产视野下的民间信仰重建》，《探索与争鸣》2010年第5期，第61~63页；[日]樱井龙彦著，陈爱国译：《应如何思考民间信仰与文化遗产的关系》，《文化遗产》2010年第2期，第115~123页；王海东：《民间信仰与非物质文化遗产保护的互动关系——以上海为例》，《世界宗教文化》2011年第6期，第47~50页。

序。文化人类学家克利福德·格尔茨认为，宗教作为一种重要的文化、象征符号体系，能在人们中间建立强有力的、普遍的和持续的情绪和动机，依靠形成有关存在的普遍秩序的概念并给这些概念披上实在性的外衣，使情绪和动机看上去具有独特的真实性。他也认为人天生的反应能力具有极端笼统性、弥漫性和可变性，如果没有文化模式的帮助，人在功能上是不完全的，就像"无法捉摸的怪物，既没有方向感也不能自我控制，充满痉挛性的冲动和模糊的情感"①。在文盲遍地、人口爆炸和农村破产的时代背景之下，面对不怀好意的西方殖民者和充满疑惧眼神的当地土著，若单纯以"经济利益"驱动而缺乏"宗教信仰"作为精神武器来坚定出洋的意志，很难让当时乡土意识浓厚的华人先民有组织地一批又一批背井离乡，跨越波涛汹涌的南海，在没有国家力量的支持下根据原乡的文化模式，一步步地把异乡开拓成今日的家乡。身处异域的华人先民凭着信仰的力量，以及对原乡仍然残存着的集体记忆，在想象中创造出自己隶属的地方和精神归宿，用安德森的话来说，就是创造出一个"想象的共同体"。时至今日，中华文化早已"落地生根"，成为东南亚各国当地文化的重要组成部分之一。

乾隆皇帝对出洋者持有"天朝弃民，不惜背祖宗庐墓，出洋谋利"的偏见，在很大程度上左右了清初统治者对待海外华人的政策。在闭关锁国年代，朝廷既无责任，也无义务保护这些被认为是"唯利是图"的"刁民"，反而坐视西方列强剥削、宰制甚至屠戮当地的华人。到了19世纪70年代，当清廷经历了鸦片战争、英法联军之役等惨痛教训之后，匍匐前行的大清帝国摸索救亡图强的道路，被派往海外考察的洋务派官员才意识到许多海外的"刁民"其实并不刁，这些华人在异域时久却仍仰慕华风，更重要的是还累积了可观的财富和与洋人打交道的实践经验，是一股不容忽视的经济和社会力量。此后，清廷对海外华人的政策，从雍乾嘉时代的冷漠与怀疑，转向笼络和招安。当时英属马来亚（包括今日的马来西亚与新加坡）是大英帝国最富裕的殖民地之一，且华人人口密集，此地自然被清廷所重视。1877年清廷在新加坡设总领事，1893在槟城设副领事，这两处的清朝官员在执行清廷对南洋华侨政策当中扮演着重要的角色。

在中国国力积弱、任人鱼肉的年代，清朝驻外官员无可奈何地必须在"弱国外交"的政治现实上尽可能地在海外捍卫国家的利益，尤其是在华人人口密集的南洋，西方殖民者一方面要借助和引进华人的生产力，另一方面也对清廷的海外领事怀有戒心，设下重重限制以防止清廷在海外华人社会扩大影响力。因此，这些清朝驻外官员实际上可资利用的政治资源非常有限，而当地华人从家乡带来的民间信仰和庙宇网络，就成了当时清朝驻外官员的重要活动领域。在帝制年代，遍布中国城镇农村的成千上万、大大小小的佛教、道教和各种民间信仰庙宇，成为各地道德教化的基地，也是统治者和精英对草根基层实行"神道设教"的最有力载体。以张弼士为首的清朝驻外官员，凭借英殖当局所奉行的开放政策之利（即允许各民族文化和信仰活动的自由发展）通权达变地在英属马来亚的华人社区展开了一系列文教活动，② 结果成功地在当地华社掀起民族主义的热潮，强化了华侨华人对

① ［美］克利福德·格尔茨著，韩莉译：《文化的解释》，南京：译林出版社2002年版，第91~99页。

② 有关张弼士在南洋所进行的文教活动，可参阅［马来西亚］王琛发：《张弼士、晚清侨务与槟榔屿绅商的神道设教——从公共外交与召唤侨资两个角度解读》，第二届世界客商大会"客商论坛"研讨会主题演讲，嘉应学院客家研究院，2011年12月4日。

中国的向心力，并相当程度地影响了近代中国政治的历史进程。① 总的来说，晚清政府对南洋华人社会开展的"宗教统战"活动主要包括：①向朝廷请封槟城的海珠屿大伯公；②②发展槟城极乐寺；③ ③投入孔教运动和发展华文教育。④

作为一个频遭外敌蹂躏、主权朝不保夕的东方古老帝国，面对西方强势文化的严峻挑战，晚清政府以仅存的文化资源向流落海外的侨民进行宣教，是无可奈何的选择。面对连年战乱、国库空虚的窘境，清廷虽硬着头皮按照列强制定的游戏规则派遣驻外人员，却甚少进行充裕的财政资助，只能就地提拔熟谙当地国情的华商巨贾来充当驻外人员。所幸的是，先后担任清政府驻外官员的张弼士、张煜南、张鸿南等人都具有崇高的民族主义和爱国主义热忱，他们以雄厚的经济实力替朝廷分忧，出钱出力维持清廷在南洋的外交和文教活动。在国力屡弱、一穷二白的情况下，晚清所推行的华侨政策却收到不成比例的丰厚回报，其政治效应甚至泽被承继清朝的民国政府。和英美传教士在中国土地上针对中国人展开的"教育传教"相比，晚清官员其实也意识到将"传教"和"教育"挂钩的重要性，张弼士等人就通过侨务"反其道而行"，落实到西方殖民地的海外华人社群，在南洋留下了多所中文学校和庙宇，强化了海外华人的民族文化认同和对中国的向心力。但是，随着1911年清朝的覆灭，加上新文化运动以来"排斥鬼神"的社会影响，导致民国以后的中国当局进行侨务和统战活动时，只专注于政治和经济的联系而忽略宗教网络的作用，清廷在海外的这些"信仰遗产"也在人们的视线中被湮没长达一个世纪之久。

三、利用海外"信仰遗产"的当代形势

与清廷当年利用"圣教"⑤ 概念来进行海外华人的统战相比，当今的中国缺乏相应的海外机制和载体去进行运作。冷战时期的意识形态对立，不仅使海峡两岸分途发展，也切断南洋华人与中国的联系长达数十年。改革开放以后的中国虽然日趋开放，但是越来越多

---

① 有关南洋华人民族主义对中国的政经贡献，可参阅许梅：《"二战"前东南亚华侨与祖籍地的密切联系及其原因分析》，《东南亚研究》2006年第1期；林金枝：《华侨汇款及其对中国经济发展和侨乡建设的重大贡献》，《华侨历史文化论丛》第7辑，第189~194页。

② 有关张弼士请封海珠屿大伯公事迹，可参阅［马来西亚］王琛发：《马来西亚客家人本土信仰》，马来西亚客家公会联合会2007年版，以及邝国祥：《海珠屿大伯公考》，载《北马永定桐乡回信会所开幕暨42周年会庆，青年团9周年纪念庆典特刊》，马来西亚：北马永定同乡会1992年版，第231页。

③ 有关张弼士参与槟城极乐寺发展的事迹，可参阅［马来西亚］王琛发：《极乐寺〈龙藏经〉——反映晚清华侨政策政策的一瞥》，摘自《无尽灯》第18/164季刊。

④ 有关新马两地在晚清年代的孔教复兴运动和华文教育的发展，可参阅［澳］颜清湟著，粟明鲜译：《1899—1911年新加坡和马来亚的孔教复兴运动》，［澳］颜清湟《从历史角度看海外华人社会变革》，新加坡：新加坡青年书局2007年版，第127~162页，以及李庭辉《马来亚华文教育（1894—1911）：早期华校的民族主义》，《辛亥革命与南洋华人研讨会论文集》，台北：辛亥革命与南洋华人研讨会论文集编辑委员会1986年版。

⑤ 有关"圣教"概念的古籍出处，可参阅李申编：《儒教、孔教、圣教、三教称名说》，北京：国家图书馆出版社2009年版。圣教即圣人神道设教，是倡导王道德治、尊王攘夷和上下秩序的国家宗教。晚清政府在1905年实行新政后，在教育改革方面出台北京《奏定学堂章程》中处处贯穿着"读经"，以维持"圣教"的思想。（见张小莉：《清末新政时期文化政策》，北京：人民出版社2008年版，第115~117页）顾肃认为统治者在推行儒教的同时，也提倡佛道两教，并通过圣人而把佛道两教的思想纳入儒学之中，由此发展出神道设教，这种儒释道的复杂互动和融合，成了中国长期封建社会统治的政治信仰和神学的重要因素（见顾肃：《宗教与政治》，南京：译林出版社2008年版，第55页）。

的海外华人到中国探亲或观光后，在实践经验上感受到太多的思想的差异和信仰上的格格不入，对中国产生的强烈"异己感"，而冷战期间被压抑的"中国情怀"和"文化乡愁"，早已被"文革"时期对传统文化的破坏和当今的种种马克思所言之资本主义"异化"现象冲击得非常淡薄。在中国社会转型期，乱象层出不穷，道德约束力逐渐失效，华南虎照片造假、黑心食品、"小悦悦"等事件不断挑战社会的道德底线，过度市场化的伦理危机已出现。对于被众多强势"他者"环绕而被认为拥有"身份失落"焦虑感的海外华人而言，顽强地保存着传统信仰和文化习俗的海外华人更像是具有"中国性"（Chineseness）的文化主体。此外，虽然近年来中国的经济崛起对南洋华人增加了吸引力，但大多南洋华人是基于功利主义而去中国经商，更深层次的文化和信仰的交流则很少。一些以华人为主的团体甚至在西方强势话语的影响下也跟着西方媒体的论调起舞，如依据西方标准对中国的人权进行责难。"子曰：礼失求于诸野。"如何有效地运用中华在海外的"信仰遗产"，给海外华人一个熟悉的中国，应是中国进行"与信仰有关的外交"时思考的重点。

　　近年来中国传统文化的发展逐渐步上正轨，越来越多人也意识到剔除了其中封建迷信的负面元素后，宗教信仰的正面元素仍大有可为。一些国内学者也希望政府的"民间组织法"尽快出台，以赋权（Empowerment）国内的宗教组织走出国门弘扬中华文化。卓新平指出，在中国历史传统中及今天中国香港、台湾地区，民间信仰作为中国的"宗教生态"、"宗教植被"对中国传统宗教信仰的生存与传播起着保护作用，形成抵制"外来宗教"渗透的一道天然屏障；由于大陆"民间信仰"这一植被遭到破坏，所以"外来宗教"近年来得以长驱直入、迅猛发展。[①] 他认为，宗教组织走出国门其实就是争取话语权，"如果宗教没有自己的语言，其存在价值也就很难说了。而要让宗教讲好自己的语言，则必须加强宗教界人士的教义神学研习和人文社会科学的修养。这样，在抵制境外的宗教渗透时也可以用中国宗教的软实力来正面回应，并通过积极的文化战略来输出我们自己的宗教文化，变防御为进攻"[②]。徐以骅认为，中国的"走出去"战略应是全方位和系统配套的，"我们很难设想没有传统文化支撑的可持续经济'走出去'战略，同样也很难设想缺乏宗教背景和价值观基础的传统文化"，而宗教向来是中外文化交流的重要组成部分。公共外交及民间外交无论过去还是现在都是宗教和宗教团体介入中国对外关系的主要途径，但却是被各界忽视的议题，这成为中国公共外交实践和理论研究中的短板。中国作为具有丰富宗教资源的宗教大国，中国国力的增强为宗教影响力的对外投射创造了条件，而中国各种宗教的发展以及中国各种宗教和民间信仰的广大海外信徒，可以说构成了中国国家主权和利益的"隐性防线"。[③]

　　应对海外华人对中国的复杂情感，党与政府在 1984 年就制定了对海外华人要适当区别的工作原则。到了 2006 年，胡锦涛更强调："在凝聚侨心、发挥侨力、为实现全面建设小康社会的宏大目标作贡献方面，侨务工作大有可为；在反对和遏制'台独'分裂势力，推动祖国和平统一进程方面，侨务工作大有作为；在开展民间外交，传播中华优秀文化，

---

①　卓新平：《"全球化"的宗教与当代中国》，北京：社会科学文献出版社 2008 年版，第 252 页。

②　卓新平：《"全球化"的宗教与当代中国》，北京：社会科学文献出版社 2008 年版，第 240 页。

③　徐以骅：《全球化时代的宗教与国际关系》，《世界经济与政治》2011 年第 9 期，第 18～19 页。

扩大中国人民与世界各国友好交往方面，侨务工作大有作为。"①

无可否认，中国政府的侨务政策在历史的不同阶段都发挥了重要的作用，并有效地保护了中国侨民和国家在海外的利益，但到了身份、国家界限日益模糊的全球化时代，一些华侨后裔已攀至外国领导人的重要位置，对于他们当然不能再视之为"华侨"，以往侨务政策所针对的"自家人"已改变身份而成为政治学意义上的"他者"。骆家辉就任美国驻华大使时一面称以华人血统为荣，一面在外交政策上对中国手段强硬；菲律宾总统阿基诺可以在访华时到福建家乡祭祖，却在南海问题上与中国针锋相对；新加坡资政李光耀更发表"欢迎美国重返东南亚制衡中国论"而招致国内愤青的口诛笔伐。但是，正如卓新平所认为的那样：人们在谈论"文化中国"的"衍化"、"扩散"时，会注意到不少"中国人"之"身份"的"嬗变"、"外化"。这种"你中有我"、"我中有你"的复杂格局已使"民族"的"身份"、"国家"的"界限"变得模糊、复杂，在认识、处理问题时必须从这种"开放性"社会出发，必须具有"全球"眼光。②

海外华人作为文化和血缘上的"亲人"和政治上的"他者"，中国在进行"与信仰有关的外交"时都应把这些海外华人视为重要的受众，尤其在海峡两岸尚未统一之前，海外华人在提升中国国际形象方面仍扮演着重要的角色，即使在政治上是对立的，也不能忽略他们在信仰和文化的交流上能在一定程度上起着"降低敌意"的正面作用。中国的侨务也可因时因地制宜汲取部分公共外交和民间外交的元素，以适应当今形势的变化，尤其是针对20世纪80—90年代以来新一批移民海外的中国人，即使他们移民海外的时代背景已大大不同于南洋华人先民离乡时中国国力积弱的苦难年代，他们的第二、第三代也迟早会经历"他乡变故乡"、"从自家人到他者"的认同转变。在强势的西方文化影响之下，新移民的后代往往难以保存自身的传统文化和信仰。但在冷战结束之后的"宗教复兴"年代，杭廷顿却观察到许多到美国定居的西语裔、南亚裔和中东裔的第二代及第三代，却吊诡地呈现"文化返祖"现象。这些人并不只是找回对先人极为淡薄及象征性的族裔认同，更重要的是找回祖先的宗教信仰。③如今，在西方经济逐渐衰落、失业率上升、社会问题层出不穷的情况下，西方国家的政治人物和媒体常通过炒作移民课题转移视线，导致西方民众的"排外情绪"也出现逐渐升温的趋势，而感受到这些"排外情绪"的移民社会的"文化返祖"进程也逐渐加速，尤以被"恐伊症"人群所敌视的穆斯林群体为最，这些移民不断强调祖先的宗教信仰来应对"他者"的不友善态度。此外，虽然西方国家普遍已制定反种族歧视法案，但在中国经济崛起的当下，西方社会根深蒂固的"黄祸"潜意识又隐约再现，一些华侨华人成为"种族歧视"受害者的案例仍时有所闻。这些边缘群体所产生的"认同危机"使他们极可能成为各类宗教组织的潜在受众，这也是中国的宗教组织"走出去"的突破口之一。

若以后殖民理论来分析这种"文化返祖"现象，就意味着要"回到过去"，发掘并重组那些被当权者的话语霸权和意识形态所刻意摒弃的历史碎片，为个体及集体在新的多元

---

① 《胡锦涛在全国侨务工作会议上讲话》，2006年2月27~28日，引自庄国土、刘文正：《东亚华人社会的形成和发展：华商网络、移民与一体化趋势》，厦门：厦门大学出版社2009年版，第250页。

② 卓新平：《"全球化"的宗教与当代中国》，北京：社会科学文献出版社2008年版，第281页。

③ 见［美］赛缪尔·杭廷顿著，高德源等译：《谁是美国人：族群融合的问题与国家认同的危机》，台北：左岸文化2008年版。

组合中找到表达自我的着力点，一言以蔽之，就是要争回本身的文化主体性和话语权。这种全球各民族的"文化主体意识的复兴"和全球"宗教复兴"的崛起是一致的，值得注意的是，这种现象常被一些国家利用，成为渗透他国、影响他国政策的契机。亨廷顿指墨西哥政府动员在美国境内的墨裔来参与当地政治，是"美国内部认同"的不稳定因素之一，而美国国防部在1996年对国会的报告中更指出"许多外国情报单位试图利用族群或宗教关系来连接美国境内的散居者及其祖国"①。张可杰也论及近几十年来台湾佛教的蓬勃发展，已成为在美国推广佛教的主力，中国新移民成为台湾佛教团体的主要信众。② 事实上台湾的宗教组织也早已在南洋华人社会活动多年，对东南亚的信众拥有极大的影响力。在全球化的时代，中国的国内宗教实践已具有明显的海外效应，海外的华人信众与外国信众亦具有影响中国国家形象和利益的潜能，这种内外交融的情势决定了我们必须超越民族国家、内政外交的界限，在更广阔的视域中理解宗教对中国的独特意义。③ 国家统一战线工作需要全面把握和正确处理的五大重大关系（即政党关系、民族关系、宗教关系、阶层关系和海内外同胞关系）之中，若能将其中两个重大关系，即宗教和海内外同胞关系结合起来实践，对于中国国家利益的长期建设会有事半功倍的作用。

四、"与信仰有关的外交"的载体

在具体的公共外交上，输出一种文化价值观及信仰是有必要的，但要落实到更为基层和草根的"与信仰有关的外交"，则需要一个有力的载体，即非政府组织（NGO）来"走出去"。在中国，有许多活跃的西方宗教团体是以"以信仰为基础的非政府组织"（Faith-based NGO，或简称 FNGO）为名，不同于过去的传教士，这些 FNGO 被允许在中国活动，他们的活动范围甚至包括宗教领域。这些知名的美国 FNGO 包括世界宣明会（World Vision）、美国公谊会服务委员会（American Friends Service Committee）、撒玛利亚人的钱袋（Samaritan's Purse）等，这些组织都主要从事公益和赈灾活动。④ 在"公民社会"概念盛行的美国，很多早已走出国门的非政府组织在草创时期都是通过民众主动自发，由小开始，从地方的公益活动做起，逐渐发展成为跨国的大型组织。管理学大师彼得·德鲁克在其著作中多次提到美国本土的教会和宗教组织参与社区公益活动的个案。在他眼中，非营利组织在迅速变化、浮躁不安的美国社会已经成为社会活动中心。他指出非营利性组织必须强调使命，满足人民自我实现、活出理想、活出信仰、活出真我的需求。⑤

国内外许多学者对这一类型的民间组织有不同的称谓，如非营利组织（NPO）、非政府组织（NGO）、慈善组织、第三部门、志愿组织、免税组织、中介组织等。如果严格按照国际定义标准，即美国约翰·霍普金斯大学莱斯特·萨拉蒙（Lester Salamon）教授所提

---

① 引自［美］赛缪尔·杭廷顿著，高德源等译：《谁是美国人：族群融合的问题与国家认同的危机》，台北：左岸文化2008年版，第289页。

② 有关佛教在美国的发展趋势，可参阅张可杰：《简析佛教在美国之发展及原因》，见徐以骅主编：《宗教与美国社会——宗教与国际关系》（第4辑·下册），北京：时事出版社2007年版，第705～721页。

③ 徐以骅、邹磊：《信仰中国》，《国际问题研究》2012年第1期，第53页。

④ Xu Yihua, Religion in Current Sino‑U. S. Relations, *The United States and China*: *Mutual Public Perceptions*, edited by Douglas G. Spelman, Washington, D. C.: Woodrow Wilson International Center for Scholars, 2011, p. 114.

⑤ ［美］彼得·德鲁克著，吴振阳等译：《非营利组织的管理·前言》，北京：机械工业出版社2007年版，第17页。

出的"五特征法",这类组织必须具有:①组织性;②非政府性;③非营利性;④自治性;⑤志愿性。① 根据这些定义,约瑟夫·奈断言:"与美国相比,中国依旧缺乏帮助创造国家软实力的非政府组织。"② 虽然约瑟夫·奈言之凿凿,但卓新平却敏锐地观察到"目前宗教在中国国内的'社区文化'、'企业文化'建设和'地方传统'复兴中发挥作用,一些地方社区的文化建设或多或少也沾上了宗教意识的色彩;一些外资外企、民营企业或农村基层,由于其领导者的宗教意向或情结,在建设组织文化的过程中出现了或隐或现的'准宗教'形式。在一些企业中,企业负责人的'宗教身份'或'宗教情趣'已成为其'企业文化'建设的'核心理念'、'核心价值',并直接影响员工的宗教选择和倾向。甚至一些企业先建宗教场所,再请宗教人士,形成宗教和经济互渗的双赢"③。这种现象已经半颠覆了以往一贯的"文化搭台,经济唱戏"的套路,而是共同"唱戏"。若这些企业旗下所成立的基金会能在相关的政策调整后"走出去",兴许会演变成另一种形式的"与信仰有关的外交"的重要载体,这为中国完成和平发展的目标提供更为隐蔽和韬光养晦的战略选项。

虽然中国的许多庙宇已经失去昔日提供社会功能的地位和作用,但在东南亚的华人社会,时至今日,庙宇除了是祭祀神明的地点之外,还具备教育医疗、调解纠纷、交换信息、交换商品、通婚联姻等社会功用,因此庙宇往往是社区里最重要的民众活动中心。这样,神缘与亲缘、业缘、地缘、物缘产生了密切的联系。有学者认为,神缘是五缘中最重要、最强大、最坚韧的精神纽带,对东南亚华人的凝聚力起着巨大的作用。④ 这种精神凝聚力使人数相对较少的华人具备更高效的社会组织和动员能力,这也使他们对所在国政府制定对待中国的政策时拥有某种程度的影响力。在马来西亚,截至2004年6月共有华人注册团体7 894个,其中的48%,即3 789个团体是宗教性质的。⑤ 在印度尼西亚,华人庙宇大多是儒释道三教合一,在排华浪潮汹涌的20世纪60年代成立的"全印尼三教庙宇联合会"成为华人保存传统文化的重要基地,目前登记在此团体名下并合法存在的"三

---

① 引自〔美〕彼得·德鲁克著,吴振阳等译:《非营利组织的管理》,北京:机械工业出版社2007年版,第173页。

② 张光梓编:《哈佛看中国·政治与历史卷》,北京:人民出版社2009年版,第249页。

③ 卓新平:《"全球化"的宗教与当代中国》,北京:社会科学文献出版社2008年版,第275～276页。

④ 马来西亚学者王琛发对于在南洋华人社会从"神缘"论述海外华人建构凝聚力与"开拓主权"意识的著述颇丰,一再在海峡两岸与马国受到转载。原文可参阅〔马来西亚〕王琛发:《异姓连枝:十九世纪马来西亚华人同乡会馆拟血缘的集体先人崇拜》,发表于《中华文化的诠释与发展学术研讨会》,清华大学,2005年6月25日;〔马来西亚〕王琛发:《清代槟榔屿客家人的大伯公神缘组织》,《马来西亚客家人本土信仰》,2007;〔马来西亚〕王琛发:《全球视野下的玄帝信仰版图——以〈元始天尊说北方真武妙经〉探讨根据》,"第二届海峡两岸武当文化论坛",武当山,2010年11月10日;〔马来西亚〕王琛发:《桃园结义:南洋天地会对关帝信仰的继承、传播与影响》,发表于台湾"关帝信仰与现代社会国际学术暨皈依科仪研讨会",2011年10月7日—8日;〔马来西亚〕王琛发:《先贤、神圣香火、开拓主权:华南原乡与南洋信仰版图的互相呼唤——以马来亚客家先民为主例》,发表于世界客属第24届恳亲大会"国际客家文化学术研讨会",北海,2011年12月1日。《重构全球信仰版图——道教不能缺席当代国际议题》,"国际道教论坛",衡阳,2011年10月24日,见中国道教协会编:《尊道贵德,和谐共生》,北京:宗教文化出版社2011年版,第252～260页。

⑤ 资料来源:马来西亚社团注册局(截至2004年6月),见刘崇汉:《大马华团的研究与发展》,《马来西亚华团总名册》,专题论文,华总、星洲日报联合出版。转引自郑达:《试析20世纪80年代以来马来西亚华人总会组织的发展——以吉隆坡暨雪兰莪中华大会堂为例》,《东南亚研究》2010年第4期,第83页。

教"庙宇就有300余间，而尚未登记的华人庙宇估计不下1 000间。[①] 在菲律宾，虽然天主教成为大多数华人的宗教信仰，但仍然有一些华人保持着本民族的传统宗教信仰。据统计，菲律宾全国有道观、道坛共58座，佛教寺院则有27座。这些道观和寺庙主要集中在首都马尼拉和第二大城市宿雾，它们底下还设有不少弘法、教育、慈善团体。[②] 在泰国，由于其族群通婚普遍，多元宗教互相融合，该国也没有专门的华人宗教人口方面的统计，因此，无法得知确切的华人宗教团体数量。但从目前泰国中式庙宇香火鼎盛的现象，可以得知泰华社会对传统华人信仰仍然非常重视。[③] 除了主流的儒释道信仰之外，晚清时期的福州卫理宗基督徒黄乃裳带领同乡教友大规模地"出埃及"到婆罗洲开辟"新福州"（即现今的马来西亚砂拉越州的诗巫）的事迹亦广为人知，这些福州籍华人基督徒的后人至今仍是马来西亚华社的一股重要的政治、经济力量。[④] 总之，东南亚华人的庞大信仰网络以及过去和中国的深厚渊源，都是中国的各大宗教组织进行"与信仰有关的外交"时所能利用的文化资源。

目前中国固然有许多官方或民间团体以"乡情牌"或"招商团"的名义到东南亚各地的市镇拜访华人社团，但这种社团的跨国联谊与民间交流算不上是严格意义上的公共外交，更谈不上是"与信仰有关的外交"。公共外交必须有目标、有设立明确的国际议题作为外交活动的主要议程。这种设定议程的外交人员或外事单位必须深谙国际交往的规则，通过公共外交的管道把国家的意愿向外延伸，最终目标是赢得目标国的民众对本国的理解和支持。利用中华在海外的"信仰遗产"来进行"与信仰有关的外交"时，须超越以往的"文化搭台，经济唱戏"模式，提高外交活动的思想高度，以真正输出国家的软实力。此外也须慎防国内一些宗教团体因要满足群众的"功利性"、"实用性"而在民间社会沉沦，甚至成为"商品拜物教"，打着宗教的旗号，却以唯利是图的商业操作手法来敛财，铜臭味十足，以致引起海内外信众的反感。无论如何，碍于成长背景和学力所限，笔者所收集到的材料多数集中在新马两地，对于拥有内部多元性和复杂性的海外华人社会而言，这种"与信仰有关的外交"的模式究竟能否一体适用，尚有很大的研究空间。

五、以"修齐治平"来落实"与信仰有关的外交"

外交是一门专业，公共外交也是如此。没有专业精神和能力的公共外交不足以增强中国外交。[⑤] "文革"时期中国的对外宣传因过多使用"革命话语"而引起受众反感，毛泽东发现问题后就指出："我们应当注意自己的宣传，不应吹得太多，不应说得不适当，使人看来好像有强加于人的印象。"传播学的"寻因理论"就认为传播者的意图和动机隐藏

---

① 王爱萍：《宗教对印尼华人融入当地社会的作用——以印尼孔教、"三教"为例》，《世界民族》2010年第5期，第60~66页。

② 有关菲华宗教团体的数据，转引自曹云华：《宗教信仰对东南亚华人文化适应的影响》，《华侨华人历史研究》2002年第1期，第27页。

③ 有关泰国华人的宗教现状，可参阅郑志明：《泰国华人社会与宗教》（上、下），《华侨大学学报》（哲学社会科学版）2005年第4期。

④ 有关福州基督徒在东南亚开拓的史迹，可参阅朱峰：《基督教与海外华人的文化适应：近代东南亚华人移民社区的个案研究》，北京：中华书局2009年版。

⑤ 郑永年：《中国实现"大国大外交"几个条件》，新加坡：《联合早报》2010年10月26日。

得越深，传播效果就越好。① 因此，最好的宣传应看起来不像宣传，要以"润物细无声"的方式来长期经营"与信仰有关的外交"，须超越以往"落后就要挨打"的"苦大深仇"情结，因为周边国家最担忧的就是中国在经受百年屈辱后又再度强大，可能会出现某种形式的"复仇主义"。

国际政治现实主义大师摩根索极为重视国民士气的因素，他认为"没有国民士气，国家权力要么只是纯粹的物质力量，要么就是徒然等待着实现的潜在力量"②。而国民士气的根本在于对某种价值观的信仰。只有价值观深入人的灵魂深处，价值观的改变才能带来态度和行为模式的改变。法国总统萨科奇在清华大学演讲时谈到"一个不能对外输出价值观的国家是不能成为世界大国的"。但是，与西方大国对本身价值观的自信程度相比，改革开放后的中国社会在迅速致富的过程中却有陷入"道德和伦理的真空"之虞，近年来种种社会乱象已严重折损了中国的软实力。

孙中山曾说："中国有一段最有系统的政治哲学……就是《大学》所说的'格物、致知、诚意、正心、修身、齐家、治国、平天下'那一段话，把一个人从内发扬到外，由一个人的内部做起，推到平天下止，像这样精微开展的理论……是我们政治哲学与知识中所独有的宝贝，是应该要保存的。"③ "修齐治平"是海内外中华民族的一贯思想，中国若能先从内部恢复"信仰中国"④，从政策上鼓励国内宗教组织走出国门，一步步往外推，进行"与信仰有关的外交"，将中华散落在海外的"信仰遗产"重新串联起来，"修文德以来之"，使中国从文化上崛起而不仅是经济和军事上崛起，恢复中国的文化大国地位，才能减轻周边国家的疑虑和畏惧。如何判断一国的实力、意图和行为之间的关系，一直是国关学界所关注的安全议题。因此，如何具体实践"与宗教有关的外交"，并克服当前中国外交工作在某种程度上的"头重脚轻"（即重精英轻草根，重官方轻民间），有效地将中国的"和平发展"信息传达出去，改善所在国基层民众对中国实力上升的整体认知，进而正面影响他国政府对中国的外交决策，这些是中国的决策单位须考量的因素。否则，周边国家以有色眼光看待中国在南海加强军备、建设航母的行为，认为中国"身怀利器，不怀好意"的"中国威胁论"仍会在中华民族伟大复兴的过程中"阴魂不散"。

---

① 引自李智：《文化外交：一种传播学的解读》，北京：北京大学出版社 2006 年版，第 170 页。
② ［美］汉斯·摩根索著，徐昕等译：《国家间政治：权力斗争与和平》（第七版），北京：北京大学出版社 2009 年版，第 178 页。
③ 孙中山：《民族主义》第六讲，载自《三民主义》，台北：文化图书公司 1988 年版，第 60～61 页。
④ "信仰中国"的概念提出者为中国学者徐以骅，参见徐以骅、邹磊：《信仰中国》，《国际问题研究》2012 年第 1 期。

澳门作为世界华商交流平台在国家公共外交中的角色刍议

（澳门）叶桂平

内容摘要： 本文重点以澳门特别行政区可发挥的特殊功能作为研究对象，深入探讨其对中国开展公共外交的作用。在论述过程中，本文还特别结合澳门具有雄厚力量的华侨华人基础这一事实，系统分析中国运用澳门特区与世界华商和华侨联系，并推广真实的中国形象，传递友谊，促进沟通交流的重要性和可行性。

关键词： 澳门；中国；公共外交；角色；世界华商

【作者简介】叶桂平，澳门人，武汉大学政治与公共管理学院博士后。

一、前言

根据《澳门特别行政区基本法》第十三条的有关规定：中央人民政府负责管理与澳门特别行政区有关的外交事务。中华人民共和国外交部在澳门设立机构处理外交事务。中央人民政府授权澳门特别行政区依照本法自行处理有关的对外事务。[1] 由此，我们可以了解到只有国家才具有独立的主权，才是进行外交活动、从事外交事务的主体。[2] 不过，澳门特别行政区作为中华人民共和国不可分离的部分，[3] 在"一国两制"、"澳人治澳"、高度自治的方针下，仍然可以在中央人民政府的授权下自行处理有关对外事务。正如《基本法》第七章第一百三十六条的明确规定：澳门特别行政区可在经济、贸易、金融、航运、通讯、旅游、文化、科技、体育等适当领域以"中国澳门"的名义，单独地同世界各国、各地区及有关国际组织保持和发展关系，签订和履行有关协议。[4] 可见，澳门特区亦具有为国家对外关系作贡献，在授权下参与国家外事活动的独特功能。

近年来，随着全球化进程的加剧，在国家间相互依存日益密切的大背景下，各国政府更加注重推展公共外交，提升自身的软实力和影响力，并谋求良好国家形象的塑造。作为世界上最大的发展中国家，中国的发展和崛起需要一个和平的环境。当然，国家在世界舞台上表现得越突出，他国出于羡慕、妒忌等因素而产生敌对情绪，或者由于在一些形象包装以及政治营销策略上的疏失，使得其他国家和人民对中国产生误解，也是在所难免的。

---

① 《中华人民共和国澳门特别行政区基本法》第十三条，第4页。
② 杨允中：《澳门基本法释要》，澳门：澳门基本法推广协会2011年版，第48页。
③ 《中华人民共和国澳门特别行政区基本法》第一条，第2页。
④ 《中华人民共和国澳门特别行政区基本法》第一百三十六条，第31页。

对此,笔者认为,国家的公共外交形式应该多样化,不能简单照搬西方的模式,尽管公共外交理论源自美国。特别对于一些西方一直未有,或者尚未考虑到,并且又能对国家开展公共外交有利的地方,一定要加以善用,如此既对推广国家形象有利,又有助于公共外交学术理论的提升。

2002 年,澳门特别行政区提出了要积极打造澳门作为"中国内地与葡语国家的经贸合作服务平台"、"粤西地区商贸服务平台"以及"世界华商联系与合作平台"的战略构想。① 其中,有两项平台的定位是针对对外事务,可见澳门特区完全可以服务于国家的外交事业,扮演"远交近融"的角色。本文将重点以澳门特别行政区可发挥的特殊功能作为研究对象,深入探讨其对中国开展公共外交的作用。在论述过程中,本文还特别结合澳门具有雄厚力量的华侨华人基础这一事实,系统分析中国运用澳门特区与世界华商和华侨联系,并推广真实的中国形象,传递友谊,促进沟通交流的重要性和可行性。

二、国家在开展公共外交时不能忽视澳门特区的作用

随着冷战的结束,多国意识到若想追求国家的政策目标,就必须投入更多精力跟全球的公众进行沟通。此时,公共外交将被视作具有促进人民间的沟通,建立共同认知的价值。② 所以,它是一种双向沟通的过程,一方面向他国人民传达本国的形象与价值,另一方面则重在接收信息,并尝试了解他国的文化、价值与形象。③ 同时,公共外交作为开展国家软实力的重要角色,不仅能创造一个有利于达成外交政策目标的民意环境,还能够在国外公众间创造出共识。④

(一)"一国两制"在澳门的成功实践开辟国家和平统一的新模式

澳门作为中国的特别行政区之一,自回归以来已过十二载。一直以来,国家始终恪守《中葡联合声明》,严格按照《澳门特别行政区基本法》,在"一国两制"、"澳人治澳"、高度自治的基本方针下,不断支持澳门特区的繁荣稳定、持续进步和发展。受惠于此,澳门经济近年来持续保持较快发展,按可比价格计算,2010 年澳门本地生产总值是回归时的4 倍,全年经济增长率达到27.1%。与人均 GDP 超过 4.6 万美元的国家或地区对比,澳门已超过中国香港、新加坡、文莱、日本,位居亚洲前列,全球排名也高居前 20 位之内。2011 年以来,尽管受欧洲债务危机、日本大地震等外部不利因素影响,澳门经济增长率仍连续三个季度超过 20%。相对于回归之前,澳门从未有过如此的繁荣。这些喜人的成就,足以让世界人民看到中国人完全有智慧、有能力妥善解决自己国家的内部统一问题。

近年来,不少经贸往来或涉及两岸发展的工作,在澳门先行先试并取得很好的效果,

---

① 叶桂平:《中国与非洲葡语国家经贸联系中的澳门平台定位刍议》,《行政》2006 年第 19 卷,总第 74 期,第 1215～1216 页。

② Ninkovich, Frank, U. S. Information Policy and Cultural Diplomacy, Foreign Policy Association, Headline Series, 1996, No. 308(Fall).

③ 卜正珉:《公众外交:软性国力,理论与策略》,台北:允晨文化实业股份有限公司 2009 年版,第 24 页。

④ Obstick, William A., Public Relations, U. S. Public Diplomacy and Foreign Policy Affairs, International Commerce & Policy Program(ICP), George Manson University, 2002, from http://icp.gmu.edu/course/syllabi/capstone/fall2002/ostick.pdf.(2004/8 download)

既促进了澳台关系，又展现了澳门作为两岸交流和对话平台的功能。现时两岸不少研讨会均选择在澳门举行，并且本地民间团体筹办、开展的多项"两岸四地"青年交流活动的成功举办，更进一步增加了台湾人民认识祖国大陆真实发展情况的机会，增进两岸的互动和了解，以及向国际社会传达了中国人爱好和平、和谐及对话协商的传统文化及信息。

（二）澳门与葡语国家的传统联系渊源有助于中国了解葡语世界

作为一个高度开放的自由经济体和实行简单低税制的地区，澳门历来与葡语国家有着密切的联系。这种长期的紧密关系使澳门能够肩负起平台的角色。第一，澳门的行政架构和法律体系源自葡萄牙，与葡语国家的行政和法律相近，这有助于内地与葡语国家互相了解对方的市场制度；第二，葡语是澳门特区两种官方语言之一，葡文学校、报章、杂志、电台、电视等一应俱全，葡文教育或有关信息的传播在澳门相当普及；第三，有一些澳门居民移居葡语国家，他们对中国与葡语国家的风俗及文化都相当了解；第四，澳门的企业家对中国和葡语国家的市场都非常熟悉。因此，在我国与葡语国家开展商贸活动的过程中，澳门有着得天独厚的优势。[①]

在全球化的今天，中国更需要融入世界。人口超过两亿的葡语国家市场，值得中国人民和企业家关注。文化和语言上的交流障碍，通过澳门特区这个平台得以逾越。来自拉美、非洲发展中国家的发展实况信息，透过澳门平台可以准确地得到，"南南合作"往往就透过这个平台取得成功。来自欧洲发达地区的经验和信息，也能经澳门平台获得，"南北对话"的顺利开展成为可能。并且，虽然同样是葡语国家的圣多美和普林西比尚未与我国建交，但是随着如此多同属葡语世界的国家成功开展了与中国的关系，并取得实质的国家利益，圣多美和普林西比与中国建交之日将不再遥远。

（三）中西文化在澳门的和谐交融也是中华文化包容传统的显现

回归以后，澳门特区以中文和葡语作为官方语言。澳门具有浓郁南欧特色的建筑，在今天仍得到较好的保留。中国人、葡萄牙人和来自世界各地的不同族群在这里和谐共处，西方著名学者亨廷顿所预言的文化冲突在澳门成为悖论。另外，没有政党的澳门，却有超过4 000个社团和平共处；天主教、基督教、伊斯兰教、佛教、道教等信仰在这里扎根发展，不同追求的人们在这里悠闲地生活着。这些画面无不成为海内外记者捕捉的聚焦点，成为中国印象的一部分。

中央政府高度支持澳门的政治、经济和社会发展，使得澳门特区居民的生活更加宽裕和稳定。履行澳门实行资本主义制度50年不变的承诺，可以说是中国和谐、宽容和互助文化最典型的特征。这些看似很自然的形象，通过传媒不断展现在世人面前，有利于世界了解中国。

---

① 叶桂平：《中国与葡语国家经贸合作服务平台的政治经济分析》，《行政》2006年第19卷，总第72期，第493页。

三、在澳华商造就了澳门作为国家公共外交事业的助推器

（一）澳门作为世界华商平台促进了中国和世界的交流

由于历史的原因，在澳门生活着许多归侨，即归国华侨。事实上，海外华人分为两类，华侨与华人。华侨有别于华人，华侨是指长期居住在外国但持中华人民共和国护照的中国公民，而华人是指持外国护照之中国人，华人在法律上是外国公民而不是中国公民。而华侨或归侨在国内的亲属则被称为侨眷，在澳门的归侨主要是归来的华侨和侨眷。澳门虽然不是归侨原先的家，但当年澳门却是归侨的避难之所，选择留在澳门的归侨，已成为澳门发展的一支重要力量。当前澳门很多行业，无论是工商、科技、文教，还是政界，都有归侨的参与。[①]

凭借这一历史渊源，在澳华侨华人基础雄厚，跟世界各地的华侨联系非常密切，每年举办的国际性活动相当多，加之拥有优越的旅游、服务资源，澳门绝对有条件成为世界华商交流平台和华侨活动平台。[②] 当前，全球经济复苏乏力、国际金融环境不稳定，在国际社会全力作出市场支持的同时，澳门特区可以借此储备充分的政策资源和金融资源，随时应形势之所需，作出决定性的举措，保障市民和投资者的利益。面对特区开放、明确的经济发展路向，相信仍在摸索的国际华商，必定能够借助敏锐的投资嗅觉，及时把握机遇，参与特区的经济发展。对于已参与的华商来说，他们的参与经验将为其他华商精英提供宝贵、有益的启示。另外，澳门特区政府之所以重视华商，特别是青年华商的作用，是希望他们以年轻人的新视觉、新思维及结合前辈的经验，参与澳门经济建设，为澳门的经济发展作出重要贡献，同时培养"爱国爱澳"的高尚情操。

一直以来，由于中国不承认双重国籍，因此持有外国国籍的海外华人不属于中国公民。假如中国与华商直接沟通，就容易引起居住国的担忧，造成干涉内政的误会。但是，"一国两制"、"澳人治澳"和高度自治的澳门作为国际华商联系中国内地的平台，为中国与华商的直接沟通、直接对话提供了可能，不仅使中国避免了政治风险，还使得中国企业与世界华商建立起直接联络的通道，甚至可以对全世界的华商宣扬中国的政策，可谓一举多得。中国具有巨大的市场潜力及发展空间，中国的企业也希望"走出去"，未来中国可以通过澳门这一平台与世界各国各地区加强合作及交流，世界各地的华人华商也可以与祖国一起努力，实现中华民族的伟大复兴。

（二）在澳华商成为拓展中国"民间外交"的桥梁

众所周知，从地理面积来看，澳门确实不大。但在这个小城，却住着一些能促进中国与国际社会沟通及交流，从而获得国际共识的重要人物。这里，我们不能忘怀已故华商司徒眉生先生。他曾在20世纪50年代至60年代担任印度尼西亚开国总统苏加诺的私人外

[①] 《归侨的形成与发展——专访侨总会长黎振强》，澳门归侨总会网站，http：//www.overseachinese.org.mo/News_395.html，2012年1月18日。

[②] 许又声：《澳可成世界华商平台》，《澳门日报》2011年2月20日。

事助理、华语首席翻译，他跟随苏加诺总统十多年之久，几乎参与了所有中国和印度尼西亚高层之间的会议、会谈，见证了中印建交、中国参加万隆会议、中国恢复在联合国的席位，以及恢复印度尼西亚与中国的邦交等许多重大历史事件。他拥有"民间外交家"的独特身份，曾多次在中国与印度尼西亚友好关系发展中发挥了微妙而重要的历史作用。

现阶段，澳门仍有许多华商像司徒先生那样，勇于担起"民间外交家"的重任，努力为国家外交事业作贡献。他们或是一些国家总统的顾问，或是某个国家的名誉领事或大使，都正在积极宣传中国人的和谐世界理念，为中国的公共外交作不懈的奋斗。

四、结语

可以说，澳门作为国际华商互相联系与合作的服务平台，其最大意义在于，将"抽象的"世界华商凝聚在一起，成为"具体的"经济实体。华商们可以透过"一国两制"、"澳人治澳"和高度自治的澳门特别行政区这一平台，与世界各国各地区加强合作及交流；中国内地亦可以本着"兼容两岸，广纳四海"的原则与理念，透过澳门与海内外华商社团领袖互利共荣，同时，澳门也成为全球华商与各地政府之间交流合作的桥梁。由于海内外华商是发展公共外交事业的中坚力量，因此，鼓励华商在进行国际投资的过程中提供优质的服务和商品，树立良好的企业品牌，有助于加强国外民众对中国形象的准确认识。

我们相信，可借澳门作为中葡论坛、世界华商联系与合作的平台，宣传国家对外开放的政策，吸引更多海内外华商到中国投资，从而拉近中国与世界的距离，增强中国在国际社会上的吸引力。当然，澳门若想持续巩固这一平台的重要地位，应将重点放在如何寻求与世界华商利益的契合点、定制适合的投资项目，并关注他们的安全和利益需求上。

第三编　文化、教育与国家软实力

试论海外华文传媒与华人社会的建构

王若涵

内容摘要：在全球化和文化多元化的背景下，海外华文传媒在华人社会的建构过程中发挥了巨大的作用。一方面，它不仅集中展现了华人艰辛的生存历程，也为华人社会未来发展提供一个研究视角；另一方面，它成为传播中华文化，增强文化凝聚力的重要渠道，搭建了母国与所在国沟通的桥梁。本文概括了海外华文传媒的发展特点，探讨了华人社会如何借助媒介的力量实现与主流社会的互动。最后，分析总结了海外华文传媒如何在全球化战略下进一步实现对华人社会的建构。

关键词：全球化；华文传媒；社会建构；媒介与社会

【作者简介】王若涵，山东大学文学与新闻传播学院研究生。

21世纪，世界进入全球化和文化多元化的时代。在改革开放后的三十余年里，中国已经牢牢把握住机遇，在社会发展和经济建设上取得了举世瞩目的成就。从国际传播的战略高度考虑，同时借鉴世界大国软实力建设的经验，我国逐渐将海外华文传媒纳入提升中国软实力的战略规划上来。顺应历史潮流，关于海外华文传媒的研究需要站在全球化的高度进行深层次的研究探索。

我国对海外华文传媒的研究始于20世纪80年代。前人对海外华文传媒的研究，主要由报刊发行人的回忆记述、经验总结和海内外学者的系统性研究归纳构成。从传统的研究者将海外华文传媒（Overseas Chinese Media）视为中国新闻事业在海外的延伸，到目前将其看作具有跨文化传播特征的独立的大众传播媒介体系，海外华文媒体研究作为华侨华人研究的一部分，俨然已经成为世界性的研究课题。早期的国内外研究专著较多地侧重于对新加坡和马来西亚报刊发展历史的记载，经历报刊拓展以后，学者研究目光转移到世界各地。21世纪以来世界各种华文传媒研讨会的举办，将华文传媒发展研究推向了一个新的高度。作者意在从传播学和媒介社会学的角度，对海外华文传媒涵盖的部分内容予以学理上的梳理和归纳，以求为全球化时代海外华文传媒的进一步发展寻找突破性思路。

一、海外华文传媒的发展特点

（一）发展不平衡

远离祖国家乡的华侨华人，形成了一个庞大的族群。他们需要民族文化认同，找寻个人归属，这种认同感主要来源于华文教育、华文传媒、华人家庭教育以及华人社团。"有海水的地方就有华人，有华人的地方就有华文报刊。"海外华侨华人以及国内外学者在对华文传媒帮助华侨华人适应当地生活、融入主流社会，以及传承中华文化方面的重要性达成了一致认识。虽然各地华文传媒的发展并不平衡，在报刊、广播电视和网站上呈现出数量、质量和发展程度上的不同，但从宏观上看，其呈现出欣欣向荣的发展态势。

在亚洲，华文传媒较其他各大洲传媒发展历史更为悠久，发展也步入现代化阶段。地理上的接近以及历史原因，华人很早就在这里落地生根，并且发展壮大，华文传媒也随着社会经济发展应运而生。在此主要分析东南亚和东亚地区的华文传媒状况。

东南亚：1815 年，在马六甲创刊的《察世俗每月统计传》开启了华文报刊的历史。东南亚作为华文传媒的发源地，以数量多、受众多、规模最大为特征。这些华文传媒已经不仅仅是传播信息的手段，也是维护华人利益的媒介工具，有助于华人社会的建构以及软实力的提升，例如新加坡的《联合早报》和马来西亚的《星洲日报》等。这些国家的华文传媒已进入市场化、现代化、多元化的运营阶段，新闻信息具有较高的阅读价值，内容覆盖面广，广告众多，盈利状况良好，这些都与政府开放的政策、宽松的经济环境和华侨华人艰辛的努力有着密切的联系。

东亚：日本是东亚华文传媒发展的主阵地。其华文报刊早已摆脱"剪刀加浆糊"的历史方法，所有的报刊实现电脑排版，报纸和电子媒体实现了质的飞跃。一方面，那里的华人及留学生文化水平较高，另一方面，他们具有阅读兴趣和购买力。由于中日关系的不稳定和日本国内的政治阻力，华文传媒的发展仍然面临诸多困难，特别对创办者来说具有很大的挑战。

在欧洲，华文传媒的发展始于 20 世纪 70 年代。现今，欧洲的华侨华人总人数已超 200 万。西欧华人人口多于东欧，经济发达程度也相对较高，但人口较为分散，华文传媒规模存在较大差异。当前欧洲三大华文报《星岛日报》（欧洲版）、《欧洲日报》和《欧洲时报》主要受众集中在英国和法国。在此主要分析西欧和东欧。

西欧：从 20 世纪 70 年代开始，香港居民陆续移民至英国，70 年代末，东南亚三国实施"反华、排华"政策，大批华人通过政治避难分散到欧洲各国。自 90 年代开始，在欧华人的经济、政治状况逐渐得到发展，为华文传媒的发展奠定了物质基础、社会基础和受众基础。由香港星岛报业集团所创办的《星岛日报》主要受众是来自广东一带的移民，近年来开始逐渐吸引大陆移民和留学生群体。"2001 年创办的《欧洲时报》，与《巴黎竞赛周刊》合作出版法文版的《巴黎竞赛周刊中国特刊》，向主流社会传播中国的现状、历史和文化"，对中法两国的相互了解和交流具有促进作用。

东欧：受欧洲经济衰退影响，华文报刊发展滞后，以财力不足、受众较少、竞争激烈为特征。

在美洲，南北美洲华文传媒的发展程度差异较大，南美的发展与东欧相似，发展滞后，而北美的华文传媒发展势头甚足，在此以加拿大为例讨论北美华人传媒的发展。北美洲的加拿大和美国由于经济发达、政治民主，吸引了大量华人和留学生，极大地推动了华文传媒的发展。20 世纪 90 年代以来，北美的华文报刊呈现出繁荣的景象。一方面，科学技术的发展推动办报技术的提高，电子媒体的活跃使得华文传媒充满了发展的活力；另一方面，为了扩大华人的影响，维护华人权益，华文报刊和电视都加强了与当地主流媒体的合作。例如"《多伦多生活中文版》和《麦克莱恩斯周刊华文版》（Maclean's），已分别在

1995 年 10 月发行，这意味着加拿大主流传媒对华裔社会和华文报刊的地位非常重视，并从另一个方面说明加拿大华文报刊的发展前景乐观"①。

在非洲和大洋洲，华文传媒事业发展较快，活跃的地方集中在南非和澳大利亚。20世纪 20 年代以来，澳大利亚优良的移民政策、投资环境以及留学教育吸引着越来越多的华人前往澳洲发展，新移民的到来刺激了华文传媒的蓬勃发展，但同时也存在着高素质新闻人才的缺失，以及内容质量亟待提高的问题。②

（二）受政治、经济、文化影响明显

新闻是对社会上发生的客观事实的报道。新闻是对社会性符号世界的建构，并通过各种手段反映社会生活的多个层面。不可否认的是，新闻信息来源于社会，在社会的基础上建构，以实现传播信息为目的。而建构新闻世界的力量来源于社会的政治、经济和文化力量。

首先，无论是一条消息，还是一个画面，都是"真实"的社会建构的一种，受各种政治权力和意识形态的控制。在新闻机构成为政府的喉舌或宣传机器的社会制度下，作为舆论工具的大众传媒被统治者牢牢掌握在手中，新闻愈来愈具有"传媒政治化"的倾向。纵观海外华文传媒的历史，我们不难发现，居住在不同国家的海外华侨华人在开始创办、维持经营与实现跨越发展的办报历史中都经历过或者正在经历着相同的艰苦奋斗和竭力创新的阶段。虽然，现阶段的海外华文传媒没有像历史上风起云涌阶段的报刊那样受到政治因素的强烈左右和影响，但是，与具有同样语言、相同肤色、统一文化和血脉相承的祖（籍）国相比，华文传媒诞生的所在国不论从政治、社会、文化还是种族上都与刚抵达异乡的华人具有较大的疏远感。而传媒又是受这些因素影响，尤其是政治因素。例如，晚清时期，革命派和改良派各自创办华文报刊，利用版面进行激烈论战；抗战时期，海外华文报刊成为党派之间斗争的宣传工具和舆论利器。现阶段，仍有部分国家的华文传媒发展得磕磕绊绊，比如日本。由于中日关系长期受到政治因素困扰，华文传媒不仅作为传播信息、促进文化交流的工具，而且担当着和平使者的角色，同时还要吸引更多受众，谋求更大的发展空间。

其次，在经济发达、新闻相对自由的社会制度下，大众传媒并非完全被统治者操控，有些传媒机构肩负着为政治利益服务、实现议程设置的责任，还有一部分传媒受到商业利益和社团权益的控制，相对拥有更加社会化的对话空间。诚如布尔迪厄所言："新闻场是一个场，受制于商业化的场。"以新加坡为例，其华文报刊历史悠久，一直以来是海外华文报刊的重镇。不过由于新加坡在独立时实行了英语优先发展的策略，导致华文传媒的生存空间受到严重压缩。《联合早报》销量在 1993 年达到最高峰后，开始不断下滑，而英文报的销量节节攀升。但随着中国国力的不断增强，经济迅速发展，市场前景广阔，华语商业价值逐渐得到全球的广泛认可。由于新加坡经济上注重向海外投资，加上外来新移民不断增多，政府实行了挽救华语的政策，"越来越多的新加坡人开始加强对华语的学习，使

① 胡文英：《加拿大华文报刊》，《华侨华人百科全书·新闻出版卷》编辑委员会编：《华侨华人百科全书·新闻出版卷》，北京：中国华侨出版社 1999 年版。

② 彭伟步：《海外华文传媒概论》，广州：暨南大学出版社 2007 年版。

华文报纸的销量出现反弹"。

再次，英国格拉斯哥大学媒介研究小组早在 20 世纪七八十年代的相关研究中，就已经坚定地认为："新闻是依据一定的文化构建的。"即新闻是一定社会文化的产物，新闻文化作为一种特殊的媒介文化形态，在一定程度上是对社会文化的"真实"的反映。而海外华文媒体遵循的语义原则来自中华文化，它通过特定的文字符号以唤醒华人华侨的集体记忆与文化认同，完成继承中华民族血脉、传承中华文化的历史使命。所以，"加拿大各华文传媒致力于举办各种不同类型的活动，宣传推广中华文化。如新时代电视每年均举行'温哥华华裔小姐竞选'、'多伦多华裔小姐竞选'；加拿大华文电台每年举行'中文歌曲创作比赛'；《环球华报》举办'加拿大少年儿童创意绘画比赛'及'寻梦枫叶之国'征文比赛；新时代电视与多伦多中华文化中心合作摄制'枫叶寻根之旅'；温哥华各电子传媒每年一度为温哥华中华文化中心举行'龙的心展鹏程'电台电视筹款活动"①。

二、借助媒介的力量实现与主流社会的互动

复旦大学的李良荣教授曾明确指出，新闻学的中心问题是"客观社会的诸条件对人类新闻活动的决定、支配作用以及新闻活动对社会的反作用"②。从社会学的观点来看，新闻是一个复杂的社会化的生产过程。受众有选择地接触、吸收和消化的新闻是社会化后的文化产物，是对社会实在的有选择的取舍和有倾向性的建构。新闻对社会实在在一定程度上起着镜子式的"反射"作用，但同时新闻对社会又具有一定的反作用力。

从媒介社会学角度来讲，新闻的核心命题是新闻与社会实在的关系，而这种关系又存在于人类认识自我与世界的内涵中。持反映论者强调的是，新闻是对社会实在的反映。这种观点源于辩证唯物主义认识论的观点：意识是对物质的反映。它忽略了涉及社会生活各个层面的复杂的新闻生产过程中"把关人"的筛选作用。沃特·吉伯（Walter Gieber）根据对《威斯康星日报》的调查结果分析道，电讯稿编辑是按照自己的主观意志筛选和编辑新闻的，其价值观是必须接受的整个新闻制作制度的一部分，拓展了"把关人"的内涵。而建构论者主张人类对社会实在的认识不是被动地反映，而是一种主动的参与式建构。"伯格和鲁曼在《现实的社会构建》中，认为人们不只是建构着生活世界，而是在这一建构中，主观的建构同时也实现了客观化。"③人们并不只是在建构生活世界，建构过程中使用的方式、手段、程序逐渐被人们所认知和接受，并不断转化为制度化的知识，而这些知识反过来成为人们建构生活世界的基础。新闻对社会建构的作用可见一斑。

除了东南亚地区以外，在其他地域的华侨华人只能作为所在国的少数族裔生存。所以，海外华文传媒在异国的生存发展受到主流社会的影响，同时又反过来影响、丰富着主流社会的方方面面。身在他国的华侨华人需要寻求个人归属和文化认同，需要不断融入主流社会，才能发出华人的声音，维护华人利益。"马克思·舍勒（Max Seheler）从价值秩序、社会精神和经验结构的宏观角度，探讨了知识类型的社会起源及运动科学形式，并以

---

① 彭伟步：《海外华文传媒概论》，广州：暨南大学出版社 2007 年版。

② 李良荣：《新闻学概论》，上海：复旦大学出版社 2001 年版，第 1 页。

③ Berger，P. & Luckman，T.，*The Social Construction of Reality：A Treatise in the Sociology of Knowledge*，New York：Doubleday，1996.

一种强烈的时代意识，强调主体对对象的情感性体验先于对对象的认识而存在。"① 当主流社会缺乏对华人社会的足够认识时，作为主体若对华文传媒呈先验性的情感反感，华文传媒的生存和发展必然受到阻碍。只有深入主流社会，通过主动式参与和建构，向主流社会宣传华人积极的生活面貌和中华文化精神，华人才能更好地适应社会，实现长足发展。

从政治角度分析，查尔斯·泰勒（Charles Taylor）对自由主义权利政治理论的颠覆与重构在媒介方面具有参考意义。他认为自我和人格的同一性只有在发展了自由文明的社会关系中才能得到设想与理解，必须赋予自由的个体恢复、支持并完善社会的职责，在这样的社会中，个人的同一性才是可能的。② 海外华文媒体的发展始终面临机遇与挑战，而积极参与政治能够有效清除华文传媒发展道路上的障碍，有助于提升华人在所在国的社会地位。在《承认的政治》中，泰勒断言自我认同必须透过与他人的对话，由他人的承认得以建构。无论是得不到承认还是得到他人扭曲性承认，认同都会受到消极影响乃至导致自身的被蔑视。③ 而在对话场域中，力量的强弱同社会地位密切相关。

目前，至少有一百万华人加入加拿大国籍并拥有选举与被选举权，华人参政的数量逐渐增多，华裔移民的选票亦举足轻重，华人的社会影响力逐渐得到加强和稳固。而华裔更多地参政，增加从政经验，就能够通过对政策的了解，有效指导华文传媒如何经营，如何体现自由文明，如何为华人自身的权益发出声音。华文传媒庙小乾坤大，作为所在国传播系统的组成部分，承担着利益协调机制与利益表达机制的功能。不论传媒论说者以私人还是团体的身份参与政治文化活动，这种对社会制度的正当性论证域的建构，显然至关重要。

从文化角度分析，随着中国在世界格局中扮演的角色越来越重要，软实力的提升早已被写入国际战略的议程中来，对中华文化精神的传承更是题中之义。海外华侨华人对文化归属信念的执着和对多元文化的贡献有目共睹。塞缪尔·亨廷顿（Samuel P. Huntington）的"文化冲突论"通过对文化的解析认为文明的冲突将取代意识形态和其他形式的冲突。④ 但这种观点忽略了异质文化之间相互接触、碰撞、交流、融合与创新，演变为文化的新的嬗变与整合的过程。一种文化将通过层次性的渗透与互动，赋予另一种文化新的生命力与活力。

周敏和蔡国萱发表在2002年的《社会学研究》中的文章表明，作为制度机制的华文传媒，它的蓬勃发展是华侨华人社会生活多重性的表现，也是文化模式多元化的反映，有助于华人移民更好地融入主流社会。⑤ 美国是多元文化发展的大熔炉，文化的冲突在所难免，但不同的文化都在这里找到了新的生存模式与发展方式。一方面，华文传媒机制向华人传播人际网络间与社交圈子外的生活服务教育信息，提供了一条进入主流社会的途径，

---

① 叶梦姝：《"真实"的社会建构——知识社会学、科学社会学与传播学的方向与交点》，《现代传播》2011年第1期，第55～59页。

② Charles Taylor, *Philosophical Papers*, Vol. 2: *Philosophy and Human Sciences*, Cambridge: Cambridge University Press, 1985, p. 247.

③ 杨嵘均、张廷干：《自由主义权利政治观的颠覆与重构——从查尔斯·泰勒到艾利斯·杨》，《学海》2011年第1期，第35～44页。

④ 陈平：《多元文化的冲突与融合》，《东北师大学报》（哲学社会科学版）2004年第1期，第35～40页。

⑤ 周敏、蔡国萱：《美国华文媒体的发展及其对华人社区的影响》，《社会学研究》2002年第5期，第83～97页。

帮助新来的移民消除"文化休克",更加自如地融入社会;另一方面,不断传递"美国梦"的意义,强化移民融入主流社会、向上层流动的价值观,进而使移民通过传媒参与民主话题的讨论,表达华人意见,消除文化分歧,拓展他们的文化生活空间。

三、在全球化战略下实现对华人社会的建构

(一)专业化、本地化与立体化

诚如麦克卢汉所说:"媒介即信息",新的媒介技术将改变人类自身及人类生存的社会结构。告别剪刀加浆糊的时代,现代报纸基本实现了电脑排版印刷。而媒体技术的提高,不一定能带来新闻整体质量的提高。有不少华文传媒因为资金不足、人才缺乏等原因,仍然停留在从网上摘抄、粘贴与编辑的阶段。

第一,传统媒介的发展虽然受到新兴电子媒体的限制,但网络的文字阅读感受仍然有限,传统报刊的价值不能被低估。现代报纸应该遵循传媒的生存发展规律,发扬其他媒体所不能替代的优势,加大在深度报道上的力度,丰富版面内容,准确地捕捉社会脉动,提高广告投放率。第二,广播电视为受众提供了多角度的新闻视点,以及多重的感官享受。对于新移民而言,有相当部分的移民二代、三代不能阅读汉语言文字,但在华文家庭教育下能够达到一定的听说水平。所以华文广播电视应该提高市场意识,提高电视新闻的画面质量与可观度,力争实现传媒经营专业化和标准化。第三,电子传媒的不断涌现和快速发展为整个华文传媒注入了新的活力。随着网络阅读人数的增多,网络媒体应该增加各种新闻信息和娱乐服务功能,为华人提供更多消遣、交流与提升自我的空间。

(二)向创办当地语言报纸的方向发展

在鼓励多元文化的国家,或者保护华人文化的社会,华人社区能够保持一定程度上的独特性。而要更好地实现华人社会的传播与建构,离不开所在国主流社会对华人的正确认识和理解,"承认"对华文传媒的发展起到推动作用。华文传媒不应只局限在华人社会、社区的圈子中,理应将主流社会的传媒经验"引进来"吸收运用,让华人社会文化生活和中华民族精神"走出去"。在华语热的背景下,越来越多的人热衷于学习汉语,华文传媒不能总是停留在被动等待中。有条件的华文报刊可以创办当地语言的报纸,主动消除华人社区与主流社会或其他族群因文化相异而产生的误会,抗拒"坚冰",维护华人利益,宣扬华侨华人吃苦耐劳、睿智的形象。如方氏企业在 1979 年先后创办英文报刊《亚洲人周刊》(*Asian Week*) 和《旧金山独立报》(*San Francisco Independent News*)。后来,方李邦琴又将收购的报纸整合为"独立报系",使得企业成为在主流社会中具有一定竞争力的报业集团。

(三)华文传媒间的合作与整合

海外华文传媒在异国他乡的发展本来就异常艰难,而挣扎生存的华文报纸在本应亲如一家的华人社会中为分一杯羹又造成过度竞争的状况。不论是降低发行价格以求提高销量,还是为了赚取广告费刊登不雅广告,都不利于华文报刊与电视的长足、健康发展,甚

至会败坏华人在主流社会中的名声。华文传媒之间应该求同存异、主动合作，共同维护华人的利益。例如，俄罗斯"六八事件"的圆满解决便是依靠华文传媒协同作战的力量的结果。俄警的无礼搜查，严重侵犯了旅俄华人的利益。《俄罗斯龙报》的一马当先引发华人各界纷纷响应，华人报纸、网站发表大量报道，揭露和谴责俄警的不法行为，最后迫使俄方政府出面过问，华人利益得以维护。[1]

与大陆传媒或者所在国主流传媒合作，也是华文传媒改革的良策之一。主要方式有联合办报、互相置换版面，以及合作发行等。比如，汕头特区报社在 1999 年与美国华文报纸《国际日报》合作出版《国际日报·中国新闻》专刊，成为我国第一份与国外新闻传媒合作并在国外发行的报纸。还有，《世界日报》与《纽约时报》合作，把报纸直接送到订户手中，打破了美国华文报纸仅靠零售的传统。[2] 这种合作的方式，不仅有利于华文传媒降低成本，提高资源配置的效率，还有利于华人了解更多中国大陆的新闻，以及让主流社会更加公正、全面、客观地看待华人，更好地实现华人社会的传播与建构。

四、结论

新闻是建构的现实，是社会现状的再生产，产生于多元利益主体之间的互动。同时，新闻也是实现社会建构的一种必要手段与机制。在全球化时代，海外华文传媒面临新的机遇与挑战，跨文化传播特性被不断放大与解读。华文传媒要在国际舆论中掌握话语主动权，应该有策略地进行议程设置，有效引导华人舆论，并且站在国际传播的高度来分析社会现实。正如南洋理工大学传播学院院长郭振羽所言："未来世界华文报业的发展，势必成为'大中华经济网络'和'大中华文化网络'之中的重要一环，发挥整合联系的功能。"各地华文报刊加强合作交流，建立"世界华文报业网"可谓大势所趋。海外华文传媒在建构华人社会以及提升中国软实力方面，体现着巨大的推动力量，势必成为新形势下不可阻挡的潮流。

---

① 彭伟步：《海外华文传媒概论》，广州：暨南大学出版社 2007 年版。
② 彭伟步：《海外华文传媒概论》，广州：暨南大学出版社 2007 年版。

国家形象的塑造和民族文化的传播①

——论《人民日报·海外版》文艺副刊文化输出策略

龚奎林

内容摘要：《人民日报·海外版》文艺副刊通过各种作品的刊载，以图文并茂的形式和生动活泼的文字，报道中国文学、影视、戏剧、曲艺、艺术方面的最新发展动态及海外交流传播情况，介绍中国传统文化艺术的历史面貌和发展现状，生产出海外读者所需要的中国文化知识与民族认同的语言文化符号，进而通过传播展示正在构建社会主义和谐社会、坚持和平发展道路的中国国家形象，增强华侨华人的族群认同、归属感以及对祖（籍）国的向心力和自豪感，从而实现十七届六中全会"文化走出去"的目标。

关键词：《人民日报·海外版》文艺副刊；国家形象；民族文化

【作者简介】龚奎林，文学博士，井冈山大学人文学院副教授。

《人民日报·海外版》创刊于 1985 年 7 月 1 日，是面向华侨华人的最权威的中文报纸，通过刊发的国际政治、经济、科技、教育、文化、文艺等内容建构国家形象和民族认同，及时、准确地传达中共中央的政策，报道改革开放和现代化建设事业，关注社会热点、难点问题，介绍国际政治、经济、科技、教育、文化，提供国内外富有价值的各种信息，为广大华侨华人了解发展中的中国与世界服务。从晚清至今，华侨华人为中国发展作出过巨大的贡献。海外 4 000 万华侨华人虽受西方文化的影响，但仍然有中国传统文化的根基，他们对中国同宗同源的亲近感和与生俱来的民族性是无法改变的，但由于远居海外，除了一些海外华文媒体，他们接触中国的媒体特别是中文纸媒的机会很少，在双重文化背景的冲击下，越来越多的华侨华人在文化认同和族群认同上存在一定的危机。因此，通过《人民日报·海外版》向他们传播中华文化，展示正在构建社会主义和谐社会、坚持和平发展道路的中国国家形象，增强他们的族群认同、归属感和对祖（籍）国的向心力和自豪感，《人民日报·海外版》成为重要的文化输出媒介，这也是中共中央十七届六中全会对文化强国战略和"文化走出去"工程的有效载体之一。

就笔者阅读所及，一些学者从公共传媒与国家形象的关系、《人民日报·海外版》改版与报道等相关方面进行了研究。首先是公共传媒与国家形象的关系研究。国家形象是国家力量和民族精神的表现与象征，公共传媒如何塑造与传播国家形象，成为研究的一个热

---

① 【基金项目】2010 年教育部人文社科研究青年项目"《人民日报》与新中国 60 年文学的生产"（课题编号：10YJC751020）和江西省社科规划一般项目"红色文艺的经典化打造和革命记忆的大众化传播——'十七年'小说的文本发生学现象研究"（课题编号：11WX52）。

点。在专著方面，主要有《国家形象论》、《国际传播与国家形象》、《赢得国家形象》、《国家形象传播》、《国家形象构建》等著作，他们从我国国家形象的历史演变、形象定位、国际传播与国家形象构建、国际关系与国家形象的互动以及对外传播的策略等多个方面展开了论述，显示了我国学者对国家形象问题研究的水平和实力。在论文方面，叶虎先生主持国务院侨办重点课题"华文传媒与华人文化认同及文化传播关系之研究"，其论文《海外华文传媒与中国国家形象塑造》对海外华文传媒的作用以及中国塑造自身国家形象的方式进行了研究。荆学民、李彦冰在《国家形象传播研究的几个问题》中对国家形象的内涵和外延进行了辩证分析，认为国家形象的根本决定因素取决于一国内部"如何做"。刘丽娟在《镜像中国》中认为我国的对外报道必须重视报道的针对性与时效性，重视跨文化的交流性和打造对外报道的媒体品牌。刘虎在《海外华文传媒与中国国家形象的提升》中分析了国家形象在国家利益中的重要地位和意义。李智的《论全球化传播语境下的国家形象建构》则提出后奥运时代全球化传播语境下的国家形象塑造的重点。吴友富在《对外文化传播与中国国家形象塑造》中提出了中国对外文化传播的方式方法。2008年1月，中国艺术研究院主办了"文艺作品中的国家形象"学术研讨会，就打造文艺作品中的国家形象献计献策。专家们认为，中国艺术家要把国家形象的塑造置于全球化视野之中，作品要有地方性、民族性、全球性，要用外国受众熟悉和乐于接受的艺术语言塑造中国形象。同年，中国人民大学召开"第四届21世纪中俄大众传播研讨会"，就"大众传媒与国家形象"展开了深入研讨。这些研究成果都为本文提供了一个开阔的视野。其次是《人民日报·海外版》改版与报道研究。

在《人民日报·海外版》谭文瑞、吴恒权、杨振武、詹国枢、王行增、王谨、钱江等历届领导传承和发展下，《人民日报·海外版》屹立于海外华文报刊之林，但对其研究较少，少量的研究主要侧重于该报2005年改版经验和对外报道。前副总编安子贞在《〈人民日报·海外版〉和他的对外宣传》一文中分析了《人民日报·海外版》创办初期的宣传经验。副总编王谨、编委沈兴耕分别在《新闻谈片》、《〈人民日报·海外版〉改版回眸》等文中详细讲述了《人民日报·海外版》改版的侧重点、经验和方法，把该报定位为"海味"党报，认为改版后新闻、版面、标题、内容更加成功。曾庆香等的《从涉台报道看〈人民日报·海外版〉改版》一文归纳了《人民日报·海外版》改版后的特点与规律。欧阳旭东的《〈人民日报·海外版〉的改版研究》（河南大学2007年硕士学位论文）对该报改版后的变化分析得更为全面，通过对涉台报道、评论专栏、版面形式及内容的变化来分析《人民日报·海外版》受众定位和对外报道业务上的改进。同时，程曼丽的《掌握国家形象塑造的主动权》一文分析了西方媒体对2008年西藏拉萨等地打砸抢烧暴力犯罪事件的误导，建议中国新闻媒体要提高舆论引导的能力和水平。余婷婷的《〈人民日报·海外版〉2008年北京奥运报道的内容及特点分析》一文分析了该报2008年北京奥运会报道，研究大型事件报道方式的改变及新的报道特点。王晖余的硕士学位论文《以华侨华人为受众的对外报道研究》分析《人民日报·海外版》2007—2008年的头版报道，总结其对华侨华人报道的特点以及得失。贡晗的硕士学位论文《国家形象与大众传媒的突发事件报道》研究《人民日报》及其海外版的禽流感报道，认为应健全突发事件报道机制。由上可知，以华侨华人为受众的中文对外传播受到学者们的关注，他们大多集中在分析华侨华人在对外传播受众中的特殊性、重要性及报道建议和改版特色，而对文艺输出没有进行研究。《人民日报·海外版》自创办以来在文艺刊载中对华侨华人的文化认同感作出了巨大努力，通过文艺副刊对国家形象、民族文化进行塑造，创新维系民族纽带的方式，以华侨华人为受众进行文化输出，进而传承中华文化。

《人民日报·海外版》被赋予独特的使命，主要以华侨华人为受众进行文化输出，其文艺副刊由文艺部编辑，第七版刊出时，该版名为"神州"，报纸扩版后改为11版刊出。"神州"文艺副刊以图文并茂的形式和生动活泼的文字，报道中国文学、影视、戏剧、曲艺、艺术方面的最新发展动态及海外交流传播情况，介绍中国传统文化艺术的历史面貌和发展现状，往往刊载具有中华文化美学特质的作品，反映中国人民的文化生活和文化艺术工作者的创作成就，内容丰富，雅俗共赏，融严肃性与可读性为一体。华侨华人和中国人同根同种，语言和文化背景相同，但在西方文化冲击下遭遇着文化认同危机，而《人民日报·海外版》文艺副刊承载着反映时代进步、传递人民的呼声、引导社会文化潮流、培育人民健康审美情趣的任务，因而刊载读者所喜欢的作品，通过作品中蕴藏的思想、文化和审美情趣与读者交流，达到加强人文素养、培育美感、沟通心灵的潜移默化的作用。正如台湾学者龙应台所说："副刊不只是一面反映文化的镜子，更可以是，应该是文化的标杆，一大步跨在社会的前面。倒过来说，副刊有多么成熟深刻，社会就有多么成熟深刻。一个社会要从原有的轨迹上冲刺跃进，得依靠杰出脑力的激荡，刺激社会前进。副刊，可以是一个脑力激荡的磁场，迸发一个民族文化的最大潜能。"[①] 所以作为一种媒介，《人民日报·海外版》文艺副刊通过刊载各种作品，打造文化文本，生产出海外读者所需要的中国文化知识和国家形象与民族认同的语言文化符号，进而通过传播使受众获得更好的认同与接受，自觉承担起国家形象和民族情感塑造的责任和使命，增强民族凝聚力和创造力。

首先，《人民日报·海外版》文艺副刊刊发各种文艺作品，充分展示中华民族的优秀文化传统以及蕴含在这种文化中美好的道德情操，反映出民族的思考能力。如《人民日报·海外版》2011年1月18日第7版文艺副刊"神州"的专题栏目"文学乡土"刊发了5篇文章、4幅图片和2则消息，文章分别是《开往春节的火车》、《米脂的婆姨绥德的汉》、《黄河凌花》、《燕子》、《洋媳妇吃油条》。大卫的《开往春节的火车》讲述了火车在我们日常生活中的作用，对于恋人离别、打工者返乡、学生回家、学生返校等场景中的人物来说，火车已经成为一种情感寄托："在分别的恋人眼里，即将出发的火车，是他或她'咣当咣当'地流出的一行最悲情的泪水。如果把时间换成上个世纪的五六十年代，那时的火车像是一行深刻的泪水：母亲送走参军的儿子，父亲与插队的女儿告别，姐姐向支边的弟弟挥手，孩子扯起下放改造的父母的衣袖。"火车连接起了多少个人生，连接了多少个人生行走中的他乡与故乡。甚至作者还把人生比喻成火车，依次有童年、少年、青年、中年、老年站台。无论容颜多么苍老，无论生活多么拮据，故乡永远是我们温馨的港湾。作者以一种自由散漫略带调侃的语言叙述了火车对于现代人的重要性。而报纸副刊为了使读者更易了解文章结构，还刊载了一张火车图，使其图文并茂、搭配协调。高红十的散文《米脂的婆姨绥德的汉》则通过古今对比讲述了陕北地区的人文物产、风土人情及其发展变化，向读者展示了革命老区在改革开放以来的幸福生活。而黄河和燕子都是中国文化情感中的民族符号，象征着中国民族性格中的坚强、坚韧等精神。因此，韩振远的《黄

---

① 龙应台：《脑力激荡的磁场——谈副刊》，《文汇报·笔会》1997年9月17日。

河凌花》向读者展示了黄河凌花的形成及其壮观景象和磅礴气势，以优美的语言、抒情的笔调展现母亲河的狂放与委婉，如作者写道："一块块冰凌皆被镶上白边，晶莹柔润，如雪如玉，又经河水浸染，一层一瓣，一重一叠，白的瓣，黄的芯，就有了各种奇妙图案，若一朵朵莲花，又若一个个盆景，更像一幅幅微缩景观，湖光山色，风景秀美，周围雪山环绕，中间是一片湖水，间或又有几重山峦矗立水中，就差有渔翁垂钓，儿童嬉戏了。"多么优美而沉静的风光，恰似一幅图画展现在历史的尽头。著名女诗人李小雨的《燕子》写得非常优美抒情，诗人首先书写了北国寒冬漫天大雪的景象，然而在这种严寒的天气里却有一种精灵在激情地飞跃："那是燕子在漫天雪花中飞舞/它很热情，它要融化，它在呼唤"，那种坚毅与乐观不正隐喻着我们人生当中的强者吗？这种榜样示范自然也影响着其他的生命，因此，燕子的飞舞给大自然带来了希望："看茸茸的绿已漫上古长城的青砖/因为我们，每只手掌都是一个洒满阳光的巢/春天正在这里温柔地呢喃"，李小雨将女性的慧眼和感知融进诗歌里，使整首诗显得唯美细腻，凸显出生命的高度与质地。而且，更有意味的是，这首诗在副刊刊载时也配有一幅双燕飞跃图，燕子在寒冬腊梅枝头飞跃的山水写意画中更凸显了燕子的坚强与快乐，这是冲破逆境自由飞翔的人生之乐，如此诗画合一，相得益彰，这其实显现了中国人生命无穷、天人合一的哲学理念。而刘齐的《洋媳妇吃油条》更是向国内外读者展示了中国的风俗习惯和洋媳妇的直爽性格，而"蘸着吃豆浆油条"与"站着吃豆浆油条"的汉语言谐音差异所带来的误解让读者啼笑皆非："蘸着吃！红旗再一次指示，嗓音有点急，语气有点重。话音刚落，只见黛比缓缓地、很不情愿地立起身，手上颤巍巍，嘴上油汪汪，万分委屈地说，你、你还说中国尊重妇女呢，你们都坐着吃，为什么让我站着吃？"故事由此结尾，意想不到的结局、令人搞笑的悬念显现出中外文化的差异和全家团圆、其乐融融的诗意气氛。而《〈外交官带你看世界〉架起中外沟通桥梁》和《〈安徽文学〉2010年度"十佳作品奖"揭晓》这两则消息则向读者传递了相关的文化消息，让读者了解文化进行的状况。通过上述分析我们可以发现，《人民日报·海外版》文艺副刊通过作品塑造中国的国家形象，传播中国文化，并以文图合一的形式更加灵活巧妙地加深了中国媒体与海外受众之间的亲和力，从而满足了华侨华人的文化认同和民族认同，强化他们的身份归属感，使他们坚定一同建设中华民族共有的精神家园的决心。

其次，《人民日报·海外版》文艺副刊通过文艺社论、编者按、金石印刻、国画插图、读者来信、文艺批评等副文本刊载，建构文化象征符号、传统意象体系及文艺意识形态，自觉承担起国家形象和民族情感塑造的责任和使命，增强民族凝聚力和创造力。如胡玉萍在《人民日报·海外版》2008年12月19日发表了评论《毕飞宇：与小说中人物心贴心》，介绍了毕飞宇的日常生活与文学创作的关系，尤其是向海外读者重点推介了反映人生艰辛的作品《青衣》、《玉米》、《推拿》等。同时，《人民日报·海外版》"神州"文艺副刊经常向海外读者介绍国内的文艺动态，例如2008年7月10日第7版"文化在线"就发布了四条文艺创作界的文艺简讯，即海田讴歌抗震救灾英雄的抒情长诗《血脉》、19集电视剧《杂技皇后夏菊花》、介绍国内艺术作品和艺术家的年度艺术报告《中国当代艺术2007》、刘明银直面网络成瘾问题的长篇纪实文学《战网魔》及其研讨会消息，这既反映了国内文化出版界的活跃，也反映了文化消息传播的有效向度。又如《人民日报·海外版》2010年10月29日神州文艺副刊11版发布了4篇文章和5张照片，文章分别是：中国社科院文学所研究员白烨创作的文化热评《关注"财富"的背后》，中国作协副主席张抗抗创作的随笔《文学：新世纪的"互动"新空间》，北京电影学院动画学院院长孙立军关于导演动画《小兵张嘎》的随笔《用动画传播红色经典》，大连汉墓博物馆建成开馆仪式的图片报道，茂林、华云介绍日本书法世家的《柳田泰山的中国书法情结》以及该报记者采访的消息《全国农民画作汇展京城》、《首届国际企业文化论坛召开》、《美术创研基地再签约合作单位》。而5幅图片就占了整个副刊版的1/5，这种图文并茂的版式设计让读者阅读起来感到非常轻松。孙立军根据自己导演动画《小兵张嘎》的苦与乐以及切身体会，讲述了自己选题的原因和制作中的困难，批评了那些为追赶票房而忽视时代价值的现象，向海外读者表达了红色革命经典的当下价值和意义，为此，他最后总结道："通过《小兵张嘎》的拍摄以及后来许多影视剧翻拍红色经典，证明了红色经典并没有过时，依然具有旺盛的生命力。在文化大繁荣、大发展的今天，我们不能忘记历史上这些优秀的影片给予我们的宝贵财富，红色经典里的精神也是在传承中华美德的精华，应代代传承。我们不应一味地靠收视率、靠票房来评价一部影片的好坏，更不应该片面、简单地评价红色经典缺乏了时代感。我们如同当年的老红军一样，也是一名文化战士，虽没有面临着枪林弹雨，但面临着日、美动漫的文化倾销，我们同样需要有一种战士的精神，用独立自主、勇于创新的民族精神去打一场没有硝烟的文化战争。"这充分表达了一位漫画人在日本、美国的动画裹挟中的独立清醒意识以及奉献精神，并通过这种文化自信促进文化的有效向度的传播。

再次，《人民日报·海外版》文艺副刊介绍京剧等传统文化符号，提高国家软实力和民族竞争力。西方发达国家通过语言、媒体、艺术、快餐消费等各种手段在意识形态和价值观念上对后殖民国家进行文化渗透和扩张，建立文化霸权。作为社会主义初级阶段的中国需要坚决抵抗，坚持马克思主义的指导和先进文化的方向，运用传媒等手段弘扬优秀的民族文化传统，保持民族文化特色，进而推动中国文化走向世界，捍卫我国文化主权，承担起不同文化背景的人们心灵、情感和精神世界的沟通，促进世界对中华民族价值观的认同，提高国家文化软实力的重任。这也正是十七大以来中共中央历次全会精神的一个核心主旨，尤其是十七届六中全会"文化走出去"战略的倡导。而《人民日报·海外版》文艺副刊正是"文化走出去"战略的有效载体之一，通过文艺资本诠释国家形象和民族情感，宣传中华文化和侨务政策，使华侨华人对中国有正确的了解。如《人民日报·海外版》"神州"文艺副刊专门开辟了一个"读画说戏"专栏，由画家王双才创作，王双才的戏剧人物画在技法上形成了自己独特的艺术风格，在气度、力度、厚度、深度方面取胜，作品内涵丰富，以戏入画，用画承戏，将国画、戏剧两大国粹同冶于中国绘画艺术中。同时由陈国福根据王双才戏剧人物画的神韵、色彩、线条、技法等进行撰文，相互配合，相互映衬，图文并茂，深受读者喜爱。其中，《人民日报·海外版》2001年6月7日第7版"读画说戏"专栏就发表了陈国福撰文、王双才画的图文作品《锁麟囊》，王双才的画形象生动、意蕴传神，把京剧《锁麟囊》中的主人公薛湘灵刻画得惟妙惟肖，其暗自神伤的内心独白更是令人犹怜。陈国福据此分析了这个戏的主要内容和传唱史，给读者上了生动的一课，尤其是对图画的评价更是恰到好处："'寻球认囊'与'重温往事'是全剧重点场次，其间的'二黄慢板'与'西皮原板'皆声情迸发，感人肺腑，脍炙人口，广为传唱。戏画家王双才将其入画，薛湘灵趁卢家娇儿醋睡之机，暗自感叹世事沧桑，贫富难测，一泻心底久蓄的凄凉。画之不足，飞白处充盈题识之辞。"作者以辩证的方式分析了图画的优缺点，向海内外的读者介绍了我国国粹京剧及其精彩剧目，进而传播中华民族的优秀传统文化。2011年7月王双才、陈国福将在《人民日报·海外版》"读画说戏"专栏刊发的56幅图结集为《读画说戏：〈人民日报〉（海外版）神州副刊〈读画说戏〉专栏作品集》，由四川美术出版社出版，深受读者喜欢。而戏画家吴小蔡、龚思全、马得、李滨声等都将自己的佳作呈现给副刊读者。可以说，《人民日报·海外版》文艺副刊在传播中华文化时不仅介绍了京剧文化形式，更传播了京剧文化乃至中华文明中"天人合一"、"和而不同"、"厚德载物"等核心文化理念。因为文艺是人民群众思想意识的一种反映，更是影响人民群众思想意识的精神力量，所以党的十六届六中全会报告明确提出："正确的思想舆论导向是促进社会和谐的重要因素，新闻媒体要不断增强社会责任感，宣传党的主张，弘扬社会正气，通达社情民意，引导社会热点，疏导公众情绪，搞好舆论监督。"而在党的十七大上，胡锦涛总书记在论述发展新闻出版、广播影视、文学艺术事业时要求"坚持正确导向，弘扬社会正气"，因此，在向海外华人输出中华优秀文化建设进程中，更需要发挥新闻媒体的舆论引导作用，唱响主旋律，弘扬正气，凝聚人心。为建设有中国特色社会主义伟大事业提供强有力的舆论支持是党赋予新闻媒体的神圣职责和任务，而《人民日报·海外版》文艺副刊无疑在文化传播方面具有重要的影响力，正如2008年6月胡锦涛总书记在视察人民日报社时所强调："必须坚持党性原则，牢牢把握正确的舆论导向，不断提高舆论引导的权威性、公信力、影响力。"

总之，具有知识普及、文化传承和道德教育功能的《人民日报·海外版》文艺副刊利用文字符号、线条符号、版式符号刊载文艺、图像等内容，塑造国家形象和民族情感，弘扬真善美的道德情操，传播社会主义核心价值与先进文化，从而给海外读者提供其所需要的大量的中国文化知识，为受到西方文化"洗脑"的海外华侨华人"强脑健脾"，促进其中华文化认同感。

多元文化在文化软实力中的构建[①]

——从迪斯尼看美国文化软实力的传播

朱　麟

内容摘要：中国共产党第十七次全国代表大会报告将文化软实力作为中国现阶段的一个战略要点。随着全球经济一体化的发展，中国的国际化成为必然趋势。在全球化的背景下，多元文化越来越被更多的国家和地区所关注和接受。多元文化作为一个价值观念，为弘扬中国文化软实力提供了一个新的思路。因此，本文阐述了多元文化理论，并分析了美国迪斯尼在多元文化中的成功案例，从而为中国文化的国际化提供借鉴。通过对这种多元文化并存的研究，表明多元文化在弘扬中国文化软实力的同时，也尊重了其他国家、其他地区的文化，从而提高了中国文化软实力的传播能力。

关键词：多元文化；迪斯尼；文化软实力

【作者简介】朱麟，女，北京第二外国语学院副教授，博士。

一、引言

中国共产党第十七次全国代表大会报告将文化软实力作为中国现阶段的一个战略要点。随着全球经济一体化的发展，中国的国际化成为必然趋势。在全球一体化越来越明显的背景下，世界各国、各个地区的文化都处于大转型中，在世界舞台上展现出多民族、多文化的交融与碰撞，由原来的单一文化转变为现在的世界多元文化，这成为新时代的总体发展趋势。可以这样说，21世纪是一个多元文化融合的世纪。所谓单一文化，就是指在一定的范围内存在某种单一的文化，并且表现强势。所谓多元文化，是指各个国家之间、各个民族之间、各个地区之间的文化互相交融、共同存在，并且各种文化之间具有一定的文化独立性，各有各自的特点。多元文化从人类文化开始有记录时就存在了，例如，早期的西方希腊文化、印度文化、阿拉伯文化，还有东方的中国文化等。现在的中国文化正是通过不断地与其他文化融合、发展形成的。

随着中国经济迅速发展，历经三十多年的改革开放后，中国取得了巨大的进步，国家的综合实力增强，中国在国际上的地位提高，但中国软实力的传播起步较晚。在全球一体化时代，软实力已经成为世界各个势力和各个国家一个重要的展示舞台。一个国家软实力的提升、对外的传播显得格外重要。中国文化产业是否能够走向国际化很大程度上取决于多元文化是否能融合。

---

① 本成果出自2011年北京市社会科学界联合会首都社科专家进基层课题，为该课题的研究成果之一。

二、理论依据

（一）文化的界定

文化，这个术语来源于拉丁文"Cultura"，主要意思是指人类创造的东西。在古希腊、古罗马时期，文化被理解为人们参加社会生活和政治生活的品质和能力。欧洲中世纪时期，文化也为"祭祀"一类的术语所代替。文艺复兴和启蒙运动之后，文化成为与"野蛮"、"不开化"对立的概念。[①] 文化是一个涵盖非常广泛的概念，很多学者都对它进行了定义。英国人类学家泰勒 1871 年在《原始文化》中这样对文化下定义：文化是一个复杂的整体，一个包括知识、艺术、道德、法律、风俗习惯，以及人类作为社会成员而后天获得的能力、习惯等在内的整体。[②] 威廉姆斯（Raymond Williams）是这样对文化进行定义的：文化包括一个民族的语言、文字、戏剧、电影、音乐、文学、绘画等。笔者认为，文化是一个群体（可以是一个民族、一个国家、一个地域或者是一定的范围内）在经历了长时间的历史的洗礼后形成的在特定的时间内对该群体、该民族、该国家或者该地域共有的一系列描述。它包括语言、艺术、价值观、社会制度、风俗习惯等，其中价值观对一个国家的文化软实力极为重要。

（二）一元文化

一元文化是指在一定的地域内，社会上只存在一种文化。从人类的历史发展来看，来自不同国家、不同地域、不同种族的人类相互接触之后，出现了不同的文化系统之间的矛盾和冲突。在人类历史的早期，为了解决这样的冲突，战争、武力就成了重要的手段。例如，持续了 200 年左右的十字军东征（The Crusades，1096—1291）就是发生于早期的西方罗马天主教与伊斯兰教之间，由于罗马教会企图建立世界教会一元文化而引发战争，这是不同文化、不同价值观念之间的冲突。再例如，美国早期基督教文化与印第安文化的冲突，造成了对印第安人的大屠杀。亨廷顿就曾在他的《文明的冲突》中谈到，随着苏联的解体、冷战的结束，世界的政治格局发生了巨大的变化，世界的主题从政治转到了文明。几个较大的文明体系由于价值观念的不同，而出现了文明冲突。在第三次移民潮、民权运动之前，在较大的范围内仍是以西方为文明中心。

（三）人本主义

人本主义来自德语中的 Anthropologismus 一词，在词源上可以追溯到希腊文 Antropos 和 Logos。它起源于 14 世纪的欧洲文艺复兴，由意大利向欧洲传播。人本主义取代了欧洲中世纪的以上帝为中心的思想，它强调个人为主体，强调世界的核心是人，主要的概念是尊重人的思想、价值、尊严等。人本主义的本质就是以人为中心，不再是以上帝、以神为中心。它成为现代西方文化的一个重要的元素，也成为多元文化的一个重要理论来源。

---

① 文化的基本含义，http://www.hudong.com/wiki/%E6%96%87%E5%8C%96#hdtop_1。

② 李兰芬、崔绪治：《管理文化》，苏州：苏州大学出版社 1999 年版。

（四）多元文化

自人类有记录以来，就存在着多元文化，例如早期西方的希腊文化、印度文化、阿拉伯文化，还有东方的中国文化等。现在的中国文化正是通过不断地与其他文化融合、发展形成的。上文谈到在 20 世纪 70 年代末，在经济全球化以及西方国家的大移民潮的背景下，出现了文化的冲突。在美国，多元文化理论随着 20 世纪 60 年代美国的"民权运动"而形成，到了 20 世纪的 70 年代得到多方位的研究，并且在 20 世纪 80 年代得到了巨大的进步，特别到了 20 世纪 90 年代，该理论被广泛地运用到了教育领域、政治领域。该理论认为，多元文化是指在一定的地域内，存在几种不同的且相对各自对立的几种文化。早在古代就存在不同文化背景的民族和谐地共处于一个社会中的现象。例如，古代的埃及、罗马、中国。多元文化是指在人本主义的指导下，尊重每个民族，每个地域，每个人的信仰、思想，多种文化共存。早在中国的春秋战国时期就出现了文化的多元化。例如，以孔子、孟子为代表的儒家，以墨子为代表的墨家，以老子、庄子为代表的道家，以韩非子为代表的法家，以鬼谷子、苏秦、张仪为代表的纵横家等。

汉城国立大学金光亿教授曾提出，世界多元文化的融合越来越成为整个世界现在及未来的发展趋势，而且东西文化不是对立的，它们之间是可以相互补充的。著名的人类学家费孝通也曾说人类的文化差异是存在的，互补是文化发展的必由之路。现在的文化基本是按照民族或地域的不同发展起来的。[①] 欧盟负责教育、文化、语言多样性及青年事务的委员瓦西利乌日前在布鲁塞尔接受新华社记者专访时表示，多元文化与创意有利于增强社会凝聚力，推动欧盟实现智能、可持续、包容性增长的战略目标。[②] 全球的不同文化是由不同民族、不同地域、不同的国家在经历了长久的历史洗礼后形成的，所以在世界范围内我们看到了多元文化共存的现象。随着现代全球的经济、文化交流发展越来越呈现出一体化的趋势，文化活动也打破了原有的格局，呈现出文化的多元化格局。

三、迪斯尼的多元文化分析

（一）迪斯尼简介

迪斯尼（Disney）是华特·迪斯尼公司（The Walt Disney Company）的简称，是一家世界著名的全球传媒综合娱乐企业，其营业额在全球的排名仅仅位居美国时代华纳之后。它始创于 1923 年 10 月 16 日，由迪斯尼兄弟创建。百年的迪斯尼公司现在除了传统的动画电影外，还包括了玩具、图书、电子游戏、主题公园等，本文以其经典的动画为例。

从华特·迪斯尼公司的发展中，我们看到美国文化的对外传播把娱乐和多元文化很好地融为一体。它以轻松的、娱乐的方式，选取了多元文化的内容，借用了其他文化、故事，成功地讲述了自己的思想，输出了美国的生活方式、价值观，从而极大地提升了美国

---

① 曹德本：《中国传统文化学的学术创新》，《清华大学学报》（哲学社会科学版）2002 年第 4 期，第 2~5 页。

② 《专访：多元文化与创意有利于增强欧洲社会凝聚力》，http://www.gov.cn/jrzg/2011 - 11/22/content_2000216.htm，2011 年 11 月 22 日。

文化软实力的传播效果。在迪斯尼的扩张中，我们看到美国在整个英语、文化、价值观的推广、传播过程中，充分体现了尊重多民族、多文化的特性。这种重视多元文化的观念使得美国成为文化软实力的强国，同时也进一步推广了美国的价值观和世界观。

（二）迪斯尼动漫产品的多元文化分析

纵观迪斯尼的整个动漫发展历程，我们可以看到迪斯尼动画大约经历了两个发展阶段。在第一个发展阶段，当时的迪斯尼的动漫产品主要针对欧美市场，所以在题材的选取上主要是以欧洲的传统文化为中心。例如，在1928年，迪斯尼上映了世界上第一部动画电影，第一部电影原声带的《白雪公主与七个小矮人》（Snow White and the Seven Dwarfs），选材于德国著名的《格林童话》中的白雪公主与七个小矮人的故事。这种选取题材的情况一直持续到20世纪80年代，以"罗宾汉"、"睡美人"等为代表。但在这个阶段的后期，迪斯尼开始从欧美市场转向全球市场。其中"罗宾汉"选材于法国亚历山大·仲马创作的《侠盗罗宾汉》，而该人物则是英国传统文化中一个侠盗式的英雄。1973年迪斯尼上映的"罗宾汉"故事则从传统的人物转变成了由动物来主演该故事，而不同角色的特点由不同的动物来体现。例如，在西方传统文化中，蛇代表了爱说谎话，爱出坏主意（这点在圣经中体现了），所以以蛇来演与其性格特点相似的 Hiss 爵士；大灰狼来演性格残酷的警长等。第二个发展阶段开始于20世纪90年代。随着全球一体化的进程，迪斯尼公司很快适应了这个新的环境，迪斯尼主题不再是传统的、单一的文化，开始具有全球化、多元化的特点。迪斯尼这一时期往往从全球化的视野下，将世界各地的文化作为题材选取的源泉。这不仅满足了西方观众的猎奇心理，同时也满足了其他地域观众的审美要求，从而开拓了新的市场。从迪斯尼这一时期的选题来看，我们发现其动漫的主题主要是围绕着人性的特点，利用多元文化的故事来讲述和传播美国的价值观。这类选题在生命、成长、爱、自我救赎等方面都体现了美国主流的意识形态，从而也增强了美国软实力的渗透力。例如，选材于中国文化的《花木兰》、《功夫熊猫》，选材于印第安文化的《风中奇缘》，具有浓郁的印度、波斯、中东文化特色的《阿拉丁》，将《哈姆雷特》的传统欧洲题材设置到了中非洲大草原中的《狮子王》。

（三）迪斯尼多元文化对美国软实力的推动

通过前文对迪斯尼动画的百年发展历史的研究，我们从中可以看到迪斯尼从早期一元化的"米老鼠"、"唐老鸭"、"白雪公主和七个小矮人"演变到现在从全球化、多元化的题材中选材。这一发展变化不仅仅体现了迪斯尼文化多元性，还体现了美国在软实力方面的传播路径。

首先，我们对传播主体进行分析。在人类的传播活动中，传播主体作为信源的承载者和表达者，担负着与媒体、公众进行有效沟通的责任，应尽可能在双向传播的互动过程中得到媒体和受众的接受与认可。而在当今数字化时代，传播主体呈现出多元化的趋势。首先，传播主体是由政府主导的，例如，中国的语言文化传播现在还处在由政府作为传播主体的阶段。其次，以企业作为传播主体。我们知道，企业作为一个营利的社会组织，它的运营受到经济利益的驱动，所以利益最大化是企业追求的目标，在开发国内市场的同时，积极开发国外市场也成为企业的战略目标之一。例如，华特·迪斯尼公司早期的企业战略目标是西方市场，所以在它早期的作品中，往往以西方的文化作为创作来源，它的传播受众是西方的观众，受众群体的清晰定位，使它在西方取得了良好的经济效益。在开发世界市场的时候，我们从上文可以看到，迪斯尼公司在讲述美国的价值观、构建美国的软实力的同时，还以全球化的视角，以多元文化作为创作源泉，开发市场，占领世界市场。朱麟（2012）提出，一个企业（例如华特·迪斯尼公司）在征服国内外市场的同时，也必然要开辟市场渠道，向外输出自己的产品、服务或技术（例如，华特·迪斯尼公司输出动画电影、电视），同时也有效地输出了国家文化、价值观、世界观等软实力。

其次，从软实力的传播来看，传播效果是另一个重要的元素。传播效果通常包括媒体覆盖范围、媒体传播时效、信息显著度和到达率、受众互动参与质量等具体方面，在很大程度上，传播效果取决于媒体的传播方式，尤其是在新媒体环境下，传统的报刊、广播电视媒体和互联网、手机等数字技术工具已融合为新的复合型传播方式，使传播的效果更为丰富生动。应当看到，一个良好的国家软实力形象离不开有效的传播方式，而良好的国家软实力传播效果的形成是建立在传者与受众、受众与受众，乃至不同的传者之间双向、多向互动的基础之上的。所以我们看到华特·迪斯尼公司的多元文化以及多种现代技术得到较好使用，实现了软实力传播效果的优化。我们可以看到迪斯尼在开拓国际市场的过程中，不管它是否愿意，它都会自然产生对外推销产品和服务，进行广告、公关宣传的行为，在这个过程中也就传播了国家的软实力。从迪斯尼在世界范围内的成功传播来看，这是一种行之有效的向外输出本国的价值观、文化等软实力的途径。

华特·迪斯尼公司的这种传播方式可以借鉴到中国文化软实力的传播过程中，多元文化的渗入有助于将中国软实力向世界传播。现阶段我国的中国文化传播过程中基本上都没有针对不同的人群、不同的地域、不同的民族、不同的文化而设计，往往是针对单一文化的设计，这充分显示了我国现阶段的文化传播还停留在以汉语为中心的单一文化阶段，这与全球化、多元文化的发展趋势相违背，同时也不利于提高其他国家、地区、民族的汉文化学习者的主动认知欲望，也就降低了中国文化传播的效率。从另外一个角度去研究的历史文化、世界文化，同时也潜移默化地传播了我国的文化以及价值观。中国现阶段还没有出现像华特·迪斯尼公司这样可以进行国际传播的跨国经营公司。而从企业参与国际传播的效力来看，跨国企业在国际上的传播范围较广，就跨国公司而言其就是超越国界的，它的传播活动一开始就带有国际传播的色彩。

综上所述，纵观迪斯尼公司的发展历程，我们看到当今美国的主流价值观通过迪斯尼公司在全球的传播成功地渗透到其他地域及国家。

四、结语

爱德华·W. 萨义德在他的《文化与帝国主义》一书中，提到某种文化往往与某个民族或某个国家联系起来，因此文化就具有了区别不同身份来源的作用。文化软实力作为一个重要舞台，当世界进入到全球化、电子化、多元化的时代，物质基础、社会条件、传播途径、国际关系等都在随之发生巨大的变化时，多元文化观在我国的文化软实力传播中的运用契合了现代多元文化的时代背景，在尊重各个民族、各个国家、各个地域的文化传统的同时，可以较好地达到传播中国文化的目的。例如，上文谈到迪斯尼公司出品的《功夫熊猫》、《花木兰》通过加入中国元素，讲述了西方的主要文化精髓，这种现代的、多元化的动漫制作方式将有助于中国传统文化在结合了西方文化后传播到世界各地。

参考文献：

［1］［美］爱德华·W. 萨义德著，李琨译：《文化与帝国主义》，北京：生活·读书·新知三联书店 2007 年版，第 1～17 页。

［2］Wang Xi, The Origin, Practice, and Limitation of Multiculturalism, *American Studies*, 2000（2），pp. 44 – 80.

［3］余志森：《浅论美国多元文化主义》，《华东师范大学学报》1995 年第 6 期，第 118 页。

［4］曹德本：《中国传统文化学的学术创新》，《清华大学学报》（哲学社会科学版）2002 年第 4 期，第 2～5 页。

［5］Raymond Williams, *Keywords：A Vocabulary of Culture and Society*, Rev. ed. , New York：Oxford UP, 1983, pp. 87 – 93, pp. 236 – 238.

［6］Lin Zhu, The Multi-culture and Chinese Culture——The Construction of Multi-cultural Consciousness in Teaching as the Foreign Language, The Conference on Higher Education Curriculum and Teaching Reform, 2012, pp. 146 – 151.

奇幻的魅力：好莱坞电影与美国国家软实力①

王宁川　邹宇泽　肖礼华

内容摘要：本文以"好莱坞电影"为研究对象，在历史和精神分析层面对美国政府利用好莱坞打造文化霸权的"阴谋"作出解析与回应，并借此发现，政治、媒体与通俗文化这三者之间存在着一种互文性的共生关系（Symbiotic Relationship）：①一个国家，可通过文化传播（作为一种软实力），或利用文化政治，建立自己在国际政治事务中的话语权。②通俗文化，尽管一度不被官方或主流意识形态所认可，但作为一种人类学和人文主义的研究方法，若将其置入合适的背景，仍适用于政治学研究。这并非是对当前我国主流政治学研究模式的颠覆与挑战，而是一种独辟蹊径、建构新话语权的尝试。③同时，这也可用以反思，借鉴并批判我国当前的软实力构建模式。

关键词：媒体；软实力；好莱坞；文化政治

【作者简介】王宁川，华南农业大学珠江学院副教授；邹宇泽，香港中文大学访问学者；肖礼华，华南农业大学珠江学院讲师。

近半个世纪以来，随着《星球大战》、《007》、《指环王》、《哈利·波特》、《变形金刚》以及《阿凡达》等好莱坞大片的全球性热卖，欧美学界对好莱坞文化的研究与解构，也随着这股强劲的魔幻旋风，从单纯的文本分析，嬗变为对其本体的认知，以及跨学科的身份建构。不少学者发现，"一些相关社会或国际关系的问题和原理正在一些流行文化现象中得以体现"②。这些流行的文化现象，或虚构的人物，足以成为真实社会活动的虚拟代表，它们散落在流行文化中，一系列的历史和社会资源在其中虽被转化，但已成为让这种文化得以传播的重要成分。③也就是说，社会实体之间所构建的真实生活，作为一种初级秩序（the First Order），正被一种以娱乐因素所构建起的次级秩序（Secondary Order）所折射和表现。④毕竟，时至后现代，精英文化再也无法完全控制一个国家的文化进程，因为通俗文化的浪潮史无前例地将其淹没。

---

①　基金项目：本文为华南农业大学珠江学院 2011 年校级重点科研课题"文化在社会话语权中的性别与角色转换"研究成果（项目编号：HZJK201115）。

②　Robert L. Pfaltzgraff, Jr. , Harry Potter in a Globalizing and Localizing World, *International Studies Review*, 2007 (9), pp. 718 – 720.

③　Iver B. Neumann and Daniel H. Nexon（edt.）, *Harry Potter and International Relations*, Lanham, MD：Rowman and Littlefield Publishers, 2006.

④　Ettore Gelpi, *Lifelong Education and International Relations*, Beckenham, Kent：Croom Helm, 1985, p. 86.

一、媒体政治 VS 软实力：视觉盛宴引发的思辨

在西方，好莱坞一直被学者视为探索国际政治问题的一个领域，学界纷纷从冷战、殉难、霸权、后殖民、恐怖主义、国家安全等角度研究解构好莱坞电影文化。例如，安东尼·科兹曼（Anthony Cordesman）在构建全球安全不可预测性的解构框架时以《吸血鬼杀手》（*Buffy the Vampire Slayer*）的故事情节作为引线；① 电影《摇尾狗》（*Wag the Dog*）公映后，便被普遍认为是克林顿外交政策框架的预演；② 每当提及《星球大战》时，人们很自然地将其与里根政府的"星球大战"计划相联系，认为这部电影传达了一种冷战思维；电影《蝇王》（*The Lord of the Flies*）可以用来解释为什么无政府主义能在现实主义和新现实主义的背景下仍然拥有市场；《独立日》（*Independence Day*）则可以解释国际社会如何在理想主义和新理想主义理念下有效运作；而《致命诱惑》（*Fatal Attraction*）和《楚门的世界》（*Truman Show*），则分别被视作将性别作为政治变量所进行的思考（Political Stakes of Thinking Gender as Variable）和对"历史终结"（History Is Over）谜团的反思（以及这个谜团如何被用以支撑新自由主义有关"全球化"的主张）。③

这种从文化政治学（Cultural Politics）角度对好莱坞影片的诠释，显然是对格里姆斯基（Gramsci）观点的回应与印证。因为他早就认为，通俗文化在理解社会力量的过程中起到了很关键的作用，因为占主控地位的意识形态可以凭借象征性的手法通过汽车、广告、玩具、新闻以及电影等进行理念上的传递。尽管，这或许在一定程度上削弱了电影自身的娱乐功能，有时甚至可能与作品的真实意图背道而驰，但这种貌似人工虚构（Artificiality）之极致，实则具有自反倾向（Self-reflexive）的表达模式，不仅重新提出现实与虚构关系之间的种种问题，④ 同时也反映出时值后现代，人们试图摒弃旧认知，重构新理论的强烈意愿。

不过，也有不少学者指出：这其实也是西方（尤指美国）利用文化来传播自身的意识形态，建构霸权的一种方式。他们声称：各种制度、法则以及关系、形势、状态都能转化成不同的文本形态，通过电影这种文化产品的形式予以表现。⑤ 通过看电影，不同文化背景、不同地方、相对孤立的观众或观众群可以完成趋同性吸引，社会群体属性进一步加强。⑥ 同时，身份上的认同也有助于建构外交政策上的话语权。⑦ 加之以文化产品的传播

① Andrew Martin, Patrice Petro, *Rethinking Global Security: Media, Popular Culture, and the "War on Terror"*, New Brunswick: Rutgers University Press, 2006, p. 6.

② Elian Sciolino, Dear President: What to Do in Moscow, *New York Times*, 30 Aug., 1998, p. 11.

③ Cynthia Weber, *International Relations Theory: A Critical Introduction*, London and New York: Routledge, 2nd edition, 2005, pp. 17 – 18.

④ G. Ward, *Postmodernism*, London: Hodder & Stoughton Educational, 2003, p. 31.

⑤ Michael D. C. Drout, The Problem of Transformation: The Use of Medieval Sources in Fantasy Literature, Literature Compass, 2004, pp. 1 – 22.

⑥ Kurt Lang Gladys Engel Lang, Mass Society, Mass Culture, and Mass Communication: The Meaning of Mass, *International Journal of Communication*, 2009, pp. 998 – 1024.

⑦ Jutta Weldes, Going Cultural: Star Trek, State Action, and Popular Culture, *Journal of International Studies*, 1999, pp. 117 – 134.

争夺政治话语权受到的反对和阻力要远远小于其他形式，[①] 所以，自卢米埃尔（Lumiére）错误地声称"新媒体没有未来"至今，电影不仅是人们逃避现实的手段，也一直是最为重要的政治宣传工具之一：纳粹将其作为宣传工具，认为它最适合鼓动民族自立；列宁也认为这是政治宣传的"最重要的艺术形式"[②]。

例如，阿尔都塞（Althusser）直接提出，电影以及报纸、电视、文学、艺术、体育等，这些都是"意识形态层面的国家工具（Ideological State Apparatus）"，通过它们的狂轰乱炸，既可以用来约束管理者（舆论监督），也可约束大众群体（舆论监控），同时也强迫观众（受众）认可其中的"意向文本"（Image Text），并通过想象力与他们所生存的现实世界产生联系。[③] 尽管，它们有时可能会被夸大、缩小和扭曲变形，但通过象征、互文等具有隐喻性的多重手段，它们不仅能反映或影射国际政治中的历史事件、人物形象和政治关系，使主体在其中发现与现实世界的同位对应物，而且能"建构意识形态，并确保其功能的施行，将所有个体转化为被社会结构所决定的主体，并使后者受控于这个无形的，却又普遍存在的社会法则之下"[④]。

不过，在美国学者约瑟夫·奈的笔下，它则被委婉地称为软实力。[⑤] 他认为，"一个国家可以通过文化传播来让其他国家想己之所想"[⑥]。与军事介入和经济制裁等硬实力相比，这种软实力依靠价值观、文化特色等来进行意识形态的传播，可以在文化和公共政策两个层面上起作用，不仅自由主义能利用其产生"一致认可的霸权（Hegemony by Consent）"，并且新保守主义者也可运用它来传播民主、自由以及资本主义等理念。[⑦] 软实力的核心理念是有能力吸引他人欣赏自己的观点，诱导他人共享价值和目标，并获得他人的支持。在提倡软实力的理论家看来，"如果一个国家的文化和意识形态有吸引力，其他国家的民众便会乐于追随，一旦它建立起与国际社会相适应的国际准则，便不会轻易更改，一旦它能辅助配合相关机构让其他国家依照处于主控地位的本国政府的意愿去执行或限制执行他们的活动，那成本高昂的硬实力也就没必要再放在谈判桌上了"[⑧]。

由此可见，上述观点都将"电影"视为一个国家传播政治意识形态的有力武器。同时，他们也进一步指出，通俗文化与大众传媒，二者都是传播意识形态、政治论辩，构建社会概念和意义的重要阵地，只要有问题出现在政治和社会生活的日程上，媒体就会对公众（受众）的态度和行为起着重要的影响和向导作用，即"各种政治概念和社会价值被

---

① Byungjun Shin and Gon Namkang, Films and Cultural Hegemony：American Hegemony outside and inside the 007 Movie Series, *Asian Perspective*, Vol. 32, No. 2, 2008, pp. 115 – 143.

② Alan Williams, *Film and Nationalism*, New Brunswick：Rutgers University Press, 2002, p. 6.

③ Ibid, pp. 110 – 113, p. 136.

④ Louis Althusser, Ideology and Ideological State Apparatuses（Notes toward An Investigation）, In *Mapping Ideology*, ed., *Slavoj Zizek*, London, 1994 [1969], pp. 134 – 135.

⑤ 奈在讨论好莱坞电影、媒体和互联网以及其他通俗文化产品在全球化范围的影响时，特别强调文化产品对政治宣传的重要性，虽然他鄙视缺乏可信度的宣传，但却强烈支持"公正的、开放的、有教育意义的国家宣传"。

⑥ Joseph S. Nye, Jr., Soft Power, *Foreign Policy*, Vol. 80, 1990, p. 166.

⑦ John S. Dryzek, Deliberative Global Politics：Discourse and Democracy in A Divided World, *Millennium Journal of International Studies*, 37（1）, 1998, pp. 238 – 239.

⑧ Michael Kelly Connors, Rémy Davison, Jörn Dosch, *The New Global Politics of the Asia-Pacific*, Oxford：Routledge Curzon, 2004, p. 32.

大众传媒及其中所传递的信息所塑造"①。不过,他们表述的角度却大相径庭。阿尔都塞从功能学角度出发,在战术层面探讨了政治利用媒体控制受众意识的方式。他认为,媒体和文化都是工具,政治意识形态才是真正的动作施为者。也就是说,媒体和文化(包括受众在内)都在政治意识形态的掌控之下。与之不同的是,约瑟夫·奈则从国家战略角度宏观地探讨了媒体和文化在利益博弈中所充当的角色,以及所能发挥的话语权重量。这赋予了二者以"生命",使其和政治意识形态一样具有主体性的施为功能。同时,他也告知大家,这既可以兵不血刃地解决矛盾,使双方损失最小化,同时也能使他人由衷地"臣服",而非"屈服"。换言之,主控意识形态积极地以媒体为阵地,传播政治主张,"这种意义构建的过程能超越自身的文本含义,拓展并涵盖各种社会关系,乃至整个社会结构,这是一种可以产生同化作用的力,并霸道地将自身观点自然化为普遍认可的社会常识"②。

不过,上述主张仍有值得商榷之处。这种认知学角度的解读似乎仍显得主观、武断,无法从本体层面解答以下几个问题:如何证明好莱坞电影是在为美国政府服务?如果美国有意把好莱坞当作建立文化霸权的工具,那"美国"的主体是什么?是美国政府,还是好莱坞编剧和导演?或是二者的合谋?如果不能客观地证明这是源自何处的"阴谋",上述论断则不能成立。即使证明这是"阴谋",也没有解释这种"阴谋"为什么能够成功?比如,好莱坞为什么心甘情愿地为美国政府服务,而没有任何反对的声音?而受众为什么能接受这个"阴谋"?也就是说,受众为何明知电影为假,却还信以为真?本文试对此作出回应。

二、联姻好莱坞:政治与文化合谋的"罗曼史"

好莱坞作为美国政府进行政治宣传的重要基地,在各个历史时期都起到了举足轻重的作用。在20世纪40年代,好莱坞便有"小国务院(Little Department)"之称,"二战"期间在政府支持下拍摄了近2 500部战争电影;在随后的"马歇尔计划"中,美国当局也采取强制的手段推广好莱坞电影,作为抵御法西斯主义和共产主义宣传的药方。③ 美国政府大打电影牌,如美国政府对古巴采取过各种贸易禁运政策,却未禁止好莱坞电影对其的出口。时至今日,美国政府和好莱坞二者间的合作更是达到了一种前所未有的紧密程度。

美国政府首先在政策上进一步给予好莱坞有力的支持。在美国国防部1988年的"国防部防务指南5410.16"号文件中,就有关于"给予非政府组织、娱乐电影、电视以及音像制品的支持"的明确规定,对给予支持的电影提出了明确的要求:

(1)必须具有真实感地描绘真实历史事件、人物、地点和军事行动,而虚构的形象也必须能从真实的角度解释清楚。

(2)必须具有知识价值,能在最大利益上满足公众了解美国军队和美国国防的需求。

(3)必须为大众提供有关美国征兵和服役计划的信息,或能强化他们对美国征兵和服役计划的认知。

---

① Delli Carpini, M. X. and B. A. Williams, Fictional or Non Fictional Television Celebrates Earth Day: or Politics Is Comedy Plus Pretense, *Cultural Studies*, 8 (1), 1994, pp. 74 - 98.

② J. Fisk, Television: Polysemy and Popularity, *Critical Studies in Mass Communication*, 3 (4), 1986, pp. 391 - 408.

③ Peter Van Ham, *Social Power in International Politics*, London and New York: Routledge, 2010, p. 51.

（4）若个人或有关组织的产品与美国政府政策相悖，则不应默许或支持。①

同时，为在组织机制上配合好莱坞，五角大楼也成立了相关机构。在好莱坞所在的洛杉矶地区，每个军种（陆军、空军、海军甚至是潜艇部队和海岸护卫队）都设立了类似"娱乐业联络处"（Entertainment Liaison Office Los Angeles CA）的职能部门，为有兴趣制作军队题材影片、音乐、游戏以及电视剧的个人或机构提供军方的意见和配合。娱乐业者若想获得必要的军事帮助，如进入军事基地、获得军事装备作为道具等等，都可从联络处获得帮助。② 这也恰如赫曼（Herman）和乔姆斯基（Chomsky）所言："政府及其他官僚机构（如五角大楼，国防部等），都有大量的、资金充裕的公关机构，确保与媒体搭桥。"③

以电影《变形金刚2》为例，它不仅是一部用电脑特效制造出的视觉盛宴，同时也是展示美国军事实力的宣传片。该片可以说是美国有史以来军方和好莱坞最大的一次联合行动。军方为电影制作提供人力、物力、后勤服务、联合军事行动、真实的炮火以及先进的武器等等，包括各种步兵枪械，如 M4A1 Carbine、M203 Grenade Launcher、Mk 46 Mod 0 Light Machine Gun、Hand Held M134 Mini-gun、Milkor M32 MGL、Sage Control SL6 Grenade Launcher；先进的军用战机，如 A10's、F22's、C130、E-3 Sentry AWACs、CV-22 Osprey；④ 提供了进入加利福尼亚、亚利桑那、新墨西哥州等地区的导弹和空军基地的便利，并调拨出300名现役人员作为临时外勤；⑤ 摄制过程中的所有军方行动都是由国防部负责指挥和协调的。⑥ 这些不仅有助于充分展示美国的军事实力，同时也能展示美国以科技创新为主导的政治军事方略。

作为回报，好莱坞用大片和明星效应影响着全球观众，从文化和舆论层面上支持并建构着美国的国家形象和国际政治话语权。只要政府一有麻烦，好莱坞便立刻行动起来，说是马首是瞻，也不过分。例如，据美国《联合快报》（United Express News）记载，在第一次海湾战争前夜，包括梅瑞尔·斯特里普、凯文·克斯克纳、汤姆·李·琼斯等在内的上百位好莱坞影星举行了一次慈善义演，对此次行动大唱赞歌；而四月美军回国时，好莱坞也举行了一次"欢迎沙漠风暴回家"的游行。与之类似的是，1999年科索沃危机时，好莱坞明星也登上了《国家》（The Nation）的页面，虽然大多明星只字未提美国的外交策略，但还是有如麦克·费瑞尔（Mike Farrell）这样的明星，公开声称支持战争（Ehrenreich，1999）。⑦

此外，在各类影片中，无论现在、过去，还是未来，只要世界乃至宇宙中的任何角落

---

①　US Department of Defense, DoD Assistance to Non-Government, Entertainment-Oriented Motion Picture, Television, and Video Productions, *Instruction*, Vol. 5410, 26 January, 1988, p. 2.

②　Jim Gregory, The Development of Hollywood's Relationship with the Military: A Guide for Filmmakers and Military Entertainment Liaison Officers, A Thesis Presented to the Faculty of the Grakuate School University of Southern California, December 2008.

③　E. S. Herman, and N. Chomsky, *Manufacturing Consent: The Political Economy of the Mass Media*, New York: Pantheon Books, 2008, pp. 19 – 20.

④　Ibid, p. 22.

⑤　Donna Miles, Movie Makers Team with Military to Create Realism, American Forces Press Service, 21 June, 2007.

⑥　Peter Debruge, Film Biz, Military Unite for Mutual Gain, http://www.variety.com/article/VR1118005186? refCatId = 1019.

⑦　Ehrenreich, B., The War at Home: Local Progressives Talk about Kosovo, *LA Weekly*, 5 May, 1999, http://www.laweekly.com/news/news/the-war-athome/6638/ (Accessed 25 April, 2007).

有危机发生，就立刻有一个具有美国身份或美国色彩的英雄出现，去拯救这个世界，他可能来自政府、军队，也可能是个平民，以救世主的形象出现在世人面前。此类影片数不胜数，如《空军一号》，给我们展现了一个"007"式的美国总统徒手反恐的故事；如《终结者》，讲述了一个行为不良的美国少年成长为人类领袖的故事；在《2012》，一个美国科学家和一个美国小说家成为救世主；在《独立日》、《世界大战》等影片里，美国击溃了外星人，保护了地球；在《世界末日》里，美国用核武器摧毁了即将撞击地球的小行星；还有《阿凡达》，把一个残疾的美国特种兵塑造成潘多拉星球的救世主；在《钢铁侠》里，一个热爱发明的美国实业家将自己改装为钢铁人，与恐怖分子作战；在《未来战警》里，几个具有特异功能的美国人与一些具有特异功能的恐怖分子对抗等等。

与之相反的，是美国人成为救世主的同时，来自苏联、中东、中国、朝鲜等文化背景的人物形象，以及一些身份不明的，但明显带有异教色彩的人物却在好莱坞电影中被刻意地边缘化、妖魔化，成为另类异端（Otherness）。以电影《007》系列为例，从 *Dr. No* 到 *Royal Casino* 等21部影片中的反派角色包括1个中国人、1个阿尔巴尼亚人、1个加勒比罪犯、1个前纳粹成员、1个加曼人、2个阿富汗恐怖分子、2个朝鲜人、6个苏联人。他们成为另类异端（Alien Other），成为恶棍，成为恐怖主义者，成为全世界人民的公敌，这容易使观众把这些文化和罪恶、腐败、道德沦丧联想在一起，这起自冷战时期的妖魔化宣传，造成了大量民众对其他文化存在着扭曲的认知和潜意识的恐惧。

此外，1997年香港回归，好莱坞也适时地发行了三部电影，《红色角落》（*Red Corner*），《在西藏的七年》（*Seven Year's in Tibet*）和《困顿》（*Kundun*）。加上此前分别在1987年和1993年发行的《最后一个国王》（*The Last Emperor*）和《小活佛》（*Little Buddha*），这些充满了西方想象的影片，在一定程度上起到了把香港和西藏搅混的作用。[①] 针对好莱坞这一系列意在诋毁中国的影片，学者周蕾（Rey Chow）认为，这构成了美国媒体合谋攻击中国的一部分，是美国通俗文化对美国霸权的贡献，可将其称作"金刚综合征（King Kong Syndrome）"：

以民主和自由的卫道士为名，美国媒体将各种中国事件都勾画成需要被监视和干涉的危机。这些典型被戏剧化、妖魔化地粉墨登场，以至于西方观众心甘情愿地认可一种隐形的，但却立场坚定的道德观——美国是至高无上的。与此同时，美国媒体也从跨文化、跨种族的角度将中国比作电影《金刚》中的那个体积庞大的蛮荒怪兽，需要用外力的救赎才能推翻它的独裁统治。尽管，许多国家也缺乏这种民主和自由，但在意识形态上作为美国的非同盟国，中国也就常规性地承担起了这个被生动地妖魔化的过程。因此，在美国，不少人只要一提中国，都会认为中国是个经常爆发动荡的"另类异端国家"。[②]

《金刚》是冷战时期反映美国冷战思维的一部电影，里面的蛮荒怪兽爬上了帝国大厦，最后被美国战斗机射杀，这个怪兽多被用来影射苏联和中国。如此，好莱坞总是从美国外

---

① Rey Chow, King Kong in Hong Kong, Watching the Handover from USA, *Social Text* 55, Vol. 16, No. 2, 1998, pp. 56 –57, p. 94.

② Ibid, pp. 57 –58.

交政策日程中寻找原型，在银幕上创造出各种威胁美国国家安全的场面，这些虚构的恐怖场面超过了现实，形塑了观众对真实发生的事件的认知，特别是对那些可能仅有少数人才知道真相的事情。[①]

不过，值得注意的是，二者的"联姻"在表面上虽然可以说是十分默契，但实际上并不代表好莱坞没有反对的声音。可是，一旦有言论或行为超出了美国政府所能承受的底线，便会立即被终止资助合作，随即伴以来自演讲、电报、新闻、电话、法律、诉讼乃至国会立法等各方面的惩罚与威胁性制裁，甚至反对者可能有锒铛入狱的危险。[②] 比如，政府资助右翼组织（Accuracy in Media），旨在制造舆论，批评激进且反战的左翼分子；在20世纪四五十年代，还专门设置"好莱坞黑名单"，禁止雇佣有亲共倾向的演员和编导；而据《纽约邮报》（2006）记载，希拉里·克林顿立即终止了对土耳其出品人有关电影 Valley of the Wolves Iraq 的财政资助，因为该片将美军描述成野蛮的侵略者；还有越战时女演员简·方达（Jane Fonda）在河内广播台发表了反战言论，因此而锒铛入狱等等。这使得好莱坞的激进分子在此类问题上不得不保持低调，以免轻则失业，重则重蹈方达之覆辙。[③]

总之，美国政府对好莱坞可以说是恩威并施。不管好莱坞情愿与否，仅从现象学角度看，利用电影为国家政治军事服务，的确已成为美国国家战略体系的一个重要组成部分，何况好莱坞亦可从中获利。因此，只要好莱坞有需要，美国政府便会给予包括装备、场地、人员以及军事顾问在内的各项支持。这不仅帮助好莱坞打造出理想的视觉效果，创造出一个又一个票房奇迹，加强了自身在世界范围内的文化霸权，而且，好莱坞也反哺美国政府，为美国政府和美国军方提供展现"军事设备、行动和哲学"的平台，在文化层面对对手起到震慑作用，进而强化其军事霸权。

三、阴谋 VS 阳谋：受众为何信以为真

笔者认为，美国政府的这种文化策略之所以能够成功，也就是受众明知好莱坞的叙事为假，但却偏偏能信以为真，严格地说，并非出自美国政府的"阴谋"，而是公开的"阳谋"。因为美国政府充分地利用了媒体所具有的能掌控并塑造受众意识形态的功能。

首先，它为世界带来了一场视觉的盛宴。与死板的说教方式相比，多数人更乐于在娱乐中接受信息的传播或理念的传递。而娱乐功能恰恰又是通俗文化最重要的特性之一。娱乐媒体生存在大众之中，"大部分媒体，特别是电影和电视，都能强化政治象征主义，处

---

① Helena Vanhala, Depiction of Terrorists in Blockbuster Hollywood Films, 1980 - 2001, An Analytical Study, McFarland, 2011, p. 3.

② E. S. Herman, and N. Chomsky, *Manufacturing Consent: The Political Economy of the Mass Media*, New York: Pantheon Books, 2008.

③ 学者马修·阿尔佛德（Matthew Alford）曾借鉴赫曼和乔姆斯基的媒体理论，进而提出好莱坞宣传模式，即"集中所有权，注重商业营销，依赖机制资源，官方一边倒的批评，以及制造异端"。本文对后三点进行回应，此处的史料也参照自 Matthew Alford, *A Propaganda Model for Hollywood*, *Westminster Papers in Communication and Culture*, London: University of Westminster, 2009, pp. 144 - 156.

理各种象征符号和令人似是而非的东西"①。而通俗文化在传播娱乐的同时，对传统道德的影响也具有侵蚀力。② 因此，二者才有机会成为一种传播政治意识形态的工具。美国可以说是最早意识到"娱乐功能"在意识形态传播和国际政治博弈中的力量，并自觉通过文化来传播政治，或说用文化政治来影响世界政治进程，使其话语权在国际政治理论和实践中充分发挥作用的先锋国家和履践者之一。

其次，这是一种以"情感纽带"为交换条件的礼物经济。不过，它所回报的内容并非是单纯的物质，而是某种道德义务和意识形态上的认可，即"需要对其整套的原则和惯例进行普遍承诺，认为它们是处理各种关系的最佳法则"③。与传统的军事占领和其他政治介入相比，它更具有隐形性、不可防范性，虽然这种交换方式是一种以感情为基础的利益交换纽带（包括未来自我利益的实现和认可），但其首先本着让朋友高兴的原则；④ 它象征着一种博爱文化，在引发情感和关系上的亲近感的同时，也使人类陷入道德枷锁的捆绑状态。借此，自冷战以来，美国不断拓展着自己的文明，不但在政治上与多国结成同盟战线，而且也形成了一个强大的文化帝国，进而巩固了它在世界政治、经济以及军事等领域的霸主地位。⑤

最后，受众为何能自觉地接受媒体所传递的信息，并自觉地在现实中寻找客观对应物，本文可以用荣格提出的"原型"理论加以解释。荣格认为，"究其实质，它（原型）反映了集体潜意识的内容，当它被觉察到并成为意识时就发生改变，并且在每个人的意识中有着不同的鲜明特色"；同时，这些"原型"不仅能通过传统、语言、民族迁徙得以传播，还可以在任何时间、地点，在无外界的影响下自发再现。⑥ "这是获得某种思想感受的趋势或倾向，并且普遍存在（Hynan，2003），使人们可以用这种非习得的方式对事物进行体验（Boree，1997）。"⑦ 也就是说，这是受众所具备的一种共性，源于人类之天性，即"①我们总会对一些本是虚构的角色和情势怀有真情实感；②对这些客体的情感在逻辑上注定了相信他们的真实存在，细微至其种种特点；③我们并不认为这些客体及其种种特点为虚"⑧。

当然，受众对信息的认知与身份建构，也不可能千篇一律，还要依据受众的自身经验、认知能力、地域、时空、文化以及宗教背景等因素。但一般来说，受众的潜意识在体

---

① Jerel A. Rosati, James M. Scott, *The Politics of United States Foreign Policy*, *Wadsworth*：Cengage Learning, 2011, p. 445.

② Daniel H. Nexon and Iver B. Neumann, *Harry Potter and International Relations*, Lanham, MD：Rowman and Little-field Publishers, 2006, p. 80.

③ Gerald A. Cory, *The Consilient Brain*：*The Bioneurological Basis of Economics*, *Society*, *and Politics*, New York：Kluwer Academic/Plenum Publisher, 2004, p. 161.

④ Audie Klotz, *Norms in International Relations*：*The Struggle Against Apartheid*, Ithaca：Cornell University Press, 1999, p. 14.

⑤ Jameson Frederick 在评价美国价值观对全球文化的影响时，以一种颇具后现代主义的心态指出：这是美国对世界军事和经济霸权的内在和超结构的表达，从此意义上讲，文化层面下隐藏的，依旧是鲜血、死亡、折磨和恐惧。见 Jameson Frederick, *Postmodernism*, *or the Cultural Logic of Late Capitalism*, London：Verso, 1991, p. 68.

⑥ Jung C., *The Archetypes and the Collective Unconscious*, 2nd, Princeton：Princeton University Press, 1969, p. 79.

⑦ Children and Literature, *British Journal of Social Work*, 26 (1), 1996, pp. 17 – 36.

⑧ J. Levinson, Emotion in Response to Art, In *Emotion and the Arts*, Edited by Mette Hjort and Sue Laver, Oxford：Oxford University Press, 1997, pp. 20 – 34.

验虚构的叙事时会自觉地进行配合，认为他们真实存在。这种共性会消除肤色、语言、宗教信仰及文化背景等方面的隔阂，进而产生共鸣。诺曼·克里德曼也认为："①人类情感在思考中总是具体有所指，也就是说，他们是有意图的；②情感具体所指的目标，人们相信它的存在，即是某种实体；③这种感情具体所指的目标由我们预先的态度或取向决定，如果我们认为它与我们的福祉相关，那么就会成为'普遍性（Garden Variety）'的情感。"①

例如，克里斯丁·布鲁克—罗斯（Christine Brooke‐Rose）在评论《指环王》时就指出：它所暗含的各种写实主义技巧（Realistic Mechanisms）能"鼓励受众将自身超文本的习性（Mega Textual Habits）投射至虚构的超文本之上，这样便在事实上相当接近20世纪中期的历史。例如，邪恶飞鸦群的突袭可以代表'二战'的空袭，由巫师间保持联络的水晶球可以联想到现代的无线电通讯设施等等"。

无独有偶，人们在解读《哈利·波特》时也发现，它其实也是一个涵盖"社会学概念，其中包括文化、社会化、等级化和社会不公、社会制度和社会理论"②的范例。若将其中一些政治经济模式聚焦于现实世界的社会关系，人们会发现，其中有许多相似之处，因为虚拟世界中的政治经济组织可被视作是现实世界各种组织用以反映公众意见的一面镜子。③ 比如，一些学者在其中找到了伏地魔组织与当前恐怖主义行为的许多类似之处。伏地魔派遣其党羽破坏公共设施，谋杀无辜平民，强迫党徒自残、儿童弑父等行为，都与当今国际上的一些恐怖主义者的行为有异曲同工之处。④ 黑暗魔法师隐藏在飞机场、汽车站、火车上的普通人群之中，伺机进行破坏，与现实世界中2001年美国恐怖袭击、2004年马德里火车事件以及2005年伦敦双层公交车爆炸案，都有诸多相似之处。⑤

而这种联系也许并非是单纯的巧合，该书和电影恰恰是在全世界恐怖主义不断蔓延的趋势下逐渐升温，进而受到热捧，而其中人类和巫师世界所受到的恐怖威胁，其线索正是随着现实世界中全球恐怖主义阴霾的不断扩张而展开的。

因此，学者耐松和纽曼（Nexon and Neumann）在《哈利·波特与国际关系》一书的序言中写道：《哈利·波特》虽是部虚构的作品（也适用于许多其他通俗文化作品中的虚拟人物与事件），但却可以从以下四个方面与国际政治相互产生交集，理应引起学者的注意：①作为国际关系的一种起因或结果；②作为一种镜像或媒介去交流思想，阐明各种国际关系的概念，例如如何进行外交决策；③作为阐释某个特定社会、政府或区域通行准则、思想、身份和信仰的载体；④作为一种现象，能实际地构建有关国际政治的通行准

---

① Norman Kreitman, Fantasy, Fiction, and Feelings, *Metaphilosophy*, Vol. 37, No. 5, 2006, pp. 605 – 622.

② J. W. Fields, Harry Potter, Benjamin Bloom, and the Sociological Imagination, *International Journal of Teaching and Learning in Higher Education*, 19（2），2007.

③ Avichai Snir, Daniel Levy, Popular Perceptions and Political Economy in the Contrived World of Harry Potter, http：//papers. ssrn. com/sol3/papers. cfm? abstract_ id = 817346.

④ Julia Turner When Harry Met Osama, Terrorism Comes to Hogwarts, Retrieved at http：//slate. com/id/2123105/，20 July 2005.

⑤ Connie Neal, Wizards, *Wardrobes and Wookiees：Navigating Good and Evil in Harry Potter, Narnia and Star Wars*, Nottingham：Inter Varsity Press, 2007, p. 160.

则、思想、身份和信仰，并能产生决策、通知、自然化和能动的效果。①

尤其是在"9·11"事件后，恐怖袭击再一次刺激了西方民众的臆想，恐惧心理和偏执情绪不断攀升，这种偏执"在电影、电视和通俗小说里广为流传"，这恰恰是"对公众在恐怖面前无能为力的主观表现"。② 民众在困厄与恐惧中自然需要国家的承诺和报复的对象，时常发生的恐怖事件又给编剧提供了机会去描写美国英雄如何除掉外来威胁，因此，伴随着"反恐战争"不断地被戏剧化，中东和穆斯林形象就注定成为电影里恐惧和威胁的来源。③

在恐慌、震慑和对异文化缺少安全感的心态中，观众通过潜意识对"原型"进行找寻，并认可了美国的价值，同意由美国来对抗邪恶。在娱乐观众的同时，观众的意识被植入了一个巨大的政治广告，通过观看电影被潜移默化：美国是世界的中坚，担负着维护世界稳定与和平的重任，是一切罪恶的终结者，没有美国，世界必将毁灭；只有美国才是最好的、最强大的、最先进的，是其他文明的救世主，站在美国对立面的人就是全世界的敌人。就这样，依靠媒体直观生动地将民众对其他文化的恐惧心理引发出来，再凭借好莱坞电影统一不同文化群体的认识，在集体意识上建构起美国的救世主形象，通过有意无意地把"主权"模糊化来实现去主权化和去地域化，同时将自身的理念自然化、常态化和普世化，美国成功地通过好莱坞电影营造出一种国际政治话语权，仿佛美国不仅是美国人的美国，也是全世界各国人民的美国，是地球的救世主。

通过这些"救世"情境，可以看出美军所意欲"强化"的一种思维：美国在世界各地驻军是合法的和正义的，否则，如果哪一天真来了地球以外的侵略者，或是来自地球内部的"邪恶轴心"或"无赖国家"，我们如何来得及出兵救你们？

结语

可以这样认为，政治、电影与大众文化，这三者之间存在着一种互文性的共生关系（Symbiotic Relationship）。电影和大众文化交织在一起，并非武断地将原始材料建构成各种结构松散的客体和关系，而是通过对现存文化素材的不断梳理与整合，从而在经验和环境中塑造出特殊代表，并使其看似与现实意义之间有着必然的、准确的，甚至是与生俱来的联系。也就是说，大众文化以传媒为载体，成功地创造了多重政治信息，并与现实世界中的政治现象产生互文性的关联，进而衍生为文化政治，而文化政治又去反哺政治文化，从而达到其政治战略目标。因此，好莱坞不仅是大众的娱乐工具，同时也是美国在全球扩张主权、建构文化霸权的重要组成部分。通过电影将美国的价值观进行普世化宣传，这种依靠媒体在文化层面进行心理渗透（PSPOP）的手段，早已成为美国全球战略和战术的一个重要组成部分，不仅可以炫耀软实力、震慑他国，同时也可以将自身的各种行动加以合理的解释，这种手段在实践中也取得了非常好的效果，得到了不同文化群体的认同和支持。

此外，除去电影自身的娱乐功能，其代表了一种后殖民意识和后冷战思维的延续。美

---

① Daniel H. Nexon and Iver B. Neumann, *Harry Potter and International Relations*, Lanham, MD: Rowman and Littlefield Publishers, 2006, pp. 6 – 27.

② Ray Pratt, *Projecting Paranoia*, Lawrence: University of Kansas Press, 2001, p. 8.

③ Carl Boggs and Tom Pollard, Hollywood and the Spectacle of Terrorism, *New Political Science*, Vol. 28, No. 3, 2006.

国通过好莱坞传播自身的政治意识形态，建构在国际政治事务中的话语权，并对不同文化群体进行演变、渗透、同化和吸收，使其逐渐形成趋同性。去主权化和去地域化的意识最大程度地消除"主权"与"世界"的概念，并尽可能使其趋向忠诚于某种特定的意识形态，同时将自身的政治理念自然化、常态化和普世化，进而通过文化政治来实现各个政治实体所期望达到的战略意图，其中包括军事震慑、异端妖魔化、帝国殖民、霸权主义、冷战及后冷战思维等政治目标，最终在文化层面上维护并强化美国在国际事务中的话语霸权。总之，美国通过好莱坞电影"异端化、妖魔化"其他文化，在虚拟现实中建立起美国对世界的"领导权"，促使观众接受"美国救世论"，无论现实世界中情况如何，好莱坞电影的热卖俨然已经转换成为一种文化层面上的霸权。

从印尼汉语方言的保存看中华文化的生命力[①]

——兼论中华文化的软实力

甘于恩　单　珊

内容摘要：本文探讨印尼汉语方言的历史与现实问题。全文分五部分：①印尼汉语方言的分布与使用；②印尼汉语方言与大陆汉语的同与异；③印尼汉语方言对印尼语词汇系统的影响；④印尼汉语方言的生存空间与中华文化的传承；⑤抢救与研究印尼汉语方言的现实意义与理论价值。

关键词：汉语方言；印尼；中华文化；软实力

【作者简介】甘于恩，暨南大学汉语方言研究中心主任，教授，博士研究生导师；单珊，女，暨南大学汉语研究中心硕士研究生。

印尼各地通行着多种汉语方言，经过时光的流转，这些方言与大陆汉语已有所不同，但基本面貌依然相去不远，由此可见汉语方言顽强的生命力与极强大的适应力。这也是中华文化软实力的表现之一。

一、印尼汉语方言的分布与使用

据百度百科介绍，印度尼西亚共和国简称印度尼西亚或印尼，地理位置在东南亚；由上万个岛屿组成，是全世界最大的群岛国家，疆域横跨亚洲及大洋洲，有"千岛之国"之称。关于印尼华人的数据，目前没有确切的统计[②]。一般认为有 1 000 万左右，是海外最大的华人族群。

印尼汉语方言的类别与使用人口，同样无具体数据。但从相关论著中可知晓大致情况。印尼的汉语方言以南方方言为主，只有个别是属于北方系的方言（如先达通行的"先达国语"，即西南官话）。南方方言主要有闽语（包括被称为"福建话"的闽南话、闽东片的福州话、莆仙片的莆仙话以及潮汕方言）、客家话和粤语。

从分布来说，福建话主要通行于北苏门答腊、爪哇甚至雅加达。陈晓锦、肖自辉（2010，152）说："印尼华人人数最多的是来自福建的闽南人，闽南话不仅在印尼棉兰畅通，就是在雅加达等地的华人中也很流行。"杨启光（2000，131）指出，祖籍泉州、漳州的闽南人"多聚居在诸如巴达维亚、泗水等爪哇的商业城市从事贸易活动，交际广泛，因

---

① 本文在"和谐与共赢：国家软实力及华侨华人的角色"国际学术研讨会（2012 年 3 月 10—11 日，暨南大学）上宣读，承蒙与会学者指教，谨致谢意。

② 黄玉婉、许振伟（2009，161）说："2000 年的官方人口普查显示只有 1 738 936 人。与 1930 年荷兰殖民时期的 1 190 014 相去不远，实在令人难以置信，不仅专家学者质疑这些官方数据，连前总统梅加瓦蒂也不相信。"

此，闽南话成为所有汉语方言中能够较大地影响华人日常用语、当地语言及至日后印尼语的一种新客华人日常用语"。而闽东片的福州话〔杨启光（2000）称之为"福清话"〕、莆仙片的莆仙话主要用于爪哇（北苏门答腊也有部分福州人），客家人则主要聚居于西加里曼丹、苏门答腊和爪哇等地，其中"在西加里曼丹的山口洋、苏门答腊的邦加岛和勿里洞岛，其人口比例相当高，且在较短的时期里大量涌入，以至客家话可以在当地社会中通行，许多原住民都会讲客家话，而且形成了所谓的'马来客家话'，并逐步演化成'邦加话'、'勿里洞话'、'山口洋话'等。"（杨启光，2000，132）潮汕方言虽然在语言上属于闽南话的一支，但潮汕籍移民多数不认同福建文化，"潮州人主要聚居在西加里曼丹且潮州话对当地社会有影响，可部分通行于西加里曼丹首府坤甸市及其邻近地区"（杨启光，2000，132）。

广府籍的华人主要居住于雅加达、棉兰、楠榜等地（黄玉婉、许振伟，2009），但由于移入时间较短，社会影响较小。"广府帮的日常用语是粤方言。由于移居时间较晚、人数较少且散居在爪哇、苏门答腊、苏拉威西各地，粤方言不但对当地社会没有影响，在华人社区也不太通行，多属于家庭用语或社团用语。"（杨启光，2000，132）另一个与粤语类似的方言是海南话，"海南帮虽然号称是印尼华人五大帮之一，但却是人数最少的一个帮，其影响本就不及前述各帮……因此，海南话在印尼也多用于海南人的家庭之中；更有甚者，一个家庭中只要有一方是其他汉语方言者，海南话往往让位之"（杨启光，2000，132）。

值得特别提出的是，在印尼第三大城市先达，通行着一种类似西南官话的语言变体，当地华人称之为"先达国语"。"先达国语"的来历比较特殊，"仙达（即本文的'先达'，Siantar 的音译——引注）自称的'中国仙达国语'与中国的普通话差别很大，详细听起来，既有广东粤语和客家方言，也有闽南话和印尼腔的糅合，还有一点四川腔。印尼先达，居住在这里的华人大部分是来自闽粤地区的先民，随着岁月的更迭，先达形成了很大的华人族群。20 世纪的前半个世纪，华人历经 50 年的不懈努力，创办了许多华人中小学校，在当时的历史条件下，华人学校的华语教师极其缺乏，先达华侨社团通过当时中国国民政府驻印尼棉兰领事馆的领事，到四川招聘了一大批华语教师到先达任教。先达各华人中小学的教学都以四川的普通话为准，所以，仙达的'中国仙达国语'带有四川腔是不足为奇的"（北大中文论坛——印尼先达国语：以西南官话为基础的地方共同语）。严格地说，"先达国语"不是地域方言，而是通过教学媒介转化成的一种社会方言。

以上各种汉语方言，皆无使用人口数据，其中规模最大的为闽南话，客家话次之，粤语再次，而"先达国语"这类小方言最小。

二、印尼汉语方言与大陆汉语的同与异

（一）印尼汉语方言与大陆方言的共同之处

印尼汉语方言离开祖居地的时间长短不一，但绝大多数都仍然保留与大陆方言的相同之处，体现出母语文化强大的凝聚力。概括来说有以下几点：

1. 语音系统与大陆方言基本一致

像印尼苏北亚齐客家话，调类与梅县客家话一样，都是 6 个，只是调值有细微的差异，声母也和梅县音一样是 18 个，韵母则大致相同，只是 6 个入声韵尾有喉塞化的现象。李如龙先生因此指出"客家人保存母语最坚强"（李如龙，2000，196～197）。而据高然（2000）的调查，印尼闽南话与福建闽南话的声调类别也基本一致，调类都是 7 个，只是前者调值糅合了厦门、泉州、漳州三地的表现。

2. 基本词汇与祖籍地方言无异

尽管随着时间的推移，海外汉语方言使用的词汇逐渐受到居住国语言的影响，产生了不少借词，但基本词汇的面貌与大陆方言并无太大的区别。据李如龙（2000，219）的调查，苏北亚齐客家话"大多数方言词汇和一般客家话相同"，如太阳都说"日头"，河边都说"河唇"，弟弟、妹妹分别说成"老弟"、"老妹"，睡觉用"睡目"表达，不一而足。故此客家人相互之间可以相当流畅地沟通，感受母语方言所带来的浓郁亲情。

3. 语法的基本体系保持不变

语法是一个较为稳定的语言要素，也是体现文化特征的重要表现之一。印尼各种汉语方言顽强地保留了母语的语法特色，比如客家话有一些与北方方言不同的倒序词，如把"客人"说成"人客"；雌性动物用词尾"嫲"，如"猪嫲"（母猪）、"鸭嫲"（母鸭），雄性动物用词尾"牯"，如"牛牯"（公牛）、"狗牯"（公狗），并大量使用具有南方特色的"有"字句。

（二）印尼汉语方言与大陆方言的相异之处

正如杨启光所指出的那样："由于长期生存和发展在原住民的汪洋大海之中以及印尼独立后政府所推行的同化政策，印尼华人的日常用语不能不受到原住民语言的深刻影响"，另外，"印尼华人的日常用语不能不受到荷兰语、英语不同程度的影响"（杨启光，2000，142）。当然，对于任何语言而言，变异是正常现象，问题是变异的性质与方向如何。

1. 小方言的细微差异逐渐磨损，磨合出一种"折中"性质的方言

在中国大陆，我们可以通过对某个人或某群人的口音作出判断，确定其所属县域甚或乡镇的不同。例如，厦门音、泉州音与漳州音，彼此之间的语音分界比较明晰，甚至在泉州音中，熟悉者可以判别出到底是泉州城里，还是晋江、南安、惠安、安溪……的口音，原因在于，在中国大陆，这些不同区域的人，基本上按口音是大规模聚居在一起的，这有利于各类方言特征的存留。而在海外，几乎不可能按小籍贯集中居住，只能以大的方言类别作为身份认同（如闽南话、客家话）的标杆。早期的移民为了彼此交际的方便，会慢慢地寻求一种语言上的"公倍数"，这就造成了一种与祖居地方言不同面貌的方言。伴随着这种现象的，便是后代对祖籍认知的模糊与泛化。① 我们来看看印尼苏北闽南话与大陆闽南话调值的比较情况（见下表）：

---

① 我们在棉兰访问时，曾询问几位使用闽南话的青年的祖居地，他们只知道祖先来自福建，而具体来自福建哪个县份，皆茫然不知。

调类与调值 地点或方言	阴平	阳平	阴上	阳上	阴去	阳去	阴入	阳入
厦门	55	35	53（上声）		21	33	21	5
泉州	33	24	55	22	41（去声）		5	24
漳州	45	23	53（上声）		21	33	21	121
苏北闽南话	33	24	53（上声）		21	22	5	23

注：表格据高然（2000）改写。

从上表可以清楚地看出，苏北闽南话基本上就是大陆三地闽南话的糅合，阴平、阳平的声调与泉州无异，而上声的归类与调值则同于厦门、漳州，去声亦基本如是，但 2 个入声的形态又与泉州大同。这是一种非厦非漳非泉的"混合型"方言。

2. 方言间的接触除了会导致磨损外，还可能出现"增生"现象，移入原方言所没有的元素

"先达国语"的声调最能典型地表现这种情况。根据甘于恩、单珊（2012）的研究，先达国语属于西南官话，而"西南官话较为单纯，古入声不论什么声调一律归到阳平调"（詹伯慧等，2000，71）。根据北京大学《汉语方音字汇》（1989，15），成都话的四个声调为：阴平 44，阳平 31，上声 53，去声 13，与我们调查的"先达国语"的调类与调值皆非常接近，"先达国语"的声调为：阴平 33，阳平 22（或 21），上声 51，去声 24，这 4 个声调调值从形态来说，与成都话的并无质的差别（其调型相同）。可是，我们在调查"先达国语"的过程中，发现它还有 2 个入声，即入声 1（调值 3）和入声 2（调值 21），与西南官话的声调特性不符。比较合理的解释是，"先达国语"在与周边闽南话的接触中，"增生"了两个本方言所没有的调类。

3. 词汇系统产生不少的异族语言借词

甘于恩、冼伟国（2009，60）在谈到马来西亚汉语方言的特点时曾经说过："华人之间接触频繁，各大方言也难免借用其他汉语方言甚至是外族语言的成分"，印尼汉语方言亦类似。以苏北闽南话为例，该方言便借用了一些外来成分，借自印尼语的有：巴刹浪【市场】（←pasaran），龟拄【虱子】（←kutu），道隆、多隆【帮助】（←tolong），阿巴【或者】（←apa）（高然，2000，185；黄玉婉、许振伟，2009，168）。来自英语、荷兰语的借词也有，如"德士"［taxi］。爪哇客家话也从印尼语借用词语，如 loti【面包】（←roti）、lu lao【区长】（←lurah）、lasi【领带】（←dasi）等（李如龙，2000，202）。我们在调查先达国语字音时，也发现一些非常用字，被先达华人以印尼语借词的形式读出。至于汉语方言之间的词语互借，也可以视为一种广义的外来成分借用，如苏北闽南话使用"火水"指煤油，来自粤语，使用"大碗公"指"海碗"，则来自客家话，"几侈"（多少）则是粤闽合璧词（高然，2000，188）。

4. 在用语过程中语码转换、语码夹用的现象十分常见

在多种族、多语言的大背景下，语码转换、语码夹用现象十分常见（杨启光，2000，149～152）。

三、印尼汉语方言对印尼语词汇系统的影响

闽南人是最早进入印尼的华人族群，虽然由于移民的时间差异，印尼华人可以有"土生华人"和"新客华人"之分（杨启光，2000，125），但他们所使用的闽南话及其他汉语方言不断地影响着印尼语，给印尼语打上明显的烙印，这是不争的事实。当然，对于印尼语中的汉语、闽南话借词的数量，因认定的标准不同而有所分歧，李如龙（2000，5）估计有200多条，杨启光（2009，49）认为有数百个，而黄玉婉、许振伟（2009，163）则指出："印尼语中的汉语方言借词多达1 300个。"不过，主要来自闽南话的汉语方言借词在印尼话中不在少数，这是不可否认的。例如（杨启光，2009，49～51）：

【国名、族群】：Tiongkok（中国）、Hoakiau（华侨）

【人名、地名】：Khonghucu（孔夫子）、Hok Kian（福建）

【亲属称谓】：enpek（伯父）、enku（舅舅）、enso（嫂子）

【社会称谓】：sian sing（老师、中医师）、siucai（秀才）、toke（头家，即老板）

【行为性状】：hokki（福气）、kia－kia（散步）、boeng（无闲）

【品行道德】：aikok（爱国）、kosiong（高尚、漂亮）、hohan（好汉）

【社会活动】：sianghwee（商会）、hweekoan（会馆）、kongik（公益事业）

【食品】：kucai（韭菜）、bihun（米粉）、bacang（肉粽）、teh（茶）、ciu（酒）

【用品】：bakiak（木屐）、khun（裙子）、giwang（耳环）、banji（万字，即"万字形饰物"）

【疾病医药】：taigo（麻风）、meh（脉）、tiap（一帖）、koyok（膏药）

【房屋器具】：tiah（厅）、pangking（房间）、lio（寮）、teko（茶壶）、anglo（烘炉）

【宗教礼俗】：angpau（红包）、toaha（戴孝）、hio（香）、sincia（新正，即春节）、Too（道教）、Kong Kauw（孔教）、Bunbio（文庙）

【动植物】：kacuah（蟑螂）、liu（柳树）

【人称代词及其他】：gua（我）、lu（你）、esai（可以）

印尼语的闽南话借词远不止上述这些。值得注意的是，汉语借词对印尼语的影响是分层次、分阶段的，不是一蹴而就的，杨启光把这个过程分为三个阶段，即"表层结构"、"中层结构"和"深层结构"。我们还发现，同一种事物，在不同的语言条件下，印尼话可能会以两种借词形式体现出来，如"面"，印尼语的借词词形是mie，而"肉面"的借词词形则是bakmi，前者可能借自福州话"面"的读音［mieng］，进入印尼语后脱落了鼻音韵尾－ng[①]；而后者－mi明显借自闽南话的厦门音。这说明印尼民族早期曾与闽东籍的福建移民有较多的接触，后期则主要与闽南人交往。

有的印尼语的汉语借词来自粤语，相对闽南话而言，这部分借词不算多，如laici来自

---

① 汉语方言词被借入印尼语后，"其语音是被最大限度地纳入到印尼语的语音系统里加以改造，即予以'印尼化'的"（杨启光，2009，52），这种印尼化的表现包括：送气音丢失、鼻化音丢失和韵尾脱落等。

粤语"荔枝"、cintoi 来自粤语"煎堆",但 cha sio so 则为间接借自粤语"叉烧酥",乃是先由闽南人从粤语借入闽南话,改造为闽南话的语音形式 cha sio so,再由闽南话输入印尼话。

四、印尼汉语方言的生存空间与中华文化的传承

著名语言学家李如龙指出:"至于华语及其方言的前景,在东南亚华人中将会有越来越多的人掌握当地民族语言和英语,对自己的语言来说,统一的华语是受欢迎的,还会不断普及的,方言的萎缩则是不可避免的,但是不可能在短期内消亡。"(李如龙,2000,7)这是符合实际情况的。下文将讨论汉语方言的生存空间与中华文化的传承问题。

(一)汉语方言的生存空间

汉语方言在东南亚各国的传播情况有所差异,其生存空间亦因各国的国情(包括语文政策、华人的聚居情况、华人的语言态度、与当地民族的接触程度等)而难以一概而论,但是可以确定的是,海外汉语方言无法具备大陆方言所拥有的相对宽松的人文环境以及坚实的文化底蕴,因此,海外汉语方言毫无例外地发生某种程度的变异与萎缩,这是客观存在的事实,也为方言学和社会语言学的研究提供了绝佳的课题。

就印尼的情况来说,"土生华人与新客华人的分野早在 17 世纪业已开始,并在 19 世纪到 20 世纪上半叶期间变得更加明显,形成了所谓的土生华人集团与新客华人集团"(杨启光,2000,125)。土生华人基本上已经融入当地社会,我们所说的汉语方言的生存,主要是发生在新客华人之中。尽管从总体上来说,"情况最严峻的是印尼,那里的华裔人数绝对不少,但在总人口中占的比例还是不及百分之五,虽亦聚居,但族外通婚或雇佣外族奶妈是相当普遍的,加上华文学校被取缔,华文报纸也几乎禁绝,大量青少年不但不会说方言母语,连华语也没机会学习了"(李如龙,2000,4)。不过,从现实情况而言,现在汉语方言在印尼已经获得比较宽松的环境,当然,由于各方言使用人群的聚居规模、文化理念等因素的影响,方言的生存与传承的状况还是有差异的。

印尼汉语方言生存状态最好的无疑是福建话(闽南话)和客家话。在爪哇岛的华人社区,主要通行的汉语方言便是闽南话和客家话,"这些人大多数后来从其他外岛移居过来的。尤其是来自棉兰的闽南人和山口洋、坤甸的客家人最多"(黄玉婉、许振伟,2009,165)。苏门答腊的两大汉语方言为闽南话与客家话,其中棉兰华人 70%~80% 为闽南籍,"因此,闽南语成为此区域的通用语言和强势方言,势头凌驾于普通话之上,甚至连当地的原住民也略懂一二。华人子弟一般在家说闽南语,与朋友交流亦习惯说闽南话"(黄玉婉、许振伟,2009,166~167)。在西加里曼丹的坤甸,潮州话是当地华人的通用语,而在山口洋,作为强势方言客家话的次方言——揭西河婆话,甚至成为当地达雅族和马来族使用的语言,其中一个非常重要的因素是"华人与当地人通婚普遍"(黄玉婉、许振伟,2009,167),这说明李如龙以下的观点不一定准确:"客家人与外族通婚较少,而且在同方言群体之内的通婚更多,这也是客家人在南洋华裔中保存较好的原因之一"(李如龙,2000,199),通婚对语言使用与传承肯定有影响,但不一定是负面影响,关键是文化的影响力的趋向如何。而在苏拉威西岛,汉语方言没落的趋势较为明显,锡江第二、三代华人

尚能说方言和华语，但第四代开始则失落方言，而万鸦老华人则本土化得很厉害，"一般不懂华文和方言"（黄玉婉、许振伟，2009，168）。

方言使用人口是影响方言生存的重要因素，但使用人数少的方言并不等于就无法生存。典型的事例是棉兰客家话和"先达国语"，棉兰的美达客家话只有数千人口使用，从亚齐省迁入。美达客家话处于闽南话的包围之中（华人圈），虽然在当地不可避免地与印尼其他民族语言发生接触，但仍然被比较完好地存留下来，靠的就是客家人"宁卖祖宗田，不丢祖宗言"的执着信念，李如龙（2000，199）也指出："和其他方言群相比较，客家方言的生命力还是最强的。""客家人的宗族观念极强，同宗亲人在婚丧喜庆上互相支持、共分悲喜的风俗至今没有衰落，参加这种聚会的都是使用同一母语的老老小小，无形中成为传承、教习方言母语的场所。"也有人指出客家人在文化上的内敛性，正是这种内敛性使得客家方言得到较好的保存。小方言保留较好的还有"先达国语"，正如前文所指出的，先达国语是一种由地域方言转变而来的社会方言，先达有华人 2 万左右，经历了数十年的风风雨雨，会先达国语的人已为数不多了，况且先达国语也产生了一些变异。不过，在不利的社会条件下能够变异求存，这本身就说明汉语方言和中华文化有很强的适应力和旺盛的生命力，也是中华文化软实力的表现之一。

（二）中华文化的传承

客观地说，印尼华人没有核心华人文化圈（主要指大陆和港澳台）所拥有的良好条件，加上居住国的政策导向，在中华文化的传承方面有先天不足之处，但这并不能抹杀印尼华人在这方面付出的努力。我们分三个阶段讨论这一问题。

1. 20 世纪中叶前后

这个时期以 1945 年印尼独立建国为标志，重要的历史事件则是 1949 年 10 月新中国成立。杨启光（2000，138~139）指出："新中国的建立和中华民族世界地位的提升，再一次激发了新客华人空前的向中华文化认同的热情，自觉的'中华文化认同派'可以说一统新客华人之天下，其标志是单纯以汉语方言为日常用语者只局限在老年人范围内，绝大多数新客华人在汉语的使用上都成了普通话和祖籍方言的双语者，有的甚至是只掌握汉语普通话，不会汉语方言。"新客华人"所掌握的中华文化正如他们的日常用语一样是越来越不'纯正'了，其间已融进了不少原住民文化和西方文化的要素，实质上他们所认同的已是一种'三合一'的'印尼华人文化'，只不过其间包含较多和较明显的中华文化因子而已"。尽管如此，华人在继承汉语文化方面还是功不可没的，他们组织了华人社团，出版中文读物，创办了新式华校，提倡学习普通话，传授子女汉语方言，尽力保留中华礼俗和习惯。

2. 苏哈托统治时期（1966—20 世纪末）

这个时期以苏哈托上台为开端。"苏哈托上台之后关闭了所有的华校，禁止售卖华文书报刊物，解散所有的华人社团；孔教被列为非法宗教，华人不能公开庆祝华人的传统节日，华人们纷纷改名换姓，脱离孔教。中华文化的传承走入地下，许多华裔子女暗地里补习中文，有的则通过佛教的幌子（佛教是印尼的官方宗教之一），以大乘佛教包装中华文化，逃避苏哈托爪牙的耳目，达到传承中华文化的目的。"同时，印尼当局对中华文化的清洗，在外岛相对没有那么严厉，"外岛的同化政策却相对宽松"（黄玉婉、许振伟，

2009，165）。这在某种程度上为中华文化的再度生发与传播留下了种子。

3．21 世纪初至今

随着印尼民主政治的进程，许多歧视华人的法规被废止，加上中国国力的强盛，中国大陆对传播中华文化日益重视，在华文教育方面投入了大量的人力、物力和财力，两方面因素的共同作用，使得"中华文化重获新生，华语、华文报、华文教育、华人社团又开始在印尼的土地上萌芽，华人方言也重见天日"（黄玉婉、许振伟，2009，165）。

但目前中华文化的传承还面临不少问题。第一，代际的断层，熟悉中文的中年人才非常稀少；第二，传承的空壳化，不少华人已经不学习华文和方言，而中华文化（包括地方文化）的主要载体便是语言；第三，传承的时效与实效皆有待提高。

五、抢救与研究印尼汉语方言的现实意义与理论价值

（一）现实意义

方言问题其实也是文化问题。中华文化的传播和传承，不能光靠普通话。我们的工作一旦到了一定的深度，方言的作用便会显现出来。比如，抢救和推广地方戏曲，方言是其内核也是载体，祛除了方言这个内核，地方文化就失去了神韵。

（1）方言是沟通海内外乡亲情感的绝佳工具；

（2）方言是维系中华文化（尤其是地方文化）认同的纽带之一；

（3）母语教育与华文教育具有互相促进的作用；

（4）方言是认识地方文化、了解地方文学的窗口和手段；

（5）方言是了解民族接触、族群迁徙的媒介；

（6）研究好海外方言，也是中华文化软实力的重要体现。

（二）理论价值

（1）海外汉语方言保留着一些早期祖居地的信息，对于历史和语言学史具有重要的理论价值；

（2）变异的海外汉语方言是比较方言学和社会语言学的重要研究课题；

（3）"海外汉语方言的研究，充分显示了华人的语言变化与语言选择的趋势。这为语言规划、语言教学提供了有意义的参考。"（周清海，2009，20）

（三）亟待开展的工作

著名语言学家詹伯慧谈到海外汉语方言的研究任务时指出以下几点：①加紧调查，充分掌握海外华人社区汉语方言的真实面貌；②进行海外华人方言与祖居地同一方言的比较，找出异同，分析成因；③从社会语言学和应用语言学的角度，探讨海外汉语方言的发展前景；④探讨海外汉语方言的变异问题；⑤研究海外汉语方言的传承问题。以笔者之见，开展海外汉语方言的研究与抢救，不能孤立地就方言问题来开展工作，这样可能难以取得实效，应该结合中华文化的推广，以及地方文化的传承，结合所在国汉学人才的培养，有目的、有针对性地使海外汉语方言抢救与研究有序地开展。

笔者曾在马来西亚一份学术刊物上提出："建议条件成熟时，由中国和东南亚各国的学术机构整合学术力量，联合开展调查研究。揭示岭南方言在播迁过程中发生的演变，了解中华文化与异文化如何和谐共处，无疑既有理论价值，又有现实意义。"（甘于恩，2008，55）联合所在国的学术力量，由中方主导变为双方共同主导，在研究过程中培养所在国的学术力量，提升其学术研究的水平，这才是达到开展海外汉语方言研究双赢目的的正确举措。

参考文献：

［1］北京大学中国语言文学系语言学教研室：《汉语方音字汇》，北京：文字改革出版社1989年版。

［2］陈晓锦、肖自辉：《广东潮汕方言在东南亚的流变》，甘于恩主编：《南方语言学》（第2辑），广州：暨南大学出版社2010年版。

［3］甘于恩：《现代化背景下岭南方言研究之我见》，《中文·人》（马来西亚新纪元学院）2008年第6期。

［4］甘于恩、单册：《印尼"先达国语"与汉语方言的传承、发展与融合》（未刊稿）。

［5］甘于恩、冼伟国：《马来西亚汉语方言概况及语言接触的初步研究》，陈晓锦、张双庆主编：《首届海外汉语方言国际研讨会论文集》，广州：暨南大学出版社2009年版。

［6］高然：《印尼苏门答腊北部的闽南方言》，李如龙主编：《东南亚华人语言研究》，北京：北京语言文化大学出版社2000年版。

［7］黄玉婉、许振伟：《印尼华人的语言状况》，陈晓锦、张双庆主编：《首届海外汉语方言国际研讨会论文集》，广州：暨南大学出版社2009年版。

［8］李如龙：《南洋客家人的语言与文化》，李如龙主编：《东南亚华人语言研究》，北京：北京语言文化大学出版社2000年版。

［9］李如龙：《印尼苏门答腊北部客家话记略》，李如龙主编：《东南亚华人语言研究》，北京：北京语言文化大学出版社2000年版。

［10］李如龙：《略论东南亚华人语言的研究》，李如龙主编：《东南亚华人语言研究》，北京：北京语言文化大学出版社2000年版。

［11］Thea Sairine、孙玉卿：《汉语方言对印尼城市中文名的影响》，陈晓锦、张双庆主编：《首届海外汉语方言国际研讨会论文集》，广州：暨南大学出版社2009年版。

［12］无为：《印尼先达国语：以西南官话为基础的地方共同语》（北大中文论坛）。

［13］杨启光：《印度尼西亚华人的日常用语及其文化认同探析》，李如龙主编：《东南亚华人语言研究》，北京：北京语言文化大学出版社2000年版。

［14］杨启光：《印尼语闽南话借词及其研究的文化学思考》，陈晓锦、张双庆主编：《首届海外汉语方言国际研讨会论文集》，广州：暨南大学出版社2009年版。

［15］詹伯慧等：《汉语方言及方言调查》，武汉：湖北教育出版社2000年版。

［16］詹伯慧：《加强海外汉语方言研究之我见》，陈晓锦、张双庆主编：《首届海外汉语方言国际研讨会论文集》，广州：暨南大学出版社2009年版。

［17］周清海：《海外华人在多语背景下的语言生活和语言态度》，陈晓锦、张双庆主编：《首届海外汉语方言国际研讨会论文集》，广州：暨南大学出版社2009年版。

文化软实力视野下的海外华文教育建设

耿　虎

内容摘要： 作为华侨华人在海外兴办的民族语言文化教育，海外华文教育已有三百多年的历史。它不仅具有智能性专门文化传播的特点，肩负着传承传播中华文化的重任，而且在中国国家软实力建构中具有基础性意义。新形势下的海外华文教育应在做好自身文化传承的同时，进一步扩展文化传播功能，从加强自身建设、增强吸引力，谋求承认、扩大影响力，紧密互动、加大助推力三个方面，将服务华社与服务祖（籍）国文化软实力战略统一起来，从而实现又好又快地发展。

关键词： 海外华文教育；文化传承传播；文化软实力

【作者简介】 耿虎，厦门大学海外教育学院教授，博士。

　　海外华文教育是华侨华人在海外兴办的民族语言文化教育。自 17 世纪末第一所华侨学校在印尼创办以来，[①] 海外华文教育历经华侨教育和华人教育两个发展阶段，至今也已走过了三百多年的历程。回首三百多年来海外华文教育所走过的跌宕起伏的发展道路，总体而言，随着办学条件的不断改善，华文教育在办学规模、办学理念以及教育体系和教育理论等方面也都取得了很好的成绩，并积累了丰富的经验。21 世纪以来，伴随着中国国际地位的提高和经济实力的壮大，全球"汉语热"和"中华文化热"持续升温，在此背景下，海外华文教育又迎来了新的发展机遇。作为海外华人社会的三大支柱之一，华文教育如何在做好自身文化传承的同时，进一步扩展文化传播功能，将服务华人社团与服务祖（籍）国文化软实力战略统一起来，进而谋求更好更大的发展，已成为新的时代课题。

一、海外华文教育的兴办、发展及其文化传播特点

　　海外华文教育历史悠久，回首它三百多年的发展历程，大致经过了三个阶段：①自 17 世纪末第一所华侨学校在印尼创办，至 20 世纪 50 年代中期，是面向华侨及其子弟的华侨教育阶段；② 20 世纪 50 年代中期，至 20 世纪 70 年代末，随着殖民地国家的纷纷独立以及海外华侨加入当地国国籍，[②] 是面向华人及其子弟的华人教育阶段；③20 世纪 80 年代以来，伴随着世界"汉语热"的升温，学习华语华文的人越来越多，海外华文教育面向的已不仅仅是华人及其子弟，还有大量的非华人士及其子女，这使华文教育发展进入了一个

---

① 林蒲田主编：《华侨教育与华文教育概论》，厦门：厦门大学出版社 1995 年版，第 61 页。
② 梁英明：《战后东南亚华人社会变化研究》，北京：昆仑出版社 2001 年版，第 33 ~ 40 页。

新阶段。

海外华文教育起源于华侨家庭私塾教育，华侨家庭雇请教师对子女进行专门的知识教学。私塾教育从识字开始，兼及文物地理，其教学内容的民族性十分明显。此后随着时代的发展，正规的学校陆续建立。起先是地域、族亲社团兴办的小型华校或夜校，后来逐渐发展为全日制的社会学校。华校作为华族子弟的专门教育机构，教学内容以课程为依托，在重点教授华语、华文的同时，还开设数理化、史地生等多样化的课程；在学历层次上也作了适当的区分，从小学到中学，从初级到高级，基础教育体系基本具备。以华校教育开展得比较好的马来西亚为例，其教育的基本情况与中国国内的普通中小学大体一致。

文化传播是教育的本质属性，也是教育的基本功能。华人在海外办学的过程实际上就是中华文化在海外传播的过程。由华人办学可以看出，作为集中传授汉语和中华文化知识的教育机构，华文学校所实现的是一种智能性专门文化传播。所谓智能性，指的是传播内容的知识性；所谓专门，指的是教育这一实现方式。文化内容，知识为主；千秋大业，人才为重。华文教育正是通过对掌握华语和中华文化知识的人才的培养，不但使海外华族事业后继有人，而且使中华文化代代相承。因此可以这样认为，作为载体，华文教育抓住了文化传播的根本和关键。"有海水的地方就有华人，有华人的地方就有华教"，这正说明了华文教育之于海外华族社会文化传承、传播的重要性及所具有的突出地位。

受海外华族社会发展的影响，特别是华侨社会转化为华人社会之后，华文教育自身的民族性质虽然没有改变，但其办学却已发生了较大变化：就办学形式而言，由过去较为完备的学校形式，到目前多以补习学校、业余学校、三语学校的形式出现；就教育对象而言，由最初完全是华侨华人子弟，到目前以华裔子弟（第三、四代）为主，同时兼有非华裔子弟；就教育内容而言，由最初较为完备的中华文化知识科目、完全的华语教学，到目前以当地语或双语、三语教学为主，甚者华语仅是其中的一门科目而已；就教育目的而言，由最初单纯培养华族人才，到现在培养具有中华气质的所在国公民；就教育与所在国的关系而言，由最初华族族内之事，到目前力争社会认可，以求更好地融入所在国国民教育体系等等。应当说以上这些变化，确已使中华文化传承与传播大受影响，作为民族语言文化教育的华文教育几乎已成为一般的华文教学而已。但尽管如此，我们仍应以发展的眼光看待问题。海外华文教育实际上从其诞生的那一天起，就肩负着传承与传播中华文化两项重任。前者指的是在本族之内，通过民族语言文化教育以实现民族自身的世代文化传承；后者指的是在华族之外，通过华文教育办学以扩大中华文化在当地社会的影响。在华侨教育阶段，华校的民族办学形式典型而完备，教育内容围绕着汉语和中华文化而展开，集中于专门文化教育，民族文化传承得以很好地实现。但客观地讲，其时的华校办学也相对封闭，与中国国内教育体系对接而独立于当地国民教育体系之外，民族文化在族外的传播力和影响力十分有限。进入华人教育阶段后，华校受到所在国政府民族不平等政策的歧视和打压，发展过程充满艰辛，但也应当看到一些华校在被改造的同时也被注入了一些新的成分。一方面华文教育的传统文化内容被严重削弱了，但另一方面华文学校的学生种类比以前多了，如马来西亚，政府在大民族主义和民族同化政策之下对华校进行改制的同时，也"多方鼓励非华族学习华文，研习中华文化。目前，计有 32 000 多名马来族、印度族学生在华文小学就读。政府也准备在国民小学开办华文班"①。从文化的传播角度而言，这无疑又是过去华侨教育时期所难以做到的。我们关注华文教育，当然更重视的还是其民族教育性质，正是在这一意义上，我们对华文教育日渐成为华文教学而感到无比忧虑，但从长远来看，作为民族教育的华文教育的存在和发展离不开所在国的社会基础，文化传承与文化传播往往是相互为用、相辅相成的。认识及此，在目前情况下，我们仍应充满信心，适时做好华文教育的文化传播工作，相信伴随着华文教育社会影响的日益显现，其民族教育的功能也必将有新的发展并得以更好地实现。

二、海外华文教育在文化软实力构建中的基础性意义

软实力这一概念自 1990 年由美国哈佛大学教授约瑟夫·奈（Joseph S. Nye，Jr.）提出后，逐渐被人们所接受并成为考察一个国家综合实力的重要指标。在约瑟夫·奈看来，作为一个国家综合实力的重要组成部分的软实力主要由本国文化、社会制度、生活方式和意识形态等价值观念层面体现，它是一种通过吸引别人而不是强制他们来达到你想要达到的目的的能力，文化、政治价值观和对外政策构成了软实力三个方面的资源因素。② 由此可见，对于一个国家来讲，文化在国家软实力构建中不仅不可或缺，而且至关重要。而文化软实力，具体地讲即是指一个国家或地区基于文化而具有的凝聚力、生命力、创新力和传播力，以及由此而产生的感召力和影响力。③ 胡锦涛总书记在中国共产党第十七次全国代表大会报告中指出，"当今时代，文化越来越成为民族凝聚力和创造力的重要源泉、越来越成为综合国力竞争的重要因素，丰富精神文化生活越来越成为我国人民的热切愿望。要坚持社会主义先进文化前进方向，兴起社会主义文化建设新高潮，激发全民族文化创造活力，提高国家文化软实力"。提高国家文化软实力是一项综合系统工程，它既需要国内文化建设，也离不开文化的对外传播，而从软实力的最终衡量指向上讲，文化的对外传播有着更为重要的意义。它不仅关乎文化的世界生命力，而且关乎文化的世界吸引力和影响力，是软实力最终得以实现的重要途径。

要推进文化对外传播和国家文化软实力构建，长期生活在海外、作为中华民族在海外的自然延伸的华侨华人无疑应当引起我们格外的关注和重视。有学者在对世界范围内华语和中华文化传播作层次考察时，曾提出"三大同心圈"、"三个战略区"、"五环构想"等种种区分和设想，无论哪种区分和设想，海外华侨华人都居于其中，且是沟通中外的关键区和核心区。华侨华人向来被看作是中华文化走向世界的生命之桥。遍布世界的华侨华人不仅一直在推动着中华文化的世界传播，而且还培育了形式多样的文化传播载体，办学历史悠久、基础雄厚、影响广泛的华文教育即其显例。就文化软实力构建而言，由海外华侨华人及华文教育所实现的中华文化传播不仅是中国文化软实力构建的重要组成部分，也是中国文化软实力构建的宝贵资源和独特优势。以作为国家软实力构建重要举措的汉语国际

---

① ［马来西亚］林国安、莫泰熙：《当前马来西亚华文教育发展的若干思考》，《华侨华人历史研究》1996 年第 3 期。

② ［美］约瑟夫·奈著，吴晓辉、钱程译：《软力量：世界政坛成功之道》，北京：东方出版社 2005 年版，第 11 页。

③ 中共中央宣传部理论局：《理论热点面对面·2008》，北京：学习出版社、人民出版社 2008 年版，第 146 页。

推广为例，其推动和实施就离不开华侨华人及华文教育的参与。如在孔子学院、孔子课堂的建设过程中，许多华人学者参与了相关文件的制定；相当一部分华人教授担任了孔子学院外方院长；缅甸华侨华人为孔子课堂踊跃捐款；博茨瓦纳大学孔子学院庆祝中国节日，华侨华人积极响应。在土耳其，由于"这里华侨华人较少，汉语教学的基础还比较薄弱"，故其孔子学院办学自然就"不同于美国、日本的孔子学院"；[①] 而在华侨华人聚居最为集中、华文教育历史最为悠久的东南亚地区，其孔子学院、孔子课堂建设之所以能取得"显著进展"并取得"成功经验"，[②] 其中的原因也就不难理解。以上这些事例充分说明汉语国际推广不仅离不开华侨华人及华文教育的推动，而且应该重视和发挥它们的作用。因为"在这一过程中，具备了海内海外两种视角、连接起海内海外两种文化的海外华侨华人"不仅有着丰富的智慧和经验，而且"也必将承担起更大的责任"。[③] 有着上百年历史的海外华文教育，虽几经沧桑，但目前仍"大约有近万所华文学校，其中校舍相对固定的、学制比较完备的华文学校大约有 6 000 多所"[④]。这既是海外汉语教学的雄厚基础，也是推动汉语推广的重要力量。正如有学者所指出的，"在汉语国际化的进程中，华人社会和华文教育会起到相当大的作用"[⑤]、"在国际'汉语热'背景下，中国的汉语推广应充分重视和利用海外华文教育资源，对海外华文教育加以大力扶持，积极推广汉语，加速汉语的国际化进程，从而有利于中华文化的传播和软实力构建"[⑥]。令人欣慰的是，汉语国际推广与华侨华人、华文教育的联手合作已越来越自觉和密切，类似威尼斯地区华侨华人总会与PADOVA孔子学院联合主办"中国丝语"大型春节晚会这样的活动不仅越来越多，而且"国家汉办在向国外主流社会开展汉语国际推广的同时，也尽力满足华侨华人社会的需求，孔子课堂、教师培训、汉语水平考试等项目落户华文学校，广大华文教师和华裔学生从中受益"[⑦]。相信这种良性互动、合力共推，必将大大有助于中华文化在世界传播和中国文化软实力的构建。

三、面向文化软实力构建的海外华文教育建设

着眼于海外华文教育发展和中国文化软实力构建，新形势下的海外华文教育应从以下几个方面加以建设和推进。

（一）加强自身建设，增强吸引力

1. 培养一支高素质的师资和行政管理队伍是海外华文教育发展的关键

教学和行政管理是教育体制中的两项重要机制。随着华文教育事业的发展，教育的职

---

① 《孔子学院是中华文化传播和传承的平台》，http：//news. 163. com/10/0527/14/67MQHHL3000146BD. html。

② 《亚洲地区孔子学院 2010 年联席会议举办》，http：//www. hanban. edu. cn/article/2010-07/02/content_153938. htm。

③ 《华侨华人渐成中华文化传承重要助力》，http：//news. 163. com/10/0831/15/6FE5PI3A0001125P. html。

④ 肖禾：《世界"汉语热"方兴未艾》，《决策与信息》2005 年第 9 期。

⑤ 张娟：《华文教育：汉语走向世界的桥梁》，《今日中国》（中文版）2006 年第 6 期。

⑥ 周聿峨、罗向阳：《论海外华文教育与中国汉语推广》，《贵州社会科学》2008 年第 6 期。

⑦ 《赵阳细数海外华文教育的新变化、新特点》，http：//www. chinanews. com. cn/hwjy/news/2009/10-20/1920239. shtml。

业化要求日趋增强，在华教人才建设方面，除了应继续大力弘扬既往所形成的敬业爱岗、无私奉献的华教精神外，还应注重师资和行政管理队伍素质的提高。教师素质的高低直接关系到教育质量的高低，并进而影响整个办学的成败，而行政人员的管理水平也影响着教学效益的发挥。鉴于目前海外华教师资队伍中普遍存在的学历水平偏低、专业水平不高、教育教学理论有限的问题，有必要继续加大对师资培训的投入，华教教师不仅应有扎实过硬的语言技能，而且要通晓中华文化知识，具备坚实宽广的综合业务素质。科学合理的管理体制是搞好教育教学工作的重要一环。海外华文教育基于办学传统，大体上已经形成了一套由主办社团负总体责任—董事会集体协商—校长具体负责的领导管理体制。[①] 这一体制虽在经费筹措、保障办学正常运转方面发挥了重要作用，但管理体制内部的各方面关系尚待理顺，管理人员的专业化水平有待提高。教学影响办学质量，管理也影响办学质量，一个学校的管理十分重要，一个地区乃至一个国家华文教育的协调与管理也十分重要。我们应在强调师资重要性的同时，将教学与管理统一起来考察，只有这样才能使两者相得益彰，保证办学质量的整体提升和推动华文教育的全面发展。

2. 教学的规范化、科学化是实现海外华文教育现代化发展的必由之路

（1）编写贴近教学对象实际的本土化教材。教材是教学的基本依据，也是教学走向规范化、科学化的基本途径和前提。教材编写应有科学理念，既应体现教学理论的基本要求，也应尽量照顾当地社会的实际情况，努力做到本土化。目前海外华教中的教材种类繁多，水平也参差不齐，直接影响到教学质量的提高和各地区之间的交流。有鉴于此，今后的教材编写应在本土化的前提下注意把握以下几项原则：一要照顾到海外学生的华文基础。海外华文教育的主体对象是海外华裔学生，目前以在海外出生长大的第三、四代华裔为主，其华文基础十分有限，故通俗易懂、深入浅出应是教材编写的一个重要出发点。二要突出第二语言教学特色。经过较长时间的讨论，华语教学的第二语言教学特性已逐渐成为华教工作者的共识，如何将华裔背景和第二语言教学结合起来也是体现华文教材特色的重要方面。三要尽量配套，满足不同阶段、不同层次的知识需求。目前正规的华校办学以小学和中学为主，教材编写除了应在这一体系内相互衔接配套外，还要考虑到中学毕业之后华裔学生的知识需求，通过配套教材的编写，使华文教育能够真正成为伴随华裔子弟成长并终身学习的一部分。

（2）统一考试制度，严格制定考核制度。统一的考试制度是规范化、科学化教学的基本保障。华文教育要打破过去分散、封闭的状态，走向规范化的联合发展，建立统一的考试制度势在必行。本土化教材的差异只是地域特色的一种反映，并不妨碍教学标准的内在一致性，这是建立统一的考试制度的基础。我们应在这一基础上，制定出不同层次、不同类别的考察方案（包括华裔学生华语水平测试标准、华文教师教学能力测试标准等），并在实践中不断加以修改完善。只有考试制度统一了，在其导向的作用下，教学也才容易走上规范化、科学化的道路，对此应作为完善教学体系的一个重要内容来认真对待。

3. 采用现代教学手段，改进教学方式，促进海外华文教育模式的时代性变革

教学手段的现代化是促进教学现代化的有力工具，也是华教未来的发展方向。海外华

---

① 林蒲田主编：《华侨教育与华文教育概论》，厦门：厦门大学出版社1995年版，第87~90页。

文教育办学历史悠久，但其教学手段、教学方式应与现代教育技术接轨，而不应一直走过去单一教学模式的老路。随着信息时代的到来、网络知识的普及，多媒体在教学领域的运用已越来越广泛。借助声音、图像和文字的综合运用，华语华文在海外的传播将会越来越广泛，越来越快捷。从某种意义上说，这是信息技术在教学手段和教学方式上带给华文教育的一场具有革命意义的变革。海外华文教育机构分布于世界各国，更能深切地感受到现代化信息技术对于教育教学的重要性以及通过其与祖（籍）国沟通联系时的诸多便利。目前以中国华文教育网为龙头的各类华文教育网已开通，各地、各校的华文远程教育办学也日趋成熟。从这个意义上讲，采用现代化的教学手段，必将进一步提高海外华文教育的办学效益，对整个海外华教事业的发展将产生一个巨大的推动作用。因此，海外华教工作者应以积极的态度，自觉学习并善于利用现代信息技术手段，让它更好地为华教服务。

（二）谋求所在国承认，扩大影响力

1. 华侨华人经济和所在国国民经济的发展是海外华文教育发展的基础

由海外华教的发展历程可以看出，无论是过去还是现在，华教办学依靠的主要是华侨华人的经济支持，可以毫不夸张地说，没有华侨华人的经济支持，就不可能有海外华文教育今天的成绩与规模。但我们也应当看到，华文教育的发展也离不开所在国经济的发展与支持。一般来说那些经济相对发达的国家，往往是华文教育开展得比较好的国家；那些经济发展相对好的时期，也往往是华文教育开展得比较好的时期。在这方面，菲律宾的华文教育曾随着经济的起伏波动而几起几落，就是很好的证明。① 华侨华人经济是所在国经济的一部分，离开了所在国经济的发展，华侨华人经济的发展也会受到很大的限制。再者，作为所在国教育的一部分，华文教育办学仅靠华族自身的经济支持是不够的，还必须凭借服务、推动所在国社会经济发展的贡献，谋求所在国政府的承认，以获得应有的经济支持。这既是权利与义务的客观事实使然，也是从根本上解决经济保障问题的出路所在。认识及此，我们就应进一步深化对海外华文教育办学目的的认识，在做好族内文化传承的同时，进一步密切华文教育与当地社会的联系，不断拓宽办学服务面，推动海外华文教育早日走上融入所在国社会的良性发展轨道。

2. 所在国政府的文教政策是影响海外华文教育发展的重要因素

世界的多极化发展趋势，既反映了时代的要求，也决定了多元文化政策的客观必然性。人类文明的演进正是在多元文化的相互沟通交流下实现的。由海外华文教育以往的发展经历不难看出，在办学环境的改善方面，所在国政府的态度是至关重要的因素，而这种态度又具体体现在其所采取的文教政策及实施力度上。所谓实施力度，包括认识和行动两个层面。近半个世纪以来，大多数华文教育所在国已经认识到了时代发展的要求，采取了明智的做法，推行多元文化政策；但也有一些国家仍然坚持与时代发展方向相违背的原则，以单元文化政策和大民族主义限制华文教育的发展，或者表面上认同，实际上抑制。对于已经或正准备推行多元文化政策的国家来说，我们也要看到，要真正推动华文教育发展，仅仅完成观念层面的认识转变是不够的，还必须将观念认识化作具体实在的措施，切

---

① 颜长城：《华文教育与经济发展》，《海外华文教育》2002 年第 1 期。

实为华文教育办学创造宽松自由的环境和提供有力的经济支持，即必须完成政府行为层面上的转变，才能称得上是真正具有实际意义的转变。作为奋斗在华教第一线的华教工作者，应该更清楚地认识到这一点，在坚定信心的同时，继续以坚持不懈的斗争力促所在国政府文教政策早日发生积极的改变。

3. 华侨华人社会的团结是推动海外华文教育发展的强大动力

应当承认，历来的海外华教办学的确存在力量分散、各自为政的情况，在华教的总体布局上也确实有着条块分割明显的弊端，由此造成了一系列困扰华文教育发展的问题，无形中削弱了办学的整体实力。例如在越南的华人社会中，由于客观存在着分别讲粤语、客家话、潮州话、海南话、闽南话的五大群体，他们各自都办有自己的华校。从发展的角度看，办学的社团化、地域化是华教走向社会化、一体化的过渡阶段，而要实现这一过渡性的转变，早日走上联合化的大发展道路，就必须让华社认识到团结的重要性。团结就是力量，要争取华文教育合法权益斗争的胜利，要壮大华文教育队伍，要解决华文教育自身存在的许多问题，离开了团结往往是做不到的。"构建和睦相融、合作共赢、团结友爱、充满活力的华侨华人社会"是全世界华侨华人的共同心愿和期盼，不仅华教界要团结，整个华人社会也要团结；不仅一国的华人要团结，整个世界的华人也要团结。只有团结起来，海外华文教育才能形成合力，才能增强凝聚力，也才能战胜来自各个方面的种种困难和阻力，其所肩负的传播弘扬中华文化的伟大使命也才能在世界范围内实现。所以，充分认识到团结的重要性，认真解决好团结问题，对于海外华文教育来讲有着极为重要的现实意义，它将为海外华文教育的发展注入无限的生机和活力。

（三）中外紧密互动，加大助推力

中国政府向来十分关心广大华侨华人的生存和发展，在文化教育方面，为满足华侨华人的需求所开展的华文教育不仅历史悠久、内涵丰富、形式多样，而且中外互动日渐成为推动海外华文教育大发展的不可或缺的力量。

在海外华侨社会转化为华人社会之后，为适应这一新的变化要求，国内华文教育在多方面适时做出调整：专门化的大中专学校逐渐向职业化发展，补习学校逐步向语言文化学校演变，农场中小学更加配套完整，专门的高等学校要努力"办出特色、办出水平"，而传统函授教育也正在向现代化远程教育过渡。新时期的华文教育不仅参与单位多，分布地域广，从办学种类上讲，也是多种多样，既有不同层次的学历教育，也有各种形式的非学历教育以及各类进修、培训等。教育之外，国家还在人力物力上积极支持海外华文教育办学，其中包括培训海外华文师资，派出师资和志愿者，提供教材及其他教学资源等多方面内容。

21 世纪以来，为进一步加大对海外华文教育办学的帮助、支持力度，国务院侨办采取了许多重大举措，如：为搭建华文教育工作的交流平台，推动世界华文教育发展，组织召开"世界华文教育大会"；为了调动社会各方面资源和地方优势，共同做好华文教育工作，在国内院校设立"华文教育基地"；为适应海外华文教育现代化发展的要求，提高海外华文学校教师的教学能力和水平，帮助华裔青少年更快捷、更有效地学习中国语言、了解中华文化，创办专业网站"中国华文教育网"；为帮助海外华文学校提高办学层次和办学水平，在海外设立"华文教育示范学校"；为增进海外华裔和港澳台地区青少年对中国的了解，提高他们学习汉语和中华文化的兴趣，推动海外华文教育发展，定期举办"中国寻根之旅"等各类夏（冬）令营；为弘扬中华文化、提高海外侨胞中华才艺水平，在国内设立"中华才艺的培训基地"；为增进海外华裔青少年对中国的了解，提高海外华裔青少年学习汉语和中华文化的兴趣，定期举办"海外华裔青少年中华文化知识竞赛"等等。以上这些重大举措极大地助推了海外华文教育的发展，特别是其中大型综合性活动的开展，不仅涉及范围广，参与者众多，而且内容丰富，影响深远，已成为推动世界华文教育发展的知名品牌。

由此可见，中国开展的华文教育是海外华文教育不可或缺的支持和帮助力量，这种支持和帮助既是海外华族的客观需要，也体现了中国对海外华族的关心，而中外互动也已成为华文教育发展的独特优势所在。我们应当牢记"团结统一的中华民族是海内外中华儿女共同的'根'，博大精深的中华文化是海内外中华儿女共同的'魂'，实现中华民族伟大复兴是海内外中华儿女共同的'梦'"，相信在更进一步的密切互动中，海外华文教育在迎来更大发展的同时，中国文化软实力也必将进一步增强。

海外华文教育与中华文化的传播

——马来西亚华文教育之角色探析

［马来西亚］祝家丰

内容摘要：华人自离开中国而漂泊到世界各地谋生后，由于需适应在各地域不同的国情而衍生出各种有异的调适方式。现今多数的海外华人虽口操华语或华语方言，但作为其载体的华文教育在世界各国却面对迥异的命运。作为海外华人一分子的马来西亚华人虽面对国家机关实施之单元教育政策的深远影响，但却能发展出一支独特且蕴含着非凡韧力的华文教育体系，此现象可属罕见。马来西亚的华文教育体系可说是在中国以外发展得最完善的和肩负着薪传中华文化重任的体系。由于马来西亚已有小学、中学至大专院校的华文教育体系，中华文化一直能在华人社群里赓续与发展。中国的软实力亦由中华文化的载体在马来西亚传播开来。本文主要是探讨马来西亚华文教育在中华文化的传播过程中所扮演的角色及其间接辅助中国软实力传播的方式。

关键词：中国软实力；中华文化；马来西亚；华文教育

【作者简介】祝家丰，政治社会学博士，马来亚大学中文系高级讲师。

"我们文化的传递与发扬，必然寄托在华文教育的继续存在及发展的上面。"
　　　　　　　　　　——马来西亚华人族魂林连玉

中国自推行改革开放政策而在经济领域取得长足的发展后，已崛起成为一股强大的经济力量。中国崛起是当今世界发展的最重要事项，其经济力量足以重塑国际政治秩序。2008 年发生的全球金融危机及而后的欧债危机更为中国的崛起带来新的机遇。中国的综合国力与国际影响力亦因此递增，但许多国家倾向于把中国崛起看成一种威胁。这些国家的领导人把中国在经济高速发展后所取得的力量视为具有影响深远的硬实力。为了有效地消除中国威胁论和消弭各国的忧虑，中国近年来积极发展和推销以中华文化为内涵的软实力。有鉴于此，中华文化和中国软实力在世界各国的传播是中国政府的一项重要工作议程。除了通过孔子学院，还有海外各国现有的华文学校能在中国软实力的传播过程中作出贡献。

华人自离开中国而漂泊到世界各地谋生后，由于需适应在各地域不同的国情而衍生出各种有异的调适方式和文化。这些海外华人的文化在居住国面对不同程度的涵化，有的甚至面临被同化的危机，但现今许多的海外华人群体之文化内涵仍然是中华文化。随着中国的崛起和欲通过软实力来增强其国际影响力，中华文化在海外的发展有了更好的机遇。但从另一方面来看，中国应善用海外华人群体来协助并拓展软实力。这是因为海外华人不只是一股经济势力，其网络与凝聚力亦十分强大。其实早在 1995 年，美国学者西格雷夫（Seagrave）在其著作《龙行天下：海外华人的巨大影响力》中已阐述海外华人的重要性。作为海外华人一分子的马来西亚华人可在这方面扮演一定的角色，正是因其传承中华文化的案例非常特殊。

马来西亚独立至今已有 50 年了，但其依然面临着国族构建之困扰。独立初期掌权的联盟政府实施由三大民族倡组的协约式民主体系，以协商方式分享政权。但马来西亚自 1969 年发生流血的种族冲突事件后，其政治体系已由马来民族统一机构或简称"巫统"政党所掌控，并演变成政治学者所谓的种族威权民主国家。在此体系下，以马来民族主义为党纲的巫统推行了一系列以马来人为优先的政策。因此，华人族群的政、经、文、教权益日渐被蚕食而使他们面临各种困境。在教育领域，有鉴于政府实施单元的国民教育政策以形塑由马来族为主导的国族，所以该国的华文教育面临了一系列国家教育政策与法令的冲击。马来西亚的华文教育长期受到各种束缚，但其得到华人社群的鼎力支持与不断抗争已使它衍生为令人敬佩的华教运动。该国华人这股捍卫华文教育的精神，主要是源自他们把华校与华文教育视为传承中华文化及赓续华人族裔认同的最重要的载体。

作为海外华人一分子的马来西亚华人，虽面对国家机关实施之单元教育政策的深远影响，但却能发展出一支独特且蕴含着非凡韧力的华文教育体系，此现象可属罕见。马来西亚的华文教育体系可说在中国以外发展得最完善和肩负着薪传中华文化重任的体系。由于马来西亚已有小学、中学至大专院校的华文教育体系，中华文化一直能在华人社群体里赓续与发展。中国的软实力亦由中华文化的载体在马来西亚传播开来。本文主要是探讨马来西亚华文教育在中华文化的传播过程中所扮演的角色及其间接辅助中国软实力传播的方式。

一、马来西亚华人与中华文化的传承

在与其他海外地区，尤其是东南亚区域之华人比较时，马来西亚华人文化的独特性可从其文化的韧性和生命力中窥探出。虽然该国华人文化在马来西亚特有的政治格局下面临各种困局，[①] 但这些形势亦激发了它顽强地发展、赓续与传承。其韧性和生命力可从华人社会在 20 世纪 80 年代所发起的文化醒觉与救亡运动中显现出来。以 1983 年的华人文化大会与文化宣言作为起点，马来西亚华社于 1984 年举办了全国华团文化节、1985 年创办了华社资料研究中心及发表了《全国华团联合宣言》、1988 年设立了"全国华团文化基金"及 1990 年举办了全国巡回的"精英文化义演"。这一系列波澜壮阔之文化活动展现了马来西亚华人文化蓬勃的生命力，以回应国家文化的宰制。一直以来，这股来自华社民间的文化力量虽在国家文化的范畴以外操持运作，但它还是能丰富马来西亚的多元文化。例如，于 1988 年由陈徽崇与陈再藩联手创办的二十四节令鼓，经过多年的辛劳推广，近年来已被马来西亚当局认可。陈徽崇亦于 2008 年 7 月 21 日荣获马来西亚华社首位"国家文

[①] 马来西亚华人文化也因此面临被排斥与边缘化的困境，有关这方面的研究可参阅安焕然：《本土与中国学术论文集》，新山：南方学院出版社 2003 年版，第 350～370 页；何国忠：《马来西亚华人：身份认同、文化与族群政治》，吉隆坡：华社研究中心 2002 年版，第 89～131 页。

化人物"奖。有鉴于此，华人文化的韧性、生命力及其民间性可说是驱动它向前发展的原动力。

从以上的简述中，我们知晓马来西亚华人对其文化有一股强烈的感情与执着及使命感，是何种因素激发他们有如此表现呢？由于马来西亚早期的华族是一个移民社群，生活在一个多元文化的国度里，独立后的华人由"叶落归根"心态转向"落地生根"之后，在文化上，他们就会经历一个与主流社会由矛盾过渡到适应的渐变过程。此过程被称为文化适应与融合的过程。从文化人类学的角度来看，一个族群的文化适应趋向以及是否能顺利地融合入主流社会，主要决定于主流社会的政策和态度。此种趋向表现在早期国家对华人所推行的移民政策以及后期国家所推介的文化政策上。[①] 在马来西亚国族构建史中，我们不难发现这些政策对马来西亚华人的文化认同起了极为重要的影响。

根据人类学学者郑晓云的分析，"文化认同是人类对于文化的倾向性共识与认可。这种共识与认可是人类对自然认知的升华，并形成支配人类行为的思维准则与价值取向。由于人类存在于不同的文化体系中，因而文化认同也因文化的不同而各异。不同的文化有不同的文化认同，文化认同也因此表现为对其文化的归属意识"[②]。综观此定义，马来西亚华人的文化认同与其归属意识是不能脱离其"母体文化"的，即中华文化。有鉴于马来西亚特殊的种族政治格局及其产生的种族认同，[③] 华人社群对其文化之认同可谓是更浓烈了。因此，这里的华人不但坚持其华裔身份，而且认同华族的文化标志，如华人民间宗教信仰、华族民俗、华文华语和华人艺术。

我们常听说除了中国之外，马来西亚是海外华人传承中华文化最完整的国度。中华文化和而后所衍生的马华文化能深深地扎根于这片国土里，有其内在与外在因素。由于华人族群在马来西亚还占有 24.6% 的比重并坚持其身份认同，他们在日常生活中实践了鲜明的华族文化。因此，这里的华人社群所呈现的中华文化的形态与建制可以说是清晰可辨，其文化载体如下：①华人社团组织；②华人宗教组织；③华文教育机构；④华人民俗和节庆；⑤华文报章和杂志；⑥华裔家庭。

在东南亚各国中，马来西亚的华人社团组织呈现了蓬勃性、多样性与复杂性的一面。马来西亚社团注册局截至 2006 年的数据显示，该国的华人社团有 8 892 个。这数目繁多的社团亦可被概括为十种类型。我们通常把华人社团分为地缘（会馆）、血缘（宗亲会）、业缘、学缘（校友会）、教育团体、文化团体、康乐联谊团体、青年团体及庙宇组织等。这些不同类型的社团组织通过在各类领域举办活动，在华人社群里推介、传承乃至发扬马来西亚的华人文化。

华人庙宇组织提供了广大华人群体膜拜神明之场所，此种祭祀活动促使马来西亚的华人民间宗教信仰能流传下去。各州的华人大华堂组织不只是凝聚州内各种华人社团力量，

---

① 饶尚东：《马来西亚华族人口问题研究》，诗巫：砂拉越华族文化协会 2005 年版，第 160 页。
② 郑晓云：《文化认同与文化变迁》，北京：中国社会科学出版社 1992 年版，第 4 页。
③ 王赓武：《东南亚华人的身份认同》，香港：香港大学出版社 1988 年版，提出了东南亚华人的身份认同（Identity）有其多样性、复杂性与变动性。此区域的华人随着居住国之外在环境的变化而经历过不同的身份认同。王教授把东南亚华人不同时期的身份认同概括成七种类型：①历史认同；②中国民族主义认同；③部族认同；④国家（当地）认同；⑤文化认同；⑥族裔认同；⑦阶级认同。有关马来西亚华人身份认同的详细分析，可参阅何国忠：《马来西亚华人：身份认同、文化与族群政治》，吉隆坡：华社研究中心 2002 年版。

更是扮演照顾华社福利之角色，并成为捍卫华社权益之喉舌。文教团体如董教总、留台联总、南大校友会联合总会等组织则扮演捍卫华文教育之角色，并确保华族文化之根及华人族裔认同不会消亡。另一方面，身为华文教育机构的华文小学、华文独立中学和改制国民型中学亦通过华文华语的教学来传承中华文化之薪火。身为马来西亚华社另一大支柱的华文报业，利用华文为媒介来报道各种华社动态和文化活动，这将凝聚全国各地的华人使他们认同于华社。至于华裔家庭，则在文化的传承方面扮演了举足轻重的角色。马来西亚的华裔家庭虽然经历了本土化的过程，但其华裔家庭成员在日常生活中所具有的各种生活态度和价值观依然深受中华文化的影响。此外，本地华族的各种传统民俗与节庆能赓续至今日，华裔家庭在此方面可谓居功不小。综观以上所述，马来西亚的华族文化和中华文化能根植本土并继续薪传下去，可说是与马来西亚华社有充沛的文化载体息息相关。这些文化载体都是来自华社民间的能量，它不但是传承中华文化的原动力，更是创造该国华人文化独特性的源泉。

马来西亚的华人虽身处在一个多元文化与种族各异的国家，但在政治上他们却受制于由巫统主导的马来支配权或宗主权。如此政治格局造成华人文化的发展必须经历迂回及艰辛的道路。1969 年所发生的"五一三"种族流血冲突事件后，这趋势就更显著了。这事件所催生的马来族之经济和文化民族主义导致华人社群在各个领域面临了各种挑战。20世纪 70 年代，该国所实施的国家文化政策，① 造成了马来西亚华人文化被边缘化的后果，华社也因此须依赖其民间力量来发展其文化。但从另一角度来看，华社的文化困局亦激发了 20 世纪 80 年代华人的文化醒觉与救亡运动。

马来西亚的国家文化政策是马来人民族主义高度发酵后的产物。它是由马来族的政界、学界及文化界之精英所拟定的政策，是为了巩固国民团结和塑造国民的主体性。因此，这项以马来文化和回教文化为核心的国家文化政策之内涵是排他性的。以马来文化与回教文化为主要内涵的国家文化政策贯彻于马来西亚国族构建之路后，马来西亚华人文化的发展与传承面临了前所未有的困局。此局面激发了华社的忧患意识并刺激各华团组织极积行动起来，这主要是当时马来西亚的华人社会深切感受到民族和文化已到了"不作出努力就只有窒息"的关键时刻。强烈的危机感和使命感唤醒了华社对自身权益的关注，也促使各地的华团领导人团结于 15 华团之下。② 在华团总机构领导下，各种华人社团共同开展了一系列的民族文化活动。当时华人社群里的忧患意识亦激发许多华人投身于保护民族根脉及文化救亡的行列之中。

华社里的这股文化醒觉与救亡活动可说是一项划时代的中华文化本土化运动。人类学学者李亦园认为"本土化运动"（Nativistic Movement）是指两个文化接触之时，某一文化的部分成员（因感于外来文化的压力）企图保存或恢复其传统文化的若干形象之有意的及

---

① 马来西亚的国家文化政策是由政府当局主倡，于 1971 年 8 月 16 日至 20 日在吉隆坡马来亚大学举办的国家文化大会之产物，但当时出席并发表论文的非巫人学者只有区区数人，所以此政策可说是从单一种族的观点拟定，它并不能反映该国多元文化之特征。

② 有鉴于当时马来西亚华社欲设立全国华人社团最高组织还没被政府批准，各地的华团领导人趁马来西亚第一届华人文化大会于 1983 年在槟城召开之际而成立 15 华团，它当时是华社的最高组织。有关 15 华团的创办经过和其在华社的角色，可参阅祝家丰：《权益组织之路：马来西亚华人社团的质变与分化》，何启良等主编：《马来西亚、新加坡社会变迁四十年（1965—2005）》，新山：南方学院出版社 2006 年版，第 305～338 页。

有组织的行动。① 有鉴于国家文化政策的落实是马来西亚政府当局致力于创造一个以马来文化为主要精华之国家文化，华社因此面对同化的压力。② 这一形势催生了上述的本土化运动以回应马来文化的宰制。以下的描绘可说是非常贴切：

> 所以这场文化运动，是具时代意义的。但与其说是一场文化"醒觉"运动，不如说它是一场回应官方国家文化概念，争取民族文化尊严、民族平等和地位确认的斗争运动。民族文化"救亡"的意识更为凸显。而且这种"醒觉"，基本上亦是一种外在刺激下之回应的时代产物。
>
> （安焕然，2003）

1983 年马来西亚华人文化大会的召开是这场文化运动的发轫起点。除了当时拟就的《文化大会宣言》和《国家文化备忘录》，此文化运动亦见证了华社资料研究中心、全国民权委员会的诞生及《全国华团联合宣言》的发布。当时的《文化大会宣言》就明确地指出，国家文化建设过程必顺遵循文化发展的自然规律，任何人为的主观愿望和干预只能带来负面的影响。在 15 华团的带动下，华社在救亡意识的发酵中展开了一系列具体的保护文化根脉的行动。《国家文化备忘录》由华人社团组织于 1983 年 3 月 30 日呈交给政府当局后，由于此项工作已告一段落，因此当时成立的国家文化备忘录工作委员会便解散。为了使文化护根的工作能传承下去，15 华团就在 1983 年 12 月 12 日创立了"全国华团文化工作委员会"。这个由华团领袖与工作者领导的工委会就被授权负起贯彻《文化大会宣言》和华人文化大会的议决案及《国家文化备忘录》之任务。该工委会提出首项具体任务的建议是推动各州属的中华大会堂组织每年轮办"全国华团文化节"（简称文化节），③作为对华人文化大会的纪念及实践文化大会宣言所订的目标。④

第一届全国华团文化节始于 1984 年，即全国华人文化大会召开后一周年，由雪兰莪中华大会堂（雪华堂）负责主办。鉴于文化节的筹办极需各方面的配合、组织工作及文化节的专才，1986 年雪华堂在吡叻中华堂举办第三届文化节时，就提议成立"文化节咨询辅导委员会"，倡议设立此委员会之目的是汇集文化界活动专才以协助各州大会堂策划各项活动，不仅坚持把文化节继续办下去，而且还要提升其水平。同年，15 华团接纳该项建议并由"全国华团文化工作委员会"加以落实。接下来，"文化节咨询辅导委员会"决定扩大组织，以容纳各个文化领域的专才，使其更有效地协助华团推展文化建设及提升文化节的水平；同时，为求名实相符，该委员会于 1989 年开始更名为"全国华团文化咨询委员会"。⑤

文化节自 1984 年开始举办，至 2011 年已进入第 28 届，中间不曾停办过。是何因素

---

① 陈衍德：《对抗、适应与融合：东南亚的民族主义与族际关系》，长沙：岳麓书社 2004 年版，第 191 页。

② 一直以来马来西亚马来当权领袖都避免用"同化"这字眼来形容当时的国策，但首相马哈迪医生于 1996 年 8 月 6 日接受《马来前锋报》专访时就承认时代已变，国家不能再走同化的道路。

③ 当吉打州于 1993 年接办第 10 届文化节时，主办当局把其名改为"全国华人文化节"，但其巫文译名却是 Pesta Kebudayaan Malaysia（马来西亚文化节）。自该年开始，"全国华人文化节"（亦简称文化节）和其译名一直沿用至今。

④ 姚新光主编：《马来西亚华人文化节资料集》，吉隆坡：马来西亚中华大会堂总会 2001 年版，第 24 页。

⑤ 姚新光主编：《马来西亚华人文化节资料集》，吉隆坡：马来西亚中华大会堂总会 2001 年版，第 25 页。

促使华社拥有这股强大的韧力和毅力呢？它的肇因是马来文化的宰制激化了华人社群的文化危机感与忧患意识。20 世纪 80 年代的华团领袖都有把文化节办好的使命感，文化节之举办已是华族文化能在这片国土上赓续的象征。在每届之文化节举办之前，各州属的中华大会堂领袖齐聚槟城以出席文化节升旗仪式和宣读文化宣言。除此以外，由第六届起，每年文化节的火炬须在象征华人在此国土上落地生根的三宝山点燃，并传送至主办州属，文化节的主题曲亦开始采用激发民族情怀撼动华族心头的《传灯》①。这首歌迄今一直是文化节的主题歌曲，并在马来西亚华人社会广泛流行及传诵下来，它已成为呼唤及感召此地华人传承文化薪火之象征。

二、马来西亚的华文教育与华教运动的内涵

马来西亚华人不忘根本，赚取温饱之余，不忘华文教育。在他们当中流传了这么一句话："再穷也不能穷教育。"他们在没有得到政府资助的情况下，出钱出力，艰苦兴办华文教育，承传华教的精神感人至深。而华教的传承正是华族传统思想的传承，因此，凡是受华文教育的马来西亚华人一般都继承了源自中华民族的传统思想。在这样的情境下，自小受华文教育的华裔毕业生一般都受到中国传统思想与中华文化的熏陶。

若从 1819 年在槟城建立的第一间私塾——五福书院算起，马来西亚的华文教育已近两百年的历史。其悠久的历史说明了华校与华文教育一直以来都受到华人社群的重视。最新的数据显示有 92.94% 的华裔家长把子女送进华小以接受母语教育。自 1957 年马来西亚独立以来，虽然华小已被纳入国民教育体系之一，但它一直不能享有与国民小学（即马来文小学）同等的地位。华小也因此面临一系列的问题，拨款不足、不能增建、简陋与年久失修、课室拥挤以及师资的不足等问题一直困扰着华小。华文小学的此种状况并不能提供良好的学习环境，无论如何，这也无法阻碍华裔家长把子女送进华小以接受母语教育的决心。

要了解马来西亚华裔这股爱护华文教育的决心，我们须追溯该国的语文教育发展史。"二战"前，马来亚的教育体系属于多元体系，当时除了主流的英校外，英国殖民政府亦允准华校、马来学校与淡米尔文学校的设立。除了 1920 年的学校注册法令外，殖民地政府对各源流学校是采取自由放任式的政策，但不提供财务援助。"二战"后，当英殖民政府重新掌政马来亚，当时的教育政策亦开始有了变化。首先，由马来亚的教育总监于 1946 年提出的基斯曼（Cheeseman）报告书，建议政府须公平对待各源流的学校并提供它们 6 年免费的小学教育，但当时的巫统秘书致函殖民政府反对上述建议，这意味着巫统领袖并不能接受各源流学校应享有公平的待遇。②

由于巫统的反对及马来亚联合邦之成立，英殖民政府于 1948 年的 9 月设立一个"中

---

① 此歌曲原本是新加坡诗人杜南发创作的诗、张泛作的曲，但它在新加坡并不流行，反而在"移植"隔岸的马来西亚后成为该地华族文化薪传之歌。《传灯》的歌词是："每一条河是一则神话，从遥远的青山流向大海，每一盏灯是一脉香火，把漫长的黑夜渐渐点亮。为了大地和草原，太阳和月亮，为了生命和血缘，生命和血缘。每一条河是一则神话，每一盏灯是一脉香火。每一条河都要流下去，每一盏灯都要燃烧自己。"

② Tan Liok Ee, *The Politics of Chinese Education in Malaya*（1945 - 1961），Kuala Lumpur：Oxford University Press，1997，pp. 47 - 48.

央咨询委员会"来检讨当时的教育政策。此委员会（Central Advisory Committee）是由当时的教育总监侯革（M. R. Holgate）出任主席。该委员会首次正式提出单一源流学校的概念以团结和整合马来亚国民。于1950年发表的首份《侯革报告书》亦阐明马来亚最理想的教育源流是英文学校。在这单一源流的制度下，所有的马来亚学童须接受单一的授课媒介语，也就是英语，"最终目标"（Ultimate Objective）的字眼也首次在该报告书出现。[①]它亦建议在过渡期间政府应只允准英文与马来文小学。此份报告书一样受到巫统的大力反对，当时巫统的领导人拿督翁（Dato Onn）就指出这份报告书严重伤害了马来人和马来语，并指出马来亚只有马来文的母语教育。华校和淡米尔文学校所提供的教育并不能归类为母语教育，因此政府的拨款只能用于资助马来学校和英校这两种源流的学校。

由于社会里各族群的反对浪潮持续，英殖民政府所提出的两份教育报告书并不能付诸实践。过后，当局于1950年7月25日委任巴恩教育委员会以检讨当时的马来源流学校与其制度。这委员会在1951年6月提出了那份对马来亚华文教育影响深远的报告书——《巴恩报告书》。此份报告书在马来西亚教育史上首次提出了"国民学校"的概念。委员会的成员们把国民学校定位为"国族建构之校"（Nation-building School）与"公民之校"（Schools for Citizenship）。[②]为了促成单一源流的国民学校，《巴恩报告书》更否定了华文与淡米尔文学校的存在价值。

《巴恩报告书》的重要性是在它所推介的国民学校概念。独立后的马来西亚的数份报告书都一直沿用此概念。例如，对马来西亚教育政策影响深远的《1956年拉萨报告书》之"最终目标"就阐明教育部必须把各族群的孩子集中在一个以国语（即马来语）作为主要教学媒介的国家教育体系。[③]这正是国民学校概念的体现，它将是该国教育政策"最终目标"实现的最有效工具。其后的《1960年拉曼达立报告书》为了强化所有学校使用马来语作为主要的教学媒介语，更建议："为了达致国民团结……要消灭种族性中学（指华文中学）……同时，要确保各种族的学生进入国民中学和国民型中学就读。"[④]尤为重要的是这概念对马来政治、教育与文化精英影响深远。例如政府现今所推行的教育政策，强化国民学校的理念可说是来自《巴恩报告书》和"最终目标"之精神。巫统领袖就用团结各族人民之名来推展国民学校概念与"最终目标"，这是他们要贯彻单元化教育政策的凭据。

《巴恩报告书》否定了华校与淡米尔文学校在马来西亚的存在价值。该报告书的发布说明了华校存在被政府关闭或变质的隐忧，同时也激起华社爱护华校之心。此份报告书亦间接催生了于1951年成立的"马来西亚华校教师会总会"（"教总"）和1954年成立的"马来西亚华校董事联合会总会"（"董总"）。有鉴于"董总"与"教总"的奋斗理念都

---

① Tan Liok Ee, *The Politics of Chinese Education in Malaya* (1945–1961), Kuala Lumpur: Oxford University Press, 1997, pp. 48–49.

② Tan Liok Ee, *The Politics of Chinese Education in Malaya* (1945–1961), Kuala Lumpur: Oxford University Press, 1997, p. 58.

③ "最终目标"的字眼自1950年出现在Holgate报告书后就一直被马来西亚政府在其各种教育报告书与计划中引用。该国的华教人士担心政府会通过各种教育政策和计划来改变华小的教学媒介语以达到"最终目标"，所以这词汇一直是华教人士的梦魇。有关"最终目标"的应用与其对华文教育的影响，可参阅陈松生：《五十年不变——简述"最终目标"》，《董总50年特刊（1954—2004）》，马来西亚加影：董总2004年版，第1249～1251页。

④ 董总：《董总50年特刊（1954—2004）》，马来西亚加影：董总2004年版。

是争取母语母文教育平等、要求华文教育被承认为国家教育政策之一及确保华校的永续存在，因此它们通常被统称为"董教总"。这两个华教组织的诞生可说是宣示了华教运动在马来西亚的发轫。从其早期向英殖民政府到独立后向以巫统为主导的联盟和国阵政府展开的各式各样的抗争，"董教总"的奋斗目标始终是努力不懈地争取华校的平等权利。马来西亚独立后，虽然华校在政治商谈与妥协下得以继续存在，但政府欲落实"最终目标"的意愿始终没有解除。"董教总"的领导人常说：国阵政府欲落实"最终目标"的意愿五十年不变，我们亦须五十年如一日般地奋斗与抗争。翻开马来西亚华教的奋斗史，"董教总"所领导的华教队伍做到了上述之许诺。只有这样，华教运动才能成为该国最持久与出色的社会运动。

华教运动能在马来西亚持久地坚持下去，除了其强大的动员能力外，另一个因素是其拥有特殊的内涵。一项能突显华教运动内涵的活动是每年于12月18日举办的华教节。此项对马来西亚华教运动有非凡意义的节庆，是为了纪念"华教斗士"林连玉于1985年12月18日逝世而设。[①] 该国的华文教育，尤其是华校的存在正代表着薪传华族文化之堡垒在风雨飘摇中继续屹立不倒。马来西亚华文教育之不可断，就如一个民族文化之根不可拔，断之华族整体生命休矣！用林连玉的话来说："我们文化的传递与发扬，必然寄托在华文教育的继续存在及发展的上面。"[②]

华校不仅是文化的传承者，它更是马来西亚华人身份认同的塑造者。因此，任何尝试要否定或关闭华校之举动，往往被视为触动了华社的神经及摧毁其对华族身份之认同，必引来华社的声讨与抗衡。当年英国殖民政府通过发布《巴恩报告书》欲关闭华校的意图催生了一场历久不衰、波澜壮阔的华教运动。这场至今还在持续中的运动见证了来自全国的华教斗士、人士和工作者前仆后继地投身于保护华社文化堡垒之行列中。曾担任"教总"主席及"独中"教师的林连玉是这行列的佼佼者。林连玉终生献身华教，为华教之存亡与发展而不畏强权、坚毅不拔的精神为华社树立了楷模，他逝世之后被尊称为"族魂"，意指该国华人民族生命得以维系发展的必要条件。他之所以被冠以此称号是因为在华教的奋斗史中，以及华社在语言、文化、教育与民族权益的争取运动中，他扮演了一个划时代的领军人物。华教节的设立表达了华教领导人与工作者力图建构华文教育运动的起源与认同、共同祖先、华人先贤及华教的最高精神领导人物的意图。[③]

华教节的设立让马来西亚的华人能追思一代华教伟人之风范及体认其奋斗精神。从1988年起，每逢林连玉的忌日，华教团体及其他华人社团都会举行一种类似公祭的活动。其仪式有：到林连玉墓园献花致敬、宣读"华教节宣言"、举办有关华教的研讨会及林连玉精神奖的颁发。颁发林连玉精神奖对整个华教运动及其发展可谓意义重大。其目的除了

---

① 由于林连玉在担任教总主席及独中教师时积极和领导反对华校被改制与1961年教育法令，马来西亚政府吊销了他的教师执照和在1961年褫夺了其公民权。政府的这些行动旨在打压华教工作者和华教运动。林连玉也因政府的这项行动而失去了其为马来西亚华教奋斗与献身的平台，因此他的晚年是在孤寂和郁郁不得志中度过的。有关林连玉的事迹及其为华教事业抗争的研究，可参阅何启良：《论马来西亚华人政治史上的林连玉》，《马来西亚华人研究学刊》，2001年，第17～57页；颜清湟：《林连玉与马来亚华文教育的斗争》，《马来西亚华人研究学刊》，2007年，第35～70页。

② 何启良：《文化马华：继承与批判》，吉隆坡：十方出版社1999年版，第167页。

③ 林开忠：《建构中的"华人文化"：族群属性、国家与华教运动》，吉隆坡：华社研究中心1999年版，第134页。

使林连玉精神变得更具体以外，更是要贯彻林连玉精神以维护华文教育，发扬中华文化；同时赞颂体现林连玉精神的华教工作者和培养接班人。[①]

在马来西亚1957年教育法令下，华小被纳入国家教育体系内。根据该项法令，华小本该享有与国小同等地位和待遇，但自独立以来，华小一直面对无法增建与拨款严重不足的困境。巫统领袖和许多马来民族主义学者就认为，华小一般上都没把校地主权交给政府，岂能享有同等地位？但许多已向政府献地的华小与国民型中学并已转型为全津贴华小，依然面临各种各样的问题。同样为国家培训人力资源作出贡献的华小，为何会面对如此多的问题呢？这是该国实施单元化教育政策的后果。在这项政策下，华校与淡米尔文学校被视为国民构建和国民团结的绊脚石。因此，国家的教育政策是不增建华校，华校只能在特殊情况下被允许增建。[②] 华小增建问题自该国独立以来就存在，但自1969年发生种族流血冲突事件，巫统一党独大的政治格局产生后，华小的增建数额便大幅度滑落。例如根据"教总"一份2008年的调查报告，从1957至1969年间，政府在西马来半岛增建了63所华小，但从1970至2008年政府却只增建了25所华小。虽然在该段期间，华裔的总人口增多了不少。表1说明了上述情况并指出西马半岛现有的986所华小中有91.08%（898所）是在马来亚独立前（1956年或之前）创办的。

表1　西马半岛现有华小的创办年份统计

年份	1956年或之前	1957	1958—1969	1970—1979	1980—1989	1990—1999	2000—2008	总数
西马半岛华小总数	898	6	57	11	5	1	8	986
百分比	91.08%	0.61%	5.78%	1.11%	0.51%	0.10%	0.81%	100%

资料来源：教总调查研究及资讯组，引自"教总"2008年（第57届）常年会员代表大会手册。

马来西亚的现行教育法令，即《1996年教育法令》第28条明文规定："教育部长可以设立国民学校及国民型学校，并且必须维持有关的学校。"虽然该国的教育法令并没有禁止增建华小，但国阵政府的教育政策实质上是不增建华小。1998年4月25日时任教育部长的纳吉就明确指出，根据政治承诺[③]，华小将保持原状，并维持现有的数目，教育部目前并不打算增建新的华小；[④] 华小可在不增加数目的情况下进行扩充，包括扩建校舍。那些缺乏学生来源而面临关闭的华小，可以申请搬迁，但必须获得教育部的批准。这项声明可说是国家单元化教育政策的延伸，它亦阐明了为何该国华人社群一直以来呼吁制度化增建华小的诉求得不到政府的回应。表1的数据清楚地说明了华小增建的困境，如1990—

---

①　林开忠：《建构中的"华人文化"：族群属性、国家与华教运动》，吉隆坡：华社研究中心1999年版，第138页。

②　面对该国华社极需增建新华小的诉求，国阵政府往往只会根据"政治需要"，在必要时，尤其是国阵政府在全国大选或补选面临反对党严峻挑战之际，宣布搬迁和增建一些新华小。在此情况下，搬迁和增建华小已沦为执政党捞取华人选票而分派的"政治糖果"。

③　根据马来历史学者Zainal Abidin Abdul Wahid教授在《语文、教育和发展》一书中的见解，在马来亚独立前马华公会领袖已向巫统之领导人承诺不会要求增建华小。

④　《星洲日报》1998年4月26日。

1999年期间，政府在西马半岛只增建了一间新华小。

有鉴于政府奉行不制度化增建华小的政策，在国阵政府里的华基政党只能向政府争取迁校来应对华小学额日益不足的问题。所谓的迁校就是教育部把那些面对学生来源不足的乡区微型华小迁移至华人密集的城市地区。此项迁校举动须由有关学校向教育部申请，并得到国阵政府里的华基政党鼎力相助才能取得成果。国阵政府通常亦不随便批准华社的迁校申请，它会根据"政治需要"而作出批示。其迁校至建校过程的一切费用都需要华社以筹款方式来承担，教育部一般都不给予拨款协助。这项治标不治本的迁校措施，以一校换一校的方法并不能有效解决华社极需增建华小的诉求。这亦导致该国华小的总数额呈日渐减少的趋势，如表2显示从1980—2008年该国华小的总数额减少了22所：

表2　1980—2008年马来西亚各源流学校学生人数和学校数量

年份	国小		华小		淡小	
	学生人数	学校数量	学生人数	学校数量	学生人数	学校数量
1980	1 353 319	4 519	581 696	1 312	73 958	583
1990	1 770 004	4 994	581 082	1 290	96 120	544
2000	2 216 641	5 379	622 820	1 284	90 280	526
2008	2 401 335	5 785	639 086	1 290	108 279	523
1980—2008	+1 048 016	+1 266	+57 390	−22	+34 321	−60

资料来源：教总调查研究及资讯组，引自教总2008年（第57届）常年会员代表大会手册。

有鉴于此，虽然该国的华裔人口一直在增多，但华小的数目不增反减。截至2011年，马来西亚共有1 291间华小、79间国民型中学[①]、60间独立中学。随着中国的崛起与中文在世界的地位进一步提升，更多华裔家长纷纷把子女送进华小就读。"独中"的办学方针走向素质教育，吸引了许多华小毕业生到"独中"就读。近年来马来西亚的城市地区"独中"亦因此面临学生满额的现象。另一方面，由于华小办学认真并成功吸引了许多土著学生，尤其是马来学生。该国的时任教育部长希山慕丁于2010年发表的数据显示共有55 976名土著学生就读于华小。[②] 这些友族同胞进入华小就读虽是可喜的现象，但它却加剧了华小学额严重不足的问题。

三、中华文化的传播方式：马来西亚华文教育的角色

中国的崛起与在国际上扮演日益攸关的角色已是世界各国皆知的事。但马来西亚的国

---

①　这些改制国民型中学的前身为华文中学。它们于1961年接受政府的建议，接受改制而成为现今的国民型中学。从1961年至2011年马来西亚国民型中学数额一直停留不变，保持78间。但随着第十三届大选将至，国阵政府于2011年11月9日宣布增建2间国民型中学，即把现有的芙蓉振华国民型中学分校改为二校和槟城威南日新国民型中学二校。但槟城威南日新国民型中学二校才接获增建批准信，建校工程完全未开始。因此该国的现有国民型中学数额是79所。

②　《星洲日报》2010年12月17日。

民一般上都把中国的崛起与其经济力量，即硬实力挂钩。他们往往忽略了中国能通过文化软实力发挥影响力。其实中华文化早已在马来西亚的各阶层和族群中传播，只是因为当时中国的崛起不明显，所以其影响力没彰显出来。例如，马来西亚的前副首相安华依不拉欣早在 20 世纪 90 年代初就引用王安石的学说来治理马来西亚的经济。他亦常常提起儒家的和谐概念"我们是一家人"来强调马来西亚的不同种族须如同兄弟般携手合作、团结一致以建构一个和谐的国度。马来西亚的现任首相纳吉则在 2012 年新春期间到访该国最大的佛寺——东禅寺时，呼吁各族人民需要实践中庸的思想。在民间尤其是华人社群里，传统的中华文化更是代代相传。是何种原因促成马来西亚的华人能让华族文化在此异域赓续与流传？马来西亚华人所极力保存和捍卫的完整华文教育体系可说是扮演着关键性的角色。

此地的华文教育可通过数个渠道传播中华文化。第一，马来西亚华校办学成功并成为华裔家长的首选，这使得中华文化能传承给华人新生代。这里的华小、国民型中学和"独中"注重华人传统的德、智、体、群、美五育均衡发展之教学理念。学校办学认真，"独中"近年来更迈向素质教育的路向。华校一般上能培养出知书达理和礼让谦和的华裔新生代。华校毕业生的文化修养与人文价值观及使命感在马来西亚可说是独树一帜。无可否认，马来西亚华人的文化能传承和保存得那么好，华校可说是居功至伟。虽然华校得不到政府的全盘资助，但每所学校都有一个具有使命感的董事部。在这些慷慨与到处奔波筹款的董事们之协助下，华校一般上都能自力更生并把学校的硬件设备筹建起来，因此，华校的课室和礼堂能媲美由政府设立的国民学校。另一方面华校有一群肯献身的行政人员和教师，在他们的努力下，华校成为众华裔家长的首选学校。

第二，马来西亚的华小、国民型中学和独立中学的华文课程一般上都把中国重要思想家的思想、传统诗词、各种隽永的文学作品、描述华人习俗节庆的文章纳入课本里。在负有使命感的华文教师生动形象的教学下，华裔学生往往不只掌握了中文，而且也吸纳了中华文化的知识。除此以外，马来西亚华校的课外活动包含许多华族传统文化。这些活动计有书法、茶艺、歌艺、华乐、相声、华人武术、舞狮与舞龙、民间舞蹈、水墨画等。除了校方大力支持外，个别学校的华文学会可说是这些活动的推动单位。该国的一些"独中"更把庙会活动列为常年项目，让华校生有机会身体力行去推广中华文化。

第三，马来西亚的华校自该国独立以来培养出许多拥有文化素养的毕业生。这些毕业生经过华校的熏陶后已成为马来西亚出色和优秀的文化人。他们不只是中华文化的实践人，而且还是传薪人。例如，该国享誉国际的水墨画家钟正山①、二十四节令鼓创始人陈

---

① 钟正山，享誉国际的著名书画家，祖籍广东梅县。1982 年发起成立"国际现代水墨画联盟"，被推选为主席，为海外推动水墨画现代运动的先驱之一。他曾担任马来西亚华人文化协会总会长达 15 年，积极推动马华文化发展和国际交流。钟先生曾参加世界二十多个国家和地区的国际大展，举办过二十多次个人画展。钟正山的作品先后在欧美亚等二十余个国家地区展出，并在国内外举行过二十余次个人画展。作品被许多博物馆、美术馆、政府机构、企业及收藏家收藏。自 1967 年开始，先后创办 5 所艺术学院，包括马来西亚艺术学院、马来西亚国际资讯艺术学院、内蒙古师范大学国际现代艺术设计学院及湖南株洲正山国际现代艺术设计学院。其艺术教育理念对马中两国的现代艺术设计教育有广泛深远的影响与贡献，被誉为"马来西亚现代艺术教育之父"。钟先生访问和考察过世界各地艺术大专院校，并受聘为客座教授、受邀讲学和主持会议，在艺术教育及水墨改革领域成就卓越，被艺术评论家誉为求诸世界画坛亦不多见的"一代画杰"，认为"钟正山的艺术创作及所取得的成就具有前瞻性，对包括中国在内的许多东方艺术家具有借鉴和启发意义"。

徽崇与陈再藩、马来西亚紫藤茶艺创办人林福南[1]等人对推广华人文化方面贡献良多。除了这些知名的文化人外，由华文教育体系培养出来的华文教师可说是扮演着默默耕耘者的角色。他们是华校里华族文化活动的主要推手。他们不仅在学校里鼓励学生办文化活动，还积极地把校园打造成一个拥有文化气息的学习环境。另外，有许多华文教师情愿牺牲个人时间，不辞劳苦地带学生到各地参加各种华族文化比赛活动或观摩其他学校的活动。这些行动对传播和传承中华文化及培养文化接班人带来良好的效果。

第四，自 1819 年创办首间华校以来，马来西亚的华校已培养出许许多多的杰出校友。由于长期受到中华文化的熏陶，饮水思源与回馈母校的精神常记在这些校友的心中。他们当中有很多是成功的华商，这群校友可说是华校发展的支柱。该国的著名儒商如李金友、杨忠礼、张泗清、张晓卿等人不只在华校的董事部担任过重要的职位，他们还鼎力捐助支持华校的发展。除了华商之外，还有一些华校杰出的校友在各方面积极回馈母校。例如，在台湾发明 U 盘和发展其企业的华校毕业生潘建成，他近年来多次返回母校与其他华校讲述其奋斗和创业经历。这些例子激起新生代华校生的饮水思源的精神，并对他们的人生规划起了积极的影响。

第五，华校的非华裔生亦可协助传播中华文化。华校办学成功不只吸引了华裔学子，马来西亚的友族尤其是马来学生也纷纷进入华校就读。这些学生不单单接受小学六年的华文教育，他们之中有的还入读国民型中学和"独中"，并到台湾或中国大陆之大专院校接受完整的中文教育。[2] 因此，这批人也深受中华文化的熏陶与影响。他们之中有的已在日常生活中实践帮助他们提升生活素质的中华文化；有的在掌握了中文后就把中华文化推介给自己的族群。例如，马来亚大学的中文系前任讲师奥巴都拉（Obaidelah）的学习生涯都是在华校度过。他不只在中文系里教导中华哲学思想与华人文学思潮，还把中国名著如《论语》翻译成马来文推介给马来同胞。

四、结语

综上所述，马来西亚的华人文化可说是蕴含了充沛的生命力与韧性。这两项特性在其文化面对外来文化压力时更能显现出来。外来文化压力能催生华社的忧患意识并促使中华文化在马来西亚的传承与发展。20 世纪 80 年代，华人文化所面临的困局及它所激发的文化醒觉与救亡运动正可宣示此文化发展历程。但华人文化的另一特性，即其民间性亦可对

---

① 紫藤文化企业集团成立于 1987 年，是马来西亚第一家除了以古典精致的喝茶空间规划，精心陈设饮茶器具外，更长期举办和策划各类型文学、表演艺术的座谈、展览及活动的现代茶艺馆，打破了传统茶行的经营模式，使茶馆不再只卖茶，而是结合了文学、音乐、电影、舞蹈与人文活动的所在。由于紫藤独特的定位与对茶艺理念的坚持，很快就在市场上树立起广泛的知名度，社会大众眼睛为之一亮。1996 年，紫藤在市中心苏丹街开设马来西亚最大茶艺总汇，以广含国际茶类、茶器以及茶文化相关产品如茶书、茶音乐、茶食、品茶空间的家具等巧妙结合，宣告了马来西亚茶业经营的新里程碑的到来。随着人们对天然食物的诉求，紫藤于 1998 年创立马来西亚第一家茶菜餐厅，以茶入馔，提倡清而不淡的新饮食观念，探取少盐、少油、少糖、免味精，不失茶固有的香味为原则来烹煮，开始了茶菜风雅养生的热潮。如今，传播茶文化已成为紫藤的核心专业，在马来西亚这个多元种族的社会，紫藤期望通过茶艺作为文化的桥梁，去构筑一个各族群皆圆融互动的景观。

② 近年来马来西亚政府每年都派一两百名马来学生到北京外国语大学学习中文，学成后他们将被派到各种学校包括华小教授中文。

华族文化之赓续与发展扮演着举足轻重的角色。这是因为马来西亚的华人群体在独立前已形成了一个相当独立的民间社会。华人社群在这个国家从早期的殖民政府到后来的联盟及国阵政府，许多时候他们都是依赖民间的力量来推动和发展华社里的各种事物。此力量往往是自动自发的，而且是自力更生的。在华文教育及薪传中华文化领域里，华社的民间力量是这两个领域发展的催化剂。

华校不仅是中华文化的传承渠道，它更是马来西亚华人身份认同的塑造者。因此，任何尝试要否定或关闭华校之举动往往被视为触动了华社的神经及摧毁其对华族身份之认同，必引来华社的声讨与抗衡。当年英殖民政府通过发布《巴恩报告书》欲关闭华校的意图催生了一场历久不衰、波澜壮阔的华教运动。时至今日，马来西亚的华文教育在该国扎根已近两百年的历史，并在东南亚绽放出亮丽的花朵。其华文教育体系可说是在中国以外发展得最完善和肩负着薪传中华文化重任的体系。但该国的华文教育之路却是一条坎坷路，遍布荆棘。独立前，华文教育受到英殖民政府的严厉管制；独立后，华文教育受到以马来民族主义为内涵的国家单元教育政策的摧残。虽然由巫统主导的国阵政府一直边缘化和打压华文教育，该国华文教育却能在夹缝处存活与展开抗争。本着华文教育能传承中华文化和赓续华人族裔身份认同，该国的华人社团组织和华教人士坚强不屈地为华校进行"护根"行动。马来西亚华文教育的最后堡垒，即华小也因此能在国家的不增建之政策下继续存在。由于华人社群锲而不舍地与国家单元教育政策抗争，其辛酸过程却衍生出令人钦佩与注目的华教运动。

虽然马来西亚的华校现今还是受到政府的不公平对待和面临各种艰难的处境，但在各校董事部、华教团体、华教人士及华裔家长的大力支持下，华校依然能继续存在与发展。该国的华校不仅能满足华裔家长的需求与传承中华文化，尤为重要的是华校亦为国家栽培人才和积累人力资本。由于受到优良中华文化的熏陶和多语能力的训练，华校毕业生往往能在竞争激烈的职场上脱颖而出。随着中国的崛起与全球化的来临，马来西亚华文教育体系所培养的多语人才正好赶上时代的需求。另外，自 2008 年第十二届大选国阵政府在五个州属落败（即所谓发生了政治海啸）后，马来西亚的政局已步入一个更有利于华教发展的格局。政治海啸所催生的两线制与多元族群政治直接挑战了盘踞已久的种族政治。由人民联盟或简称民联（即由人民公正党、民主行动党和回教党组成）掌权的五个州属采取了一系列有利华教发展的措施。例如制度化每年给华校拨款、拨地建校和拨地给"独中"以让它们能以地养校，这些都是实际上能帮助华校的举措。如此一来，民联将更能得到人民，尤其是华裔选民的支持。这也能逼迫国阵采取类似的措施。马来西亚现今已成型的两线制，即由民联与国阵两个阵线相互展开良性竞争，将使该国的政制走向政党轮替的格局。如此政局将在不久后到来，这亦是华校发展出现良机的时刻，同时中华文化也能细水长流般地在马来西亚这个异域薪传下去。

参考文献：

[1] 安焕然：《本土与中国学术论文集》，新山：南方学院出版社 2003 年版。

[2] 陈松生：《五十年不变——简述"最终目标"》，《董总 50 年特刊（1954—2004）》，马来西亚加影：董总 2004 年版，第 1249～1251 页。

［3］陈衍德：《对抗、适应与融合：东南亚的民族主义与族际关系》，长沙：岳麓书社 2004 年版。

［4］董教总：《最后防线》，马来西亚加影：董教总 2003 年版。

［5］董总：《董总 50 年特刊（1954—2004）》，马来西亚加影：董总 2004 年版。

［6］何国忠：《马来西亚华人：身份认同、文化与族群政治》，吉隆坡：华社研究中心 2002 年版。

［7］何启良：《文化马华：继承与批判》，吉隆坡：十方出版社 1999 年版。

［8］何启良：《论马来西亚华人政治史上的林连玉》，《马来西亚华人研究学刊》，2001 年。

［9］马来西亚教师总会（教总）：《华小建校、迁校和微型华小资料集》，马来西亚加影：教总 2009 年版。

［10］林开忠：《建构中的"华人文化"：族群属性、国家与华教运动》，吉隆坡：华社研究中心 1999 年版。

［11］姚新光主编：《马来西亚华人文化节资料集》，吉隆坡：马来西亚中华大会堂总会 2001 年版。

［12］饶尚东：《马来西亚华族人口问题研究》，诗巫：砂拉越华族文化协会 2005 年版。

［13］［美］斯特林·西格雷夫著，林文集、夏如译：《龙行天下：海外华人的巨大影响力》，海口：海南出版社 1999 年版。

［14］《星洲日报》1998 年 4 月 26 日、2010 年 12 月 17 日。

［15］颜清湟：《林连玉与马来亚华文教育的斗争》，《马来西亚华人研究学刊》2007 年第 10 期。

［16］郑晓云：《文化认同与文化变迁》，北京：中国社会科学出版社 1992 年版。

［17］祝家丰：《权益组织之路：马来西亚华人社团的质变与分化》，何启良等主编：《马来西亚、新加坡社会变迁四十年（1965—2005）》，新山：南方学院出版社 2006 年版。

［18］祝家丰：《国家统合主义、巫统政治支配权与大马华团的政治参与：从抗衡到归顺之路》，祝家华、潘永强主编：《马来西亚国家与社会的再造》，马来西亚加影：新纪元学院、南方学院、吉隆坡暨雪兰莪中华大会堂 2007 年版，第 225～253 页。

英巫文参考文献：

［1］Tan Liok Ee, *The Politics of Chinese Education in Malaya* 1945 - 1961, Kuala Lumpur: Oxford University Press, 1997.

［2］Thock Ker Pong, Contesting "Nations-of-intent" in Plural Society: The Case of Chinese Education in Malaysia, 1995 - 2008, Paper Presented in 1st International Conference on "Ethnic Relation: Issues and Challenges", Organized by SKET, University of Malaya, 15 - 16 October, 2008.

［3］*Utusan Malaysia*（《马来前锋报》）.

［4］Wang Gungwu, The Studies of Chinese Identities in Southeast Asia, In Jennifer Cushman & Wang Gungwu（eds.）, *Changing Identities of Southeast Asian Chinese since World War II*, Hong Kong: Hong Kong University Press, 1988.

［5］Zainal Abidin Abdul Wahid, *Bahasa*, *Pendidikan dan Pembangunan*, Siri Bicara Bahasa, Bil. 5, Kuala Lumpur: Dewan Bahasa dan Pustaka & Persatuan Linguistik Malaysia, 2001.

印尼多元宗教背景下大学孔子学院
汉语和中国文化传播考察

［印尼］关　楠

内容摘要： 印尼是世界上最大的伊斯兰国家，多元宗教文化并存。而代表中国文化软实力的孔子学院自2007年在印尼首都雅加达挂牌成立，到目前分布于印尼三大主要岛屿的六所大学的孔子学院先后投入运作，其间经历了一系列的起伏。作者通过对其中几所有代表性的孔子学院进行实地考察、访问调查，并结合切身经历，重点介绍印尼孔子学院申办的艰辛过程，成立后为推动汉语和中国文化的传播所进行的具体实践活动和成效，以及目前尚待解决的问题。文章也对印尼孔子学院今后进一步展开相关业务、提升中国文化软实力影响提出了参考性意见和建议。

关键词： 孔子学院；多元宗教；汉语及文化传播；文化软实力

【作者简介】 关楠，女，印尼雅加达慈育大学中文系主任。

一、引言

随着中国经济的飞速发展及综合国力的不断提升，与世界交流的日益增多，全球各地的汉语学习热度和需求急速上升，中国文化对全世界人民的吸引力与日俱增。作为传播中国文化的一个重要载体，全球首家孔子学院于2004年11月在韩国成立，从此"孔子学院"成为传播中国文化和推广汉语教学，展现文化软实力的全球品牌。据《人民日报·海外版》报道，截至2011年底，全世界已有104个国家和地区建立了357所孔子学院和476个孔子学堂。此外，还有50多个国家的260多个机构提出申请。相较最早于1883年就成立的推广法语文化的法语联盟，以及其他发达国家的文化推广机构，如歌德学院、塞万提斯学院等，中国人向海外推广中华文化的自觉不算早，但速度却不慢，孔子学院大有"遍地开花"之势，发展之迅猛，甚至超出了主办单位国家汉办的预期。

从孔子学院繁荣发展的背后可以看到中国文化软实力的提升。北京外国语大学高等教育研究所的汤哲远坚信：以中华民族优秀文化为象征的孔子学院建设采取送去主义，是"东学西渐"在21世纪的文化复兴和文化自觉，有助于扭转"文化逆差"颓势，维护世界文明的多样性。全国政协常委赵启正表示，孔子学院的蓬勃发展在外国建立了中华文化发展的苗圃，是一个成功的案例，它为推动中外教育文化交流，开辟中国公共外交新渠道，提升国家软实力作出了重要贡献。

孔子学院的建设事实上就是一种公共外交。办好孔子学院不仅可以提升汉语在国际上的影响力，而且可以增进外国人对中国的了解。可以说，孔子学院是中国与外国"人民对人民"交流的最好平台之一。① 新加坡《联合早报》指出:"孔子学院的推广,有助于外界了解中国,消除外界对中国和平崛起的误解。"美国《纽约时报》发表过一篇题为《中国的又一热门出口产品:汉语》的评论,引用当地一所汉语研究机构负责人的话说:"中国正在用汉语文化来创建一个更加温暖和更加积极的中国社会形象。"美国《耶鲁全球化》在线杂志刊登的《友善的龙》一文指出,中国通过孔子学院展开的"魅力攻势"在全球各地赢得了盟友。中国通过它几千年的语言文化资源构建它的软实力,通过孔子学院的文化外交作用,中国正在向世界塑造积极友善的国家形象。

二、印尼孔子学院创建过程

然而,孔子学院在印尼这个海外华人最多的国家创建的过程却并非一帆风顺。印尼是一个多元宗教文化并存,尤以伊斯兰文化最为浓厚的国家,所以每每提到孔子学院的名称都会情不自禁将其同孔教联系在一起,尽管二者并无实际联系。由于众所周知的历史原因,孔教在印尼很长一段时间都被视为非法,2006 年才获得与其他宗教同等的地位。而在宗教问题上向来颇为敏感的印尼社会,自然而然对孔子学院存在着警惕和防备的心态。印尼第一批申请建立孔子学院的三家候选单位,仅在各自内部理解孔子学院这一概念问题上就颇费了一番工夫,但所幸印尼方申办单位在与中方院校业已建立的良好合作关系与互信基础上,很快扫清了认知上的障碍,并积极投入到申办筹备工作中,包括向中国大使馆明确表示申请意向、向印尼方上级管理部门报批并获得书面许可,其中一家甚至已在校内开辟一大块专供未来孔子学院办公及教学的领域,并完善了现代化办公设备,及至相关培训项目、志愿者教师甄选工作也都已经紧锣密鼓地展开,称得上"万事俱备,只欠东风"。然而就在签约揭牌的前夕,印尼三家申办单位中的两所高校(一为印尼教育部直属大学,另一为排名靠前的私立大学)却突然接到印尼教育部高教司的一纸禁令,严令停止签约事宜,而且没有任何理由或解释,只笼统称日后另行商榷。两所高校的领导在综合考虑、权衡利弊之后,只得被迫放弃。结果只为一所不归印尼教育部直接管辖的民间汉语培训机构——雅加达汉语教学中心举行了揭牌仪式。但可惜的是,这间本来被寄予厚望的全印尼第一家孔子学院也由于印尼合作方在运作中以追求经济利益为主要目的,与孔子学院的办学理念相悖而最终分道扬镳。

印尼申办孔子学院第一梯队中的两所功败垂成,撇开政治因素和上层权力的干预,不能否认是时机尚未完全成熟,有操之过急之嫌,向印尼相关部门解释工作未做深做透,以致对孔子学院办学宗旨的怀疑和顾虑没有完全打消,仍将其与宗教组织混为一谈。

2009 年,随着中国经济地位在全球的持续提升,汉语教学在印尼普及已经是一个无法逃避的现实,当时亚洲地区已有 26 个国家开设了 90 所孔子学院(包括孔子学堂),其中泰国共有 23 所,数量最多,反观印尼却还是只有两年前开设的那一所,而且运作得并不顺畅,起到的示范作用十分有限。具有两亿三千四百万人口,接近两千万华人的印度尼西亚,按理说应该是全世界汉语教学空间最大、机构最规范、气氛最浓厚的国家。然而,2009 年 6 月印尼国民教育部派出专门人员考察国内汉语教学市场时得到的结果表明,与周

---

① 丁刚等:《成就背后有艰辛,孔子学院面对平衡发展大课题》,《人民日报》2011 年 5 月 30 日,第 11 版。

边国家相比，印尼的汉语教学还处在咿呀学语阶段：没有标准的教学大纲，没有规范的课程标准，没有印尼本国的汉语教材，没有统一的考试标准，没有对汉语教师的基本评估，直接导致印尼汉语教学的不规范局面。这不能不说是印尼国民教育的遗憾。印尼必须站在本国在世界发展横向位置及国人文化实力角度上来考虑汉语教学，给予汉语教学一个适当的定位。改进汉语教学在印尼步履蹒跚、左顾右盼的局面是印尼国民教育部必须认真考虑的问题。①

认识到问题的严重性，印尼教育部连续召开会议，聘请资深汉语学者，专门讨论研究印尼汉语教学的诸多问题，并达成一致决议，推出系列政策，以国家的形式陆续解决以上系列问题，其中很重要的一项就是推动印（尼）中双方高校在印尼各地建立多家孔子学院。从2010年起，中国教育部与印尼国民教育部签署的6家孔子学院相继揭牌投入运作，分别是：2010年11月揭牌的位于首都雅加达的印尼阿拉扎大学孔子学院，中方合作院校为福建师范大学；2011年1月揭牌的西爪哇万隆玛拉拿达基督教大学孔子学院，中方合作院校为河北师范大学；2011年2月东印尼唯一的孔子学院哈山努丁大学孔子学院在南苏拉威西省首府锡江正式成立，中方合作院校为南昌大学；随后东爪哇的两所孔子学院玛琅国立大学孔子学院、泗水国立大学孔子学院也分别于3月和5月顺利揭牌，各自的中方合作院校为广西师范大学、华中师范大学；而六所当中的最后一所——位于西加里曼丹省首府坤甸的丹戎布拉大学孔子学院也在经历了合作方变更为广西民族大学之后于2011年11月正式挂牌成立。

2010年以来印尼孔子学院创立情况表

成立时间	名称	地区	国立/私立	宗教背景	中方院校
2010.10	印尼阿拉扎大学孔子学院	雅加达	私立	伊斯兰教	福建师范大学
2011.1	玛拉拿达基督教大学孔子学院	西爪哇万隆	私立	基督教	河北师范大学
2011.2	哈山努丁大学孔子学院	南苏拉威西锡江	国立	伊斯兰教	南昌大学
2011.3	玛琅国立大学孔子学院	东爪哇玛琅	国立	伊斯兰教	广西师范大学
2011.5	泗水国立大学孔子学院	东爪哇泗水	国立	伊斯兰教	华中师范大学
2011.11	丹戎布拉大学孔子学院	西加里曼丹坤甸	国立	伊斯兰教	广西民族大学

印尼孔子学院第二梯队中，仅玛拉拿达大学和阿拉扎大学为私立大学，其他四所均为印尼教育部直属高校，宗教背景除了玛拉拿达是基督教，其他五所均为伊斯兰教。而东爪哇玛琅国立大学和西爪哇万隆玛拉拿达基督教大学两所孔子学院本是老队员，2007年已备案，此番为"再续前缘"，而其他四所高校都是印尼教育部从全盘考虑，旨在推动全印尼汉语教学发展的角度，精心挑选推荐的优秀高等教育机构代表。

---

① 田耕：《印尼教育部改革汉语教学，计划展开汉语教师评估》，中国新闻网，2009年6月11日。

三、各自开展活动及成效

印尼孔院开办时间虽然不长，但通过合作双方的不懈努力，在各所在区域逐步扩大影响，中国文化软实力在印尼的整体影响已有所显现。其中尤以地处首都雅加达的印尼阿拉扎大学孔子学院最为突出，通过下面一系列数据可对其有一个大体了解：该学院截至 2011 年底，已具有 310 平方米的专用办公室及语音室、影廊、文化阅览室；各类汉语教材、中国文化读物、音像制品等共 3 200 册；已开设 45 个教学班，总教学时数达到 312 学时，学员 10 856 人；共培训 324 名本土汉语教师；开展 19 次文化活动；共 13 家媒体，累计报道达 175 次。

（一）汉语教育及文化推广的阵地

第一步，面向阿拉扎大学在校生开设了汉语口语课、写作课、中华武术、中国音乐课、中国民族舞蹈课、中国古诗合唱课等各类汉语及文化课程共 11 门。随后又将汉语传播拓展到校外更为广阔的领域：来自印尼圣光学校、新雅学院等院校累计 6 048 人次学员通过孔子学院学习中级汉语口语课与中华武术课。

政府机关是该孔子学院开辟的第二课堂，他们为印尼国防部、贸易部国家出口促进总署、印尼警察语言培训中心及雅加达机场地勤人员开设汉语培训课程。目前相关课程初级班已陆续顺利结业，学员们普遍感觉所学内容实用性很强，立竿见影，现学现用，极大地调动了学习积极性，并纷纷要求继续开设后续课程。

走出校园，深入各地大中小学、政府、企业，在社会大众中开展汉语教学和文化传播活动，建立起没有"围墙"的孔子学院，这些做法在印尼主流社会获得一致欢迎与好评。课堂虽小，但意义很大；教学时间虽短，但影响深远。

（二）文化传播的使者

传播中华文化，促进文化交流，是孔子学院的另一个主要任务。

阿拉扎大学孔子学院为两国文化交流一直尽心尽力。选拔"中国—东盟友谊知识竞赛"印尼赛区选手、举办首届印尼初中及小学生唱古诗比赛、与雅加达华文教育协调机构共同主办第四届"汉语桥"世界中学生中文比赛和第十届"汉语桥"世界大学生中文比赛印尼赛区决赛、承办"感知中国·印尼行"系列文化活动、参加各类文化活动及文艺演出等，所作贡献得到印尼各界的交口称赞。

在阿拉扎大学孔子学院的努力下，参加"汉语桥—东盟中学生夏令营"的印尼中学生人数由原计划的 20 人变为 50 人，更多印尼中学生的"中国行"梦想得以实现。

234 名雅加达各高校及印尼社会各界篆刻与书法艺术爱好者们参加由阿拉扎大学孔子学院举办的文化艺术培训，在中国书法家协会篆刻艺术委员会秘书长崔志强先生现场指导下进行篆刻创作，切身感受到了中国篆刻艺术的源流、发展、现状以及经典作品，在北京大学王岳川教授的带领下亲身体会中国书法文化的魅力和精髓。

孔子学院已然成为传播中国文化的主力军，中国文化在两国青少年心中不断萌芽、成长，越来越多的当地人开始了解中国和中国人。

（三）授人以渔的平台

阿拉扎大学孔子学院协助印尼教育部语言教师师资培训及发展中心举办中学汉语教师提高培训班，为来自印尼各地 19 所中学的 24 位初、高中汉语教师系统培训汉语。他们还与印尼教育部合作举办汉语教材专项培训，推广使用中国汉办开发的教材，促进印尼汉语教学水平的提升。

此外，在阿拉扎大学孔子学院，还开启了印尼民间资金资助孔子学院奖学生的先例。2011 年，印尼侨领黄双安先生赞助该院选送的 20 名印尼优秀中文系学生赴福建师范大学开展为期三个月的进修。

（四）国家领导亲切关怀

阿拉扎大学孔子学院成立一年来，得到中国政府多位领导的大力关怀和鼓励。

2011 年 4 月对印尼进行正式访问的中国国务院总理温家宝第一站就来到阿拉扎大学孔子学院，他与孔子学院学生合唱团共同演唱印尼民歌《哎哟妈妈》，并和在校大学生进行了亲切交流，他说："青年是初生的太阳，是国家的未来，象征着前途和光明。一个国家只有青年有知识，懂科学，掌握技能，还有强健的体魄，这个国家才能克服一切困难，走向繁荣富强。青年人相互交往是两个国家友好合作的基础。"他还鼓励印尼大学生多到中国走一走，看一看，用心、用脑、用腿去认识一个真实的中国，做中印（尼）友好的桥梁和使者。

此后，中共中央组织部李源潮部长、教育部郝平副部长也先后到访阿拉扎大学孔子学院，肯定了孔子学院所取得的成果，并高度赞扬了孔子学院在文化推广与交流方面所作出的贡献。

总之，短短一年多的时间，印尼阿拉扎孔子学院拥有了相对完备的硬件设施、精干的师资队伍、丰富多彩的课程和不断发展的生源队伍。这些都为其在当地赢得了良好的地位和声誉。2011 年底，在北京召开的第六届孔子学院大会上，该孔院中方院长李启辉老师获得"孔子学院先进个人"称号，全球孔子学院院长中仅 20 人获此殊荣。

但是阿拉扎大学孔院并不满足于已取得的成绩，很多项目正在酝酿实施中，例如：目前正在整理此前授课经验，策划编写一套旨在面向印尼普通社会大众集易学、趣味为特色的普通型汉语入门及基础教材；在印尼侨领黄双安先生的支持下，已开始筹建该院的汉语师资培养中心，面积约 2 400 平方米。该中心投入使用后，计划五年内培养 1 000 名印尼汉语教师，以缓解印尼本土师资紧缺的状况。

印尼首个汉语教学电视栏目《快乐汉语》即将在印尼 ESA TV 电视台开播。促成此事的阿拉扎大学孔子学院还承担着节目样片制作的任务，致力于将这一栏目打造成为印尼观众喜闻乐见的中文学习节目及活学活用的空中语言课堂。

印尼其他地区的几家孔院也都非常重视汉语及文化推广活动的组织与开展，简要介绍如下：

玛琅国立大学孔子学院大力支持帮助建立玛琅国立大学汉语（师范）系，已于 2011年 8 月新学年正式授课。首届招收学生 22 人，均为当地兄弟族。玛琅国立大学孔子学院积极参与了汉语系的专业课程设计，目前承担该系全部汉语类课程的教学工作。[①] 该孔院还在印尼《千岛日报》上开辟《汉风语韵》专栏，借助当地媒体推介中国语言文化。[②]

泗水国立大学孔院除了举办教师培训、商务汉语和中国书法等各种培训班外，还主办了印尼全国汉语语言文学研讨会，参会人员达220人，大家就汉语言文学、语言学、汉语教育、中印（尼）文化对比及跨文化交际等论题展开探讨与交流，师生们良性互动、畅所欲言。[③] 此外，该孔院还积极联络东爪哇华文教育统筹机构和玛琅国立大学孔子学院，共同制定《东爪哇华文教师水平等级考核及培训方案》，该方案考培一体，考核标准涉及语言能力、语言分析能力和语言教学能力，全面体现对教师综合素质的要求，与之配套的培训课程也就形成了系列体系。教师学有目标，考有等级，从根本上解决以往内容零散和缺乏考评的问题。该孔院已于近日开设了华文教师水平等级基础与初级培训班。[④] 新方案的顺利实施，将有力推动东爪哇地区华文教师资培训走上系统规范、持续发展的道路。

与爪哇岛相比，虽然东印尼锡江的汉语学习氛围还不够浓厚，但在全球汉语学习热潮和中印（尼）经贸文化交流日益升温的影响下，本土汉语学习者也在逐渐增加，并有了提升自身汉语水平的要求。因此，哈山努丁大学孔院自成立以来，一直把推广汉语、传播中国文化和完善本土汉语教学体系作为重要工作内容。2011年以来，该孔院已成功开设了两期汉语培训班，培训人次逾百人。第三期招生工作已经启动，继续为更多的汉语学习者提供一个汉语学习平台。参加过培训班的学员表示，课程安排紧凑而又丰富，使他们在专业的汉语理论学习之余，也感受到中国语言文化的博大精深。该孔院还组织学员参加"汉语桥"汉语比赛、举行HSK（汉语水平考试）、推荐学员申请孔子学院奖学金、组织本土汉语教师赴中国研修，并在当地成功举办本土汉语教师教材培训暨汉语教材推介会等，力争发展成为东印尼具有较大影响力的汉语教学中心、中国文化推广中心和汉语教师培训基地，起到引导本地区汉语教学和研究的作用。

四、面临的问题和挑战

孔院在印尼的发展充分显示了印尼人民对学习汉语、了解中国的需求与渴望，但在发展过程中也面临着一些问题和挑战。

（一）经费、场地、人员问题

《孔子学院章程》规定：孔子学院总部对新开办的中外合作设置孔子学院投入一定数额的启动经费。年度项目经费由外方承办单位和中方共同筹措，双方承担比例一般为1∶1左右。孔子学院不以营利为目的，其收益用于教学活动和改善教学服务条件，其积累用于孔子学院持续发展。但实际情况是几乎所有经费都来自孔子学院总部，而且有些孔院的经费由理事会把持，开展项目时申报困难，个别中方院长甚至不得不自掏腰包。

---

① 明光：《印尼玛琅国立大学孔子学院新学期开课》，《国际日报》2011年8月20日，第B6版。
② 《汉风语韵》专栏，《千岛日报》2011年9月27日，第7版。
③ 《2011年度印尼全国汉语研讨会》，《国际日报》2011年11月2日，第S1版。
④ 《泗水与玛琅华教机构联合举办华文教师水平等级培训班，提高教师素质》，《国际日报》2011年11月28日，第S1版。

另外，有些学院启动后很长一段时间，连基本的办学条件如场所、人员都达不到起码的要求，很多高科技体验器材、文化艺术展品由于没有空间只能束之高阁，无法起到应有的示范作用。印尼方没有及时配备专职的行政工作人员，导致中方在当地打开局面的努力举步维艰。

印尼孔院的教师主要还是由中方提供，包括公派教师和志愿者，而且数量有限。随着孔院汉语教学和文化推介活动的增多，汉语教师缺乏的情况日渐凸显。此外，中方教师虽然在汉语方面有很高的造诣，但由于不了解当地的教育情况，仍然不能完全胜任当地的汉语教学工作。这些问题无疑制约了孔子学院的后续发展。

（二）与合作高校内部专业间的协调问题

印尼孔子学院采用的是最为普遍的校校合作模式，其优点毋庸置疑，但也有不足之处。与高校合作设立的孔院，在实践中由于种种因素，特别是部分主体高校基于学校自身办学理念考虑，担心对有限教育资源的抢占，往往不愿让孔院真正行使独立的权力，处处设限，导致孔院在文化交流项目中不能充分代表中国的对外文化政策，孔院的重大决策权也掌握在主体高校或少数几个人的手中，决策主观性和随意性过大，严重影响孔院的可持续发展。

如何处理好合作院校原有中文课程和中文专业院系与孔子学院的关系，也是目前孔院面临的问题。已设立孔院的印尼方大学中有几所已具有较长的汉语教学历史和相对雄厚的汉语研究基础，孔院成立后本可以使原有的汉语教学和中国文化研究如虎添翼，开展得更加有声有色。但有些印尼方合作院校在孔院成立后，原有机构开设的汉语学分课程或汉语学位专业课程并未与孔子学院相融合，而是各自为政，孔院要么只能开设汉语培训课程，要么只能开展汉语和中国文化活动，即使开设学分课程，选修者也寥寥无几，使得学院在合作方校内开展汉语推广工作困难重重。

（三）华文教材问题

印尼华文教材五花八门，各学校、补习班都自行选用教材，来源不一，素质良莠不齐。编写一套统一的、系统的、符合印尼国情或面向印尼的华文教材是目前华文教学的热门话题。虽然汉办部分教材已有印尼语版，不过基本上还只是以原有面向欧美学生的教材为模板，改换为几个印尼人名、几座有印尼特色的建筑物、几个印尼传统节日，或者几个印尼人常用的词汇，但这些形象事物只是一种外部的反映，在思维习惯和文化背景方面差异仍然较大，并不能真正符合印尼汉语教师及学习者的需求，所以难免会有推广困难、水土不服的现象。

（四）本土化师资培养问题

印尼汉语师资的三大瓶颈问题如下：①数量严重短缺，据印尼教育部门估计，全国至少需要三万名中文教师，而目前约有 4 000 人在从事各种华文教育，缺口之大，可想而知；②师资老化现象突出，急需补充年轻教师，否则将青黄不接、后继无人；③师资教学水平普遍不高，学历普遍较低。想改善这一局面，光依靠汉办"输血"派遣教师或者到中国进修"换血"都只是杯水车薪，无法从根本上解决日益突出的不断增长的汉语需求与有限供给之间的矛盾，这就需要通过培养本土化师资"造血"来缓解。

但目前在印尼进行的本土化教师培训离规范化还有一段距离。不同机构（包括孔院）举办的各类师资培训可谓"你方唱罢我登场"，但内容却大同小异，重复率高，无法做到循序渐进；没有具体设定级别，从幼儿园老师到大学教师"一锅烩"；课时少而容量大，学员来不及消化吸收；结业前无需严格考核，只要达到出勤率并提交作业，即可获得结业证书，导致含金量不高。这样的师资培训无论对提高教师实际教学水平，还是提升用人单位对教师从业资格的认可度，都没有太大作用。

五、参考建议

为了印尼孔子学院能做到可持续发展，更好地展现文化软实力，笔者尝试提出几项参考建议：

（一）重视汉语推广工作，把汉语教学推向更高层次

汉语教学为孔院的重点工作，将是长期而富有挑战的目标。孔院在度过初创的艰辛后，应快速成长为当地具有规模和影响力的汉语教学机构，以教学质量为依托，树立孔院教学品牌课程，力争人无我有，人有我优，人优我强，针对不同人群开发出更有特色的汉语教学课程。

（二）重视本土化教材建设和汉语师资培养

编写面向印尼的华文教材，其内部的结构、教学对象的语言环境才是根本，另外体现国民教育意识也是一项不可忽视的内容。所以孔院应因地制宜，针对所在地区人群和在校生实际情况，与当地学校合作，联合印尼资深的高素质教师共同研发长、短期不同课程的本土化特色汉语教材，力求贴近印尼人民思想、习惯和生活原则，侧重真实性、趣味性、实用性和针对性，这样的教材才能够适合印尼国情，才有生命力。

孔子学院在印尼本土师资建设方面也要有进一步的作为，建议在系统、全面的调研基础上，充分了解本土实际需求，派遣或聘请相关学科的专家有针对性地为当地汉语教师定期或长期提供多模式、多层次培训，还要充分发挥桥梁作用，竭力促成师资培训与汉语教师资格认证挂钩制度化，与当地的教育行政部门、各级各类学校合作建设一支了解当地教育情况、胜任当地汉语教学工作的师资队伍。

（三）开展具有广泛影响、有特色的文化活动

继续开展多层次、多场合、多受众、多渠道的各类文化活动，扩大中国文化的影响。在宣传中国文化的同时，注意发展双方的文化交流，力求把单一的中国语言文化传播变为跨文化的对话与合作。通过网络、媒体、海报、说明会等各种形式加强活动前的宣传工作，吸引当地民众的注意力，激发兴趣，鼓励参与。做好前期策划，对参与群体、活动规模、影响程度等做好评估，充分考虑受众面，选择在更为开放的场所公演，并进行电视直播，尽可能扩大影响力。

（四）积极与校内外各方面建立更广泛的紧密联系

首先，孔院要与所在大学的各个部门建立更为友好的合作关系。与印尼合作方上至理事会、印尼方院长，下至普通行政人员，应在责、权、利明确的基础上真诚相待、平等合作、集思广益、齐心合力、共谋发展。此外，还要主动开展与汉语专业、汉学研究和亚洲研究等机构的教学合作、师资共享与学生交流工作，共同开展文化活动，资源共享、优势互补。

其次，与印尼国民教育部非正规教育司下属的华文教育综合统筹处、华文教育协调机构、汉语教学促进会等官方、半官方华教机构建立和巩固良好合作关系，配合他们开展相关工作并通过其尽可能多地争取到印尼教育部政策方面的支持，其中首要的就是协助印尼教育部建立统一完整的汉语教学大纲。

再次，与印尼华人社团、民间力量、原住民大企业广交朋友，得到社会广泛认可及接受，并进而建立合作关系，争取支持与配合，拓展收入来源，尽快实现收支平衡，保证良性可持续发展。

最后，六所孔院彼此间应该有适当的协调统筹，可以定期举办印尼孔院年会，共同分享在管理、汉语教学、师资培养、教材编写、文化活动等方面的经验和成果，互通有无，整合不同地域、不同背景、不同办学模式的优势，通力合作，形成良性的竞争环境，促进共同发展。

（五）人才问题

教师是保障孔子学院持续发展十分重要的因素，汉办选派的志愿者教师任期短、流动性大，为降低隐形知识流失对运转效率造成的影响，除了以汉办现有的交接制度作保障，还可以考虑从孔院历届学员中挑选优秀人才重点培养作为后备力量，也可以尝试在印尼的中国留学生和华侨华人中招募志愿者教师。

（六）用现代技术性手段传播软实力

印尼是个千岛之国，开展远程华文教学很有优势，在网络时代的今天，孔院应充分利用现代化的科技手段，改善传统的教学方法，采用现代多媒体技术，利用网络开展远程教育，实现跨越时空的教学资源共享。现在的主要制约因素是当地的网速还有待进一步提升。可与中国部分在印尼企业（华为、中兴等）合作，寻求技术支持。希望随着技术的进步，能将远程华文教学的对象从华文教师扩展到广大华裔青少年。

（七）开展与教学及文化活动紧密结合的学术研究

孔院不仅要开展汉语文化教学活动，还要依托合作院校开展涉及中国经济、政治、文化、外交、汉学等各领域的中国问题研究，把学术研究与教学、文化活动紧密结合在一起。开展学术研讨会，借助学术活动扩大影响，提高在当地学界的地位。未来，在一定的学术和教育背景以及经济条件下，孔子学院也可以成为以汉学或国学为中心的学术研究机构和高层次人才培养机构，从而进行高层次的学术研究交流和相关博士、硕士学位人员的培养。

六、结语

孔子曰："道不行，乘桴浮于海。" 2 500 多年后的今天，以其名字命名的孔子学院自 8 年前"乘桴浮于海"后，已在海外开出绚丽的花朵。希望印尼各大学的孔子学院利用自身优势，立足语言，侧重文化，通过语言传播文化，逐步形成各具特色的办学模式，成为印尼人民学习汉语、了解当代中国的窗口，成为名副其实的体现中国文化软实力的最亮丽品牌。

参考文献：

[1] 汤哲远：《全球化视野下孔子学院建设的时代意蕴》，《北京高等教育》（高教版）2007 年第 Z1 期。

[2] 李松林、刘伟：《试析孔子学院文化软实力作用》，《思想教育研究》2010 年第 4 期。

[3] 周志刚、乔章凤：《海外孔子学院合作办学模式探析》，《江苏高教》2008 年第 5 期。

[4] 陈桐生：《提升孔子学院办学水平的若干对策》，《广东外语外贸大学学报》2007 年第 5 期。

[5] 宛新政：《孔子学院与海外汉语师资的本土化建设》，《云南师范大学学报》（对外汉语教学与研究版）2009 年第 1 期。

[6] 徐丽华：《孔子学院的发展现状、问题及趋势》，《浙江师范大学学报》（社会科学版）2008 年第 5 期。

[7] 陈玉兰：《谈谈印尼华文师资队伍的建设和华文教材问题》，第七届东南亚华文教学研讨会，2007 年。

软实力视野下印尼新兴三语国民学校现状及宏观管理问题研究①

[印尼] 陈友明

内容摘要：印尼三语国民学校是印尼华人社会在经历了政府32年华文禁令之后兴办的正规学校，由幼儿园、小学、中学等不同的教学阶段组成。这种新兴三语学校是一个新生事物，具有社会政治意义，但是也有管理的难度。作者通过问卷调查、交流访谈、三语学校会议记录查阅等形式对印尼主要的约40间三语学校的宏观管理问题进行调查、研究，并对三语国民学校所面临的困难和问题提出了改进的建议。

关键词：印尼；华文教育；三语国民学校；宏观管理

【作者简介】陈友明，印尼三语学校联合工作组组长、中爪哇华文教育协调机构副主席、普禾格多普华基金会暨三语学校主席。

印尼华文教育在苏哈托政府1998年下台以后开始复苏。各地华社、华人纷纷开办华文补习班或华文教学中心。近几年兴起的、包含华文教学的全日制三语国民学校在多个城市先后问世，应运而生。学校以中小学为主，也有的深入幼儿园。经过多年开办补习班的经验，结合印尼的国情原因和市场的需求，办学的华社、华人认为这种教学机构既符合国民教育的办学要求，又满足华人社会兴学的期望。华文教育不能脱离国民教育，而应走相结合的道路。② 它是三语兼教的、隶属印尼国民教育体制的"三语国民学校"。

一、印尼华文学校历史简述

有句话说，凡是有中国人的地方就有华文教育。中国人一向注重教育，尤其重视对子女的文化传统和伦理道德教育。早年移居印尼的中国人，尤其到了17世纪之后，就已兴办华文私塾；印尼最早的华侨教育场所是1691年在巴城的华人公馆（荷印政府文委任甲必丹等治理华侨事务的机构）倡议下建立的私塾式学校。③ 1898年中国戊戌变法失败后，逃逸南洋的康有为、梁启超曾落籍印尼巴城（现在的雅加达），为了振兴中华文化，鼓动建立华文学堂。在东南亚地区，第一所正规的华文学校是由巴达维亚中华会馆于1901年3

---

① 本文为教育部哲学社会科学研究重大课题攻关项目"华侨华人在国家软实力建设中的作用研究"（项目批准号10J2D0049）之子课题4"华文教育在中国软实力建设中的作用研究"阶段性成果。

② 辛玉宝：《印尼的华文教育性质及策略走向》，《第三届印尼华文教育研讨会论文选集》，雅加达：印尼雅加达华文教育协调机构2005年版。

③ 李学民、黄昆章：《印尼华侨史：古代至1949年》，广州：广东高等教育出版社2005年版。

月 17 日创立的中华学校，① 即当今的八华三语国民学校前身。随后印尼各地华人也相继创办中华会馆和中华学堂。学校课程全用华语讲授，基本上还是属于母语教育性质；在 20 世纪 30 年代和 50 至 60 年代初印尼的华文教育处于鼎盛时期，华文学校数量剧增，教育质量也明显提高。根据资料显示，印尼华文学校最多的时期数量达到 1 861 间，学生达到 30.1 万人，② 是中国海外华文学校以及学生最多的国家；但是到了 20 世纪 60 年代中后期苏哈托政府上台之后华文学校全部遭到封闭，印尼的华文教育和中华文化也处于历史的最低谷。直至临近 21 世纪才浴火重生、枯木逢春。华文教育在培养华人子女对祖（籍）国、对中华民族和中华文化的认同和感情方面，具有决定性的作用。

在当今的信息全球化时代，尤其是随着世界互联网的飞速发展，世界人民无国界的交往，印尼华文教育性质也随之改变，教育模式也形式多样。印尼华侨教育经过几十年的实践，证明了完全模仿和照办中国的一套教育方针是行不通的。③ 随着印尼政治形势的变化、华人政治认同的转向和世界政治经济格局的改变，20 世纪 60 年代以前的那种母语式华校已全然没有了。由于绝大多数新生代华裔不谙华语，以前的母语教育业已演变成了华文教育或第二语言教育。

二、印尼新兴三语国民学校概说

经过多年的探索，印尼华教工作者终于得出了既符合广大华人办学愿望又符合市场需求的三语兼教、并重的学校。这种教育需要由娃娃抓起，从幼儿园办起。它是以国民教育内容为主线，华文教育为辅线。由于除了华文以外均采用印尼国民教育部制定的课程、大纲和教学内容，列入国民教育体系，所以称之为三语国民学校。华文教育既是族裔社会的民族教育，也是所在国家的国民教育。④ 这是印尼华人在政策允许范围内按照自己的理念开办的学校。

在三语学校就学的多数为华人子女，也有相当数量的土著学生。三语学校不拘宗教信仰、经济地位贵贱、族群或民族派别，实行古圣贤"有教无类"的办学方针，是值得推广的新型的华文教育模式。⑤ 据初步统计，当前三语学校在印尼计有 40 多间，多数是原来的旧华校复校，也有社团创办的和社会人士独资开办的。

三语教育是一个专业性很强、难度很大的活动，印尼新兴的这种学校具有重大的社会意义，是一种历史性进步。

印尼的这种新兴三语学校是一个新生事物，备受关注，也有人质疑诟病。我们认为这是印尼有识之士在理性设计之下进行的极有意义的实践，值得充分肯定。笔者希望有条件的原华校校友会、华社和个人，不管是从零开始，还是以自己的补习班为基础进行升级改造，都能更多地兴办这种教学机构。

---

① 梁英明：《东南亚华人研究——新世纪的视野》，香港：香港社会科学出版社 2008 年版。
② 黄昆章：《印尼华侨华人史：1950 年至 2004 年》，广州：广东高等教育出版社 2005 年版。
③ 黄昆章：《印尼华侨华人史：1950 年至 2004 年》，广州：广东高等教育出版社 2005 年版。
④ 彭俊：《关于华文教育学科的师资培养和培训》，《第三届印尼华文教育研讨会论文选集》，雅加达：印尼雅加达华文教育协调机构 2005 年版。
⑤ 陈友明：《关于三语学校和华文教育概念的商榷》，《东南亚华文教育通讯》2010 年第 8 期。

我们关注这种教学机构，是因为他们不仅具有社会政治意义，而且具有管理的难度。目前最大的问题是管理，主要包括两个方面：第一是宏观综合管理，指协调出资人、学校行政教学人员、学生及家长各方，其中一项重要内容是经济效益问题。收费高，或者说家长、学生、社会认为收费偏高，是一个问题，其中成本高的原因之一是高素质教师缺乏；有的学校可能由于管理不善导致各种综合症并发。第二是教学质量控制，这也是决定三语学校命运的大事。本文将着重研究三语学校宏观管理方面的问题。

三、印尼三语学校概况

笔者刚刚完成了印尼三语学校的调查问卷。2012年2月1日发出问卷表40份，截至3月共收回答卷33份，涉及33所华校，回收率82.5%。本小节对这些三语学校概况作些描述。

（一）适用政策概况

根据印尼教育部相关政策，目前印尼政府认可的学校类型有5种：

（1）外国教育机构/外籍学校：是外籍人士开办的学校或者外国学校在印尼开设的分校。印尼语叫 Sekolah Asing。

（2）加盟外国学校的教育机构或学校：是国内学校和国外学校合作或联营的学校。印尼语叫 Sekolah Internasional（Frenchise）。

（3）国民教育机构或学校——指国立或民办的国民学校。其教学大纲、课程设置、考核制度、管理方法等均为印尼国民教育部制定规范，受地方教育督学署监督。印尼语叫 Sekolah Nasional。

（4）具有国际标准的教育机构或学校——其教学大纲、课程设置、考核制度、管理方法等参照国外某国或某著名学校制定的方案。印尼语叫 Sekolah Bertaraf Internasional（SBI）。

（5）强化型的国民学校——指增设或强化某种课程（语言类或宗教类）的国民学校。除了增设的课程及其相关的科目，其他课程、科目，其教学大纲、课程设置、评估制度、学制学时以及学校的管理方法和标准等须按照国民教育部制定的方案实施，受到当地教育督学署的监督。它的印尼语叫 Sekolah Nasional Plus。

本文研究的印尼的三语学校应隶属于第（5）类型强化型的国民学校。[①]

（二）名称

三语国民学校因所处城市或原是当地华校复校，故名称上大多都有标明原华校名或所处城市的简缩名。如援引原泗水新友中小学的称为新中三语国民学校，援引原雅加达八帝贯中华会馆（学校）称为八华三语综合学校，援引原普禾格多中华学校的称为普华三语国民学校，援引原茉莉芬中华学校的称为茉华三语国民学校等；也有一些是重新命名，例如由公会、社团开办的如梭罗福清工会的培育三语国民学校、万隆客属联谊会的崇仁三语国

---

① 陈友明：《三语学校办学探讨》，《第七届东南亚华文教学研讨会论文集》，印尼泗水，2006年。

民学校；由教会办的有丹格朗文德庙菩提学校、雅加达圣道中小学、基督教三一学校等。还有个人或集体筹办的有峇厘江连福先生创办的文桥三语学校、日惹李喜庆先生筹建的崇德三语国民学校、巴淡的郑月和学校、三宝垄的南洋三语学校等；也有原来的国民学校而后增设华文课程或改造过来的，如万隆的崇仁三语国民学校、雅加达必利达学校、雅加达梅州工会的崇德三语国民学校等。

这些学校，并不一定挂名三语学校或国民学校，但均以国民教育内容为主线，华文教育为辅线，增设一定节课量的华文课程。由于它是华人团体或个人开办的学校，所以约定俗成称为三语学校。

这些学校都是规范的全日制学校，多为由最低的唱游班（或叫贝贝班）和幼儿园逐而升级到小学、初中、高中阶段。

（三）数量、地区分布

目前，印尼的三语国民学校有 40 多所。由于创办时间还不长，大多也是逐年升级，故开办层次目前以幼儿园和小学的居多。

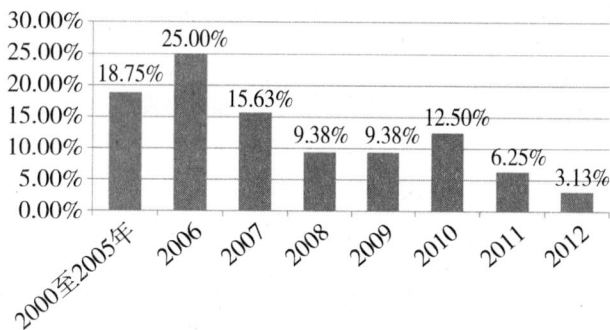

图1　2000 年后三语学校创办时间图

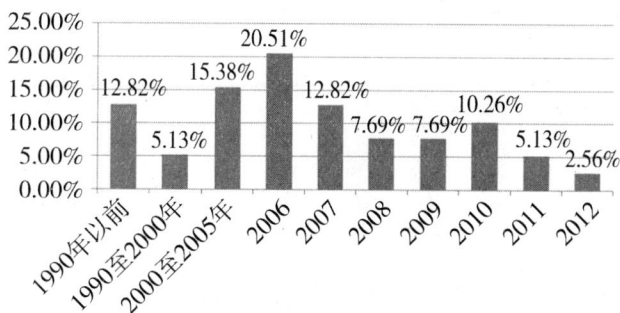

图2　所有学校创办时间图

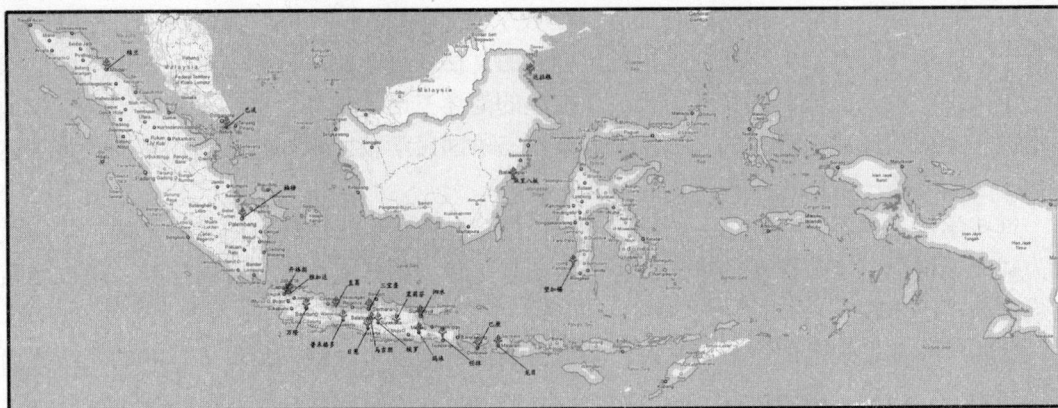

雅加达：	八华学校	万隆：	崇仁三语国民学校	三宝垄：	三宝垄三语国民学校	玛琅：	德智国民学校	麻里八板：	共培三语学校
	必利达三语国民学校		曙光三语学校		NUSA PUTBRA国民学校	茉莉芬：	茉华三语国民学校		育德国民学校
	崇德三语国民学校		基督教三语学校		中华会学校	任抹：	任华三语国民学校	达拉根：	达华三语学校
	圣道学校		立人三语学校	巴厘：	文桥三语学校	丹格朗：	文德库菩提学校	望加锡：	望加锡三语学校
	顺德学校	日惹：	崇德三语国民学校		印华三语学校	龙目：	崇德三语国民学校		
	立德国际学校		殊途同归三语学校	梭罗：	培育三语国民学校	巴淡：	环球学校		
泗水：	小太阳三语国民学校	棉兰：	崇文三语国民学校	普禾格多：	普华三语学校		郑月和学校		
	新中三语学校		卫理学校	马吉朗：	培德三语国民学校	橘榜：	PELITA BANGSA学校		

印尼普禾格多普华基金会　制

图3　印度尼西亚三语学校分布图

（四）运营状况

印尼约40所的三语学校，均是民办学校，且都是当地华人个人或集体创办的，他们完全没有得到国家拨款，也没有本国或外国财团的资金支持。以下是笔者对其中33间学校调查问卷的数据。

主办方：个人经营30%；侨团26.67%；宗教团体20.00%；校友会10.00%。

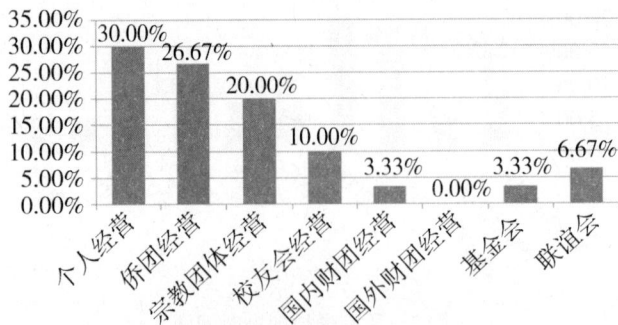

图4　三语学校主办方图

经费来源：国家拨款0%；国内财团0%；学费38.98%；基金会资助23.73%；侨团15.09%；校友会5.08%。

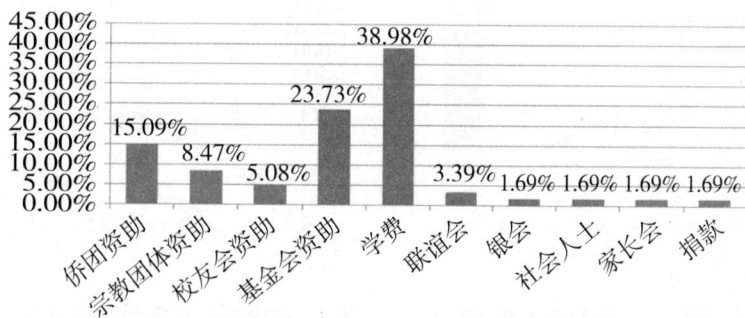

图 5　三语学校经费来源图

校舍归属：专用 80%；租用 20%。

实验室：有 64.54%；没有 35.46%。

图书馆：100% 有。

操场：有 96.77%；没有 3.23%。

地区分布：以爪哇岛居多，爪哇岛外也只是在几个省会城市中设有三语国民学校。

（五）学生情况

1. 学生的人数和班级数

三语学校虽然兴办的时间还不长，但是新开办的学校在不断增加，班级数量和学生人数逐年递增。根据能够统计的数据，目前三语学校的总人数大约有 22 000 多人。由于办校时间还不长，大部分的学校才办到小学阶段，所以人数以幼儿园和小学为主。下面是初建时对比现在的柱状图。

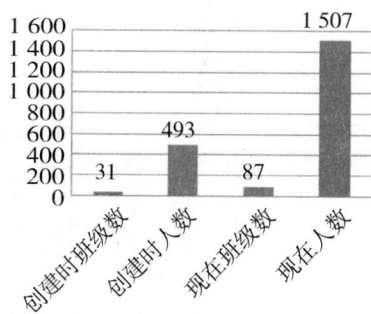

图 6　唱游班建校初与 2013 年班级人数比例图

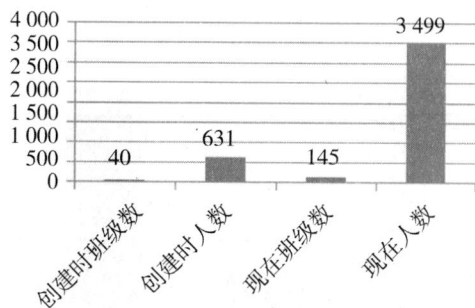

图 7　幼儿园建校初与 2013 年班级人数比例图

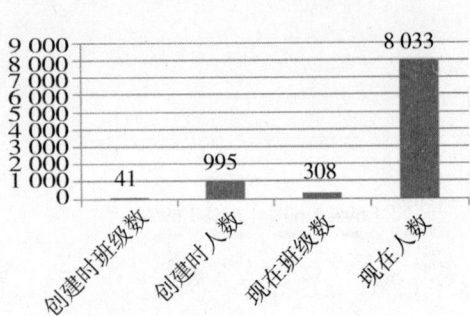

图 8　小学建校初与 2013 年班级人数比例图　　图 9　初中建校初与 2013 年班级人数比例图

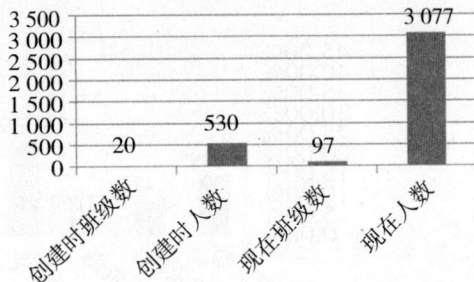

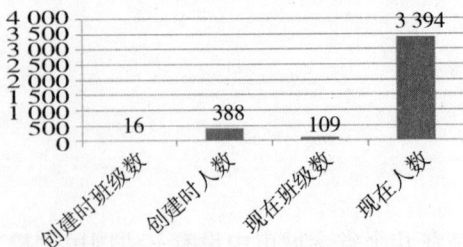

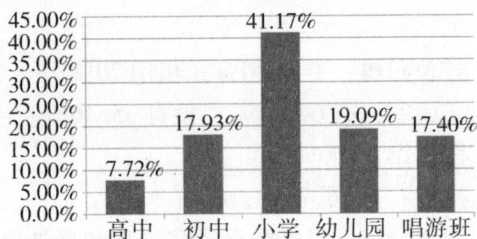

图 10　高中建校初与 2013 年班级人数比例图　　图 11　各阶段在校生人数比例图

　　三语学校可以说是印尼华人办校的一种形式，是传统华校与印尼现状相结合、相适应的一种产物，所以就学生的民族而言，还是以华裔为主。因为部分学校调查问卷填写数据不全，根据部分合格问卷的数据总结，三语学校华裔学生约占总数的 84.6% 左右，应该说是占绝大部分的。

　　但是也有显示，有约 15.4% 的学生并非华族，这也说明三语学校慢慢地开始被其他族群的人们所接受。

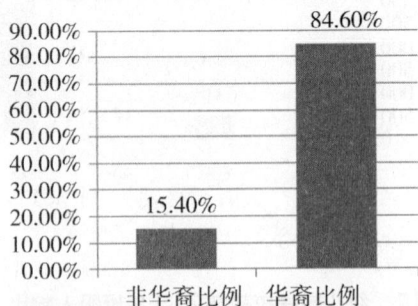

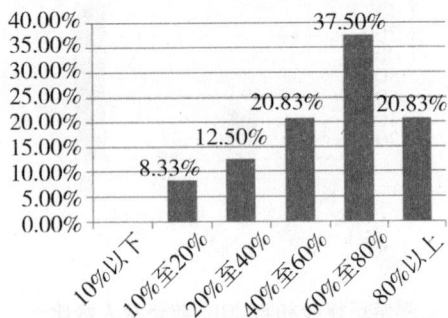

图 12　华裔学生比例图　　　　　　　图 13　各地华裔学生学习华语比例图

2. 学生的宗教

　　印尼是宗教国家，法律规定每一个公民必须信奉一个国家认可的宗教。印尼人多信奉伊斯兰教，约占全国人口的 80% 以上。但是印尼华人多不信奉伊斯兰教。因此，三语学校学生的宗教构成多少也体现了印尼华裔的宗教状况，或也体现了三语学校学生族裔的构成情况。其中，基督教、天主教共占48.94%左右，佛教约占36.26%，伊斯兰教约占12.81%，孔教占0.60%，印度教约占1.38%。值得注意的是，三语学校伊斯兰学生的人数将近13%，加上一部分信仰其他宗教的，这就意味着三语学校的友族学生人数估计有15%以上。这种局面显示了三语学校不仅仅是华人专有，也逐而被友族群体所青睐。这对于汉语和中华文化的传播和发扬、加强印尼各族裔、各阶层、各宗教之间的和谐共处无疑是积极的、可喜的现象。

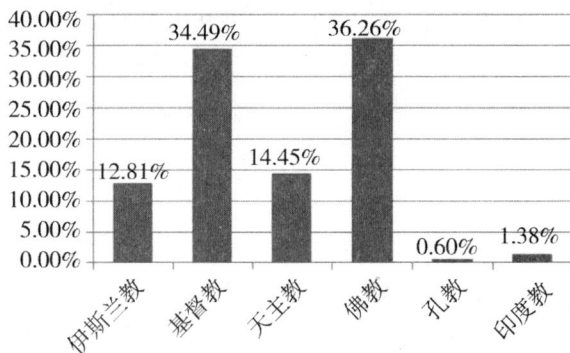

图14　学生宗教信仰情况图

3. 家庭经济状况

通过问卷的数据统计可以发现，学生的经济状况跟学校的定位有直接联系。部分定位较高的学校学生经济条件也很好，如三宝垄中华会学校学生家庭富裕的占到100%；而麻里八板共培学校学生家庭富裕的仅占5%。

就平均来看，比较富裕的家庭占到36%，一般的约为46%，较差的约为18%，可以看出三语学校的学生家庭经济状况还是不错的，这也是和印尼普遍的华裔家庭的经济状况相符的。

4. 学生家长职业状况

从学生家长的职业状况来看，经商的约占60%，职员约占30%，公务人员约占10%。由此可见，目前印尼华裔还是以经商为主。

5. 学生家长受教育状况

调查显示，学生家长受过高等教育的占64%。联系到印尼的高等教育入学率为13%～16%，三语学校学生家长的受教育状况还是非常不错的。除了经济问题，这应该也和中华民族一向重视教育的传统观念有关系。

（六）学校的入学赞助费和学费

印尼的民办学校入学报名大都须缴纳赞助费，从赞助费和学费的高低也可以看出学校的档次和学生、家长的经济状况。此项共有27所学校提供数据：

赞助费：2 000 000 盾 ~ 3 000 000 盾的有 9 所，占 33.33%；

　4 000 000 盾 ~ 6 000 000 盾的有 14 所，占 51.85%；

　7 000 000 盾以上的有 4 所，占 14.8%。

填写月学费的有 28 所学校：

　月学费：200 000 盾 ~ 350 000 盾的有 12 所，占 42.85%；

　400 000 盾 ~ 600 000 盾的有 10 所，占 35.71%；

　700 000 盾以上的有 6 所，占 21.42%。

横观印尼各民办学校，主要以大小城市学校的收费状况作分析，印尼的三语学校总体来说其收费档次应该属于中等水平，个别学校甚至是中等偏高。这个也许正是反映了印尼华人群体的经济地位状况，也表明了三语学校自身的市场定位。

（七）教师情况

1. 华文教师

三语学校教师中华文师资是最主要的部分，接受调查的 33 所学校中，有 31 所填写了此项目。共有 334 位华文教师，平均每校 10.8 位，应该说还是有一定的实力的。但是师资分布很不平均，多者如雅加达八华学校中文教师有 80 人，棉兰崇文三语学校也有 40 多人，少者则仅有 2 人。

华语教师中中国籍教师占中文教师总数的 39%，占有相当的比重，而女教师又占绝对的多数，占 83%。中国籍教师一方面保证了语言教学的质量，但另一方面也显示了印尼本土华文教师的缺乏。

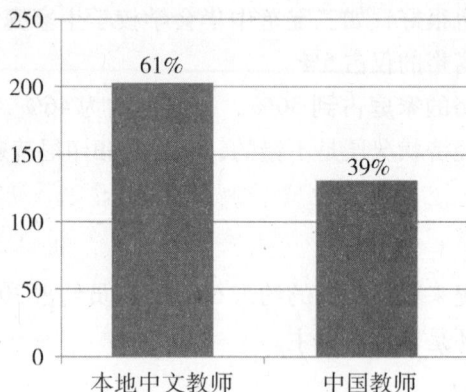

图 15　本地华语教师与中国教师比例图

2. 中文教师的专业背景和学历

三语学校中文教师的专业程度还是比较高的，其语言专业的有 55.03%；学历程度也比较高，本科学历的占 65.50%，专科学历的占 30.57%。除一所学校中文师资为前华校高中毕业生为主，其余中文教师都具有大专以上学历；专业方面语言类、教育类共占 86.57%，中文教师的素质还是比较理想的。这也是因为近年来中国和印尼合作培养的一批青年教师已经成才走上工作岗位，10 年前的华文教师短缺问题得到了一定程度的缓解。

华文教师的专业和学历

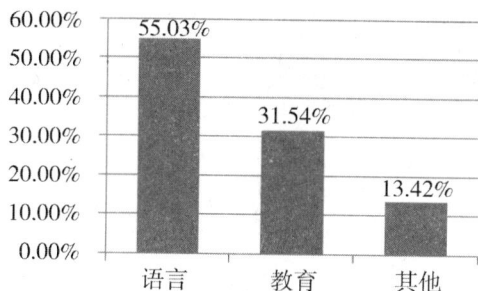

图16　华文教师专业图

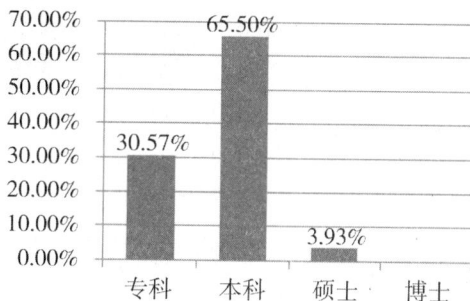

图17　华文教师学历图

中国教师的专业和学历

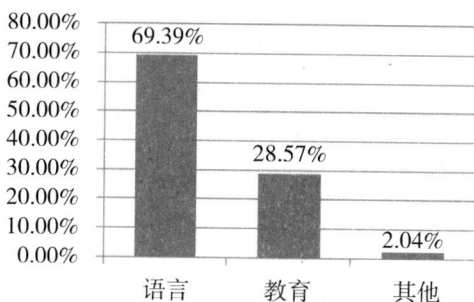

图18　中国教师专业图

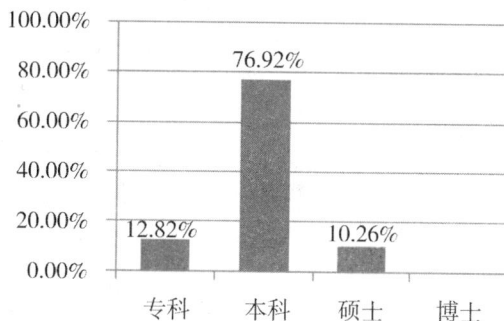

图19　中国教师学历图

图 16 至图 19 的数据表明，三语学校现有的华文教师的质量是优秀的。

3. 其他教师

关于三语学校的其他课程和师资，因为问卷使用语言为华语，所以大部分学校的填写者实为华语主管或学校创办人，可能对其他学科不甚了解。故以此部分的数据统计不全，也存在一些问题，仅供参考。

首先来看，作为其他科目的教师，整体而言比华文教师更加专业化和学历化。基本上 80% 以上都具备本科以上学历，最低也为专科；语言教育类专业的也达到了 80% 左右，除理科教师外，因理科教师大部分为理学、工学专业毕业，并非教育学专业，也算是专业对口。由此可见，其他科目的教师还是可以符合要求的。

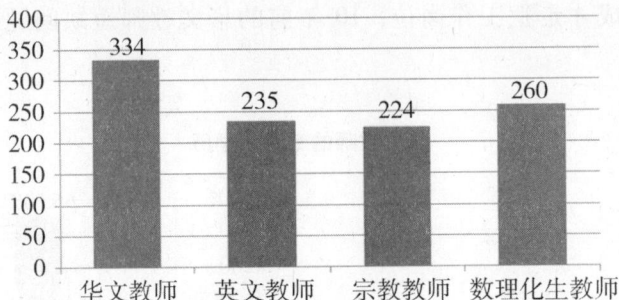

图20　各科教师人数图

图20显示华文教师占学校教师的31.71%，说明了华文课程是三语学校主要的教学语言课程。

（八）汉语教材的使用情况

20世纪末华文开始解禁的时候，华文补习班和学校使用的华文教材还是来自台湾、新加坡、马来西亚居多，另外还有本土华人编写的教材，但是主要是供成年人学习会话用的教材，此时中国大陆的教材还比较稀少。后来随着印尼和中国两国政府关系的不断发展，尤其是中国的侨办、海外交流协会和国家汉办大力向海外推广汉语，多批派送汉语专家团来印尼做师资培训，并大力推广中国大陆出版的教材，近几年来，尤其是在三语学校中，中国大陆教材逐渐成了主要教材。中国国侨办还特为印尼的幼儿学前教育编撰教材。组织教材编写小组，来到印尼做实地考察，并和印尼的华文教师一起编写适合本国国情的儿童教材《千岛娃娃学华语》。这本教材几乎成了目前三语学校幼儿园的共同教材，使用率接近80%。由此可见，教材本土化是多么重要。幼儿教材的相对统一也显示了三语学校幼儿园的整体教育水平的一致性、有效性、质量控制的可靠性。

（九）教学水平总体情况

应该说三语学校的幼儿园和小学，由于他们使用的教材比较统一，也基本上使用了中国有关部门推广的教材，所以在这两个阶段，华文的教学应该还是比较系统规范的，程度也是比较可以信赖的。尤其是在幼儿园和小学大都有了年轻、有汉语学历背景的华文教师甚至中国教师执教，加上每周课时较多，所以教学水平总体情况还是比较好的。

但是在初中，尤其是高中，情况就有所不同，华文的教学水平有些差强人意。这也许是三语学校办校时间还不长，这些读初中尤其是高中的学生大都是外校插班进来的新生，还没有汉语基础，学校制定使用的教材又较为混乱，所以水平和效果也相对较差。

还有因为印尼没有统一的华文课程和教学大纲以及统一的考试和评估制度，参加汉语水平考试也还未形成学校的制度和体系，所以很难评估三语学校的实际教学水平。也正因为如此，导致出现了使用教材无计划、无目标、无系统、无衔接、无连贯地滥用，使质量控制存在严重的问题。还有，目前有不少华人或华社新开设的学校，为了争取生源，忽视必要的条件的准备，动辄即以"三语"学校命名。① 这些所谓的"三语学校"首先华文课程的课时太少，有的甚至每周不到 4 节，根本不能保证教学质量。

关于评估问题，汉语水平考试或可成为检验学校质量控制的一个重要方式。据调查，目前有参加汉语水平考试的三语学校为 15 所，但比较系统的以汉考为标准之一的为 9 所（判断标准为参考是否具有连贯性，是否有合格率等）。参考学校只占总数的 45%，而以汉考为标准的学校只有 27%。目前有几个学校（有汉考标准的）的汉考标准一般小学二、三年级就参加 YCT，六年级一般可达到 YCT4 左右；初、高中以 HSK 为标准，但初、高中标准反而可能更低，只达到 HSK2、3，这是因为很多学校初建，初、高中多为外校插班生，有些学生不具备汉语基础。论质量标准，总体看来还是比较薄弱混乱的，真正的标准尚未建立。

虽然有这样或那样的缺点与不足，许多方面不健全，但是三语学校的问世以及几年来的业绩的确已经让人刮目相看，甚至也令同行羡妒。三语学校除了教学系统规范的汉语，更加强调对学生的道德素质教育，重视传授博大精深的中华文化及其核心价值和人伦哲理。办学几年来，它基本上得到了社会和政府部门的称道和认可，树立了它的独特的文化形象，逐步建立了优秀的品牌，确立了它自己的定位。三语学校不仅广受华人欢迎和赞许，同时也逐渐得到印尼友族人们的青睐和肯定。入学的学生人数逐年增多。问卷调查还表明，在三语学校就读的友族学生有将近 16%，其中伊斯兰教友族学生有 13%。这是极好的现象，是印尼十几年前甚至有史以来所没有的。除了说明了三语学校已被主流认可，也证明了汉语在当地日益重要和中华文化强大的吸引力和感召力。

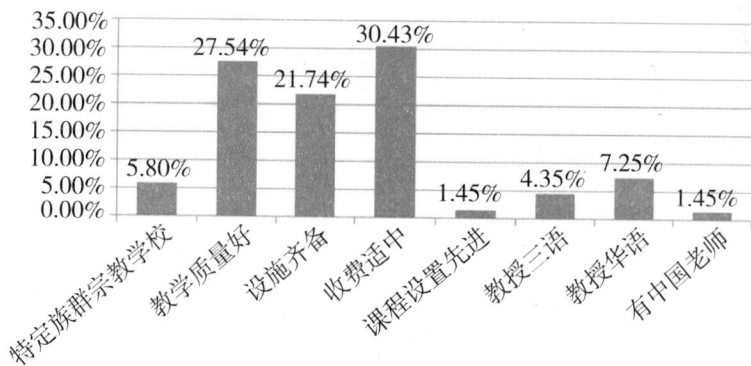

图 21　就读三语学校原因图

① 杨兆骥：《关于三语学校》，《第三届印尼华文教育研讨会论文选集》，雅加达：印尼雅加达华文教育协调机构 2005 年版。

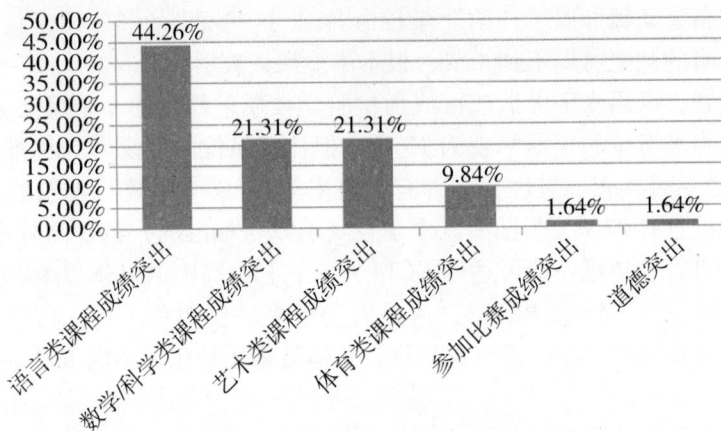

图22 三语学校主要成绩图

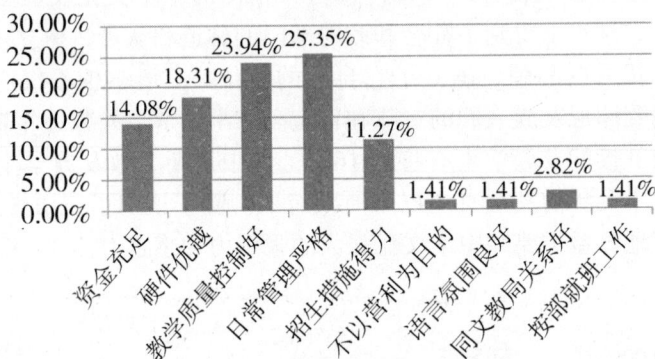

图23 三语学校主要办学经验图

四、宏观、综合管理问题

（一）三语学校的总体管理模式

印尼教育部规定，一切民办（社办）学历教育机构均须以基金会为注册法人。三语学校的法人机构和管理机制也和其他民办学校一样，都是以基金会为法人机构，下属学校的管理机制。

1. 基金会

根据印尼教育部规定，民办学校必须有一个法人机构注册组办，这个法人机构是基金会，它是非营利的。因此，印尼的三语学校其组织形式也必定是基金会。这里简述一下基金会的性质及其法律效能。印尼法律中有关基金会的职能及其成立细则可查2001年第16号法令，和2004年修改的第28号法令。细则的主要内容摘录如下：

- 基金会可以由至少1人或多人作为创会人。
- 创会人从私人财产中拨出现款或资产，作为基金会的成立注册资金。

- 创会人必须分开私人财产和基金会的财产。
- 基金会的宗旨，包括开展社会活动、人道主义活动或宗教活动。
- 基金会是一个非营利机构。
- 基金会组织成员有辅导委员会、理事会、监察委员会。
- 辅导委员会组成之后，创会人是当然的辅导委员。
- 辅导委员会是最高权力机构，有对理事会以及监察委员会委员的委任与罢免权。
- 辅导委员会委员是终身制。
- 基金会的拥有资产不能转卖。
- 若清盘，清盘结果余下的资产，必须交给跟它拥有共同目标的基金会或国家，不得分给基金会成员。

按照法律，基金会无形中即变成了社会所有了。除了管辖权，它的资产所有权已经不再是原先注入资金的基金会创办人，而是"交给"了社会共有，基金会成员也不许收受薪水或取得其他利益，这恐怕就叫"奉献"吧。

基金会下面是学校的管理机构，包括管理硬件设施、资金筹措和校务工作。再往下才是各分校的校长。目前印尼各社团、校友会、宗教团体等集体开办的三语学校的组织结构大致如此。

2. 有限责任公司

鉴于基金会所处的这种"尴尬"地位，考虑和预防政府政策会有变动，建校的精英们想出了另外建立"有限公司"和董事会的办法。因为有限公司的资产是属于个人财产，宪法甚至是国际法规定是不可侵犯的。因此学校的不动资产，例如地皮、校舍、建筑等硬件设施可以以公司的名义注册，这样就可以避免资产可能被"充公"。由于印尼政府的政策经常变动，学校资产保持"私有化"会更为保险。对于出资人来说，不动产纳入有限公司管理，实行股份制，还会有对学校及其资产的拥有权和荣誉感，这样也便以向外筹措资金。

3. 基金会的运营和管理机制

在所调查的学校中，我们知道学校的主办方也就是法人主要还是以团体为主，占总数的70%。团体中主要是华社、宗教团体和校友会，这三种团体是建校团体的主要力量；有部分学校并不是由一个组织主办的，也存在多个组织共同协办的，个人建校的也有30%。这种由团体或个人经营的学校，由于不是教育专业人士所有，故不论在管理机制或硬件设施上都免不了会出现这样或那样的问题，产生许许多多的困难。

三语学校的这种由基金会拥有和操作的运作方式，有其积极有利的一面，但是也有很多弊端。积极的一面是因为基金会是法人机构，实际上是归社会所有，万一经营有问题，政府是有责任和义务扶持的。这样学校成员即教职员工和学生便可以安心工作和学习；还有，对于出资建校人而言，这也许是他们奉献社会的最佳方式；他们的义举还会带动广大人士捐款赞助学校。

但是基金会领导成员众多，也会经常产生内部意见分歧。尤其是它的组织法里有存在缺乏民主的地方。会章里面有一项条款规定：作为基金会最高权利的辅导委员会，其辅导委员是终身制，而且对理事会和监督委会成员有委任和罢免权。我们都知道基金会是因为办校需要而建立的，办校的人一般都是校友会或集体。这种不民主的体制就和华人办校的思想和理念相悖，由于法律不健全，辅导委员会主席也可能会变得独裁，会造成基金会的内部纷争。基金会领导层的分散，是会直接反映和影响到学校的总体管理上的。这也是它的弊端，有几个案例就是这么形成的。出钱多的想要多管事，团结工作做得不好，弄得众叛亲离，结果学校只得一个人扛了（比如日惹李喜庆创办的崇德三语学校，任沫陈万新先生创立的任华三语学校等），几乎成为独自投资。

再则是基金会和有限公司之间也存在不协调，衍生出利益上的分歧和矛盾，轻者可以协商解决，严重的会造成纷争甚至分裂和解散。

综上所述，可见在印尼办学不仅需要出钱出力，还需做好组织团结工作，善于观察本国的政治气候和社会关系，紧跟政府的各种政策；抓好校长和管理人员的工作；善于搞好和学生、家长以及社会人士之间的关系等等，非常繁杂，华人办学之艰辛可见一斑。

（二）各地三语学校运营情况

1. 各地三语学校规模、实力有差异

通过上一章节所显示的资金、硬件设施、师资、学费、教材情况等的综合分析，可知目前的三语学校情况还是非常复杂的。最典型的就是学校的规模、实力差别是很大的。以校舍来看，有租用或专用的；以师资来看，部分学校师资力量比较薄弱，数量不足，部分学校只有 3~4 位华文教师，这对于一般国民学校来说应该是足够的，但对于三语学校来说，是远远不够的；学历方面，某些学校师资仅仅还是以前老华校（1966 年前）的高、初中毕业生为主要师资力量；因此，正如调查中显示的，师资问题成了三语学校当前的主要困难和质量控制的主要因素。如雅加达崇德学校，学生有近 2 000 人，由幼儿园阶段直办到高中，就只有一名年轻中国籍教师做督教，幼儿园中文课程全部由本地教师执教，除此之外每个班都还有一名中文助教，他们都是崇德学校的高中毕业生，仅受过几年的华文课程。虽然小学、初中、高中阶段华文课程每周达 10 节，但是观其教学质量和效果实在差强人意。而有的学校华文教师却相当可观，八华学校 2 988 名学生，84 个班，就有 80 位华文教师（其中中国教师 60 位），学历也以本科为主；学费方面，收费较低的学校只有 200 000 盾/月；而有的学校则达到了 1 000 000 盾/月以上，两者间相差 5~6 倍。甚至同在一个城市，收费标准都相差甚大。

根据以上情况的综合分析，目前印尼三语学校发展，尤其是硬件发展还非常的不平衡。实力雄厚的包括雅加达八华学校、泗水新中学校、棉兰崇文学校；中等学校比较多，大部分三语学校属于这一层次。包括雅加达圣道学校（基督教学校，但是非常重视华语教学）、雅加达必利达学校、万隆立人学校、普禾格多普华三语学校、日惹崇德学校、茉莉芬茉华学校、巴厘文桥学校、梭罗培民学校、三宝垄南洋三语学校、泗水小太阳学校、万隆三一学校（基督教学校，华文课程还不太被校方重视）等；实力不足的有直葛直华学校、麻里八板共培学校等。可以说印尼三语学校实力差异较大。

2. 成本及效益分析

总的来说，财力雄厚的三语学校可以多聘请中国汉语教师或水平高的教师，建造好的校舍和设施，完善教学设备，学习环境优雅等，但成本高、费用开支大，学费相应高，相

对来讲可以更加保证教学的质量和达标效果。

财力不足的三语学校只能聘用本地的华文教师，这些老师多数为年纪已迈的老教师，或学了一些年汉语的年轻的本地教师。校舍因陋就简，设备欠完善，学习环境较差。虽然开支较低，但是学费和收入也低，教学质量可能很难达标，效果也会不如人意。

虽说如此，通过对一些学校的了解，财力不足、实力较差的学校并不一定经营得不好，造成亏损，例如雅加达崇德学校，每年的经营都还有结余；反而部分财力雄厚的学校，如雅加达八华学校，虽然学费较高，达到1 000 000盾/月以上，但因各项支出很大，成本过高，所以学校到目前为止还是一直处于亏损状态，每年需要补贴。

当然，这一问题也不能一概而论，主要取决于主办方的方针，如果不以营利为目的，并且财力较雄厚，可以对学校进行部分补贴，也无可厚非；如果学校可以自负盈亏，甚至还有盈利，以供再发展，当然是最理想的。不管怎么说，经营民办学校必须要有市场观念。

从调查问卷来看，学校经费来源除了学费以外，还有各种团体和个人的赞助。根据笔者对三语学校的了解，现在经营较好的学校也只是做到自负盈亏，维持学校日常运作，真正有盈利的学校很少。而大规模的硬件投入比如地皮、校舍就只能靠基金会及其从属机构有限公司和校友会资助支撑了。

（三）国家评价等级证书（Akreditasi）

印尼教育部规定凡是国民学校，须遵照国家办学体制和采用国民教育的课程设置课程大纲，这些学校必须要进行综合评价，划分学校的优等级。评价单位是所在省的省教育厅，证书出自印尼教育部。评价等级分为三个级别，A级、B级和C级，A级为最高等级。有了毕业生的学校方可申请评价等级证书。评估内容很多，范围很广，项目很细，要求严格。上自土地、校舍所有权，下至教职员工数量和福利，从教学设施到财政状况，教师的学历资历到学生的学业成绩，校务教务质量管理等等，详细周密，不一而足。等级评价可让学校重视和保证行政管理和教学的质量。若得到较高的评价，学校的地位和形象自然就提升，这也是极好的宣传资本。但是如果评不上或只评得C级就意味着学校质量较差，会使学生家长丧失信心，甚至造成学生流失，招收新生也更加困难。

由于创办时间大多不足六年，目前大多数三语学校基本都尚未有小学的毕业生，所以除了幼儿园以及几所已经开办初中、高中的学校和原来被改造过来的老国民学校，三语学校的小学部很多都未进行评价。但是已经做过评级的三语学校结果很是让人欣慰。统计调查显示：三语学校幼儿园已经评估的15间学校，14间获得A级，1间获得B级；小学11间都获A级；初中12间也都获A级；高中9间A级，3间B级。几乎所有已经评估的三语学校都获得了最高级别A级，而没有得到C级的。说明了三语学校的综合办学质量在印尼国民教育体系里面是优秀的，也说明了印尼华人的办学效果是成功的。

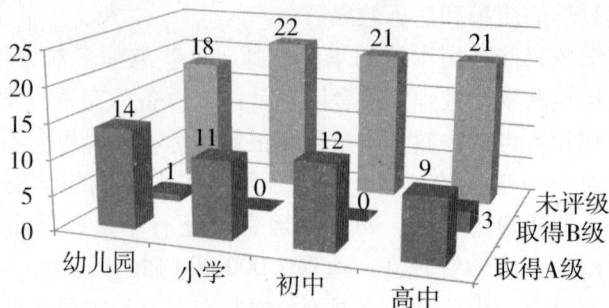

图24　三语学校获得国家评估等级图

（四）宏观存在的问题和主要困难

1. 师资

这是当前三语学校的首要困难，也是多年未能真正解决的瓶颈。这里是有历史原因的，三十多年华文教育的断层形成了华文教师的匮乏。原有的老教师即在旧华校任过教的和受过教育的华文教师，大多也没受过规范的师范教育。据史料，旧华校受过师范大学教育、有资格任教的教师仅24.47%，无资格的有75.53%，[①] 且很多已年迈体弱，不能亲历讲台执教；华文解禁之后有不少年轻人到中国留学和学习语言，但他们回来大多不愿意当华文教师，尤其是华裔青年，他们嫌教师行业工资低微。鉴于这些原因，聘请中国教师或成为救火之水、应急之策。一些有资金能力的学校便自行聘请中国籍教师以解决华文师资困难，但是这样便加重了学校经费的开支，引起学费标准升高，加重了学生的负荷，结果还是会影响生源，引起一系列的连锁反应。因此，聘用中国籍教师也不是解决师资短缺的最好方法。

2. 资金

由于是民办学校，建校的资金须建校人自己筹款解决。然而就印尼情况而言，那些关心华文教育和三语学校的大都不是大财团、大企业家，而是经济实力并非十分雄厚的热心人士。

3. 生源

构建什么档次的学校？采取什么样的收费标准？若要求软硬件设施完善，势必会增加财政开支，提高学生学费，这样很可能就会让学生望而生畏，限制了学校招生人数。如果在大城市，因为人口基数大，人们平均收入较高，追求也高，这一点还是可以解决，但是在小城市不一定如此，所以这就需要学校的行政管理人权衡利弊了。

4. 硬件

归根结底还是资金问题，不少学校在校舍和设备方面比较简陋，比如直葛的直华课室占用的是庙堂的空房，雅加达的崇德幼儿园、小学、初中直至高中同挤在一栋四层的旧的

---

① 黄昆章：《印尼华人华侨史（1950至2004年）》，广州：广东高等教育出版社2005年版。

店铺楼里，有的班级教室还是轮流使用。资金问题导致学校课室不足，设备欠完善，这些问题肯定会影响教学质量的。

5. 教材

目前印尼的华文教材繁多，但是真正适用的却不多。中国教材大部分都不是在印尼出版印刷，所以获得途径十分困难，价格也不便宜。但是，本文要解析的并不是教材资源的困难，而是选择教材的不适宜，比如不适合年龄段、教 学段，或无目标、无系统、无衔接、无连贯，而势必造成盲目无章，质量难于控制。这个情况恐怕就要责怪教学的管理人员或老师了。

6. 管理人才

中文教育、华校的断层，使得管理人才非常缺乏。目前大部分新兴三语学校是由前华校校友所建，一般都是商界的成功人士，很少有教育界的。如果出资者是旧华校学生，顶多也只是高中甚至是初中学历。所以很多出资建校者对教学管理都不甚了解，而聘用的管理人才多因为没有华校背景和"中华观念"，未必能同建校方拥有同样的办学和教学理念。但是也有一些学校的校董或基金会负责人包揽大权，不懂教育却又喜欢指手画脚，校长有职无权，经常造成行政不统一。[①] 国际 21 世纪教育委员会主席雅克·德洛尔（Y. Dolor）说道："面对未来的种种挑战，教育看来是使人类朝着和平、自由和社会正义迈进的一张必不可少的王牌。"各国社会政治制度、国家体制及文化传统等方面的差异是构成教育行政体制形式不同的重要因素，而决定教育行政体制形式不同的根本点在于对教育行政权力的划分与行使的方式。[②] 三语国民学校也就是华人办学的一张王牌，必须根据印尼国情和学校特点制定合理的健全的教育行政管理机制，使这个新兴的学校成为优秀的教学机构，才能真正打造"三语学校"优质品牌。

小结：就调查问卷的分析来看，大部分学校的困难在于资金不到位，此外排在第四位的为硬件缺乏，这也可以看作是资金上的不足，所以大部分学校（约31%）都面临资金上的困难。

在问卷中，约21%的受访者选择了师资问题，这也是目前三语学校存在的问题。在师资的取舍上同样体现出了学校的定位，是选择高质量但高费用的教师，还是选择费用较低但可能质量没有保证的教师，是每所学校都面临的问题。

由于区域和资金支撑等原因，各三语学校的状况也不尽相同。财力雄厚的可以多聘请中国汉语教师或教学质量高的教师，建造好的校舍和设施，完善教学设备，学习环境优雅等。但成本高、费用开支也大，学费相应也高，但是相对来讲可以更加保证教学的质量和达标效果；但是也有些学校年年亏损，如八华、新中、崇文等学校。

财力不足的学校只能聘请本地的华文教师，这些老师多数为年纪已迈的老教师，或学了几年汉语的年轻的本地教师。校舍因陋就简，设备从简，学习环境略差，虽然开支较低但是学费和收入也低，相对来讲其华文教学效果和质量控制可能也会差强人意。如雅加达的崇德学校、中爪哇直葛的直华学校。

① 黄昆章：《印尼华人华侨史（1950 至 2004 年）》，广州：广东高等教育出版社 2005 年版。
② 陈孝彬：《教育管理学》，北京：北京师范大学出版社 2006 年版。

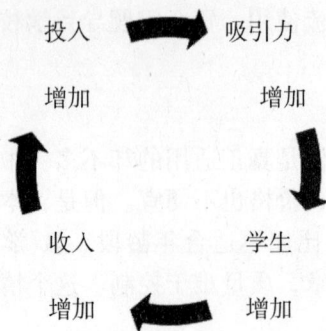

图 25　三语学校良性循环图

与学生家长的关系问题也成了学校管理的重要课题。学生家长过于挑剔，对自己孩子过宠，造成学生不好管制，令学校管理人员和老师伤透脑子。

三语学校毕竟是新生事物，有的地方还没有得到社会的广泛认可，加上多数还没有毕业学生作范例，教会学校、国际学校甚至三语学校林立，市场竞争激烈，招生难度高。

诸多问题和困难是需要分析研究、找出原因和提出解决的方案的。

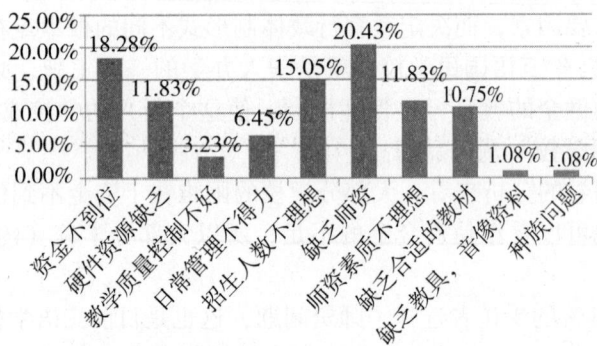

图 26　三语学校主要办学困难因素

五、改进的对策建议

（一）宏观、综合管理方面

在宏观管理方面，首先必须健全学校的领导核心，即法人机构的职能。

1. 基金会

作为法人代表、学校的拥有者和领导机构——基金会必须是一个高水平、高素质、高效率的民主的、团结的团队。

三语学校不论它是集体或者个人开办的，其基金会理事会都需要制定一整套有效的管理机制，必须专业化、规范化。领导成员必须分工明确，恪尽职守，富于责任感。还须有奉献精神，随时会慷慨解囊。这个领导核心还有最主要的任务就是：

（1）按照既定的办学理念，制定学校的办学目标和方针政策。

（2）监查具体落实情况，制定相应的措施。

（3）财务管理必须制度化、规范化、透明化，定期作财务报告。

（4）要有专业的管理人员管理学校。

2. 有限公司的责任和义务

根据各地三语学校的经验，为了确保土地和资产安全，还是归于私人名义为上策；如果是集体办学，为了集资的需要，可以另外建立有限股份公司。众所周知，有限公司也是法人机构，所以其控股人必须和基金会有共同的思想和理念，即共同的办校的宗旨和目标。必须让每个持股人明白，建立有限公司的目的是为了更好地为学校的发展特别是在硬件设施方面创造条件，跟一般的商业有限公司是纯营利机构有着本质上的区别。这个有限公司的成员或可成为董事会成员。但是这个董事会只是管理学校的硬件建设和制订总体发展目标，不宜参与学校的日常事务工作。

具体做法可以是：

（1）有限公司为学校筹建校舍等硬件设施。

（2）这个硬件设施提供给基金会办学之用。

（3）学校可以无偿借用或低价租用，视学校财政能力情况而定。

（4）因为地价一般会逐年升值，持股人即可放心自己的股份是可以保值的。

（5）有限公司的控股人必须和基金会理事会成员一个思想理念，必须明白有限公司是负责硬件方面的，即提供学校的建筑和不动产；而基金会是管理软件方面的，即学校的行政管理。两者即不能混淆，也不能对立，应该是分工不分家，要有机地合作和结合。

3. 学校管理须更加制度化

使学校运营方面做到物尽其用、人尽其才，不要造成人力资源的浪费，也不要造成人浮于事。因此，需要建立一套标准化流程，所有工作按照标准化流程进行。不论是学校的日常运营、管理，还是在教学等方面。不要因为人员的变更而导致教学效果或运营管理方面的差异。还需权责分明，赏罚到位。还有一项非常重要的是尽量做到财政上的收支平衡。

以下是笔者考察的部分三语学校组织架构图，供各教学单位参考。

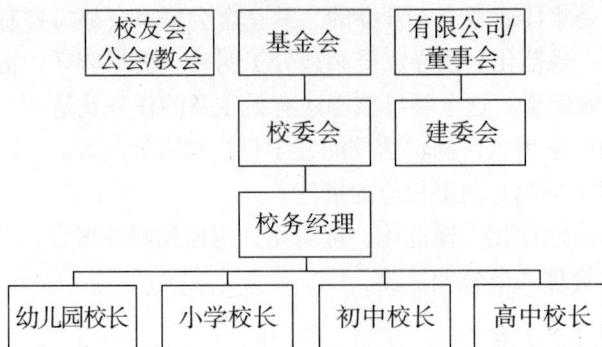

图27　三语学校组织架构图（1）

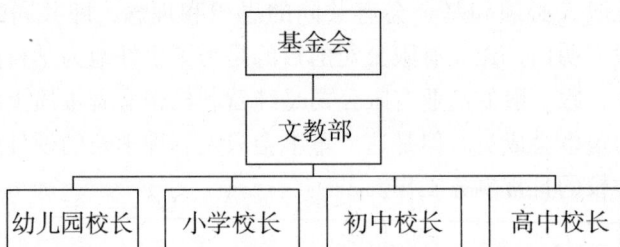

图28　三语学校组织架构图（2）

4. 需建立三语学校联合平台

第一，建立行业管理机构，制定章程。

第二，研制适用于各级各类教育机构的课程大纲、考试大纲和考核评估制度，统一目标。可以求助于中国教育部门和有关单位。

第三，培养和培训高素质华文教师，可以就地取材，建立培训基地。

5. 处理好师、生、费三大关系

师资、生源、学费这三者是依附依存的，它们可以是互补关系也可能是矛盾关系。想要提高学校的质量，必须处理好这三个环节的依附关系：

（1）有好的老师才能有好的教学质量，教出好的学生。

（2）学生学习成绩好、素质高，学校口碑就好，品位高，生源也足。

（3）生源充足，学校品位高，学费标准相对也可以提高，教师的待遇以及福利条件随之提升，也促进了教师的积极性和上进性，学校或也可以聘请到好的教师，形成良性循环态势；否则势必相反，形成恶性循环，学校便将陷于困境。

6. 寻求祖籍国支援

向祖籍国求助解决部分困难。如调查问卷中各个学校的反映和建议。包括：

（1）教师培训，可以是"请进来"或"走出去"的方式，或则在印尼建立教师培训基地。

（2）教师援助，请求中国政府相关单位如国侨办和汉办派遣公派教师和督教。

（3）物资支援，提供教材、图书、教具、信息资源等等。

（4）资金援助，国家直接投资或鼓励大企业家、慈善家援助等等。

三语学校亟须援助的项目

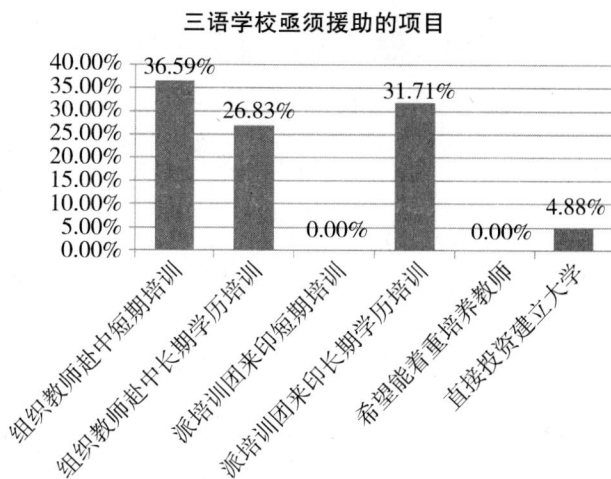

图 29 教师培训项目

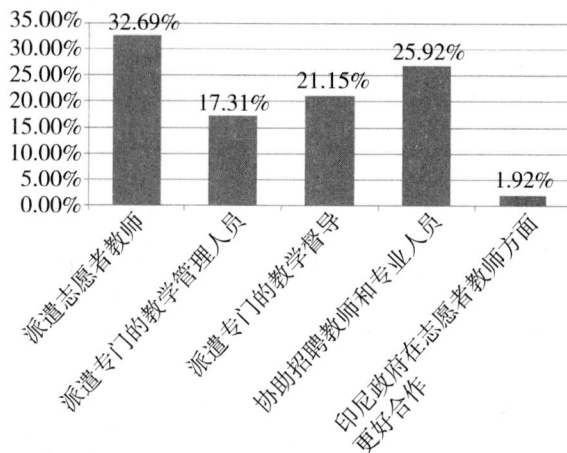

图 30 教师援助项目

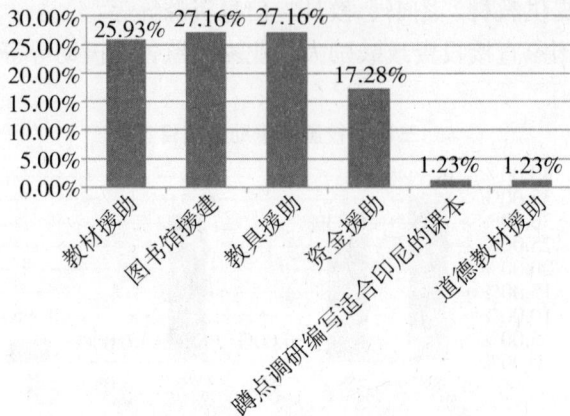

图 31　物资援助项目

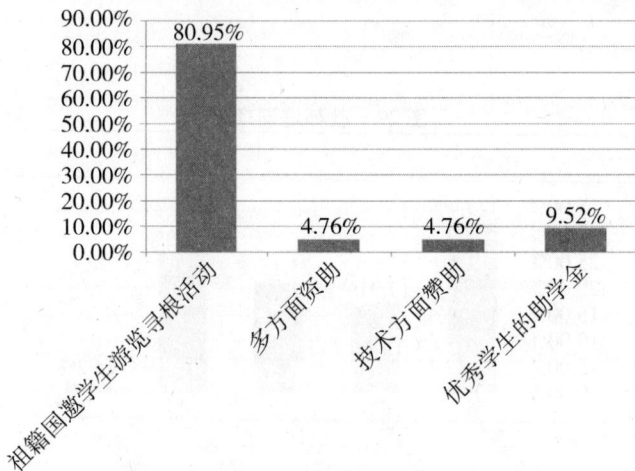

图 32　其他援助项目

六、结语

　　三语学校开办的历史还不长，严格说来还不足十年，它是新生事物，还十分年轻。如果按照现阶段的办学进程逐年升级的情况来看，办学时间最久的学校也才办到初中级别，还缺乏办学经验，还有许多问题尚待解决，办校工作还在探索当中。"一切新生事物的成长都是要经过艰难曲折的。"虽然如此，三语学校却具有强大的生命力，隐藏着强劲的发展潜力。更为重要的是，它在教育界的出现给华人社群以及主流社会带来了强烈的反响。调查数据显示，三语学校对于提升华人形象、改善族群关系起到了良好的作用；对于改善族群关系、促进华人进入主流社会也做了许多有益的工作。除此之外，三语学校在吸收友族学生以及培养和吸收友族青年做华文教师方面也做出了不少成果。目前，有不少印尼土著的华文教师在一些三语学校任教，他们大多都曾在本地的华文补习班或读完汉语大专之后得到中国政府的奖学金或又被保送到中国攻读华文教育专业，学成之后回归本校服务。

像在一些学校中，出现了土著年轻人担任华文教师的现象。以前是年长的华人教师传授给他们华文基础，他们留学中国学成回来之后，回报给了我们的华人子孙，传授我们华人的民族语言和中华文化知识，这种反串角色岂不是时代的杰作？这是构建华族和印尼友族群体和谐共赢的亮丽写照，是圣贤之古训"有教无类"在现代教育中的实践，是历史的进步！

　　2011 年，印尼宗教部部长在参加一所有普华三语学校援助开设汉语课程的伊斯兰学校开学典礼上的讲话中，高度赞扬汉语的重要性以及中国的和平大国形象。他援引真主"欲求学问，遥至中国"之圣训，鼓励伊斯兰教众和年青一代把目光由西方移位到东方，挖掘和发扬属于自己的东方文明。他指出：印尼语是印尼民族的国语，英语是世界语言，阿拉伯语是可兰经语言，而汉语则是文化语言，形象地描述了汉语的文化特征和价值内涵，让我们听之大为震撼、兴奋和痛快！